인조이 **호주**

인조이 호주

지은이 정태관 · 정양희
펴낸이 최정심
펴낸곳 (주)GCC

초판 1쇄 발행 2009년 1월 5일
4판 60쇄 발행 2018년 7월 20일

5판 1쇄 인쇄 2018년 11월 20일
5판 1쇄 발행 2018년 12월 5일

출판신고 제 406-2018-000082호
주소 10880 경기도 파주시 지목로 5
전화 (031) 8071-5700 팩스 (031) 8071-5200

ISBN 979-11-89432-44-7 13980

저자와 출판사의 허락 없이 내용의 일부를
인용하거나 발췌하는 것을 금합니다.

가격은 뒤표지에 있습니다.
잘못 만들어진 책은 구입처에서 바꾸어 드립니다.

www.nexusbook.com

여행을 즐기는 가장 빠른 방법

ENJOY TRAVEL

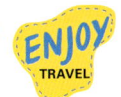

인조이 호주

AUSTRALIA

정태관 · 정양희 지음

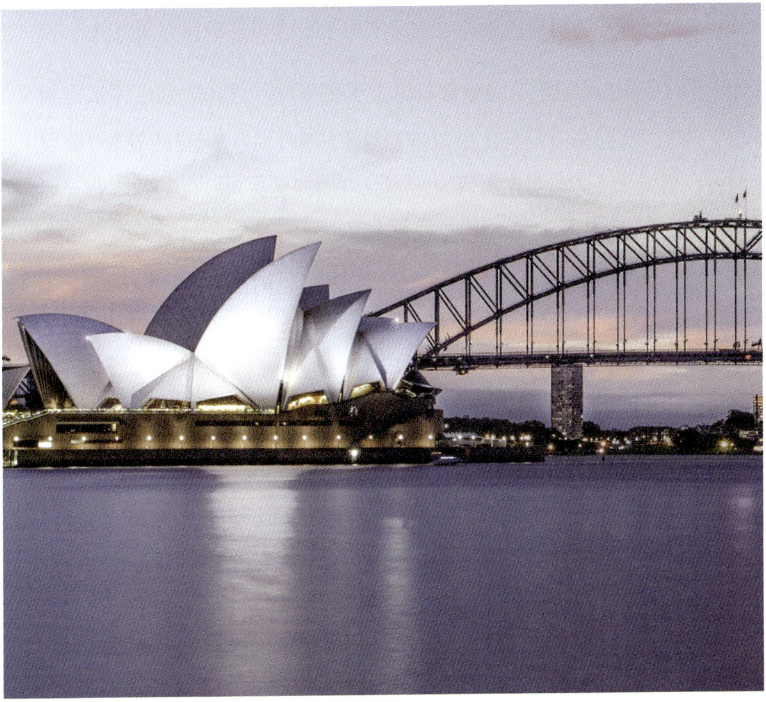

넥서스BOOKS

여는 글 1

 2004년 30일간의 현지 답사를 목적으로 처음 호주에 출장을 가서, 말이 통하지 않아 매일 혼자 쓸쓸히 햄버거로 끼니를 때울 때만 해도 다시는 호주에 가고 싶지 않았다. 하지만 출장에서 돌아온 후 얼마되지 않아 휴직계를 내고 6개월간 시드니에서 어학연수를 했고, 결국은 11월에 회사를 그만두고 워킹홀리데이 비자를 받아 호주로 되돌아갔다.

농장에서 일을 하기 위해 세 명의 친구와 함께 시드니를 떠났는데, 가는 곳마다 일거리가 없었다. 통장의 잔고는 점점 줄어들고 먹을 것도 제대로 먹지 못하면서 멜버른, 애들레이드를 거쳐 퍼스까지 찾아가는 고생을 했다. 하지만 지금 생각해 보면 그 덕분에 구석구석 여행을 할 수 있었고 잊지 못할 추억을 만들 수 있었다.

여행사에 근무하면서 단기간 여행을 하는 고객들과 많은 상담을 했고, 정보를 제공하기 위해 30일간 현지 답사를 한 것과 워킹홀리데이 비자로 1년간 일거리를 찾아 헤매는 하이에나식 여행을 통해 모은 정보와 사진들을 바탕으로 이 책을 쓰게 되었다.

회사 경비로 출장 다녀오더니 어학연수 간다는 직원에게 자신이 10년 전 공부하던 영어 테이프를 주며 흔쾌히 허락해 주신 이오스여행사의 전광용 이사님, 영원한

나의 여행업계 사수 로그인투어의 강대국 본부장님, 두드림홀리데이의 신동준 과장님과 만나지 못했다면 이 책은 나오지 못했을 것이라 생각한다.

책이 나오기까지 가장 큰 도움이 되고, 끊임없는 격려를 해 준 부모님과 누나들, 매형, 호주에서 많은 도움을 준 애들레이드의 막내 삼촌, 시드니의 사촌 현상이 형, 호주에서 함께 농장을 찾아다닌 종찬과 이진 부부, 관광 비자로 농장에서 함께 일한 소연, 포항 영어 선생님 최혜영, 홍대 얼짱 경연과 리, 인기 만화가 규삼 형, 천재 기타리스트이자 호주 회계사인 우주, 워킹홀리데이 비자로 여행과 영어 두 마리 토끼를 모두 잡은 대구의 기환이와 정욱이, 부족한 사진을 보내 준 경원대 선배 세민 형과 승환, 용, 현순, 슬, 혜선, 케언스 아이나무 유학원의 혁 사장님과 배드민턴 형제 상규와 케니, 시드니 거실 쉐어 메이트 홍준 등에게 감사의 말을 전한다.

그리고, 마지막으로 부족한 글을 예쁘게 다듬어 주고, 내가 놓친 섬세하고 주옥 같은 정보를 추가해 준 공동 저자 양희에게 글로써 다시 한번 고마움을 전하고 싶다.

정태관

여는 글 2

처음 책 작업을 시작할 때, 책을 쓴 사람의 여행 일정을 그대로 따라하는 것보다는 자유 여행이라는 이름에 걸맞게 취향에 따라 선택할 수 있는 선택권이 여행을 하는 사람에게 있음을 알려 주고 싶었다.

여행지에 대한 정보가 없으면, '단지 그곳에 가봤다' 혹은 '그곳에 갔는데 우연히 ○○○를 할 수 있어서 좋았다'고 말을 하기 때문이다.

'호주에 가 봤다'가 아닌 '어떤 걸 좋아해서 호주에서 무엇을 했다'라는 말이 이 책을 읽는 독자에게서 자연스레 노래처럼 흘러 나왔으면 하는 바람이다.

선택권은 여행을 하는 사람이 가져야 한다는 생각을 하고 그것을 표현하기까지 관광이 어떤 것이며, 왜 하는지에 대해 제자를 사랑하는 마음으로 포기하지 않고 지도해 주신 이주형 지도 교수님, 따뜻한 격려의 말씀과 지도를 아끼지 않으셨던 이장춘 교수님, 이선희 교수님, 윤대순 교수님, 표성수 교수님, 이재섭 교수님, 이재곤 교수님께 고개 숙여 진심으로 감사 드린다.

학문으로 배운 것을 현장에서 체험하고 느끼게 해 준 문호, 제억, 여산 선배, 여행사에서 내게 많은 요구를 해 준 고객과 그 요구를 받아들이는 방법을 알려 주신 준수 소장님, 처음 출판사에 소개시켜 주고, 글이 늦어도 참고 기다려 준 동기이자 친구 그리고 인생 선배 영민 오빠, 우리

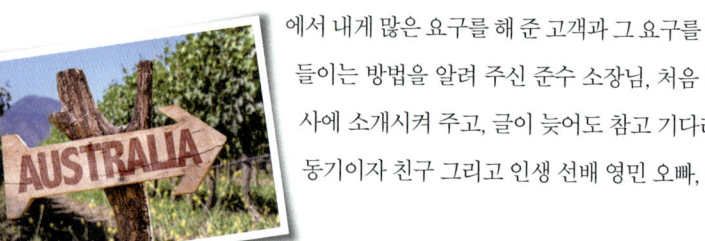

는 여행도 수업이라며 조금씩 발걸음을 움직여 준 의영, 세리, 정남, 철진, 용준, 윤주, 미라, 준기, 재홍, 기범, 광근, 태진, 순영, 양갱, 송이, 성준을 비롯한 선배와 친구들에게도 감사하다는 말을 전하고 싶다.

기대 어린 눈으로 기다려 준 수진, 윤미, 승현, 영하, 선영, 아름, 혜영, 윤정, 다영, 영주, 미숙, 유미, 정민, 현희, 미건이, 현재의 나를 있게 해 준 오희산 상무님과 연구원에서 항상 많은 걸 지도해 주시는 김경성 이사장님, 따끔하게 말씀해 주시지만 마음은 따뜻한 성열웅 본부장님과 김용환 전무님, 김석구 고문님, 늘 뒤에서 지켜보고 계시는 박 팀장님, 언제나 제1전선에서 용기를 북돋아 주는 주리, 지영, 대성, 대철, 인호, 용희, 민지, 태호, 그리고 그 외 동료들에게도 고맙다는 말을 남기고 싶다.

마지막으로 세상의 아름다운 것, 좋은 것을 경험할 수 있도록 해 주신 엄마, 아빠, 격려보다는 언제나 질책을 가득 주는 선우, 지애, 성원이, 얼른 작업하라며 다독여 준 은진이까지 책이 나오기까지 가장 큰 힘과 격려가 된 가족들과 공동 저자 태관님에게도 무한 애정을 표현한다.

정양희

사진 협조
호주정부관광청 Tourism Australia　　**퀸즈랜드주 관광청** Tourism&Event Queensland
빅토리아주 관광청 Visit Victoria　　**뉴사우스웨일즈주 관광청** Destination NSW

이 책의 구성

✈ 여행 정보

여행을 떠나기 전, 일정을 짜고 여행 준비를 하는 데 필요한 정보 모음이다. 호주에 대한 기초 정보와 교통수단, 공항에서의 출입국 수속에 필요한 정보들을 담았다.

✈ 추천 코스

여행 전문가가 추천하는 일정별, 도시별 추천 일정을 보면서 자신에게 맞는 일정을 세워 보자.

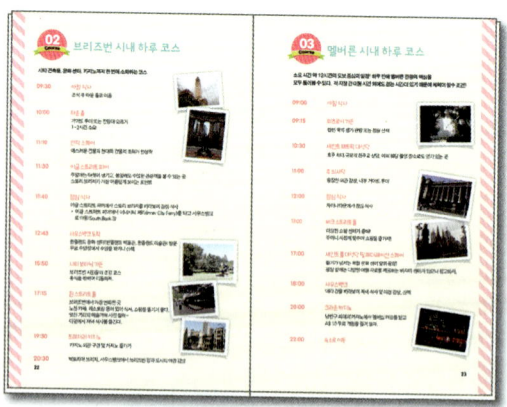

지역 여행

호주의 주요 도시 8곳의 주요 관광지를 소개한다.
호주를 찾는 여행자라면 꼭 가 봐야 할 핵심 여행 정보 위주로 실었다.

▶ '인조이맵'에서 맵코드를 입력하면 책 속의 스폿이 스마트폰으로 쏙!
▶ 위치 서비스를 기반으로 한 길 찾기 기능과 스폿간 경로 검색까지!
▶ 즐겨찾기 기능을 통해 내가 원하는 스폿만 저장!
▶ 각 지역 목차에서 간편하게 위치 찾기 가능!

당일 투어

호주 여행지 중에서도 하루는 꼬박 투자해야
진정한 묘미를 느낄 수 있는 여행지를 소개한다.

✈ Best Tour
동선은 물론 이동 시간과 식사 시간 등을 고려한 최적의 코스.

✈ 느낌이 있는 테마 여행
호주에서만 특별하게 경험할 수 있는 테마를 소개하고 있다.

✈ 〈특별 부록〉 휴대용 여행 가이드북

각 지역의 지도를 간단하게 손에 들고 다니며 볼 수 있다.

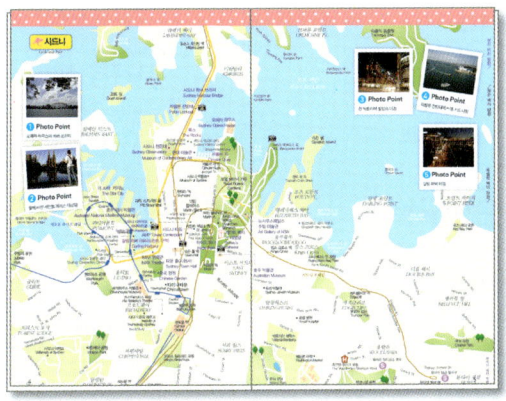

✈ 여행 회화

여행에 꼭 필요한 상황별 영어 회화를 정리했다.

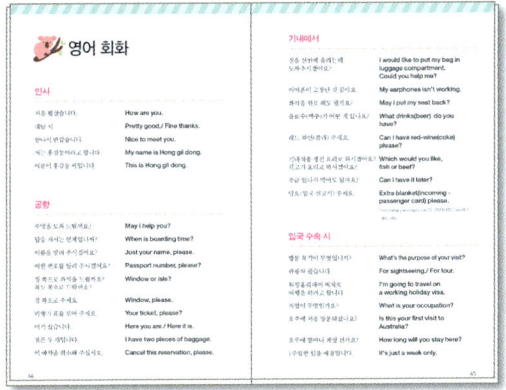

Notice! 호주의 최신 정보를 정확하고 자세하게 담고자 하였으나 시시각각 변화하는 호주의 특성상 현지 사정에 의해 정보가 달라질 수 있음을 사전에 알려 드립니다.

Contents

추천 코스

시드니 시내 하루 코스 **18**
브리즈번 시내 하루 코스 **22**
멜버른 시내 하루 코스 **23**
애들레이드 시내 하루 코스 **24**
퍼스 시내 하루 코스 **25**
시드니+골드코스트 6일 코스 **26**
시드니+케언스 6일 코스 **28**
시드니+멜버른 6일 코스 **32**
울루루+시드니 7일 코스 **34**
케언스+울루루+시드니 10일 코스 **36**
대륙 횡단 장거리 열차 여행 14일 코스 **38**
동부 해안 따라 버스 여행15일 코스 **42**
퍼스+울루루+시드니 15일 코스 **46**
호주 완전 정복 30일 코스 **50**

지역 여행

시드니
시드니 지도 **60**
시드니로 이동하기 **62**
록스 · 서큘러 키 **70**
시드니 시내 중심 **78**
달링 하버 **84**
시드니의 해변 **92**
당일 투어 **96**
쇼핑 · 레스토랑 · 숙소 **100**

케언스
케언스 지도 **116**
케언스로 이동하기 **117**
케언스 시내 **118**
케언스 근교 **122**
당일 투어 **130**
쇼핑 · 레스토랑 · 숙소 **140**

브리즈번
브리즈번 지도 **148**
브리즈번으로 이동하기 **149**
브리즈번 시내 **154**
브리즈번 사우스뱅크 **160**
브리즈번 근교 **166**
쇼핑 · 레스토랑 · 숙소 **174**

골드코스트
골드코스트 지도 182
골드코스트로 이동하기 183
서퍼스 파라다이스 주변 184
골드코스트의 테마파크 188
당일 투어 194
쇼핑 · 레스토랑 · 숙소 196

멜버른
멜버른 지도 204
멜버른으로 이동하기 206
멜버른 시내 야라 강 북쪽 212
멜버른 시내 야라 강 남쪽 220
당일 투어 226
쇼핑 · 레스토랑 · 숙소 229

애들레이드
애들레이드로 이동하기 238
애들레이드 시내 242
애들레이드 근교 250
당일 투어 254
쇼핑 · 레스토랑 · 숙소 256

퍼스
퍼스 지도 264
퍼스로 이동하기 266
퍼스 시내 270
퍼스 근교 276
당일 투어 281
쇼핑 · 레스토랑 · 숙소 282

울루루
울루루로 이동하기 290

테마 여행
호주의 맥주 300
호주의 애니메이션 촬영지 302
호주의 영화 촬영지 304
호주의 크리스마스 306
호주의 레포츠 310
호주에서 기념품 사기 312

여행 정보
여행 준비 316
출입국 수속 321
호주 기초 정보 324
호주의 교통수단 336

워킹홀리데이
워킹홀리데이 in 호주 344

티모르 해
Timor Sea
Melvill
Islan
Cape Londonderry
Joseph Bonaparte Gulf
Kulumburu
인도양
Indian Ocean
Collier Bay
Cape Leveque
Wyndham
Kununurra
Kimberley Plateau
Derby
Broome
Roebuck Bay
Halls Creek
노
Noth
Port Headland
Dampier
Roebourne
Marble Bar
Great Sandy Desert
Onslow
엑스마우스
Exmouth
Tom Price
Paraburdoo
Newman
Gibson Desert
Cape Cuvier
Carnarvon
Gascoyn Junction
웨스턴 오스트레일리아
Western Australia
올가 산
Mt. Olga
샤크 베이
Shark Bay
Monkey Mia
Denham
Meekatharra
Wiluna
울루루-카타츄타 국립공
Uluru-Jata Tjuta National
Great Victoria Desert
Kalbarri 칼바리
Sandstone
Mt. Magnet
Leonora
Geraldton
Mullewa
칼구리-볼더
Kalgoorlie-Boulder
Nullarbor Plain
Pinnacles
피너클스
Southern Cross
Yanchep
Eucla
퍼스 Perth
Wave Rock
Norseman
로스네스트 섬
Rottnest Island
프리맨틀
Fremantle
Katanning
번버리
Bunbury
Ravensthore
Esperance
Cape Leeuwin
Agusta
Albany
남극해
Antarctic Ocean

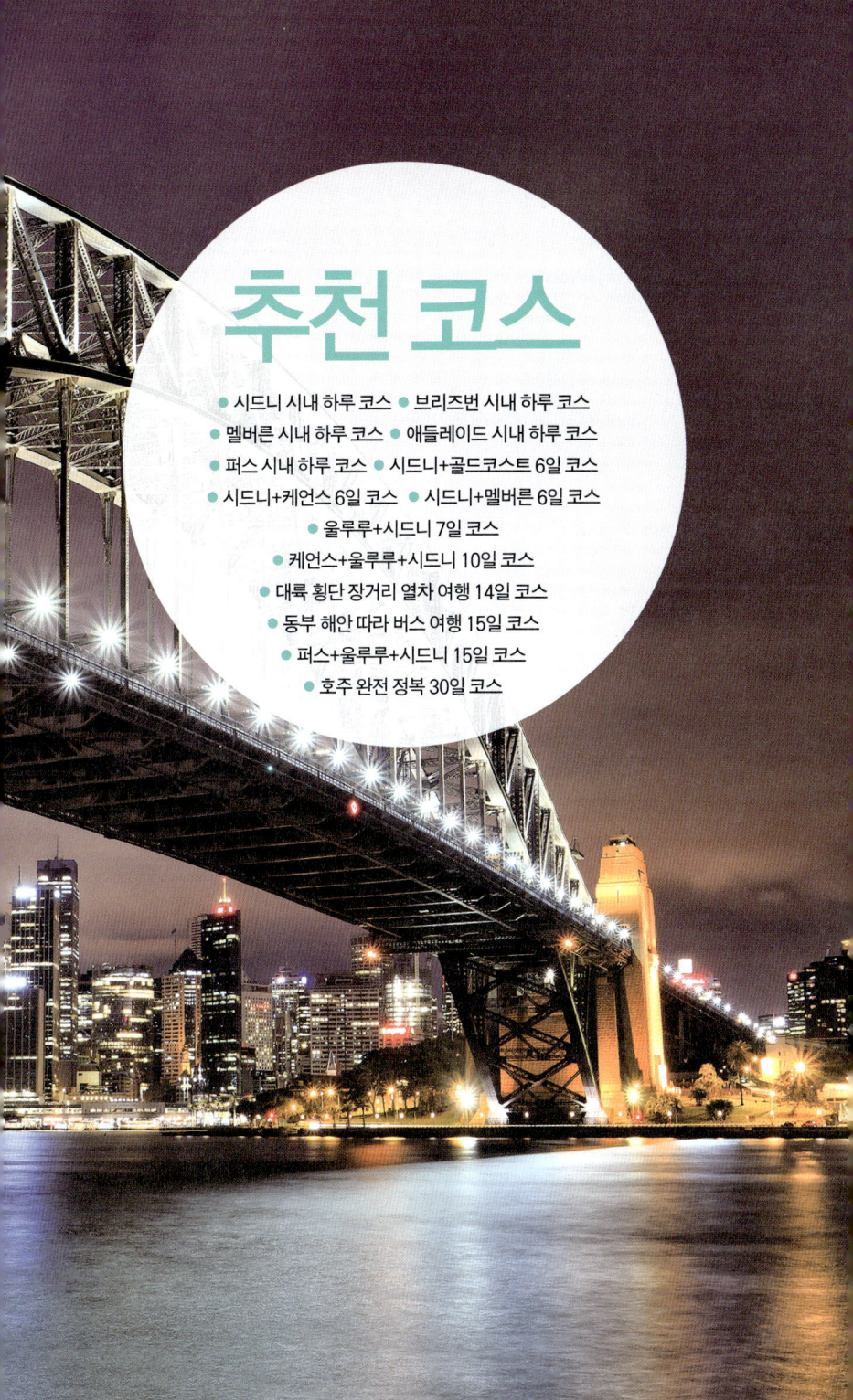

추천 코스

- 시드니 시내 하루 코스
- 브리즈번 시내 하루 코스
- 멜버른 시내 하루 코스
- 애들레이드 시내 하루 코스
- 퍼스 시내 하루 코스
- 시드니+골드코스트 6일 코스
- 시드니+케언스 6일 코스
- 시드니+멜버른 6일 코스
- 울루루+시드니 7일 코스
- 케언스+울루루+시드니 10일 코스
- 대륙 횡단 장거리 열차 여행 14일 코스
- 동부 해안 따라 버스 여행 15일 코스
- 퍼스+울루루+시드니 15일 코스
- 호주 완전 정복 30일 코스

시드니 시내 하루 코스

시드니의 가장 인기 있는 곳만을 둘러보는 핵심 일정! 도시의 문화와 여유, 오페라 하우스의 숨겨진 이야기와 선셋 크루즈의 낭만까지 시드니의 즐거움을 하루에 모두 모았다.

09:00   **아침 식사**
조식 후 아트 갤러리 NSW로 이동

09:30   **아트 갤러리 NSW**
호주 최고의 미술관에서 모네와 고흐를 만나 보자.

12:00   **하이드 파크**
빵, 과일 등을 가지고 간단한
식사와 함께 호주의 여유를 맘껏 온몸으로 느껴 보자.

14:30   **오페라 하우스**
한국어 설명도 들을 수 있고
출입이 제한된 장소도 볼 수 있는 시드니 오페라 하우스 투어에 참가

16:30   **달링 하버**
시라이프 아쿠아리움, 와일드 라이프,
마담 투소 등을 함께 둘러본다.

19:00   **시드니 선셋 크루즈**
아름다운 노을을 바라보며, 식사를 하는 특별한 경험

21:30   **숙소로 이동**

소요 시간 약 12시간의 도보 중심의 일정이다.
하루 만에 시드니 관광의 핵심을 둘러보자.
각 지점 간 이동 시간 외에도 걷는 시간이 있어 체력이 관건인 가장 빠듯한 일정!

09:00   **아침 식사**
조식 후 시드니 천문대로 이동

09:30   **시드니 천문대**
천문대 관람 또는 정원 산책

10:45   **파일론 전망대**
오페라 하우스, 시드니 만, 시드니 시내를 한눈에 내려다볼 수 있는 최고의 전망대

11:30   **Lunch Time**
파일론 전망대에서 록스로 이동 후 오페라 하우스를 바라보며 점심 식사

12:30   **록스 & 서큘러 키**
록스 지역 상점가 관광 또는 오페라 하우스 내부 투어

15:00   **로열 보타닉 가든**
미세스 맥쿼리 포인트에서 오페라 하우스와 하버 브리지를 배경으로 사진 찍기 및 산책

17:00   **울루물루 [핫도그]**
울루물루 도착 후 시드니의 명물 카페드휠(울루물루 핫도그) 간식 먹기

18:00   **킹스 크로스**
호주 최대의 유흥가

20:10   **달링 하버**
타운 홀 도착 후 달링 하버로 이동 후 야경 감상

22:00   **숙소로 이동**

코스3 하이드 파크, 피트 스트리트 몰의 쇼핑 지역을 시작으로 오페라 하우스 또는 달링 하버의 야경을 관광하는 비교적 여유 있는 일정!

09:00	**하이드 파크** 빵, 과일 등을 가지고 가서 간단한 아침 식사와 함께 여행 시작~ 세인트 메리스 대성당 등 관광
10:30	**마틴 플레이스** 도심의 활기찬 모습과 여유로운 모습을 한눈에 볼 수 있는 곳! **피트 스트리트 몰** 시드니에서 가장 쇼핑을 하기 좋은 곳으로 양쪽으로 유명 백화점, 브랜드 숍이 즐비
12:00	**타운 홀 & 퀸 빅토리아 빌딩** 스타 바(Star Bar)에서 시드니 명물인 스테이크로 점심 식사!
13:40	**차이나타운** 차이나타운 특유의 먹거리와 흥청거림이 눈에 띈다.
14:40	**달링 하버** 카지노, 아쿠아리움, 중국 정원 등을 둘러본다.
19:30	달링 하버 킹 스트리트 1번 와프에서 디너크루즈 탑승
20:30	서큘러 키 하선 후 오페라 하우스 야경 감상
22:30	숙소로 이동

브리즈번 시내 하루 코스

시티 건축물, 문화 센터, 카지노까지 한 번에 소화하는 코스

09:30　　**아침 식사**
조식 후 타운 홀로 이동

10:00　　**타운 홀**
가이드 투어 또는 전망대 오르기
1~2시간 소요

11:10　　**안작 스퀘어**
예스러운 건물과 현대적 건물의 조화가 인상적

11:30　　**이글 스트리트 피어**
주말에는 마켓이 생기고, 평일에도 수많은 관광객을 볼 수 있는 곳
스토리 브리지가 가장 아름답게 보이는 포인트

11:40　　**점심 식사**
이글 스트리트 피어에서 스토리 브리지를 바라보며 점심 식사
- 이글 스트리트 피어에서 이너시티 페리(Inner City Ferry)를 타고 사우스뱅크로 이동(South Bank 3)

12:43　　**사우스뱅크 도착**
퀸즐랜드 문화 센터(퀸즐랜드 박물관, 퀸즐랜드 미술관) 방문
무료 수영장에서 수영을 하거나 산책

15:50　　**시티 보타닉 가든**
브리즈번 시민들의 조깅 코스
휴식을 취하며 이동하자.

17:15　　**퀸 스트리트 몰**
브리즈번에서 가장 번화한 곳
노천 카페, 레스토랑 등이 있어 식사, 쇼핑을 즐기기 좋다.
멋진 거리의 예술가와 사진 찰칵~
이곳에서 저녁 식사를 즐긴다.

19:30　　**트레저리 카지노**
카지노 외관 구경 및 카지노 즐기기

20:30　　빅토리아 브리지, 사우스뱅크에서 브리즈번 강과 도시의 야경 감상

멜버른 시내 하루 코스

소요 시간 약 12시간의 도보 중심의 일정! 하루 만에 멜버른 관광의 핵심을 모두 둘러볼 수 있다. 각 지점 간 이동 시간 외에도 걷는 시간이 있기 때문에 체력이 필수 조건!

09:00   **아침 식사**

09:15   **피츠로이 가든**
캡틴 쿡의 생가 관람 또는 정원 산책

10:30   **세인트 패트릭 대성당**
호주 최대 규모의 천주교 성당, 야외 웨딩 촬영 장소로도 인기 있는 곳

11:00   **주 의사당**
웅장한 외관 감상, 내부 가이드 투어

12:00   **점심 식사**
차이나타운에서 점심 식사

13:00   **버크 스트리트 몰**
다양한 쇼핑 센터가 즐비!
주머니 사정에 맞추어 쇼핑을 즐기자!

17:00   **세인트 폴 대성당 및 페더레이션 스퀘어**
활기가 넘치는 복합 문화 센터 앞의 광장!
광장 앞에는 다양한 여행 자료를 제공하는 비지터 센터가 있으니 참고하자.

18:00   **사우스뱅크**
야라 강을 바라보며 저녁 식사 및 야경 감상, 산책

20:00   **크라운 카지노**
남반구 최대의 카지노에서 멤버십 카드를 받고
A$ 10 무료 게임을 즐겨 보자.

22:00   **숙소로 이동**

애들레이드 시내 하루 코스

강변과 공원을 산책하고 볼거리 많은 박물관과 미술관을 들른 후
아기자기한 쇼핑몰을 지나 야경으로 마무리하는 은은한 도시 관광 코스!

09:00 **아침 식사**
조식 후 빅토리아 스퀘어로 이동

09:30 **빅토리아 스퀘어**
빅토리아 스퀘어의 분수대 및 여왕의 동상 구경

09:45 **애들레이드 페스티벌 센터**
외관 구경 및 토렌스 강변 산책

10:40 **라이트 비전 전망대**
애들레이드 시내를 한눈에 내려다보는 전망대!
야경 감상도 좋지만 찾아가는 길이 어두우니 되도록이면 낮에 가자.

10:55 **멜버른 스트리트**
멜버른 스트리트의 상점 구경
노천 카페, 레스토랑에서 점심 식사 및 휴식

13:20 **보타닉 가든**
보타닉 가든 산책 및 바이센테니얼 온실 관광

14:30 **에어즈 하우스에서 박물관 관람**
에어즈 하우스에서 노스 테라스 도로를 따라 있는 박물관, 미술관, 아트 갤러리 쪽으로 이동하며 관람

17:00 **런들 몰**
애들레이드에서 가장 번화한 곳
쇼핑몰 곳곳에 설치되어 있는 조형물이 볼거리
런들 몰에서 쇼핑 및 돼지 형제 동상 찾기!

19:20 **라이트 비전 전망대**
라이트 비전에서 애들레이드의 야경 감상
가는 길이 어둡기 때문에 혼자 여행한다면 패스~!

퍼스 시내 하루 코스

무료 버스를 이용한 알뜰 발도장 코스! 캣 버스를 이용해 속도와 안락함을 확보한다면, 시내 주요 관광 포인트를 모두 볼 수 있다.

09:00   **아침식사**

조식 후 헤이 스트리트 몰로 이동
- 헤이 스트리트(그린 캣 15번 정류장, Hay St.)에서 그린 캣 버스를 이용해 킹스 파크로 이동(그린 캣 6번 정류장, Ord St.)

09:20   **킹스 파크**

야경도 아름다운 곳이지만 밤이 되면 가는 길이 어둡기 때문에 오전에 보는 것이 좋다.
킹스 파크 도착 후 산책 및 휴식
- 킹스 파크를 둘러보고 오드 스트리트 정류장 이동(레드 캣 19번 정류장 Ord St.)
  레드 캣 탑승 8번 타운 홀로 이동(8번 정류장, Town Hall)

10:40   **스완벨 타워**

세계에서 가장 큰 악기라고 불리는 건물
바다를 배경으로 아름다운 외관과 함께 전망대에서 퍼스 시내를 둘러보자.

11:35   **헤이 스트리트 몰**

백화점, 레스토랑이 즐비한 퍼스에서 가장 번화한 곳

런던 코트
중세의 성을 연상시키는 쇼핑몰

14:10   **노스 브리지**

박물관, 아트 갤러리, 미술관 등을 관람하고
분위기 있는 저녁 식사를 즐겨 보자.

06 Course

어린이와 함께하는 가족 여행의 필수 테마파크!
시드니+골드코스트 6일 코스

신혼여행 및 커플 여행지로도 큰 인기가 있는 길게 이어진 금빛 해변의 도시 골드코스트, 세 가지의 테마파크가 있어 어린이와 함께하는 가족 여행지로도 사랑받고 있다.

일차	관광지	상세 일정
1일차	인천	인천 공항 출발

2일차	시드니	• 시드니 공항 도착
		  – 입국 심사 후 블루마운틴 산맥으로 이동
		• 시드니 당일 투어 (p.96)
		  – 블루 마운틴 산맥 : 푸른빛이 도는 아름다운 산맥을 보는 당일 투어로 투어에 따라 캥거루, 코알라 등을 볼 수 있는 동물원에 들르기도 한다.

3일차	시드니	• 시드니 시내 관광
		  도시의 문화와 여유 그리고 낭만까지 느낄 수 있다.
		  – 아트 갤러리 NSW
		  – 하이드파크
		  – 오페라 하우스 내부 관람
		  – 시드니 아쿠아리움
		  – 시드니 크루즈 탑승
		Tip 앞서 제시한 시드니 시내 하루 코스는 동선에 맞추어 짜여진 코스이니, 자신의 성향에 맞게 코스 1, 2, 3을 선정하는 것이 가능하다.

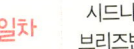

4일차	시드니
	브리즈번
		• 시드니 공항 출발
		• 브리즈번 공항 도착
		Tip 시드니 공항은 총 3개의 터미널이 있으며, 터미널 2와 3이 국내선 전용이다. 구매한 국내선 항공기편이 버진오스트레일리아, 젯스타, 타이거, 렉스라면 터미널 2, 콴타스 항공이라면 터미널 3을 이용하면 된다.
		
		• 브리즈번 시내 관광
		  – 타운 홀과 안작 스퀘어
		  – 퀸즐랜드 문화센터에서 미술관과 박물관 그리고 무료 수영까지 한 번에 이용하자.
		  – 화려한 카지노 외관과 카지노 즐기기

5일차	브리즈번
	골드코스트
		• 브리즈번에서 골드코스트로 이동
		
		• 골드코스트의 테마파크 즐기기
		  – 무비월드 : 미국 영화와 애니메이션을 테마로 하고 있는 곳으로 탈거리도 많지만 무엇보다 베트맨, 오스틴 파워, 루니툰즈 등의 캐릭터들과의 만나 기념 촬영을 하는 것이 즐겁다.
		  – 시월드 : 돌고래쇼, 물개쇼, 수상스키쇼 등의 해양 관련 쇼가 핵심인 곳. 스릴있는 놀이기구는 전혀 없고 아이들을 위한 놀이기구 몇 개만 있다.
		  – 드림월드 : 성인을 위한 짜릿한 놀이기구, 어린이를 위한 동물원이 있어 모든 연령대에서 평균적으로 높은 평가를 받는 곳이다.

6일차	브리즈번 인천	• 골드코스트에서 브리즈번 공항으로 이동 • 브리즈번 공항 출발 • 인천 공항 도착

세계 최대의 산호 군락지로의 여행!
시드니+케언스 6일 코스

Course 07

시드니의 오페라 하우스와 도심의 낭만을 느끼고, 죽기 전에 꼭 가봐야 하는 여행지로 손꼽히는 그레이트 배리어 리프도 즐기는 최고의 일정!

일차	관광지	상세 일정
1일차	인천	인천 공항 출발
2일차	시드니	• 시드니 공항 도착 　- 입국 심사 후 시드니 포트 스테판으로 이동 • 시드니 당일 투어 (p.96) 　- 블루 마운틴 산맥 : 푸른빛이 도는 아름다운 산맥을 보는 당일 투어로 투어에 따라 캥거루, 코알라 등을 볼 수 있는 동물원에 들르기도 한다. 　- 포트 스테판 : 모래사막에서 샌드 보드를 타고 식사 후 유람선을 타고 나가 야생 돌고래를 관람한다. Tip▶ 블루 마운틴 산맥과 포트 스테판 외에도 하얀 모래가 흩뿌려진 모래사장으로 기네스북에 올라 있는 저비스 베이, 자연적으로 만들어진 블로우 홀을 통해 하늘 높이 날아오르는 수만 개의 물방울이 뿜어내는 파도 소리를 들을 수 있는 울릉공, 호주를 대표하는 와인 산지 중 하나인 헌터 밸리 와이너리 등 본인의 취향에 따라 선택할 수 있는 시드니 근교 투어들이 있다.
3일차	시드니	• 시드니 시내 관광 　도시의 문화와 여유 그리고 낭만까지 느낄 수 있다. 　- 아트 갤러리 NSW 　- 하이드파크 　- 오페라 하우스 내부 관람 　- 시드니 아쿠아리움 　- 시드니 크루즈 탑승 Tip▶ 앞서 제시한 시드니 시내 하루 코스는 동선에 맞추어 짜여진 코스이니, 자신의 상황에 맞게 코스 1, 2, 3을 선정하는 것이 가능하다.

4일차	케언스	• 시드니 공항 출발 • 케언스 공항 도착 Tip 시드니에서 케언스까지 항공은 시간당 한 대 이상이 운항하므로 언제든 탑승이 가능하다. 이중 오후나 저녁 비행기를 이용하면 여행 시간이 짧아진다. 조금 피곤하더라도 여행 시간에 지장을 주지 않는 새벽편 비행기를 이용하면 케언스에 도착하여 바로 관광이 가능하다. 시드니 공항은 총 3개의 터미널이 있으며, 터미널 2와 3이 국내선 전용이다. 구매한 국내선 항공기 편이 버진오스트레일리아, 젯스타, 타이거, 렉스라면 터미널 2, 콴타스 항공이라면 터미널 3을 이용하면 된다.

• 케언스 시내로 이동, 그레이트 배리어 리프로 이동
 – 그레이트 배리어 리프 : 세계 최대의 산호 군락지로, 보트에서 아름다운 바다를 바라보며 휴식을 취하거나 스노클링을 할 수 있다.

5일차	케언스	• 케언스 근교 쿠란다와 팜코브 지역 – 쿠란다 : 쿠란다 국립공원에서 원지민의 문화를 직접 체험하고 스카일 에일을 타고 자푸카이 문화공원도 둘러볼 수 있다. – 하틀리스 크로커다일 어드벤쳐스 : 악어가 넘실거리는 강 위의 보트를 타 보자!

6일차	시드니 인천	• 케언스에서 시드니 공항으로 이동 • 시드니 공항 출발 • 인천 공항 도착

08 Course

호주 바다 완전 정복!

시드니+케언스 6일 코스

호주의 랜드마크 시드니를 둘러보고, 레포츠의 천국 케언스를 최단 기간에 섭렵하는 초단기 일정!

일차	관광지	상세 일정
1일차	인천	인천 공항 출발
2일차	시드니	• 시드니 공항 도착 　- 입국 심사 후 시드니 저비스 베이로 이동 • 시드니 당일 투어 (p.96) 　- 저비스 베이 : 세계에서 가장 하얀 모래가 흩뿌려진 모래사장으로 기네스북에 올라 있는 곳이다. 돌고래와 흑등고래도 만날 수 있다. 　- 블루 마운틴 산맥 : 푸른빛이 도는 아름다운 산맥을 보는 당일 투어로 투어에 따라 캥거루, 코알라 등을 볼 수 있는 동물원에 들르기도 한다. **Tip** 블루 마운틴 산맥과 저비스 베이 외에도 모래사막에서 샌드 보드를 타고 식사 후 유람선을 타고 나가 야생 돌고래를 관람할 수 있는 포트 스테판, 자연적으로 만들어진 블로우 홀을 통해 하늘 높이 날아오르는 수만 개의 물방울이 뿜어내는 파도 소리를 들을 수 있는 울릉공, 호주를 대표하는 와인 산지 중 하나인 헌터 밸리 와이너리 등 본인의 취향에 따라 선택할 수 있는 시드니 근교 투어들이 있다.

3일차	시드니	• 시드니 시내 관광 도시의 문화와 여유 그리고 낭만까지 느낄 수 있다. – 아트 갤러리 NSW – 하이드파크 – 오페라 하우스 내부 관람 – 시드니 아쿠아리움 – 시드니 크루즈 탑승 **Tip** 앞서 제시한 시드니 시내 하루 코스는 동선에 맞추어 짜여진 코스이니, 자신의 성향에 맞게 코스 1, 2, 3을 선정하는 것이 가능하다.
4일차	케언스	• 시드니 공항 출발 • 케언스 공항 도착 **Tip** 시드니에서 케언스까지 항공은 시간당 한 대 이상이 운항하므로 언제든 탑승이 가능하다. 이중 오후나 저녁 비행기를 이용하면 여행 시간이 짧아진다. 조금 피곤하더라도 여행 시간에 지장을 주지 않는 새벽편 비행기를 이용하면 케언스에 도착하여 바로 관광이 가능하다. 시드니 공항은 총 3개의 터미널이 있으며, 터미널 2와 3이 국내선 전용이다. 구매한 국내선 항공기 편이 버진오스트레일리아, 젯스타, 타이거, 렉스라면 터미널 2, 콴타스 항공이라면 터미널 3을 이용하면 된다. • 케언스 시내로 이동, 그레이트 배리어 리프로 이동 – 그레이트 배리어 리프 : 세계 최대의 산호 군락지로, 보트에서 아름다운 바다를 바라보며 휴식을 취하거나 스노클링을 할 수 있다. 
5일차	케언스	• 털리 강 래프팅 투어 참가 – 투어 종료 후 무료 수영장인 케언스 라군(Lagoon)에서 수영 및 바비큐 파티 
6일차	시드니 인천	• 케언스에서 시드니 공항으로 이동 • 시드니 공항 출발 • 인천 공항 도착

09 Course
호주속의 작은 유럽에 취하다!
시드니+멜버른 6일 코스

호주 속 작은 유럽, 호주의 수도라고 착각하는 도시 멜버른과 시드니의 핫스팟도 모두 둘러보는 호주 도시 여행 일정!

일차	관광지	상세 일정
1일차	인천	인천 공항 출발

2일차	시드니	• 시드니 공항 도착
		  – 입국 심사 후 블루 마운틴 산맥으로 이동
		
		• 시드니 당일 투어 (p.96)
		  – 블루 마운틴 산맥 : 푸른빛이 도는 아름다운 산맥을 보는 당일 투어로 투어에 따라 캥거루, 코알라 등을 볼 수 있는 동물원에 들르기도 한다.
		  – 포트 스테판 : 모래사막에서 샌드 보드를 타고 식사 후 유람선을 타고 나가 야생 돌고래를 관람한다.
		
		Tip 블루 마운틴 산맥과 포트 스테판 외에도 하얀 모래가 흩뿌려진 모래사장으로 기네스북에 올라 있는 저비스 베이, 자연적으로 만들어진 블로우 홀을 통해 하늘 높이 날아오르는 수만 개의 물방울이 뿜어내는 파도 소리를 들을 수 있는 울릉공, 호주를 대표하는 와인 산지 중 하나인 헌터 밸리 와이너리 등 본인의 취향에 따라 선택할 수 있는 시드니 근교 투어들이 있다.

3일차	시드니	• 시드니 시내 관광
		  도시의 문화와 여유 그리고 낭만까지 느낄 수 있다.
		  – 아트 갤러리 NSW
		  – 하이드파크
		  – 오페라 하우스 내부 관람
		  – 시드니 아쿠아리움
		  – 시드니 크루즈 탑승
		
		Tip 앞서 제시한 시드니 시내 하루 코스는 동선에 맞추어 짜여진 코스이니, 자신의 성향에 맞게 코스 1, 2, 3을 선정하는 것이 가능하다.

4일차   멜버른

- 시드니 공항 출발
- 멜버른 공항 도착

Tip ▸ 멜버른에는 공항이 두 군데가 있는데, 툴라마린 공항과 아발론 공항이다. 가격은 아발론 공항으로 가는 것이 저렴하지만, 시내까지의 거리가 아발론이 멀다.

- 멜버른 시내의 숙소로 이동
- 그레이트 오션 로드로 이동
  - 멜버른 남쪽의 토키와 와남불에 이르는 214km의 해안도로로 12 사도상과 런던 아치 등 바람과 파도가 만들어 낸 자연 그대로의 예술품을 감상하며 드라이브하기에 좋은 곳이다. 운이 좋다면, 야생 코알라도 만나 볼 수 있다.

5일차   멜버른

- 호주 안의 유럽을 둘러보는 멜버른 시내 관광
  - 피츠로이 가든, 세인트 패트릭 성당의 이국적 풍경 즐기기
  - 버크스트리트몰에서의 쇼핑
  - 크라운 카지노에서 무료 게임 즐기기

- 멜버른에서 시드니 공항으로 이동

6일차   시드니 인천

- 시드니 공항 출발
- 인천 공항 도착

10 Course

붉은 대지 아웃백과 호주의 꽃 시드니를 한번에!
울루루+시드니 7일 코스

태초의 자연이 살아 숨 쉬는 세상의 중심, 울루루까지 비행기로 편하고 빠르게 다녀올 수 있는 단기 일정. 호주를 상징하는 메인 이미지 오페라 하우스와 울루루를 한번에!

일차	관광지	상세 일정
1일차	인천	인천 공항 출발
2일차	시드니 에어즈 록 리조트	• 시드니 공항 도착 - 입국 심사 후 국내선 공항으로 이동 • 시드니 공항 출발 • 에어즈 록 공항 도착 - AAT King's 버스 이용 에어즈 록 리조트로 이동(무료) **Tip** 울루루로 항공권 체크인을 할 때 왼쪽 창가 자리를 달라고 졸라 보자! 하늘에서 내려보는 에어즈 록의 광대함을 느낄 수 있다. • 에어즈 록 리조트 도착 후 휴식 및 투어 신청 - 에어즈 록 리조트의 무료 전망대에서 울루루 보기
3일차	에어즈 록 리조트	• 투어 참가 - 울루루 선라이즈 투어 - 울루루 베이스 워킹 또는 울루루 등반 - 카타추타 & 울루루 선셋 투어

4일차	에어즈 록 리조트	• 투어 참가 – 카타추타 오전 투어 **Tip** 3일차와 4일차의 투어는 울루루 익스프레스 2일 패스로 모두 참가가 가능하다. 가이드 설명(영어 또는 일어)이 필요하다면 AAT Kings의 투어를 이용하자. • 에어즈 록 리조트에서의 휴식 또는 낙타 사파리 등의 투어 참가
5일차	에어즈 록 리조트 시드니	• 에어즈 록 리조트에서 공항으로 이동 • 에어즈 록 공항 출발 • 시드니 공항 도착 – 시드니 시내로 이동 • 시드니 시내 관광 – 오페라 하우스 등 록스 지역 – 차이나타운, 달링 하버 등
6일차	시드니	• 시드니 근교 관광 – 블루 마운틴 산맥 : 푸른빛이 도는 아름다운 산맥을 보는 당일 투어로 투어에 따라 캥거루, 코알라 등을 볼 수 있는 동물원에 들르기도 한다. – 헌터 밸리 와이너리 투어 : 호주를 대표하는 와인 산지 중 하나인 헌터 밸리의 당일 투어는 와인 시음은 물론 저렴한 가격으로 와인을 구입할 수 있다.
7일차	인천	• 시드니 공항 출발 • 인천 공항 도착

액티비티, 광활한 대자연, 세련된 도시의 쓰리 콤보

케언스+울루루+시드니 10일 코스

국내선 항공편을 이용해 짧은 기간 동안 호주의 BEST 여행지 세 곳을 찾아가는 하이라이트 일정!

일차	관광지	상세 일정
1일차	인천	인천 공항 출발
2일차	시드니 케언스	• 시드니 공항 도착 - 입국 심사 후 국내선 공항으로 이동 • 시드니 공항 출발 • 케언스 공항 도착 • 스카이다이빙 또는 번지 점프 투어 참가 Tip. 긴 비행으로 긴 하루가 꽉찬 투어 일정을 소화하기에 무리가 있으므로 시내를 둘러보고 스카이다이빙이나 번지 투어에 참여해 보는 것이 좋다. 시내 관광도 한나절이면 충분하고, 스카이다이빙이나 번지 점프도 시간이 짧다. 나이트 마켓의 마사지 숍에서는 비교적 저렴한 가격으로 전신 마사지를 받을 수 있다. 한국인 스태프도 있기 때문에 피로를 풀면서 현지 정보를 얻을 수도 있다. 나이트 마켓의 마사지 숍은 보통 18시부터 정상 영업을 시작하지만, 점심시간 이후부터 스태프들이 나와 있다. 저녁처럼 붐비지 않기 때문에 같은 금액으로 더 많은 시간을 서비스 받을 수 있다.
3일차	케언스	• 털리 강 래프팅 투어 참가 - 투어 종료 후 무료 수영장인 케언스 라군(Lagoon)에서 수영 및 바비큐 파티
4일차	케언스	• 그레이트 배리어 리프 투어 참가 - 세계 최대 산호 군락지로 죽기 전에 꼭 가봐야 하는 여행지. 스노클링이나 보트를 즐길 수 있다. Tip. 케언스 시내를 둘러보는 데 1시간 정도면 충분하기 때문에 투어를 즐긴 후 시내 관광을 해도 된다.

일차	장소	일정

5일차	케언스
	에어즈 록
		• 시내에서 케언스 공항으로 이동
		• 케언스 공항 출발
		• 에어즈 록 공항 도착
		  – AAT King's 버스 이용 에어즈 록 리조트로 이동(무료)
		• 에어즈 록 리조트 도착 후 휴식 및 투어 신청
		  – 에어즈 록 리조트의 무료 전망대에서 울루루 보기

6일차	에어즈 록
	리조트
		• 투어 참가
		  – 울루루 선라이즈 투어
		  – 울루루 베이스 워킹 또는 울루루 등반
		  – 카타추타 & 울루루 선셋 투어

7일차	에어즈 록 리조트	• 투어 참가 – 카타추타 오전 투어 **Tip** 3일차와 4일차의 투어는 울루루 익스프레스 2일 패스로 모두 참가가 가능하다. 가이드 설명(영어 또는 일어)이 필요하다면 AAT Kings의 투어를 이용하자. • 에어즈 록 리조트에서의 휴식 또는 낙타 사파리 등의 투어 참가

8일차	에어즈 록
	리조트
	시드니
		• 골드코스트에서 브리즈번 공항으로 이동
		• 브리즈번 공항 출발
		• 시드니 공항 도착
		  – 시드니 시내로 이동
		• 시드니 시내 관광
		  – 오페라 하우스 등 록스 지역
		  – 차이나타운, 달링 하버 등

9일차	시드니	• 시드니 근교 관광
		  – 블루 마운틴 산맥 : 푸른빛이 도는 아름다운 산맥을 보는 당일 투어로 투어에 따라 캥거루, 코알라 등을 볼 수 있는 동물원에 들르기도 한다.
		  – 헌터 밸리 와이너리 투어 : 호주를 대표하는 와인 산지 중 하나인 헌터 밸리의 당일 투어는 와인 시음은 물론 저렴한 가격으로 와인을 구입할 수 있다.

10일차	시드니 인천	• 시드니 공항 출발 • 인천 공항 도착

12 Course

와인의 향기를 따라
대륙 횡단 장거리 열차 여행 14일 코스

호주의 3대 와인 산지 퍼스(마가렛 리버), 애들레이드(바롯사 밸리), 시드니(헌터 밸리)를 연결하는 것은 대륙을 가로지르는 인디안 퍼시픽 열차다. 붉은 아웃백을 가로지르며 와인향에 푹 빠져서 보내는 여행!

일차	관광지	상세 일정
1일차	인천 퍼스	• 인천 공항 출발 • 퍼스 도착 • 퍼스 국제 공항에서 시내로 이동(약 30분) 후 휴식
2일차	퍼스	• 퍼스 시내 및 근교 투어 　- 로트네스 섬의 에메랄드빛 바다에서 해양 레포츠와 휴식 즐기기 　- 클래식한 항구 도시 프리맨틀의 카푸치노 거리에서 즐기는 커피 한잔의 여유
3일차	마가렛 리버	• 와이너리 투어 참가하기 애들레이드의 바롯사 밸리, 시드니의 헌터 밸리와 함께 호주의 3대 와인 생산지인 마가렛 리버까지 투어로 다녀오자.  버스로 왕복 8~10시간이 소요되기 때문에 실제 와이너리 방문 시간은 짧다. 와인 애호가라면 당일치기 여행보다는 1박 2일 이상의 투어를 이용하는 게 좋다.

- 퍼스 시내 관광
  - 퍼스 시내를 한눈에 내려다볼 수 있는 킹스 파크
  - 상점가 및 레스토랑으로 붐비는 런던 코트 등의 시내 중심

[10:00] 퍼스 역에서 대륙 횡단 열차 인디안 퍼시픽 탑승

★ **주의** : 인디안 퍼시픽 퍼스-애들레이드는 매주 1회 일요일 출발한다.
(일 오전 10:00 퍼스 출발, 화 오전 07:20 애들레이드 도착)

4일차 퍼스

Tip 호주 장거리 열차 : www.greatsouthernrail.com.au

[20:35] 칼구리 도착 후 옵션 투어

- 칼구리 도착 후 옵션 투어
  골드러시 당시에 형성되어 호주 금광의 수도(Gold Capital)라 불리는 칼구리 마을의 독특한 모습을 인솔자와 함께 둘러볼 수 있다. 백여 년 전 금광에서 일하던 사람들이 노동 후 찾던 펍에서는 시원한 맥주를 마실 수도 있다.
  요금 Platinum&Gold Service guests : 무료, Red Service guests : A$ 70
  소요 시간 약 75분

[00:25] 칼구리 출발

5일차 장거리 열차

- 장거리 열차로 이동할 때는 책과 음악을 준비하는 게 좋다.
- 일출 전, 일몰 전 하늘이 가장 아름답게 물드는 마법의 시간대에는 차창을 통해 아웃백의 풍경을 꼭 감상하자.

[07:20] 애들레이드 도착

6일차 장거리 열차 애들레이드

- 애들레이드 시내 관광
  - 노스 애들레이드, 멜버른 스트리트, 라이트의 전망대
  - 빅토리아 스퀘어, 런들 몰

7일차	애들레이드	• 바롯사 밸리 와이너리 투어 참가 호주의 총 와인 생산량의 60%를 차지하는 호주 최대의 와인 산지다. 5~6곳의 와이너리만 방문하는 투어, 2~3곳의 와이너리와 독일인 마을인 한돌프를 함께 가는 투어 등 다양한 투어가 준비되어 있다. 

8일차	애들레이드	• 애들레이드 근교 관광
		  – 한돌프 독일인 마을 (와이너리, 맥주 공장 방문 가능)
		  – 바로 읽어도, 거꾸로 읽어도 글레넬그(GlenelG)의 해안가 산책

9일차	애들레이드	[10:15] 애들레이드에서 대륙 횡단 열차 인디안 퍼시픽 탑승!
		  ★ 화요일 10:15 애들레이드 출발, 수요일 11:07 시드니 도착
		
		[16:30] 브로큰 힐 도착 후 옵션 투어
		[18:30] 브로큰 힐 출발
		
		• 브로큰 힐 옵션 투어
		  은의 도시(Silver City)라 불리는 브로큰 힐을 인솔자와 함께 산책할 수 있다.
		  요금 Platinum&Gold Service guests : 무료, Red Service guests : A$ 75

10일차
11일차
	장거리 열차
	시드니
		[10:30] 시드니 센트럴 역 도착
		  – 시드니 시내의 숙소로 이동, 짐 보관 후 시내 관광
		
		• 시드니 시내 관광
		  – 오페라 하우스 등 록스 지역
		  – 차이나타운, 달링 하버 등
		  Tip 시드니 시내는 대부분 도보로 이동할 수 있기 때문에 교통에 대해 걱정할 필요가 없다.

12일차	시드니	• 시드니 근교 관광 　- 블루 마운틴 산맥 : 푸른빛이 도는 아름다운 산맥을 보는 당일 투어로 투어에 따라 캥거루, 코알라 등을 볼 수 있는 동물원에 들르기도 한다. 　- 헌터 밸리 와이너리 투어 : 호주를 대표하는 와인 산지 중 하나인 헌터 밸리의 당일 투어는 와인 시음은 물론 저렴한 가격으로 와인을 구입할 수 있다.  
13일차	시드니	• 시드니 시내 또는 해변 관광 　- 시드니 시내에서 기념품 및 간단한 쇼핑 즐기기 　- 해변을 따라 아름다운 카페가 이어져 있는 본다이 비치에서 해수욕 하기
14일차	시드니 인천	• 시드니 공항 출발 • 인천 도착

Course 13

케언스에서 시드니까지라
동부 해안 따라 버스 여행 15일 코스

애니메이션 '니모를 찾아서'의 여정인 케언스-시드니를 버스로 따라가 보자.
다양한 액티비티와 해양 레포츠를 즐길 수 있기 때문에 활동적인 젊은 여행객에게 인기!

일차	관광지	상세 일정
1일차	인천	인천 공항 출발
2일차	시드니 케언스	• 시드니 공항 도착 – 입국 심사 후 국내선 공항으로 이동 • 시드니 공항 출발 • 케언스 공항 도착 • 스카이다이빙 또는 번지 점프 투어 참가 **Tip** 긴 비행으로 긴 하루가 꽉찬 투어 일정을 소화하기에 무리가 있으므로 시내를 둘러보고 스카이다이빙이나 번지 투어에 참여해 보는 것이 좋다. 시내 관광도 한나절이면 충분하고, 스카이다이빙이나 번지 점프도 시간이 짧다. 나이트 마켓의 마사지 숍에서는 비교적 저렴한 가격으로 전신 마사지를 받을 수 있다. 한국인 스태프도 있기 때문에 피로를 풀면서 현지 정보를 얻을 수도 있다. 나이트 마켓의 마사지 숍은 보통 18시부터 정상 영업을 시작하지만, 점심시간 이후부터 스태프들이 나와 있다. 저녁처럼 붐비지 않기 때문에 같은 금액으로 더 많은 시간을 서비스 받을 수 있다.
3일차	케언스	• 그레이트 배리어 리프 투어 참가 – 세계 최대 산호 군락지로 죽기 전에 꼭 가봐야 하는 여행지. 스노클링이나 보트를 즐길 수 있다. **Tip** 케언스 시내를 둘러보는 데 1시간 정도면 충분하기 때문에 투어를 즐긴 후 시내 관광을 해도 된다.

| 4일차 | 케언스
에얼리 비치 | [00:30] 케언스 버스터미널로 이동
[01:00] 케언스에서 야간 버스 이용
　　　　 에얼리 비치로 출발
[11:10] 에얼리 비치 도착

Tip 호주 버스를 이용한 여행을 하기 위해서는 그레이하운드 혹은 프리미어모터를 이용해야 한다. 그레이하운드는 호주 전 지역 운행, 운행 횟수가 상대적으로 많다. 반면에 프리미어모터는 그레이하운드보다 싸지만, 호주 동부만을 운행하고 운행 횟수가 적다. 체크인 등의 이유로 최소한 버스 출발 20분 전에 도착해야 한다.
그레이하운드 www.greyhound.com.au
프리미어모터 www.premierms.com.au

• 에얼리 비치의 무료 수영장인 라군에서 수영 및 휴식
• 다음 날 이용할 세일링 투어 예약하기

Tip 주말에 에얼리 비치에 도착하면 주말 마켓을 구경할 수 있다. |

| 5일차 | 에얼리 비치 | • 에얼리 비치 세일링 투어 참가하기

Tip 에얼리 비치에는 다양한 세일링 투어가 진행되고 있다. 우리나라에서는 쉽게 접할 수 없는 것이기 때문에 가격보다는 배의 외관 등을 고려해 자기가 타고 싶은 스타일의 배를 선택하는 게 좋다.

[21:00] 에얼리 비치에서 야간 버스를 이용해 허비 베이로 출발 |

| 6일차 | 허비 베이 | [11:00] 허비 베이 도착

• 허비 베이는 프레이저 섬을 가기 위해 들르는 도시로 생각하는 게 좋다. 6일 동안 비행기와 버스에서 3회의 야간 버스로 지친 몸을 달래 주는 것이 좋다. |

| 7일차 | 허비 베이
프레이저 섬 | • 세계 최대의 모래섬 프레이저 섬 1박 2일 투어 참가
　- 4륜 구동 자동차로 70마일 해변 드라이브
　- 때 묻지 않은 자연에서 즐기는 부시 워킹(열대우림 산책)
　- 딩고를 비롯한 각종 희귀 동물 관찰

Tip 허비 베이의 숙소는 프레이저 섬 투어가 끝날 때까지 짐을 보관해 준다. 투어 참가 시에는 귀중품과 반드시 필요한 것들만 챙긴다. 일정에 따라 한 곳 또는 두 곳의 호수를 방문하는데 수영도 가능하니 수영복은 반드시 챙기자. |

| 8일차 | 프레이저 섬
허비 베이 | • 투어 종료 후 허비 베이로 이동 후 휴식 |

9일차	허비 베이 브리즈번	[08:40] 허비 베이에서 야간 버스를 이용해 브리즈번으로 출발 [14:15] 브리즈번 도착 • 브리즈번 시내 관광 – 퀸 스트리트 몰에서 상점가 구경 및 카페, 레스토랑에서 식사 – 사우스뱅크 산책 또는 무료 수영장 이용하기
10일차	브리즈번 골드코스트	[11:00] 브리즈번 출발 [12:15] 골드코스트 서퍼스 파라다이스 도착 • 골드코스트 도착 후 해변에서 휴식 또는 서핑 배우기 Tip 골드코스트를 여행할 때 가장 편한 복장은 반바지에 슬리퍼!
11일차	골드코스트	• 골드코스트 테마파크 즐기기 – 무비월드 : 미국 영화와 애니메이션을 테마로 하고 있는 곳으로 탈거리도 많지만 무엇보다 베트맨, 오스틴 파워, 루니툰즈, 슈렉 등의 캐릭터들과 만나 기념 촬영을 하는 것이 즐겁다. – 시월드 : 돌고래 쇼, 물개 쇼, 수상스키 쇼 등의 해양 관련 쇼가 핵심인 곳. 스릴 있는 놀이기구는 전혀 없고 아이들을 위한 놀이기구 몇 개만 있다. – 드림월드 : 성인을 위한 짜릿한 놀이기구, 어린이를 위한 동물원이 있어 모든 연령대에서 평균적으로 높은 평가를 받는 곳이다.

[15:45] 서퍼스 파라다이스에서 시드니로 출발

12일차	시드니	[07:10] 시드니 도착 – 시드니 시내의 숙소로 이동 짐 보관 후 시내 관광 • 시드니 시내 관광 – 오페라 하우스 등 록스 지역 – 차이나타운, 달링 하버 등 Tip 시드니 시내는 대부분 도보로 이동할 수 있기 때문에 교통에 대해 걱정할 필요가 없다.
13일차	시드니	• 시드니 근교 관광 – 블루 마운틴 산맥 : 푸른빛이 도는 아름다운 산맥을 보는 당일 투어로 투어에 따라 캥거루, 코알라 등을 볼 수 있는 동물원에 들르기도 한다. – 헌터 밸리 와이너리 투어 : 호주를 대표하는 와인 산지 중 하나인 헌터 밸리의 당일 투어는 와인 시음은 물론 저렴한 가격으로 와인을 구입할 수 있다.
14일차	시드니	• 시드니 시내 또는 해변 관광 – 시드니 시내에서 기념품 및 간단한 쇼핑 즐기기 – 해변을 따라 아름다운 카페가 이어져 있는 본다이 비치에서 해수욕 하기
15일차	시드니 인천	• 시드니 공항 출발 • 인천 공항 도착

장거리 열차와 국내선 항공편을 이용!
퍼스+울루루+시드니 15일 코스

호주의 3가지 장거리 열차 중 가장 인기 있는 더 간(The Ghan)과
인디안 퍼시픽을 이용해 아웃백을 100% 관광하고 비행기를 이용해 시드니까지 여행한다.

일차	관광지	상세 일정
1일차	인천 퍼스	• 인천 공항 출발 • 퍼스 도착 • 퍼스 국제 공항에서 시내로 이동(약 30분) 후 휴식
2일차	마가렛 리버	• 와이너리 투어 참가하기 애들레이드의 바롯사 밸리, 시드니의 헌터 밸리와 함께 호주의 3대 와인 생산지인 마가렛 리버까지 투어로 다녀오자. Tip 버스로 왕복 8~10시간이 소요되기 때문에 실제 와이너리 방문 시간은 짧다. 와인 애호가라면 당일치기 여행보다는 1박 2일 이상의 투어를 이용하는 게 좋다.
3일차	퍼스	• 퍼스 시내 관광 - 퍼스 시내를 한눈에 내려다볼 수 있는 킹스 파크 - 상점가 및 레스토랑으로 붐비는 런던 코트 등의 시내 중심 [10:00] 퍼스 역에서 대륙 횡단 열차 인디안 퍼시픽 탑승! ★ 주의 : 인디안 퍼시픽 퍼스-애들레이드는 매주 1회 일요일 출발한다. (일 오전 10:00 퍼스 출발, 화 오전 07:20 애들레이드 도착) Tip 호주 장거리 열차 : www.greatsouthernrail.com.au 호주 대륙을 누비는 장거리 열차는 크게 세 가지가 있다. 대륙 횡단 열차가 모두 만나는 지점은 애들레이드이며, 인디안 퍼시픽, 더 간, 오버랜드. 인디안 퍼시픽은 시드니-퍼스 구간을 동-서로 횡단, 더 간은 다윈-애들레이드 구간을 남-북으로 종단한다. 그리고 오버랜드는 애들레이드-멜버른 구간을 운행한다. 열차가 주당 1회 운행하므로 이후 일정과 맞지 않는 경우 이 구간은 비행기를 이용하는 것을 추천한다. [20:35] 칼구리 도착 후 옵션 투어 • 칼구리 도착 후 옵션 투어 골드러시 당시에 형성되어 호주 금광의 수도(Gold Capital)라 불리는 칼구리 마을의 독특한 모습을 인솔자와 둘러본다.

4일차	장거리 열차	[00:25] 칼구리 출발 • 장거리 열차로 이동을 할 때는 책과 음악을 준비하는 게 좋다. • 일출 전, 일몰 전 하늘이 가장 아름답게 물드는 마법의 시간대에는 차창을 통해 아웃백의 풍경을 감상하는 것을 잊지 말자.
5일차	장거리 열차 애들레이드	[07:20] 애들레이드 도착   • 애들레이드 시내 관광 – 노스 애들레이드, 멜버른 스트리트, 라이트의 전망대 – 빅토리아 스퀘어, 런들 몰
6일차	애들레이드	• 바롯사 밸리 와이너리 투어 참가 – 호주의 총 와인 생산량의 60%를 차지하는 호주 최대의 와인 산지다. 5~6곳의 와이너리만 방문하는 투어, 2~3곳의 와이너리와 독일인 마을인 한돌프를 함께 가는 투어 등 다양한 투어가 준비되어 있다. 
7일차	애들레이드 장거리 열차	[12:15] 애들레이드에서 대륙 종단 열차 더 간 탑승! ★ 퍼스에서 일요일에 출발하는 편을 타면 화요일에 애들레이드 도착 후 일요일에 애들레이드를 떠나야 한다. 애들레이드에서 매주 일요일, 1편 출발한다.
8일차	장거리 열차 앨리스 스프링스	[13:45] 앨리스 스프링스 도착 후 시내 관광 – 앨리스 스프링스 최대의 번화가 토들 몰 – 시내와 아웃백의 웅장한 자연을 한눈에 볼 수 있는 안작힐 산책

9일차	앨리스 스프링스 에어즈 록 리조트	[07:00] 앨리스 스프링스에서 AAT King's 버스로 출발 [13:00] 에어즈 록 리조트 도착 • 에어즈 록 리조트 도착 후 휴식 및 투어 신청 　– 에어즈 록 리조트의 무료 전망대에서 울루루 보기
10일차	에어즈 록 리조트	• 투어 참가 　– 울루루 선라이즈 투어 　– 울루루 베이스 워킹 또는 울루루 등반 　– 카타추타 & 울루루 선셋 투어 
11일차	에어즈 록 리조트	• 투어 참가 　– 카타추타 오전 투어 • 에어즈 록 리조트에서 휴식을 취하거나 낙타 사파리 등의 투어 참가
12일차	에어즈 록 리조트 시드니	• 에어즈 록 리조트에서 공항으로 이동 • 에어즈 록 공항 출발 • 시드니 공항 도착 　– 시드니 시내로 이동 • 시드니 시내 관광 　– 오페라 하우스 등 록스 지역 　– 차이나타운, 달링 하버 등 

13일차	시드니	• 시드니 근교 관광
		  – 블루 마운틴 산맥 : 푸른빛이 도는 아름다운 산맥을 보는 당일 투어로 투어프로그램에 따라 캥거루, 코알라 등을 볼 수 있는 동물원에 들르기도 한다.
		  – 헌터 밸리 와이너리 투어 : 호주를 대표하는 와인 산지 중 하나인 헌터 밸리의 당일 투어는 와인 시음은 물론 저렴한 가격으로 와인을 구입할 수 있다.

14일차	시드니	• 시드니 시내 또는 해변 관광
		  – 시드니 시내에서 기념품 및 간단한 쇼핑 즐기기
		  – 해변을 따라 아름다운 카페가 이어져 있는 본다이 비치에서 해수욕 하기

15일차	시드니 인천	• 시드니 공항 출발 • 인천 공항 도착

15 Course
All About Australia
호주 완전 정복 30일 코스

장거리 열차와 버스, 국내선 항공편을 이용해 호주의 볼 만한 곳에 모두 가 보는 최상의 일정

일차	관광지	상세 일정
1일차	인천 퍼스	• 인천 공항 출발 • 퍼스 도착 • 퍼스 국제 공항에서 시내로 이동(약 30분) 후 휴식
2일차	마가렛 리버	• 와이너리 투어 참가하기 애들레이드의 바롯사 밸리, 시드니의 헌터 밸리와 함께 호주의 3대 와인 생산지인 마가렛 리버까지 투어로 다녀오자. Tip 버스로 왕복 8~10시간이 소요되기 때문에 실제 와이너리 방문 시간은 짧다. 와인 애호가라면 당일치기 여행보다는 1박2일 이상의 투어를 이용하는 것이 좋다.

3일차	퍼스	• 퍼스 시내 관광
		  - 퍼스 시내를 한눈에 내려다 볼 수 있는 킹스 파크
		  - 상점가 및 레스토랑으로 붐비는 런던 코트 등의 시내 중심
		[10:00] 퍼스 역에서 대륙 횡단 열차 인디안 퍼시픽 탑승!
		★주의 : 인디안 퍼시픽 퍼스-애들레이드는 매주 1회 일요일 출발한다.
		       (일 오전 10:00 퍼스 출발, 화 오전 07:20 애들레이드 도착)
		[20:35] 칼구리 도착 후 옵션 투어
		• 칼구리 옵션 투어
		골드러시 당시에 형성되어 호주 금광의 수도(Gold Capital)라 불리는 칼구리 마을의 독특한 모습을 인솔자와 둘러본다.

4일차	장거리 열차	[00:25] 칼구리 출발 • 장거리 열차로 이동할 때는 책과 음악을 준비하는 게 좋다. • 일출 전, 일몰 전 하늘이 가장 아름답게 물드는 마법의 시간대에는 차창을 통해 아웃백의 풍경을 꼭 감상하자.

5일차	장거리 열차
	애들레이드
		[07:20] 애들레이드 도착 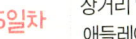
		
		• 애들레이드 시내 관광
		  – 노스 애들레이드, 멜버른 스트리트, 라이트의 전망대
		  – 빅토리아 스퀘어, 런들 몰

6일차	애들레이드	• 바롯사 밸리 와이너리 투어 참가 호주의 총 와인 생산량의 60%를 차지하는 호주 최대의 와인 산지다. 5~6곳의 와이너리만 방문하는 투어, 2~3곳의 와이너리와 독일인 마을인 한돌프를 함께 가는 투어 등 다양한 투어가 준비되어 있다. 
7일차	애들레이드 장거리 열차	[12:15] 애들레이드에서 대륙 종단 열차 더 간 탑승! ★ 퍼스에서 일요일에 출발하는 편을 타면 화요일에 애들레이드 도착 후 일요일에 애들레이드를 떠나야 한다. 애들레이드에서 매주 일요일, 1편 출발한다.
8일차	장거리 열차 앨리스 스프링스	[13:45] 앨리스 스프링스 도착 후 시내 관광 – 앨리스 스프링스 최대의 번화가 토들몰 – 시내와 아웃백의 웅장한 자연을 한눈에 볼 수 있는 안작힐 산책

9일차	앨리스 스프링스 에어즈 록 리조트	[07:00] 앨리스 스프링스에서 AAT King's 버스로 출발 [13:00] 에어즈 록 리조트 도착 • 에어즈 록 리조트 도착 후 휴식 및 투어 신청 – 에어즈 록 리조트의 무료 전망대에서 울루루 보기

10일차	에어즈 록 리조트	• 투어 참가
		   – 울루루 선라이즈 투어
		   – 울루루 베이스 워킹 또는 울루루 등반
		   – 카타추타 & 울루루 선셋 투어

11일차	에어즈 록 리조트	• 투어 참가 – 카타추타 오전 투어 • 에어즈 록 리조트에서 휴식을 취하거나 낙타 사파리 등의 투어 참가

12일차	에어즈 록 리조트 케언스	• 에어즈 록 리조트에서 공항으로 이동
		• 에어즈 록 공항 출발
		• 케언스 공항 도착
		   – 케언스 시내로 이동
		   – 유학원 하나원을 통해 무료 픽업을 받을 수 있다. (사전에 정보 확인)
		
		• 케언스 시내 관광
		   – 무료 수영장인 케언스 라군(Lagoon)에서 수영 및 바비큐 파티

13일차
14일차
	케언스	• 액티비티의 천국 케언스에서 당일 투어 이용하기
		   – 짜릿한 쾌감을 느낄 수 있는 스카이다이빙, 번지 점프
		   – 애니메이션의 주인공 니모를 만날 수 있는 에메랄드빛 바다, 그레이트 배리어 리프
		   – 전 세계적으로 인정받고 있는 코스를 자랑하는 털리 강 래프팅
		   – 미야자키 하야오의 애니메이션 〈천공의 성 라퓨타〉의 무대, 파노넬라 공원
		
		Tip 케언스의 다양한 액티비티를 마친 후 야간 버스로 이동하면 상당히 피곤하다. 야간 버스에 타기 전 케언스 나이트 마켓에서 마사지를 받는 것은 어떨까? 비교적 저렴한 가격으로 40분간 전신 마사지를 받을 수 있으며, 한국인 스태프도 있다.

15일차	케언스 에얼리 비치	[00:30] 케언스 버스터미널로 이동 [01:00] 케언스에서 야간 버스 이용 에얼리 비치로 출발 [11:10] 에얼리 비치 도착 • 에얼리 비치의 무료 수영장인 라군에서 수영 및 휴식 • 다음 날 이용할 세일링 투어 예약하기 **Tip** 주말에 에얼리 비치에 도착하면 주말 마켓을 구경할 수 있다.
16일차	에얼리 비치	• 에얼리 비치 세일링 투어 참가하기 **Tip** 에얼리 비치에는 다양한 세일링 투어가 진행되고 있다. 우리나라에서는 쉽게 접할 수 없기 때문에 가격보다는 배의 외관 등을 고려해 자기가 타고 싶은 스타일의 배를 선택하는 것이 좋다. [21:00] 에얼리 비치에서 야간 버스 이용, 허비 베이로 출발
17일차	허비 베이	[11:00] 허비 베이 도착 • 허비 베이는 프레이저 섬을 가기 위해 들르는 도시로 생각하는 게 좋다. 이곳에서 6일 동안 비행기와 3회의 야간 버스를 타며 지친 몸을 달래 주는 것이 좋다.
18일차	허비 베이 프레이저 섬	• 세계 최대의 모래섬 프레이저 섬 1박 2일 투어 참가 　- 4륜 구동 자동차로 70마일 해변 드라이브 　- 때 묻지 않은 자연에서 즐기는 부시 워킹(열대우림 산책) 　- 딩고를 비롯한 각종 희귀 동물 관찰 **Tip** 허비 베이의 숙소에선 프레이저 섬 투어가 끝날 때까지 짐을 보관해 준다. 투어 참가 시에는 귀중품과 반드시 필요한 것들만 챙기도록 하자. 일정에 따라 한 곳 또는 두 곳의 호수를 방문하는데, 수영도 가능하니 수영복은 반드시 챙기자.
19일차	프레이저 섬 허비 베이	• 투어 종료 후 허비 베이로 이동 후 휴식
20일차	허비 베이 브리즈번	[08:40] 허비 베이 출발 [14:15] 브리즈번 도착 • 브리즈번 시내 관광 　- 퀸 스트리트 몰에서 상점가 구경 및 카페, 레스토랑에서 식사 　- 사우스뱅크 산책 또는 무료 수영장 이용하기

21일차	브리즈번 골드코스트	[11:00] 브리즈번 출발 [12:15] 골드코스트 서퍼스 파라다이스 도착 • 골드코스트 도착 후 해변에서 휴식 또는 서핑 배우기 Tip 골드코스트를 여행할 때 가장 편한 복장은 반바지에 슬리퍼! 
22일차	골드코스트	• 골드코스트 테마파크 즐기기 – 무비월드 : 미국 영화와 애니메이션을 테마로 하고 있는 곳으로 탈거리도 많지만 무엇보다 베트맨, 오스틴 파워, 루니툰즈, 슈렉 등의 캐릭터들과 만나 기념 촬영을 하는 것이 즐겁다. – 시월드 : 돌고래 쇼, 물개 쇼, 수상스키 쇼 등의 해양 관련 쇼가 핵심인 곳. 스릴 있는 놀이기구는 전혀 없고 아이들을 위한 놀이기구 몇 개만 있다. – 드림월드 : 성인을 위한 짜릿한 놀이기구, 어린이를 위한 동물원이 있어 모든 연령대에서 평균적으로 높은 평가를 받는 곳이다. [15:45] 서퍼스 파라다이스에서 시드니로 출발
23일차	시드니	[07:10] 시드니 도착 – 시드니 시내의 숙소로 이동, 짐 보관 후 시내 관광 • 시드니 시내 관광 – 오페라 하우스 등 록스 지역 – 차이나타운, 달링 하버 등 Tip 시드니 시내는 대부분 도보로 이동할 수 있기 때문에 교통에 대해 걱정할 필요가 없다.
24일차	시드니	• 시드니 근교 관광 – 블루 마운틴 산맥 : 푸른빛이 도는 아름다운 산맥을 보는 당일 투어로 투어 프로그램에 따라 캥거루, 코알라 등을 볼 수 있는 동물원에 들르기도 한다. – 헌터 밸리 와이너리 투어 : 호주를 대표하는 와인 산지 중 하나인 헌터 밸리의 당일 투어는 와인 시음은 물론 저렴한 가격으로 와인을 구입할 수 있다. 

25일차	시드니	• 시드니 시내 또는 해변 관광 - 시드니 시내에서 기념품 및 간단한 쇼핑 즐기기 - 해변을 따라 아름다운 카페가 이어져 있는 본다이 비치에서 해수욕 하기
26일차	시드니 캔버라	[09:30] 시드니 센트럴 역 버스터미널에서 캔버라로 출발 [13:30] 캔버라 도착 • 호주의 수도 캔버라 관광 - 계획 도시 캔버라의 아름다운 건축물과 시내 조경 감상 - 전쟁기념관, 내셔널 뮤지엄, 국회 의사당 등 관광 [23:00] 캔버라에서 멜버른으로 출발
27일차	멜버른	[07:05] 멜버른 도착 • 멜버른 시내 관광 - 드라마 '미안하다 사랑한다'의 촬영지 찾아보기 - 멜버른의 무료 트램인 시티 서클을 이용하여 시내 둘러보기 - 남반구 최대의 카지노, 크라운 카지노 앞에서 분수와 함께 멜버른의 야경 감상
28일차	멜버른	• 그레이트 오션 로드 투어 참가 - 멜버른에서 애들레이드 가는 방향으로 해안을 따라 이어진 아름다운 도로 - 12 사도상, 런던 브리지 등의 신이 만든 기암절벽 감상
29일차	멜버른	• 당일 투어로 근교 관광 - 개방형의 오픈 열차로 단데농 관광 및 삼림욕 - 골드러시 당시의 모습을 재현한 호주판 민속촌 발라렛 - 세상에서 제일 작은 펭귄의 행진을 볼 수 있는 필립 섬 야간 투어
30일차	멜버른 홍콩 인천	• 멜버른 시내에서 공항으로 출발 • 멜버른 공항 출발 • 홍콩 공항 도착 • 홍콩 공항 출발 • 인천 공항 도착

지역 여행

- **시드니** 록스 · 서큘러 키 | 시드니 시내 중심
 달링 하버 | 시드니의 해변
- **케언스** 케언스 시내 | 케언스 근교
- **브리즈번** 브리즈번 시내 | 브리즈번 사우스뱅크 | 브리즈번 근교
- **골드코스트** 서퍼스 파라다이스 주변 | 골드코스트의 테마파크
- **멜버른** 멜버른 시내 야라 강 북쪽 | 멜버른 시내 야라 강 남쪽
- **애들레이드** 애들레이드 시내 | 애들레이드 근교
- **퍼스** 퍼스 시내 | 퍼스 근교
- **울루루**

시드니

호주를 한눈에 담고 있는 곳

시드니는 호주의 수도일까? 땡! 호주의 수도는 캔버라다. 하지만 대부분 사람들이 시드니를 호주의 수도라 착각할 만큼 시드니는 호주를 대표하는 도시다.
오페라 하우스와 하버 브리지, 개척 시대의 모습을 간직한 록스 지역의 오래된 골목과 노천카페, 곳곳에서 열리는 거리 공연이 선사하는 넉넉한 여유와 낭만은 시드니를 느끼는 데 부족함이 없다.
시드니 코브(Sydney Cove)는 1788년에 호주에서 최초로 영국의 식민지가 된 곳이다. 그래서 한때 시드니 사람들은 '시드니 사이더(Sydneysider)'로 불리기도 했지만, 현재 이곳은 2017년 기준 인구 약 547만 명을 거느린 호주에서 인구가 가장 많은 도시로 발돋움했다.

Sydney

시드니의 가장 큰 매력은 대비와 공존이다. 고풍스러운 골목과 세련미를 갖춘 고층 빌딩 지대가 공존하고, 서구의 문화와 아시아의 문화가 함께 어울려 재미를 더한다.
아름다운 야경에 흠뻑 취할 수 있는 달링 하버와 남반구 최대의 환락가 킹스 크로스, 태평양의 하얀 파도가 부서지는 서빙의 본고장 본다이 비치가 있는 그곳! 시드니로 가자!

Dress code

기온에 맞춰서 입되 레포츠 계획이 없다면, 슬리퍼나 과도한 스포츠룩보다는 약간 도시적인 스타일로 입자. 카페에 앉아 여유 있는 시간, 낭만적인 분위기를 연출할 수 있는 옷을 준비하는 것도 좋다.

Travel point

레스토랑	★★★★★
쇼핑	★★★★★
볼거리	★★★★★
레포츠	★★★☆☆

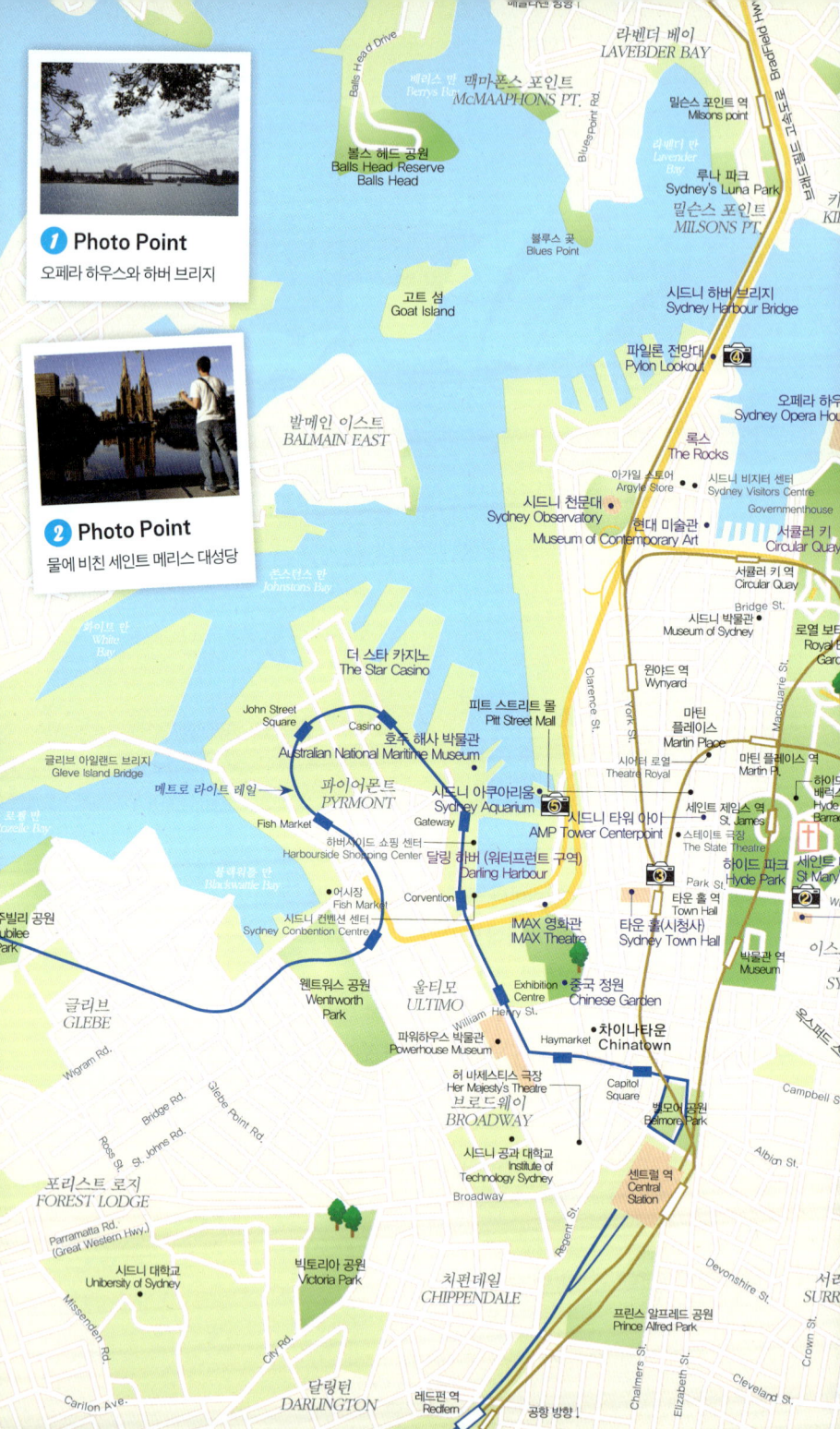

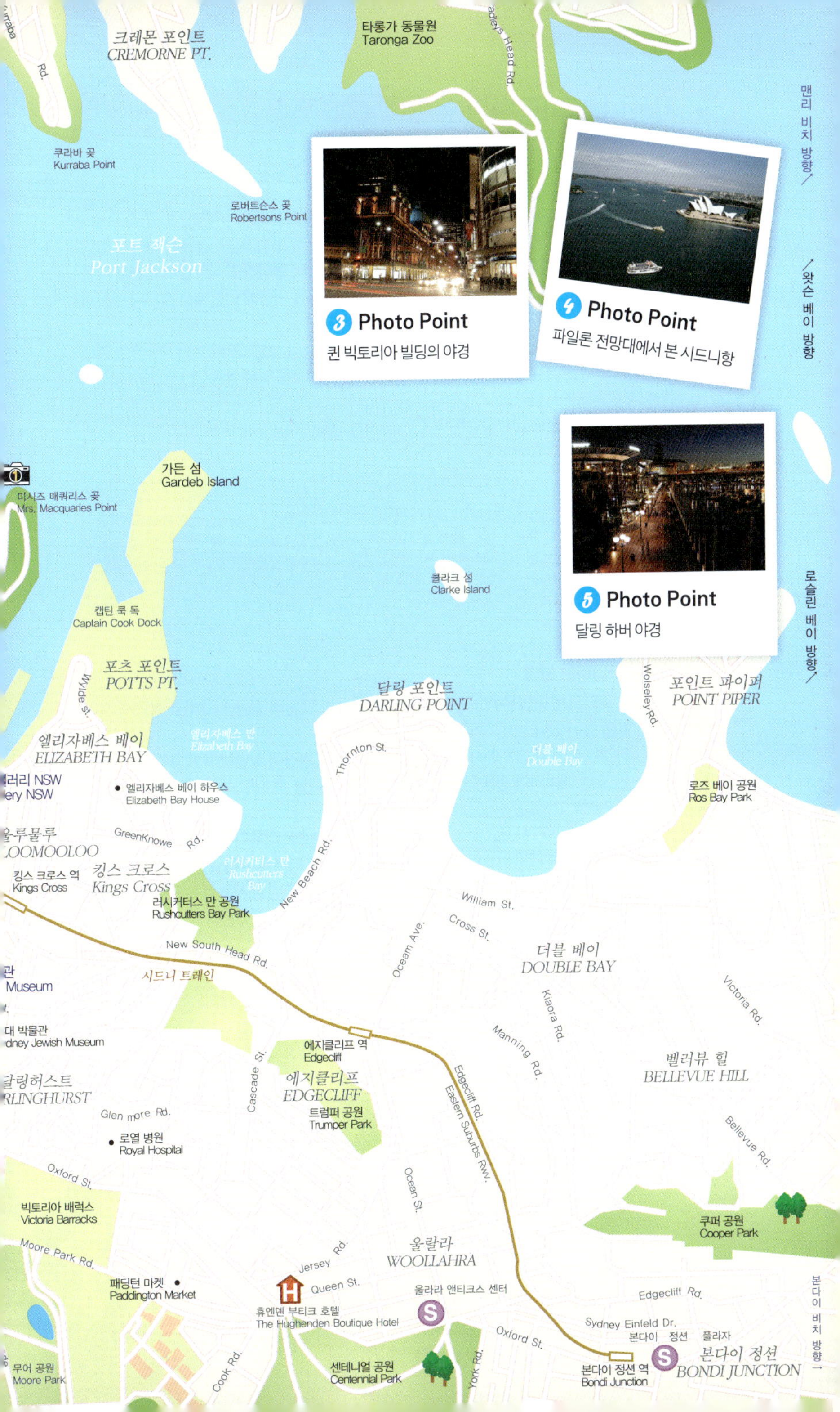

크레몬 포인트
CREMORNE PT.

타롱가 동물원
Taronga Zoo

쿠라바 꽃
Kurraba Point

맨리 비치 방향

로버트슨스 꽃
Robertsons Point

포트 잭슨
Port Jackson

왓슨 베이 방향

③ Photo Point
퀸 빅토리아 빌딩의 야경

④ Photo Point
파일론 전망대에서 본 시드니항

가든 섬
Gardeb Island

미시즈 매쿼리스 꽃
Mrs. Macquaries Point

클라크 섬
Clarke Island

⑤ Photo Point
달링 하버 야경

로슬린 베이 방향

캡틴 쿡 독
Captain Cook Dock

포츠 포인트
POTTS PT.

달링 포인트
DARLING POINT

포인트 파이퍼
POINT PIPER

엘리자베스 베이
ELIZABETH BAY

엘리자베스 만
Elizabeth Bay

더블 베이
Double Bay

러리 NSW
ery NSW

엘리자베스 베이 하우스
Elizabeth Bay House

로즈 베이 공원
Ros Bay Park

울루물루
OOMOOLOO

GreenKnowe Rd.

Wolseley Rd.

킹스 크로스 역
Kings Cross

킹스 크로스
Kings Cross

러시커터스 만
Rushcutters Bay

New Beach Rd.

러시커터스 만 공원
Rushcutters Bay Park

William St.
Cross St.

New South Head Rd.

시드니 트래인

더블 베이
DOUBLE BAY

관
Museum

Ocean Ave.

Victoria Rd.

대 박물관
dney Jewish Museum

Klaora Rd.
Manning Rd.

벨러뷰 힐
BELLEVUE HILL

에지클리프 역
Edgecliff

Cascade St.

에지클리프
EDGECLIFF

Bellevue Rd.

갈링허스트
RLINGHURST

Glen more Rd.

트럼퍼 공원
Trumper Park

로열 병원
Royal Hospital

Eastern Suburbs Rwy.

Oxford St.

Ocean St.

쿠퍼 공원
Cooper Park

빅토리아 배럭스
Victoria Barracks

Moore Park Rd.

패딩턴 마켓
Paddington Market

Jersey Rd.

울라라
WOOLLAHRA

Queen St.

휴엔덴 부티크 호텔
The Hughenden Boutique Hotel

울라라 앤틱스 센터

Edgecliff Rd.

Sydney Einfeld Dr.
본다이 정션 플라자

본다이 비치 방향

무어 공원
Moore Park

Cook Rd.

센테니얼 공원
Centennial Park

York Rd.
Oxford St.

본다이 정션 역
Bondi Junction

본다이 정션
BONDI JUNCTION

✈ 시드니로 이동하기

우리나라에서 가기

우리나라에서 시드니까지는 대한 항공(KE)과 아시아나 항공(OZ)의 직항을 비롯해, 외국 항공사의 경유까지 다양한 노선이 운행되고 있다. 항공사(저가, 메이저, 국적기)와 직항, 경유에 따라서 항공 요금의 차이가 생긴다. 만약 단기 여행을 준비한다면 비용이 조금 더 들더라도 직항편이 시간을 효율적으로 사용할 수 있기 때문에 더 유용하다. 운이 좋다면 코드쉐어를 이용해 인천에서 시드니 구간의 직항을 저렴하게 이용할 수도 있다.

그러나 시간적으로 여유가 있다면, 직항에 비해 저렴할 뿐만 아니라 스톱 오버(Stop Over)를 통해 경유지를 관광할 수도 있는 경유편을 이용하는 것이 좋다. 경유 항공은 일본 항공(JL), 캐세이패시픽(CX), 말레이시아 항공(MH), 싱가포르 항공(SQ) 등이 있다.

비행시간은 직항이 10시간 정도이며 경유는 약 13~15시간 정도이다.

> **코드쉐어(Codeshare)**
> 항공사 간의 협약을 통해 좌석을 공유하는 것이다. 시드니 코드쉐어편을 예로 설명하면, 예약과 구입은 콴타스 항공으로 하지만 실제 비행기는 아시아나 항공의 비행기를 타며, 인천 공항에서의 체크인 수속도 아시아나 항공에서 하게 된다. 요금은 아시아나 항공의 요금보다 저렴하지만 코드쉐어편에 배정되는 좌석 수가 많지 않기 때문에 예약이 늦을 경우, 좌석을 확보하지 못하는 일이 많다.

저렴한 항공권을 구입하는 방법

저렴하게 항공권을 구입하는 방법은 항공사의 프로모션 티켓과 땡처리 항공권 그리고 항공사 사이트에서 확인하는 방법 등이 있다.

항공사 프로모션 티켓은 항공권 전체에서 1~2%의 좌석을 일정 기간에 할인하여 제공하는 것이다. 이를 통해 항공사는 고객 데이터가 만들어지고, 홍보 효과를 기대할 수 있다는 장점 때문에 일부 항공 좌석을 저렴하게 판매하고 있다.

땡처리 항공권은 판매되지 않은 항공권을 저렴하게 판매하는 것이다. 더욱이 저가 항공사와 메이저 항공사가 경쟁을 하는 상품이라 기대 이상의 할인된 금액으로 좋은 티켓을 구할 수 있다.

마지막으로 항공사 사이트에서 직접 확인하는 방법이다. 여행사에서 항공권을 블록으로 사기도 하며, 블록별 가격에 여행사 마진이 있는 경우가 있기 때문에 저가 항공사 직항편을 찾아보는 것이 보다 빠른 방법이다.

호주의 다른 도시에서 가기

콴타스 항공, 제트스타, 버진 오스트레일리아로 대표되는 호주의 국내선 항공사들이 호주의 거의 모든 도시와 시드니를 연결하고 있다. 가장 수요가 많은 시드니와 멜버른 구간은 하루 약 50편 이상 운항하기 때문에 원하는 시간에 언제든지 이동할 수 있다.

또한 그레이하운드 외에도 다양한 장거리 버스가 운행되고 있다. 멜버른까지 약 12시간, 브리즈번까지는 약 14시간 정도 소요된다.

공항에서 시내로

짐이 많지 않다면 에어포트 링크(Airport Link) 열차를 이용하는 게 가장 **빠르고 저렴하다**. 하지만 짐이 많거나 호텔로 바로 이동할 생각이라면 택시를 이용하는 게 편리하다.

 시드니 공항에서 시내로 가는 가장 편하고 빠른 방법은 에어포트 링크를 타고 시내로 가는 것이다. 에어포트 링크는 시드니 공항에서 시내까지 연결된 지하철로 시내 중심인 센트럴 역까지 15분이면 이동할 수 있는데 가격은 A$ 18.5이다.

 호텔 또는 백패커스 예약자를 대상으로 운영하는 전용 셔틀을 이용하거나, 아래의 사이트의 셔틀버스를 미리 예약하여 이용하는 방법이 있다. 1인당 A$ 16~17이며, 아동은 A$ 10정도인데, 가족 단위 할인도 제공하며, 짐이 많고 이동이 힘들 때 이용하면 좋은 방법이다.

요금 A$ 16~17
예약 www.airbussydney.com.au, www.airportconnect.com.au, www.kst.com.au

 요금이 비싸서 혼자서는 잘 이용하지 않지만, 짐이 많거나, 인원이 3명 이상일 경우 택시가 더 저렴하고 편리하다. 택시 요금은 시간에 따라 금액이 다르며 06:00~21:59까지 A$ 3.6이다. 그 외의 시간에는 기본요금 A$ 6.1이며, 거리당 A$ 2.19/km의 요금이 할증 금액으로 추가된다. 그래서 시드니 공항에서 시내까지 A$ 40~60 정도 요금이 든다.

> **공항 이동 시 주의 점**
> 시드니 공항은 국제선 청사(International Terminal)와 국내선 청사(Domestic Termanal) 간의 거리가 있으므로 시내에서 공항으로 이동할 때는 국내선인지 국제선인지 반드시 확인해야 한다.

장거리 버스나 열차로 도착 후

장거리 버스나 열차로 시드니에 들어온 경우 모두 센트럴 역에서 내리게 되는데 버스터미널이 따로 없어 센트럴 역 앞의 차도를 버스 승하차장으로 이용한다. 이곳에서 숙소까지는 택시를 타거나 도보로 이동하는 게 편리하다.

저렴하게 이동하는 방법

공항에서 시내 중심까지 A$ 5로 이동하는 방법은 오팔카드를 이용하는 방법이다. 공항에서 국제선 터미널 혹은 국내선 터미널에서 시내버스인 400번을 타고 한 정거장을 가서 마스코트(Mascot)에서 내린 후 지하철로 갈아타고 목적지 역에서 내리면 된다. 이렇게 하면 공항세를 내지 않는다. 다소 편법이지만, 돈을 아낄 수 있다.

시드니의 시내 교통

이용 가능한 교통편

시드니 트레인   시드니 중심부와 외곽 지역을 운행하는 시드니 트레인은 T1-T8까지 노선이 있다. 우리나라 지하철에서 1호선, 2호선이라고 생각하면 된다. 우리나라는 2~3분에 한 대의 지하철이 다니지만, 시드니는 10~15분에 한 대씩 다닌다. 그리고 시드니 트레인은 지하로 다니는 구간이 많이 없으며, 내부가 2층으로 되어 있다.
관광객에게는 시티 서클이라 불리는 센트럴 역, 타운 홀 역, 윈야드 역, 서큘러 키 역, 박물관 역과 센트럴 역에서 동쪽의 본다이 해안쪽으로 빠지는 노선에 있는 킹스 크로스 역 정도만 유용하다.
홈페이지 www.sydneytrains.info

메트로 라이트 레일   멜버른과 골드코스트에서 교통수단으로 제 역할을 톡톡히 하고 있는 노면 전차이다. 센트럴 역에서 차이나타운, 달링 하버, 스타 카지노를 거쳐 릴리필드까지 운영되던 것에서 2018년 완공을 목표로 킹스포트에서 서큘러키까지 20정거장을 신설한다. 완공이 되면 좀 더 편안하게 시드니를 둘러볼 수 있을 것이다.

요금 Zone 1, 2 : 편도 A$ 3.8, 왕복 A$ 5.2 / Zone 1~2 : 편도 A$ 4.8, 왕복 A$ 6.4
     데이패스 : A$ 9.6, 일주일 A$ 24 / 데이패스-패밀리 : A$ 22 (성인 2명, 아동 2명)
시간 24시간 운행 / 매일 10~15분 간격, 24:00~06:00는 30분 간격

노선 버스   노선 버스는 시드니 시티 전역을 그물처럼 연결하고 있다. 약 30개의 노선이 복잡하게 연결되기 때문에 우선 트랜짓 센터, 인포메이션 센터 등에서 버스 노선도를 구하는 것이 좋다. 단, 노선뿐만 아니라 요금 체계도 복잡하기 때문에 단기간 여행을 한다면 버스 이용은 그다지 권하지 않는다.

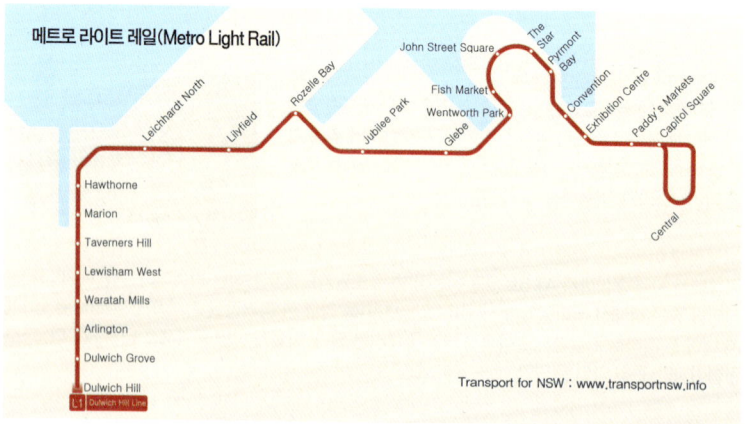

시드니 빅 버스 (Sydney Big Bus)

시드니 빅 버스 티켓을 구입하면 시드니와 본다이를 편리하게 돌아볼 수 있다. 시드니와 본다이를 돌아보 는 시티 투어 버스로 시드니는 24개, 본다이는 10개, 총 34개 정류장을 운행한다. 경제적이고 편리하기도 하지만 시드니 빅 버스는 2층 버스로 2층은 차량의 지붕이 없어 시원한 바람을 만끽하며 시내를 돌아볼 수 있어 더욱 낭만적인 버스이다. 특히, 시티 투어 버스는 8개의 언어로 해설을 하며, 한국어 안내가 포함되어 있어 역사나 특징에 대한 이야기를 듣는 재미가 쏠쏠하다.

요금 24시간권 A$ 40, 48시간권 A$ 60 **시간** 시티 투어 08:30~ (배차 간격 15~20분) / 본다이 투어 09:30~ (배차 간격 30분)

시드니 페리

시드니와 노스 쇼어를 연결하는 시드니 시민의 중요한 교통수단인 시드니 페리는 저렴한 요금으로 시드니 하버를 관광할 수 있다. 특히 바다에서 보는 오페라 하우스는 색다른 모습이니 맨리 비치, 타롱가 동물원, 루나 파크, 달링 하버로 이동할 때 꼭 이용해 보도록 하자. 목적지에 따라 페리의 탑승 장소가 다르니 반드시 탑승장 번호를 확인해야 한다. 티켓은 각 탑승장 앞의 자동판매기나 4번 탑승장 앞의 티켓 판매소에서 구입할 수 있다. 그리고 자세한 시간은 홈페이지를 참고하자.

요금 (편도) 9km 미만 A$ 6.20, 9km 이상 A$ 7.60 / (왕복) 9km 미만 A$ 12.40, 9km 이상 A$ 15.20
홈페이지 transportnsw.info/routes/ferry

할인 많은 오팔 카드(시드니 교통 카드)

호주는 뉴사우스웨일즈(오팔 카드), 멜번(마이키), 브리즈번(고 카드), 퍼스(스마트 라이더) 각 지역별로 교통 카드 운영이 다르다. 그중에서 오팔 카드는 시드니, 블루마운틴, 센트럴코스트, 헌터, 일라와라, 서던 하일랜즈를 운행하는 모든 대중교통을 이용할 수 있는 카드다.

오팔 카드는 인터넷과 현지에서 구입할 수 있는데 현지에서는 세븐일레븐, 뉴스스탠드 그리고 'Opal Card Top up here'이라는 표시가 있는 곳에서 구입과 충전이 가능하다. 인터넷 구매는 아래 홈페이지를 참고하자.

오팔 카드를 이용하는 데 있어 주의할 점은 잔액을 꼭 확인해야 한다는 것이다. 잔액을 확인하지 않으면 실제 이용한 구간보다 많은 요금을 내야 하는 경우가 발생한다.

전화 +61 13 67 25 (영어를 못할 경우 현지 131 450 / 한국 +61 (3) 9203 4027로 전화하여 고객센터 연결 요청)
시간 24시간 상담 가능   **요금** 온라인 A$ 40(최소) / 현지 구매 A$ 10, 20, 40, 50   **홈페이지** www.opal.com.au

오팔 카드 할인 혜택
일주일에 8번을 사용하면 이후 전 구간을 무료로 이용이 가능하다. 일주일 사용 시점은 월요일에서 일요일까지이다. 또한 1일 A$ 15를 결제하면 이후 요금이 무료이며 일요일은 하루 종일 A$ 2.50의 요금으로 이용할 수 있다.

 여행을 도와주는 편리한 시드니 교통 어플 트립뷰(Trip View/Trip View Lite)

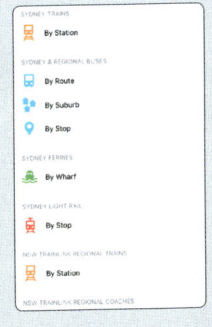

트립뷰는 휴대폰에 어플을 설치해 대중교통의 시간표와 노선도를 볼 수 있다. 무료와 유료 버전이 있는데, 무료는 경로 저장이 되지 않고, 유료는 경로 저장을 할 수 있다. 검색하는 방법이 어렵지는 않으니 굳이 유료 버전을 구입해야 하지는 않지만, 미리 계획을 짜서 여행을 떠난다면 유료 버전으로 경로를 저장해서 이용하는 것도 좋은 방법이다.

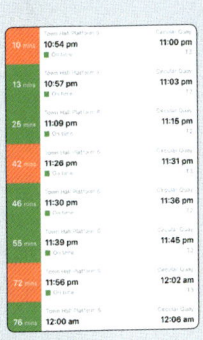

요금 무료(유료 버전일 경우 A$ 3.29)

록스 · 서큘러 키
The Rocks · Circular Quay

미로 길에 숨겨진 호주의 보물찾기

미로처럼 얽힌 좁은 길 옆으로 빼곡히 자리한 작은 상점과 레스토랑, 눈앞에 펼쳐진 파란 바다, 선착장, 오페라 하우스, 하버 브리지, 귓가를 울리는 예술가의 음악 소리……. 시드니를 시각적으로 보여 주는 그곳, 록스로 가자.

록스(Rocks)는 1788년 최초로 유배된 죄수들과 군인들이 시드니 코브의 측면 바위에 오두막을 짓고 정착하면서 그 이름을 얻게 되었다. 19세기 들어서는 항구 도시로 발전하면서 항만 노동자들의 숙소로 이용되었다. 사암으로 이루어진 좁은 길과 막다른 골목에 미로처럼 가게들이 들어서고 그 풍경이 바다와 조화를 이루어, 현재는 세계에서 손꼽히는 미항으로 칭송받고 있다.

원래는 초기 이민 시절의 모습을 찾기 힘들었으나 1970년대 호주 정부가 대대적으로 보수를 단행하여 당시의 생생한 분위기를 되살려 냈다.

Travel point

레스토랑	★★★★★
쇼핑	★★★★☆
볼거리	★★★★☆
레포츠	★★★☆☆

MAPECODE 07001

오페라 하우스 Opera House

▶ 시드니를 완성하는 화룡점정

오페라 하우스는 시드니의 상징이며, 세계에서 가장 아름다운 건축물 중에 하나다. 1940년대 말, 오페라와 콘서트를 공연할 수 있는 공연장의 필요성을 절감한 시드니 시민들은 주 정부에 극장 설립을 의뢰했다. 뉴사우스웨일즈 정부는 이를 받아들여 1957년 국립 오페라 하우스 설계를 공모했다. 이 공모전에는 전 세계 32개국에서 232점의 작품이 응모했는데, 그중 덴마크 건축가 욤 우촌의 설계가 최종 선발되었다.

바람이 가득 찬 돛대의 모양을 형상화한 오페라 하우스는 독창적인 아이디어로 많은 주목을 받았다. 하지만 막대한 건축비 지출로 자금 조달이 어려워 호주 정부에서는 복권을 발행하기도 했다. 착공한 지 14년 만에 완공된 오페라 하우스는 1973년 개관한 이래, 세계에서 공연이 가장 많이 열리는 예술 센터로 자리 잡았다. 또한 국가의 주요 행사가 진행되는 곳으로 호주 사람들에게 매우 중요한 문화적 공간이기도 하다. 토·일요일에는 비 오는 날을 제외하고 오전 8시부터 저녁까지 벼룩시장이 열린다.

Fun point
1. 멀리서 본다.
2. 들어가지 않더라도 가까이 가본다.
3. 오페라 하우스 투어에 참가한다.
4. 개인적으로 공연을 관람한다.
5. 주말에 벼룩시장을 이용한다.

① 멀리서 본다

오페라 하우스 안으로 들어가지 않는다면 멀리서 보는 것이 오페라 하우스를 감상하는 최고의 방법이다. 오페라 하우스는 멀리서 보는 것이 더 아름답고, 또한 좋은 사진을 얻을 수 있다.

· **멀리서 보는 방법 두 가지**
1. 하버 브리지와 오페라 하우스가 한눈에 보이는 미세스 맥쿼리 포인트에서 바라본다.
2. 하버 브리지의 파일론 전망대에서 시드니의 정취가 담긴 항구의 모습과 오페라 하우스를 바라본다.

Access
위치 서큘러 키 역에서 하차, 도보 10분.
전화 +61 (02) 9250 7250
홈페이지 www.sydneyoperahouse.com
시간 (월~토) 09:00~20:30
예약 홈페이지에서 예약 가능.

② 들어가지 않더라도 가까이 가본다

오페라 하우스에 들어가진 않지만 굳이 오페라 하우스까지 가는 이유는 무엇일까? 육안으로라도 오페라 하우스의 위용을 느끼고 싶어서가 아닐까. 실제 가까이서 보면 멀리서 하얗게 보이던 오페라 하우스의 지붕이 타일로 되어 있다는 것을 알 수 있다. 이 때문에 외벽 관리가 더 쉽다고 한다. 단, 가까이서 보면 생각보다 오페라 하우스가 지저분해 실망감을 느낄 수도 있다.

③ 오페라 하우스 투어에 참가한다

시드니 오페라 하우스는 세 가지의 투어를 진행하고 있다. 첫 번째는 간단하게 오페라 하우스를 소개하는 한 시간짜리 에센셜 투어(Essential Tour), 두 번째는 오페라 하우스의 무대 뒤를 보여주는 2시간짜리 백스테이지 투어(Backstage Tour), 세 번째는 오페라 내부를 관람하고, 공연과 디너까지 즐길 수 있는 익스피리언스 패키지(Experience Packages)다.

> 홈페이지를 통하면 보다 저렴한 가격으로 오페라 하우스 투어를 이용할 수 있다. 무엇보다 홈페이지에서 한국어를 지원하므로 편하게 이용할 수 있다. 오페라 하우스 에센셜 투어나 백스테이지 투어를 할 때에는 많이 걸어야 하므로 편한 복장이 좋다.

④ 개인적으로 공연을 관람한다

오페라 하우스는 1년에 3,000회가 넘는 공연을 진행하는 공연장이다. 오페라 전용 극장에서 오페라를 보는 것은 특별한 일이라기보다 공연장인 오페라 하우스를 즐기는 한 방법으로 인식해야 한다.

오페라를 본다는 점에서 가장 걱정하는 부분은 언어다. 그러나 음악을 통해 그때의 분위기나 상황을 이해할 수 있고, 무대 위의 작은 전광판에 영어로 가사가 전해지니 두려워 말고 도전해 보자. 미리 여행 기간에 오페라 하우스에서 볼 수 있는 공연을 체크해 공연의 줄거리를 알고 간다면, 더욱 쉽고 재미있게 공연을 관람할 수 있다. 티켓 구입이나 예약은 박스 오피스나 홈페이지, 전화로 가능하며, 공연 당일 티켓 수령은 공연 시작 1시간 전까지 메인 박스오피스에서 한다. 리허설 공연은 30% 저렴하게 볼 수 있다는 것을 참고해 두자.

⑤ 주말에 벼룩시장을 이용한다

시드니 오페라 하우스 투어(Sydney Opera House Tour)

진행 방법	언어	소요 시간	이용 시간	요금
오페라 하우스의 유래나 건축물에 대한 역사, 건축 양식에 대한 설명을 들으며 둘러본다. 체류 기간 동안 관람 가능한 공연에 대해 이야기해 준다.	영어	1시간	매일 09:00~17:00 수시 진행	성인 A$ 37 추가 아동 A$ 20

백스테이지 투어(Backstage Tour)

진행 방법	언어	소요 시간	이용 시간	요금
최대 10명으로 구성되고 2시간 동안 진행된다. 무대 뒤에서 일어나는 일들을 알아보고 분장실과 오케스트라 피트를 돌아본다.	영어	2시간 30분	매일 07:00	1인당 A$ 165

한국어 가이드 투어 (The Sydney Opera House Tour - Korean)

진행 방법	언어	소요 시간	이용 시간	요금
한국어로 오페라 하우스 내부를 가이드하며, 일반 방문객이 갈 수 없는 곳을 관람할 수 있다. 오페라 하우스에 대한 역사와 건축 양식 시드니 오페라 하우스의 엔지니어 정보를 얻을 수 있다.	한국어	30분	10:15, 11:15, 12:15, 13:45, 14:45, 15:45, 16:45	성인 A$ 25 어린이 A$ 18

MAPECODE 07002

하버 브리지 Harbour Bridge

옷걸이를 닮은 시드니의 대표 다리

둥글게 굽은 아치가 꼭 옷걸이 같다고 해서 낡은 옷걸이(Old Coathanger)라 불리는 하버 브리지는 아치를 갖고 있는 다리 중 세계에서 네 번째로 긴 다리이다. 녹슬 것을 방지하기 위해 사용하는 페인트만도 매해 3만 리터가 넘는다. 8차선의 자동차 도로와 2차선의 철도뿐 아니라 양 옆으로 자전거 겸용의 인도가 있어 산책하기에 좋다. 산책하는 데 20분 정도 걸리니 도전해 볼 만하다.

하버 브리지는 1923년 착공에 들어가 9년 만인 1932년 3월 19일에 개통되었다. 개통 당시 다리 건설에 쓰인 비용이 1000만 달러에 이르렀는데, 이것은 1988년까지도 청산되지 못했다. 그러나 이 다리는 1920년대 불어닥친 경제 대공황 시대에 실업자를 구제하기 위한 일환으로 시작된 것이었기 때문에 소기의 목적은 달성했다고 볼 수 있다. 그래서인지 하버 브리지는 '철의 숨결'이라고도 불린다.

하버 브리지 아치의 천장 길이는 503m, 전체 길이는 1149m이며, 중앙에서 30m 떨어진 두 개의 받침대가 아치를 떠받치고 있다.

개통 당시 2개의 인도, 4개의 철도, 중간 차도로 구성되었으나 동쪽의 철도는 1958년 6월에 고속도로로 바뀌었다. 현재는 8차선 차도와 2개의 철도선, 1개의 인도, 1개의 자전거 전용 도로를 갖추고 있다.

Access 위치 서큘러 키 역에서 하차, 도보 15분.
전화 +61 (0)2 9252 0077
소요 시간 총 3시간 30분
홈페이지 www.bridgeclimb.com

① 멀리서 본다

하버 브리지는 크고 긴 다리이기 때문에 멀리서 보는 것이 더 운치 있고 아름답다. 하버 브리지를 멀리서 볼 때에는 다음의 장소가 좋다. 첫 번째는 하버 브리지와 오페라 하우스를 한눈에 볼 수

있는 미세스 맥콰리 포인트에서 보는 것이고, 두 번째는 시드니 천문대에서 도시와 어우러진 다리의 모습을 보는 것이다.

② 하버 브리지를 걷고 파일론 전망대를 오른다

하버 브리지에는 다리의 양쪽 가장자리에 4개의 기둥이 있다. 가운데 시티 쪽과 오페라 하우스 쪽의 기둥은 대중에게 공개되어 내부로 올라갈 수 있다. 내부에는 하버 브리지의 역사, 건조 과정을 보여 주는 당시의 자료와 영상도 준비되어 있다.

위치 브래드필드 고속도로를 걷다 보면 파일론 계단을 올라갈 수 있음.
시간 10:00~17:00
요금 성인 A$ 15 / 5~12세 A$ 8.50
홈페이지 www.pylonlookout.com.au

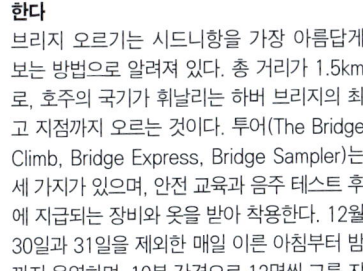

③ 브리지 오르기(Bridge Climb) 투어에 참가한다

브리지 오르기는 시드니항을 가장 아름답게 보는 방법으로 알려져 있다. 총 거리가 1.5km로, 호주의 국기가 휘날리는 하버 브리지의 최고 지점까지 오르는 것이다. 투어(The Bridge Climb, Bridge Express, Bridge Sampler)는 세 가지가 있으며, 안전 교육과 음주 테스트 후에 지급되는 장비와 옷을 받아 착용한다. 12월 30일과 31일을 제외한 매일 이른 아침부터 밤까지 운영하며, 10분 간격으로 12명씩 그룹 지어 브리지 등정이 이루어진다. 참가 후에는 단체 사진과 수료증을 받을 수 있다. 성수기와 비수기, 주중과 주말에 따라 가격 차이가 있으므로 요일 선택을 잘하는 것도 하나의 요령이다. 홈페이지를 통해 예약하자.

브리지 오르기 투어

요 일	요 금			
	Day	Twilight	Night	Dawn
	매일	매일	매일	매월 첫 번째, 세 번째 토요일
성 인	A$ 293~318	A$ 358~388	A$ 253~278	A$ 378~388
어린이	A$ 193~218	A$ 248~278	A$ 173~198	A$ 268~278

MAPECODE 07003

시드니 천문대 Sydney Observatory

호주에서 가장 오래된 천문대

1857년에 설립된 호주에서 가장 오래된 천문대로, 다양한 천체 기구를 가지고 별자리를 관측할 수 있는 곳이다.

10:00~17:00까지 운영하며, 3층의 건물을 살펴보는 데 생각보다 많은 시간이 필요하므로 시간에 여유를 두는 것이 좋다.

전시뿐만 아니라 투어에도 참가할 수 있다. 투어 시간은 대략 2시간 정도로, 천체와 별, 행성에 대한 흥미진진한 설명을 듣고 3D 체험을 할 수 있다.

시드니 천문대를 다녀온 사람들은 천문대를 둘러보는 것보다 시드니 천문대 앞에 펼쳐진 잔디광장의 벤치나 잔디밭에서 햇살을 받으며 산책하거나 여유롭게 휴식을 취해 보자. '들어가지 마시오'로 대표되는 우리나라 잔디밭과는 달리 자유로움을 만끽할 수 있다.

Fun point
1. 천문대를 체험한다.
2. 정원을 산책하며 휴식을 취한다.

Access
위치 서큘러 키 역에서 하차, 도보 15분.
요금 방문 무료(투어 요금 별도)
홈페이지 maas.museum/sydney-observatory

시드니 천문대 투어

	주간 투어		야간 투어 *해가 지는 시간과 맞아야 하므로 달에 따라 시작 시간과 시간 배치에 차이가 있음			
	평일	휴일	4~9월	10~11월	12~1월	2~3월
시간	14:30, 15:30, 16:00	11:00, 12:00, 14:30, 15:30	18:15, 20:15	18:15	20:30	20:15
요금	성인 A$ 10	어린이 A$ 8	(월~목) 성인 A$ 20 (금~토) 성인 A$ 22		어린이 A$ 16 어린이 A$ 17	

*단체 학생의 참여가 많아 필히 예약을 해야 하며, 시드니 천문대 홈페이지를 통해서 가능.

MAPECODE 07004

록스 스퀘어 The Rocks Square

호주의 역사 초기, 죄수들의 유형지

록스 스퀘어는 죄수들의 유형지였다. 이곳에선 죄수들을 동원해 돌을 깎고, 암반을 뚫어 바위 위에 정착촌을 세운 것을 기념하는 대형 기념비인 퍼스트 임프레션(First Impression)을 만날 수 있다. 기념비는 죄수와 군인, 이주민 가족의 모습을 담고 있다. 기념비를 그냥 지나치기보다는 사진도 찍고 호주의 역사에 대해 잠시 생각하는 시간을 가져 보자.

이 외에 전통 있는 레스토랑에 들르거나 주말 마켓에서 거리의 악사와 그들이 뿜어내는 흥겨운 분위기를 즐겨 보는 것도 좋다. 특히, 주말 마켓에서 다양한 수공예품을 만나 보자.

Fun point
1. 호주 역사의 시작점에 발도장을 찍는다.
2. 주말 마켓을 구경한다.
3. 록스 유령 투어에 참가한다.

캐드먼의 오두막 Cadman's Cottage

록스 스퀘어에선 이민 초기에 건축된 고풍스러운 건물과 가장 오래된 건축물인 캐드먼의 오두막을 볼 수 있다.

주거용 건축물 중 가장 오래된 캐드먼의 오두막은 1816년에 단층으로 지어진 것으로, 존 캐드먼이 거주하면서 캐드먼의 오두막으로 불리게 되었다. 오랫동안 수상 경찰서와 선원의 집으로 이용되다가 1863년 옆 건물에 3층짜리 선원의 집이 생기면서 무역선 관리자의 숙소로 사용되었다. 지금은 내부에 자그마한 박물관이 있어, 그 당시의 모습을 잠시나마 엿볼 수 있다.

시간 (평일) 09:30~16:30 (토·일) 10:00~16:30
요금 무료

록스 고스트 투어 Rocks Ghost Tour

조금 더 특별한 경험을 원한다면 록스 고스트 투어에 참가하자. 록스 고스트 투어(Rocks Ghost Tours)는 시드니의 옥외 박물관이라고 불리는 록스(Rocks) 지역을 호주의 죄수 역사, 악명 높은 범죄에 대한 이야기를 들으며 걷는 것이다.

음침한 분위기에서 시작되는 고스트 투어는 The Dark North Side와 The Dark South Side 두 개의 스토리로 구성되어 있으며, 원하는 것을 선택할 수 있다.

The Dark North Side는 시드니 하버 브리지 코스로, 죄수의 이야기를 통해 공포를 느끼도록 투어 중간에 건설 근로자의 유령이 나타난다. 유령이 완전한 어둠 속에서 사라지는 것은 물론 목표 탑 감시로 공포에 떠는 모습도 볼 수 있다. The Dark South Side는 나이가 지긋한 여성 죄수의 내용으로, 킹스톤(Kingston)의 공동묘지가 주요 코스다. 유령을 소재로 시드니 록스에 숨어 있는 기괴한 이야기를 통해 역사를 들여다보는 기묘하고 흥분되는 체험이다.

날씨가 흐려도 진행하며, 양초는 무료로 제공된다.

전화 +1300 731 971 (평일) 09:00~16:45
시간 (4/1~9/30) 18:45 / (10/1~3/31) 19:45
요금 성인 A$ 45 / 어린이 A$ 35 **투어 시간** 약 2시간
출발 장소 캐드먼의 오두막
홈페이지 www.ghosttours.com.au

MAPECODE 07005

현대 미술관 Museum of Contemporary Art

개성 넘치는 작품들이 가득!

붉은 사암 건물이 인상적인 호주 최대의 현대 미술관으로, 1991년에 설립되었다. 전시되어 있는 작품들은 대부분 표현이 풍부하고 개성적이며, 신인 작가의 작품을 과감하게 발굴해 전시하고 있다. 그래서인지 이 미술관에서는 혁신적인 작품들을 많이 감상할 수 있다.

애버리지널 작품을 비롯해 마르셀 듀샹프와 로버트 루센버그, 앤디 워홀 등 당대 유명 화가들의 작품을 감상할 수 있다. 작품의 수가 5천 점이 넘고, 예술 영화나 강연 등도 정기적으로 열려 볼거리가 풍성하다.

또한 무료로 작품에 대해 설명해 주는 MCA 가이드 투어는 주중에는 11:00, 13:00에, 주말에는 12:00, 13:30분에 이용할 수 있다.

Access
위치 서큘러 키 역에서 하차. 도보 3분.
전화 +61 (0)2 9241 6634
시간 매일 10:00~17:00 **휴관** 크리스마스
요금 무료(특별전의 경우 요금 있음)
홈페이지 www.mca.com.au

시드니 시내 중심
Sydney City

시드니의 심장부

센트럴 역부터 서큘러 키까지 이어지는 조지 스트리트(George St.)와 피트 스트리트(Pitt St.)를 따라 타운 홀, 퀸 빅토리아 빌딩(QVB)을 중심으로 형성된 시드니 시내 중심의 정식 명칭은 시드니 CBD(Sydney Central Business District)이지만 '시티'라는 말로 통용된다.

시내 중심에는 피트 스트리트 몰, 마틴 플레이스를 중심으로 큰 백화점과 각종 브랜드 숍 등이 있으며, 시드니 타워, 하이드 파크 등의 관광 및 휴양 시설도 잘 갖추고 있다.

피트 스트리트 남단의 월드 스퀘어를 중심으로 한국인 슈퍼, 유학원, 식당 등이 있으니 여행 일정이 긴 여행객은 이곳에서 향수를 달래 보자.

Travel point

레스토랑	★★★★☆
쇼핑	★★★★★
볼거리	★★★★☆
레포츠	☆☆☆☆☆

MAPECODE 07006

타운 홀 Town Hall

시드니의 시청

타운 홀은 시드니의 상징 중에 하나다. 1886년 건립된 이래 시드니 시민들의 구심점 역할을 하고 있으며, 활발한 문화 행사도 열리고 있다. 내부에는 콘서트 홀이 있으며, 대형 파이프 오르관은 이곳의 자랑이기도 하다.
빅토리아 건축 양식과 장식이 어우러진 시청 건물은 창문 또한 스테인드글라스로 되어 있어 매우 아름답다. 시계탑이 포인트이므로 멀리서 사진을 찍는 센스를 발휘하자.
시드니 시에서는 중국 설날, 하모니 데이, 프리모 이탈리아노, 스패니시 쿼터 축제, 아트 & 어바웃(Art & About), 새해맞이 축제 등 주요 국제 행사를 후원하고 있다. 시청 홈페이지에서 날짜를 확인하고 행사를 구경하는 것도 큰 재미거리다.

건축미가 있는 시청이니 지나가면서 사진 한 장을 남긴다.

Fun point

Access
위치 시드니 트레인 타운 홀 역에서 연결됨. 오페라 하우스 또는 센트럴 역에서 조지 스트리트를 따라 도보 약 20분. 달링 하버에서 드루잇 스트리트(Druitt St.)를 따라 도보 10분.
전화 +61 (0)2 9265 9333
홈페이지 www.cityofsydney.nsw.gov.au

MAPECODE 07007

퀸 빅토리아 빌딩 Queen victoria Building

시드니의 대표적인 쇼핑 센터

퀸 빅토리아 빌딩은 빅토리아 여왕의 명으로 조지 맥레이(George McRae)가 디자인하여 1898년에 오픈했다. 퀸 빅토리아 빌딩 건설 당시에는 시드니가 불황에 시달리고 있을 때여서 정교한 로마네스크식의 건축 양식을 이용해 건축 인력 외에도 장인들이 일을 할 수 있었다고 한다. 건설 후에는 콘서트 홀, 커피숍, 사무실, 쇼룸, 창고 등의 시설이 생기면서 재단사, 포목상, 헤어드레서와 플로리스트의 삶의 터전으로 이용되었다.
로마네스크식의 화려한 건축 양식을 감상하는 것 외에 100년 이상된 구식 엘리베이터나 화장실을 이용하는 것도 흥미롭다.

시드니의 대표적인 쇼핑 센터인 만큼 액세서리와 예술품, 아동복, 원주민 아트 갤러리, 에어즈록 기념품, 퀸 빅토리아 기념품 등을 판매하는 상점과 헤어, 향수 등의 뷰티숍, 보석 가게, 다양한 의류 및 구두 매장과 레스토랑 등을 모두 갖추고 있으니 마음껏 구경하자. 그러나 호주에서 공산품을 사면 우리나라보다 비싸므로, 기념품 정도만 쇼핑하는 게 좋다.

Fun point
1. 영화에서 보던 오래된 철제 엘리베이터를 타 보자.
2. 다양한 상점을 구경하자.
3. 여행 기간이 크리스마스 기간이라면 거대한 트리와 아름다운 장식은 보너스!
4. 유니크한 화장실

Access
위치 타운 홀 바로 건너편, 달링 하버에서 드루잇 스트리트(Druitt St.)를 따라 도보 5분. 또는 파일론 브리지에서 마켓 스트리트(Market St.)를 따라 도보 5분.
전화 +61 (0)2 9264 9209
홈페이지 www.qvb.com.au
시간 (월·화·수·금요일) 09:00~18:00 / (목요일) 09:00~21:00 / (토요일) 10:00~16:00 / (일요일) 11:00~16:00

MAPECODE 07008

하이드 파크 Hyde Park

▶ 시드니 사람들의 쉼터

1810년 런던 하이드 파크의 이름을 따서 만든 공원으로, 19세기에 들어서면서 크리켓 시합을 개최하는 등 스포츠와 레크레이션의 장소가 되었다. 1920년대에 시드니 지하철 개설로 많이 파괴되었으나 1927년 경관 건축가 노먼 윅스(Norman Weekes)에 의해 아름답게 재정비되었다.

윌리엄 스트리트를 사이에 두고 북쪽의 하이드 파크와 남쪽의 하이드 파크로 구분되며, 남쪽 하이드 파크에는 전쟁 기념관, 북쪽 하이드 파크에는 분수대가 있다. 분수대 앞에서 분수대와 시드니 타워가 한눈에 보이게 사진을 찍고, 그 주변에 있는 체스 스퀘어에 들러 보자. 체스 스퀘어에선 성인 무릎까지 오는 큰 체스를 둘 수 있다.

전쟁 기념관은 1980년부터 병영 박물관으로 이용되고 있는 건물로, 유명한 건축가 프랜시스(Francis)가 디자인했다. 1817년 죄수 노동자들이 건설하기 시작해 1819년에 완공되었다. 1848년까지 뉴사우스웨일즈 주의 남성 막사로 이용되다가 1862년~1886년까지는 여성을 위한 이주 보호 시설로, 1887년~1979년까지는 법원으로 사용됐다.

이 밖에도 공원에는 산책로와 갤러리가 있으며, 막사에 수용된 호주 죄수의 일상생활과 역사, 사고, 문화에 대해 알 수 있다. 좀 더 특별한 안내를 원한다면 가이드 투어를 이용해 보자.

Fun point 공원에 앉아 쉬다가 분수대 앞에서 분수대와 시드니 타워가 한눈에 보이게 사진을 찍는다.

Access 위치 타운 홀에서 파크 스트리트를 따라 도보 5분 소요. 센트럴 역에서 엘리자베스 스트리트를 따라 도보 15분 소요. 오페라 하우스에서 맥쿼리 스트리트를 따라 도보 15분 소요.

MAPECODE 07009

세인트 메리스 대성당 St. Mary's Cathedral

▶ 아름다운 결혼식장으로 인기 만점!

1865년 처음 세워진 성당은 화재로 없어지고, 윌리엄 윌킨슨 워델(William Wilkinson Wardell)이 고딕 양식을 기초로 재설계했다. 60년 동안 대략 A$ 70만에 달하는 건축 비용을 들여 1928년 완성했다. 이후 2000년 워델(Wardell)이 디자인한 첨탑을 추가로 건축했는데, 건축에 대한 지식이 없는 사람이라도 상당한 아름다움을 느낄 수 있다. 그 때문인지 이곳은 호주인들에게 결혼식장으로 인기가 있으며, 적어도 6개월 전에는 예약을 해야 한다.

성당을 다른 각도로 멋지게 보는 법 하나! 파크 스트리트 오른쪽의 호주 박물관 맞은편 분수에 비친 성당의 모습을 보는 것이다. 직접 보는 성당의 모습과는 사뭇 다른 느낌을 받을 수 있다. 미사에 참가해 성당을 충분히 느껴 보고, 그것으로 부족하다면 가이드 투어를 이용하자.

Access
위치 하이드 파크에서 시내 중심의 반대 방향에 있는 칼리지 스트리트(College St.)를 건너면 바로 있음.
홈페이지 www.sydney.catholic.org.au
전화 +61 (0)2 9220 0400
개방 시간 (월~금) 09:00~17:00
미사 시간 (공휴일) 09:00, 12:10
(토요일) 09:00, 12:10
(토요일 철야) 18:00
(일요일) 07:00, 09:00, 10:30, 18:00
(월~금) 06:45, 13:10, 17:30
가이드 투어 (일요일) 10:30 이후

Fun point
1. 미사에 참가해 본다.
2. 가이드 투어를 이용한다.
3. 파크 스트리트 오른쪽에서 물에 비친 성당의 모습을 감상한다.

MAPECODE 07010

시드니 타워 아이 The Sydney Tower Eye

시드니를 상징하는 아름다운 전망대

세계적으로 손꼽히는 타워 중 하나로 피트 스트리트 몰의 입구에 있다. 지상으로부터 250m 높이이며, 훌륭한 시드니 전망을 내려다볼 수 있는 전망대, 레스토랑, 카페 라운지, 오지트랙 디스커버리, 스카이 워크로 구분되어 있다.

본다이 비치, 퀸즐랜드의 열대 강, 호주의 대표적인 스포츠와 아웃백의 대자연을 탐험하는 4D 시네마 익스피리언스(4D Cinema Experience)는 입장 요금에 포함되어 있다.

260m 높이의 시드니 타워 외곽을 따라 걸으며 360도의 다양한 전망을 실외에서 감상할 수 있는 스카이 워크는 짜릿한 체험 그 자체다. 스카이 워크에 참여하려면 별도의 요금을 지불해야 한다.

Access
위치 피트 스트리트 몰에서 연결, 오페라 하우스 또는 센트럴 역에서 조지 스트리트를 따라 도보 약 20분. 달링 하버 파일론 브리지에서 마켓 스트리트(Market St.)를 따라 도보 10분.
전화 +61 (0)2 9333 9222
홈페이지 www.sydneytowereye.com.au

Fun point
1. 타워 전망대를 보고 오지트렉 디스커버리를 관람한다.
2. 스카이 워크 체험에 참가한다.

시간 (4월 26일~10월 2일) 09:00~21:30 (10월 3일~4월 25일) 09:00~22:00
요금 성인 A$28, 어린이 A$19 / (인터넷 예약 요금) 성인 A$19.6, 어린이 A$13.3

스카이 워크(Skywalk)

전화 +61 (0)2 9333 9200
시간 (4월 26일~10월 2일) 09:00~21:30 (10월 3일~4월 25일) 09:00~22:00 / 체험 1시간 30분 전에 도착
요금 성인 A$ 70, 어린이 A$ 49 / (인터넷 예약 요금) 성인 A$ 50, 어린이 A$ 32.5

시드니의 대표적인 어트랙션인 시드니 아쿠아리움, 와일드라이프 시드니, 마담 투소, 시드니 타워 아이, 오션 월드 맨리 중 두 개 이상을 방문할 예정이라면 시드니 어트랙션 패스를 구입하는 것이 좋다. 얼티메이트 패스는 4 어트랙션 패스에 스카이워크 체험이 포함된 패스이다.

패스	가격
2 어트랙션 콤보	성인 A$50, 어린이 A$35
3 어트랙션 콤보	성인 A$60, 어린이 A$40
4 어트랙션 콤보	성인 A$70, 어린이 A$45
얼티메이트 패스 (Ultimate Pass)	성인 A$99, 어린이 A$70

(요금은 인터넷 예약 기준)

MAPECODE 07011

호주 박물관 Australian Museum

▶ 호주를 알고 싶다면 이곳에서!

식민 당시 건립된 호주 박물관은 그 위치와 이름을 얻는 데 많은 시간과 노력이 필요했던 곳이다. 1827년 작은 방에서 시작한 이래 정부 사무실로, 1830년에 막사로, 1840년에 맥컬리의 집으로, 1849년에는 윌리엄(William) 스트리트로 옮겨 다녔다. 1857년 5월, 대중에게 공개되어 식민지 박물관 또는 시드니 박물관으로 불리다가 1836년 6월에야 호주 박물관(Australian Museum)이라는 정식 명칭을 갖게 되었다. 이곳에는 유골 전시관과 호주 원주민 전시실, 광물 전시실, 새와 곤충 전시실, 공룡 집합실, 생물 전시실 등이 들어서 있다. 호주 주민의 문화, 호주의 동물에 대한 정보를 얻을 수 있을 뿐만 아니라 지금까지 발견된 금덩어리 중에서 가장 큰 '웰컴 스트레인저'를 볼 수 있으니 눈을 크게 뜨고 감상하자.

Fun point 내부에서 웰컴 스트레인저를 찾아본다.

Access

위치 하이드 파크에서 시내 중심의 반대 방향에 있는 칼리지 스트리트(College St.)를 건너면 바로 있음. 세인트 메리스 대성당에서 윌리엄 스트리트 건너편.
전화 +61 (0)2 9320 6000
요금 성인 A$ 15, 16세 미만 무료
홈페이지 australianmuseum.net.au
시간 (매일) 09:30~17:00 (휴무) 크리스마스

MAPECODE 07012

아트 갤러리 NSW Art Gallery NSW

▶ 시드니 시민들의 문화 제공처

아트 갤러리 NSW는 뉴사우스웨일즈와 시드니의 예술 그리고 호주의 문화를 선도하는 곳이다. 15세기에서 현대에 이르는 호주와 유럽, 아시아의 예술품을 전시하고 있다. 주로 회화를 볼 수 있는데, 피카소와 모네의 작품도 있으니 눈여겨보자.
미술관의 정면과 양쪽은 19세기 양식으로 1909년에 지어졌지만 '예술의 헛간'이라 불리며 외면을 받아야 했다. 하지만 여러 건축가의 디자인이 추가되고 증축되면서, 현재의 그리스 코린트식 건축 양식이 빛나는 인상적인 외관이 완성되었다.

이곳은 단순히 전시를 하는 미술관이라기보다는 시드니 시민들에게 문화의 제공처 역할을 하고 있다. 6세 이하의 어린이를 대상으로 한 교육 프로그램, 7세~12세 대상의 프로그램, 그 외 시민을 대상으로 한 심포지엄, 전문가 강의 등 여러 가지 교육이 다양하게 이루어진다.

Access

위치 하이드 파크에서 하이드 파크 배럭스와 세인트 메리스 대성당 사이의 아트 갤러리 로드(Art Gallery Rd.)를 따라 도보 5분.
전화 +61 (0)2 9225 1744
홈페이지 www.artgallery.nsw.gov.au
시간 (목~화) 10:00~17:00 (수요일) 10:00~21:00 (휴무) 크리스마스, 굿 프라이데이
요금 상설전 무료(기획전에 따라 요금 다름)

Fun point 무료로 피카소와 모네의 작품을 만나 보자.

달링 하버
Darling Harbour

아름다운 야경으로 낭만도 두 배

시드니 시티의 중심인 타운 홀, 퀸 빅토리아 빌딩과 시드니 시티 남쪽의 차이나타운에서 각각 10분 거리에 위치한 달링 하버 지역은 보행자 전용 지역으로, 바다를 끼고 있는 넓은 정원의 느낌이 난다. 아름다운 야경을 중심으로 고급 레스토랑이 즐비해 다양한 즐길거리가 많다. 또한 주말에는 끊임없이 다양한 페스티벌이 펼쳐져 언제나 볼거리들이 풍성하다.

시드니 시라이프(아쿠아리움), 시드니 와일드라이프(동물원), 해양 박물관 등은 어린이를 동반한 가족 단위의 관광객에게 큰 즐거움을 선사한다. 또한 달링 하버는 서큘러 키와 함께 시드니항을 관람할 수 있는 다양한 크루즈의 출발지로, 시드니 현지인에게도 인기 있는 데이트 코스이기 때문에 연인이나 신혼 여행객들이 낭만적인 저녁 시간을 즐기기에 좋고, 인근 비지터 센터 옆에 새로 생긴 시드니 쿼터(Sydney Quater)는 아이들을 위한 다양한 놀이 시설과 레스토랑, 극장을 갖추고 있어 한 공간에서 다채로운 시간을 보낼 수 있다.

Travel point

레스토랑	★★★★★
쇼핑	★★★★★
볼거리	★★★★★
레포츠	★★★☆☆

MAPECODE 07013

시드니 시라이프 아쿠아리움 Sydney Sealife Aquarium

세계에서 가장 큰 수족관 중에 하나

시드니 시라이프 아쿠아리움은 세계에서 가장 큰 수족관 중에 하나로, 1988년 개관한 이래 매년 120만 명이 방문하고 있다.

650종의 해양 생물과 11,000마리 이상의 물고기를 보유하고 있는 이곳에선 투명한 터널 위로 3m의 상어가 유유히 헤엄치는 모습이나, 그레이트 배리어 리프(Great Barrier Reef, 호주 북동부에 위치한 세계 최대의 산호초 지대)의 색채가 다양한 물고기와 산호를 볼 수 있다.

2012년 리뉴얼이 완료되면서 최신 설비와 보다 다양한 수중 생물을 갖추게 되었다. 특히 세계적으로 희귀한 듀공을 볼 수 있어 큰 인기를 얻고 있다. 이곳을 방문할 예정이라면 일요일(오전 11:00) 상어에게 먹이를 주는 시간에 가 보자. 다양한 해양 생물에 대한 자세한 이야기가 궁금하다면, 가이드 투어를 이용하면 좋다. 2인 이상이 가이드 투어를 하고자 할 땐 투어 안내소(Standard Tour Information)을 이용하자.

Fun Point
1. 동물 먹이 주는 모습을 구경한다.
2. 가이드 투어에 참여한다.
3. 와일드라이프 월드와 함께 방문한다.

Access

위치 1. 타운 홀에서 마켓 스트리트를 따라 달링 하버 도착 후 파이어몬트 브리지 밑으로 내려가서 오른쪽. 타운 홀에서 도보 7분.
2. 서큘러 키에서 페리를 이용해 아쿠아리움으로 바로 이동할 수 있으며, 약 15~30분 소요.
전화 +61 (0)2 8251 7800
홈페이지 www.sydneyaquarium.com.au
시간 09:30~18:30 / 연중무휴
요금 성인 A$ 42(온라인 A$ 33.60), 어린이(4세~16세) A$ 29.50(온라인 A$ 23.60)

먹이 주는 시간

	오전 먹이 주는 시간	오후 먹이 주는 시간
월~일(요일)	11:00 Great Barrier Reef 탱크 급식	11:00 상어 먹이 주는 시간 11:30 펭귄 먹이 주는 시간

투어 정보

	Standard Tour Information		VIP Tour Information
	아쿠아리움의 안내 자격이 있는 가이드가 수족관 안의 모든 전시장을 충분히 설명해 보다 효과적으로 수족관 관람을 할 수 있다.		아쿠아리움의 안내 자격이 있는 가이드가 수족관 안의 모든 전시장을 충분히 설명해 보다 효과적으로 수족관 관람을 할 수 있다. 아쿠아리움 가이드북이 기념품으로 제공된다.
투어 가능 시간	매일 09:00~19:30 아무 때나	투어 가능 시간	매일 09:00~19:30 아무 때나
가격	기본 비용 A$ 210 1인 추가시 성인 A$ 31.95 아이 A$ 17.95	가격	참가자 1~5명 A$ 150 아이 A$ 45 (여행 안내와 여행 인솔자 무료)
인원(최소/최대)	1인/20인 (아이와 여행 인솔자 제외)	인원(최소/최대)	2인/5인 (아이와 여행 인솔자 제외)

MAPECODE 07014

시드니 와일드라이프 Sydney Wildlife

▶ 호주에서만 서식하는 동식물 관람

시드니 시월드 아쿠아리움의 발전을 위해 건립된 시드니 와일드라이프는 2006년 9월 21일 일반 대중에게 공개되었다. 이곳에서는 호주에서만 서식하는 동식물을 볼 수 있을 뿐만 아니라 직접 만져 보고, 습성을 배울 수도 있다. 호주 동식물에 대한 자세한 정보를 원한다면 가이드 투어를 이용해 보자. 시드니 시라이프 아쿠아리움까지 관람할 일정이라면 티켓을 함께 구입하자. 요금의 20%를 할인 받을 수 있다.

Access
위치 시드니 아쿠아리움 바로 옆.
요금 성인 A$ 42(온라인 A$ 37.80), 어린이(4세~16세) A$ 29(온라인 A$ 19)
전화 +61 (0)2 9333 9288
홈페이지 www.wildlifesydney.com.au
시간 (4~9월) 09:30~17:00 (10~3월) 09:30~18:00 / 비정기 휴무, 홈페이지 확인

Fun point
1. 좋아하는 동물의 먹이 주는 시간에 방문하자.
2. 가이드 투어에 참여한다.
3. 아쿠아리움과 함께 둘러본다.

먹이 주는 시간

	장소	시간
코알라	Rooftop	11:00부터 매시 10~15분
파충류	Conservation Area	11:00~16:00 매시 10~15분

먹이 주는 것은 공유일에만 진행되며, 동물의 상태에 따라 변경되거나 취소될 수 있습니다.

MAPECODE 07015

마담 투소 Madame Tussauds

▶ 유명 인사의 밀랍 인형을 만날 수 있는 곳

전 세계적으로 유명한 밀랍 인형 박물관인 마담 투소가 2012년 4월 시드니에도 상륙했다. 호주 역사에서 빼놓을 수 없는 탐험가 캡틴 쿡과 1800년대 초 호주의 유명한 무법자 네드캘리, 시드니 출신으로 세계 서핑 대회에서 일곱 차례나 우승을 한 레인비클리를 비롯해 브래드 피트, 휴 잭맨, 마를린 먼로, 마이클 잭슨 등 세계적인 유명 인사의 밀랍 인형 백여 개가 재미있는 테마로 전시되어 있다.

Access
위치 시드니 아쿠아리움 바로 옆.
전화 +61 (0)2 9333 9240
홈페이지 www.madametussauds.com.au/en
시간 (월~목) 09:30~18:00 (금~일) 09:30~19:00 연중무휴, 행사에 따라 영업시간 변동이 잦음
요금 성인 A$ 42(온라인 A$ 37.80), 어린이 A$ 29.50 (온라인 요금 동일)

MAPECODE 07016

호주 해사 박물관 Australian National Maritime Museum

호주의 해상 역사를 보여 주는 곳

이곳의 전시관에서는 호주의 바다와 관계된 생계 활동이나, 태즈메이니아부터 북퀸즐랜드까지 바다와 연관된 호주 원주민의 문화를 보여 준다. 옥외 전시장에서는 1959년부터 1986년까지 27년간 호주의 대표 군함이던 뱀파이어호(HMAS Vampire)와 제2차 세계 대전 때 이용된 잠수함(HMAS Onslow), 순찰 보트와 같은 대형선이 전시되어 있다. 이 외에도 경주용 요트(Akarana), 제2차 세계 대전 때 사용된 예인선(Bareki), 하딩 구명보트(Harding lifeboat) 등 다양한 배들도 볼 수 있다. 뱀파이어호나 잠수함 등 특별 전시관을 이용하기 위해서는 추가 비용을 지불해야 한다.

부두에 수송 사고에 대비해 세운 등대와 1912년에 세워져 해군의 모든 배에 신호를 전하던 돛대 등도 놓치지 말고 확인하자.

Access

위치 1. 시드니 아쿠아리움 건너편. 타운 홀에서 마켓 스트리트를 따라 달링 하버 도착 후 파이어몬트 브리지를 건너 오른편. 타운 홀에서 도보 10분.
2. 서큘러 키에서 페리를 이용해 파이어몬트 베이에 하차하면 바로 앞. 약 15~30분 소요.
홈페이지 www.anmm.gov.au
시간 (매일) 09:30~17:00(1월에는 18:00까지 연장) / 크리스마스 휴관
요금 (Museum ticket) 무료
(Big ticket) 성인 A$ 32, 어린이 A$ 20, 가족(성인 2명 + 어린이 최대 3명 가능) A$ 79

Fun Point
1. 입장료가 무료! 둘러만 본다.
2. 보고 싶은 전시를 볼 수 있는 티켓을 구입하여 이용하자.
3. 매달 첫째 주 목요일 전시관 무료 관람을 기억하자.

MAPECODE 07017

중국 정원 Chinese Garden

호주에서 중국을 만나다

중국의 광둥성과 뉴사우스웨일즈의 자매결연을 계기로 시드니에 중국 정원이 만들어졌다. 시드니에 중국인이 처음 이민을 시작한 것은 1950년대이다. 처음에 록스 지역의 중국인이 시드니의 차이나타운으로 이전하면서 시드니 도심에서 중국인들의 문화를 보존하고 공유하기 위해 1988년 1월 17일 중국 정원을 공식적으로 개원했다. 중국 정원의 디자인은 3000년 전 명나라의 정원 형태를 따르고 있다. 주요 시설로는 레스토랑, 간단한 식사를 할 수 있는 음식점, 찻집, 기념품점, 중국 전통 의상 대여점 등이 있다.

Fun point
1. 한 바퀴 돌아보며, 쉬어 가자.
2. 소원을 빈다.
3. 중국 전통 의상을 빌려서 사진을 찍어 보자.

Access
위치 툼발로 공원 남쪽.
전화 +61 (0)2 9240 8888
시간 (동계: 3월 26일~10월 27일) 09:30~17:00
(하계: 10월 28일~3월 29일) 09:30~17:30
(휴일) 굿 프라이데이, 크리스마스
요금 (일반) A$ 6, (어린이 15세 이하) A$ 3, (가족: 성인 2명+어린이 2명) A$ 15, (국제 학생증 소지) A$ 3

같은 동양권 문화에 속한 우리에게는 크게 매력적이진 않지만 잠시 들러서 휴식을 취하고 명상을 하기에는 좋다. 용 바위, 불사조 바위, 일각수 바위 등을 볼 수 있고, 안뜰과 여러 가지 전시관, 연못 주변으로 작은 폭포, 시냇물 등을 조용하게 즐길 수 있는 공간이 있으니 한 바퀴 돌아보며 쉬어 가자. 조금 심심하다 싶으면, 정원 안쪽 공간에서 소원을 빌거나 중국 왕족 의상 체험에 참가해 보자.

MAPECODE 07018

파워하우스 뮤지엄 Powerhouse Museum

과학과 예술이 있는 종합 전시 박물관

1902년 지어진 발전소 건물을 활용해 1988년 개관한 종합 전시 박물관이다. 초창기 박물관은 호주 최초의 증기기관차인 'Locomotive No.1'을 중심으로 과학 기술과 관련된 전시품이 주를 이뤘지만, 점차 예술, 디자인 분야에 대한 소장품도 늘어났다. 현재는 과학 기술뿐만 아니라 예술, 문화에 대한 종합적인 전시를 하고 있다. 상설 전시는 화성(Mars), 우주(Space), 교통(Transport), 과학 실험(Experimentations)으로 구분되어 있으며, 시기에 따라 다양한 기획전, 체험 전시가 있어 남녀노소 누구나 즐거운 시간을 보낼 수 있다.

Access
주소 500 Harris St, Ultimo
위치 중국 정원에서 도보 5분
전화 +61 (0)2 9217 0111
시간 10:00~17:00 / (휴무) 12월 25일
요금 성인 A$ 15 / 16세 이하 무료

파이어몬트 브리지 Pyrmont Bridge

달링 하버의 풍경을 감상하기 좋은 다리

지금의 달링 하버는 여행객, 시드니 시민들의 휴식 장소로 유명하지만, 1980년대까지만 해도 공장으로 가득했던 지역이다. 공장의 화물을 수송하기 위해 대형 선박들이 빈번하게 이 지역에 드나들었다. 때문에 이곳에 지어진 파이어몬트 브리지는 개폐식 형태로 지어졌다. 특이한 것은 교각을 위로 들어 올리는 대부분의 개폐식 다리와 달리 교각의 중심이 회전하면서 배가 지나갈 수 있는 통로를 만든다.

보행자 전용 다리이기 때문에 달링 하버의 풍경을 감상하기 좋고, 시내 중심에 있는 시드니 타워도 감상할 수 있다. 주말과 공휴일에는 선박 운항과 관계없이 개폐 시연을 하는데, 정확한 스케줄은 전화로 문의해서 확인하면 된다. 교각 중심의 회전하는 부분을 보는 것도 잊지 말자.

Access
주소 Pyrmont Bridge, Sydney
위치 달링 하버 중심
전화 +61 (0)2 9240 8797

MAPECODE 07020

더 스타 카지노 The Star Casino

Fun point
1. 카지노에 방문한다.
2. 스타 시티 극장을 이용한다.
3. 야경을 즐기며 즐거운 시간을 보낸다.
4. 레스토랑에서 할인 메뉴를 가벼운 마음으로 이용한다.

시드니의 대표적인 카지노

더 스타 카지노는 1,500개의 슬롯머신과 2개의 대형 극장, 나이트클럽, 7개의 레스토랑과 8개의 바를 보유하고 있다. 다양한 이벤트와 공연이 진행되며, 200개의 게임 테이블에서 블랙잭, 룰렛, 크랩, 바카라, 포커 등을 즐길 수 있다.

수요일~일요일 12:00~14:00, 18:00~20:00에는 테이블 게임을 배울 수 있는 기회가 제공되니 이용해 보자. 게임 방법을 알고 가면, 카지노에서 보다 즐거운 시간을 보낼 수 있다.

테이블 게임 중에서 가장 인기가 있는 게임은 블랙잭과 바카라다. 세부적인 룰이 있지만, 기본적으로 블랙잭은 21이 가장 좋은 것으로 21에 가깝게 카드를 받으면 이기는 게임이다. 바카라는 플레이어나 뱅커 둘 중에 9가 나오는 쪽이 이기는 게임이다.

카지노에 들어갈 때는 가방을 맡겨야 하며, 슬리퍼, 추리닝 등의 복장으로는 입장할 수 없다. 여권 검사를 하므로, 반드시 여권을 챙기도록 하자. 대부분의 호주 카지노는 멤버십 카드를 만들면, 무료로 게임을 즐길 수 있도록 A$ 5~10 정도의 게임머니를 지불한다. 시드니의 카지노 역시 카드를 신청하면, 당일 발급과 함께 A$ 10를 준다. 멤버십 카드가 있으면 하루에 자판기 음료 3잔을 무료로 마실 수 있으니, 카드를 만드는 것도 좋은 방법이다.

더 스타 극장에서는 다양한 이벤트가 펼쳐진다. 매달 다른 이벤트가 진행되고 가격도 변화하니, 홈페이지를 참고하자. 공연을 보면 식사가 A$ 1에 제공되기도 하고, A$ 6.5 금액으로 레스토랑 풀코스와 칵테일을 제공하는 프로모션도 준비되어 있다. 홈페이지 프로모션을 이용하지 않으면, 배낭족이 이용하기에는 비싼 금액이므로 주의하자.

멤버십 카드

호주는 보통 저녁 8시가 되면 영업을 종료한다. 시드니 시내의 경우도 10시가 되면 문을 연 상점을 찾아보기 힘들다. 시간을 최대한 활용하고 싶다면 이곳을 마지막 코스로 잡고 야간 시간을 다양하게 즐기자.

Access
위치 1. 시드니 아쿠아리움에서 파이어몬트 브리지를 건넌 후 도보로 약 10분.
2. 센트럴 역에서 차이나타운을 지나 운행하는 트램이 스타 시티까지 운행.
전화 +61 (0)2 9777 9000
홈페이지 www.star.com.au
영업 시간 연중무휴 24시간
게임 시간 (일~금) 11:00~2:00 (토) 10:00~02:00

더 스타 카지노 내부

더 스타 카지노

시드니의 해변
Sydney Beach

여유가 넘치는 저 바다에 누워!

시드니 시내 깊숙이 구불구불하게 밀려들어 온 바다는 40여 개의 다양한 해변을 만들어, 시드니를 찾는 여행객들에게 멋진 광경을 선사한다.

Travel point
레스토랑	★★★★☆
쇼핑	★★★☆☆
볼거리	★★★★★
레포츠	★★★★☆

닐센 파크, 파슬리 베이는 해변이 잔잔해, 가족끼리 시간을 보내기에 좋고, 나체 일광욕을 즐기는 이들이 모여드는 발모럴, 레이디 제인 오벨리스크(Lady Jane Obelisk)는 이국적인 정취를 만끽할 수 있다. 크로뉼라(Cronulla)는 파도로 유명하니, 레포츠 활동을 계획 중이라면, 이곳도 눈여겨볼 만하다.

시드니 시내에서 가장 쉽게 갈 수 있고, 유명한 곳은 본다이 비치와 맨리 비치 두 곳이다. 전체적인 느낌은 두 곳이 비슷하지만 필자는 맨리 비치를 추천한다. 규모면에서 맨리 비치가 단연 우월할 뿐만 아니라, 본다이 비치는 버스로 이동(약 30~40분)하는 반면, 맨리 비치는 페리를 이용(약 30분)하기 때문에 이동하면서 아름다운 시드니항을 감상할 수 있다.

MAPECODE 07021

본다이 비치 Bondi Beach

해양 구조대의 발상지

본다이란 호주 원주민의 애버리진어로 '파도에 부서지는 바위', '바위에 부서지는 물의 소리'를 뜻한다. 의미에서 알 수 있듯이 약 1km에 이르는 해안의 양쪽은 바위로 이루어져 있다. 그 바위에는 고급 저택과 홀리데이 맨션 등이 해변을 바라보며 모여 있다.

해양 구조대의 발상지인 이곳에는 1907년 설립한 본다이 바더스 서퍼 라이프세이빙 클럽(Bondi Bathers Surf Lifesaving Club)을 비롯해 2개의 해양 구조 클럽이 있다. 이들 클럽은 서핑 관광객의 사고 방지를 위해 최선을 다하고 있다. 해변 옆에는 버스 승차장이 있는 켐벨 퍼레이드를 중심으로 다양한 레스토랑과 패스트푸드점, 서핑 장비 대여점과 강습 신청소가 있다.

Access 위치 시내에서 333, 380번 버스로 약 40분 소요. 또는 시티 레일을 타고 본다이 정션으로 이동 후 381번, 382번, X84번 버스로 환승.
홈페이지 www.bondisurfclub.com (서핑 강습)

MAPECODE 07022

맨리 비치 Manly Beach

다양한 볼거리의 휴식처

서큘러 키에서 페리를 이용하면 작은 규모의 수족관인 오션 월드가 보이는 맨리 리프에 도착한다. 주말에는 맨리 주말 마켓이 열리고 매년 10월에는 세계적으로 유명한 맨리 재즈 페스티벌이 열린다.

해변 바로 옆쪽으로 큰 야자수가 펼쳐져 있어 항상 그늘이 형성되는 이곳에서 뜨거운 햇살을 피해 휴식을 취하기에 그만이다. 다양한 레스토랑과 패스트푸드점, 서핑 장비 대여소와 강습 신청소를 갖추고 있다.

Access 위치 서큘러 키에서 페리로 30분.

조용한 전원 마을 캔버라, 호주의 수도가 되다!

식민지였던 호주가 연방 공화국이 되면서 국가의 수도를 어디로 정할 것인가가 최대의 이슈가 되었다. 당시, 시드니는 최초의 백인 정착지라는 상징성으로, 멜버른은 금광이 발견되면서 급성장한 저력을 바탕으로 경합을 펼쳤다. 하지만 정치적 타협으로 두 도시는 제외되고, 멜버른과 시드니 중간에 있는 캔버라가 입지적으로 쾌적한 조건을 갖춘 최적의 곳이라고 판단돼 수도로 낙점되었다.

이후 도시 건설에 필요한 계획을 수립하기 위해 각국에서 국제적 공모를 개최했다. 137개 안 중에 선택된 당선작은 공공 공간을 기념비적인 형태로 연결해 강력한 축을 형성하고, 전통과 주거 지역을 상업 용지로부터 분리하는 모습을 그린 작품이었다.

그러나 이 당선작에 대해 위원들은 지속적으로 수정을 요구했고, 10년이 지날 때까지 하나의 건물도 세워지지 않아 불화가 발생했다. 결국 40년이 지나서야 처음으로 이주가 시작되었다.
캔버라는 동서로 흐르는 몰롱글로 강(Molonglo River)을 막아서 만든 인공 호수 벌리 그리핀 호를 중심으로 바둑판 모양으로 정연하게 길이 나 있다. 호수의 남쪽은 연방 정부의 의회와 각종 관공서가 입지해 있고 그 주변 지역에는 주택지가 형성되어 있다.

그러나 호주 여행을 갈 때 호주의 수도 캔버라에 반드시 갈 필요는 없다. 유흥이나 위락 시설이 없고 도시가 제공하는 다양한 즐거움도 찾기 힘들기 때문이다. 저녁 시간 이후 소위 도심이라고 하는 지역에도 시민들이 별로 없어 도시의 활력을 찾아볼 수 없고 적막하기까지 하다.

캔버라에 가고자 한다면 시드니에서 투어를 이용해서 다녀오는 것이 가장 편리한 방법이다. 아니면 시드니에서 멜버른까지 장거리 버스 이동 중 잠시 들러 휴식도 취할 겸 각국의 개성 있는 대사관의 모습과 계획적인 도시의 풍경을 감상하는 것도 좋다.
꽃 축제와 열기구 축제가 열리는 봄(우리나라의 가을)에 방문하면 더 많은 볼거리를 즐길 수 있다.

하루는 꼬박 써야지~ 당일 투어

짧은 일정으로 여행한다면, 근교 지역의 관광은 당일 투어를 이용하는 게 효과적이다. 당일 투어의 예약은 출국 전 우리나라 여행사를 통해 할 수 있으며, 호주 도착 후에는 현지의 인포메이션 센터, 호텔이나 백패커스 등의 숙소와 한국인 여행사, 유학원을 통해서 가능하다. 당일 투어를 예약할 때는 식사 및 현지 입장료, 숙소까지 차량이 제공되는지 등의 기본적인 내용과 정확한 출발 시간과 장소를 확인해야 한다.

시드니 지역은 호주에서 우리나라 교민이 가장 많이 살고 있는 지역으로, 한국어로 진행되는 당일 투어가 많이 있다. 대형 버스를 이용하는 게 아니라 작은 차량을 이용하기 때문에 일반적인 당일 투어에 비해 30~40% 정도 저렴하다.

시드니 지역의 당일 투어 추천

- 젊은 감각의 한인 여행사
  엘라 트래블 센터
  +61 (0)2 9427 0050
  ellahoju.com
- 호주 최대의 당일 투어 여행사
  AAT King's
  www.aatkings.com
- 30년 역사의 한인 여행사
  대한관광 여행사
  +61 (0)2 9235 0000
  www.ottsydney.com

블루 마운틴 산맥 Blue Mountains

동물원

블루 마운틴 산맥은 시드니에서 서쪽으로 약 100km 지점에 있는 넓은 산악지대로 2000년 11월에 세계 문화유산으로 지정되기 이전부터 시드니에서 가장 인기 있는 근교 관광지였다. 산맥의 대부분이 유칼리 나무로 이루어져 있는 이곳은 증발하는 유분 때문에 멀리서 보면 파랗게 보여서 이런 이름이 붙여졌다. 블루 마운틴 관광의 하이라이트는 세 자매봉(Three Sisters)과 시닉 레일웨이(Scenic Railway), 시닉 스카이웨이(Scenic Skyway), 시닉 케이블웨이(Scenic Cableway)로 이루어진 시닉 월드(Scenic World)다.

투어는 에코 포인트(Echo Point)에서 세 자매봉을 관람한 후 시닉 레일웨이와 시닉 스카이웨이 탑승, 잘 정비된 산책로를 산보하는 순서로 진행된다. 약 2시간 정도 소요되며, 보통 귀가하는 길에 제노란 동굴(Jenolan Caves)이나 동물원을 방문한다.

제노란 동굴

당일 투어 요금

- **대한관광 여행사**
  블루 마운틴 A$ 90(매일 출발)
  제노란 동굴 A$ 90(목, 일 출발)
- **엘라 트래블 센터**
  블루 마운틴 A$ 99(매일 출발)

⊙ 세 자매봉(Three Sisters)

에코 포인트에서 보이는 바위로 애버리진의 슬픈 전설이 전해져 온다. 다양한 전설 중 하나를 소개하자면, 마왕을 피해 높은 산으로 올라와 살던 아버지와 세 명의 딸이 있었다. 어느 날, 세 딸은 아버지의 말을 듣지 않고 마왕이 근접한 곳에 갔다가 마왕에게 발각되고 만다. 이에, 주술사인 아버지가 딸을 지키기 위해 마법의 지팡이로 딸들을 돌로 변하게 한 후 자신이 위태로워지자 새로 변해 도망가다가, 실수로 지팡이를 잃어버려 세 자매는 아직도 돌로 남아 있고, 새로 모습을 바꾼 아버지는 지팡이를 찾기 위해 이곳 주변을 날아다니고 있다는 이야기가 전해지고 있다.

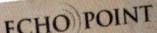

시닉 월드(Scenic World)

레일웨이, 케이블웨이, 스카이웨이, 워크웨이로 이루어진 시닉 월드는 블루 마운틴의 어트랙션이다. 일반적으로 왕복 티켓을 구입, 레일웨이로 내려가서 워크웨이를 산책한 후 케이블웨이로 위로 올라오는 코스를 많이 이용한다.

레일웨이는 19세기 후반 석탄 수송을 위해 부설된 노선을 관광용으로 리뉴얼한 것이다. 52도라는 세계에서 가장 큰 급경사를 자랑하는 열차로 편도 약 3분 정도 소요된다.
케이블웨이는 초속 5m의 빠른 속도로 계곡과 시닉 월드를 연결한다. 세 자매봉의 절경을 감상할 수 있으며 편도 약 4분 정도 소요된다.
스카이웨이는 위아래로 움직이는 케이블카가 아닌, 좌우로 움직이는 특이한 케이블카다. 바닥이 유리로 되어 있어 세 자매봉은 물론, 카툼바 폭포와 멀리 블루 마운틴의 전경까지 감상할 수 있다. 편도 약 3분 정도 소요된다.
계곡 밑에서 레일웨이 승하차장과 케이블웨이 승하차장을 연결하는 워크웨이는 2km의 산책로이다. 블루 마운틴에 관한 다양한 정보와 석탄을 채굴하던 당시의 기구 등이 전시되어 있다. 레일웨이 승하차장 바로 옆 에코 포인트보다는 세 자매봉을 배경으로 사진을 찍기가 좋다.

시간 09:00~17:00 **홈페이지** www.scenicworld.com.au
요금 Scenic Pass(스카이웨이, 레일웨이, 워크웨이, 케이블웨이) 성인 A$ 35, 어린이 (4~13세) A$ 18, 가족 A$ 88

대중교통을 이용해서 블루 마운틴 가기

동물원이나 제노란 동굴 등은 관심이 없지만 시간적 여유가 있다면, 오프피크 왕복을 이용해서 블루 마운틴에 가는 것이 경제적이다.
단, 평일 1시간에 2대, 주말과 공휴일은 1시간에 1대로 열차 운행편이 많지 않으므로 시간에 주의해야 한다. 센트럴 역에서 블루 마운틴의 카툼바(Katoomba) 역까지는 열차로 약 2시간 소요되며, 카툼바 역에서 에코 포인트, 시닉 월드까지는 도보로 약 30분 정도 걸린다. 하지만, 개인적으로는 별로 추천하는 곳은 아니다. 왜냐하면 당일 투어가 너무 저렴해, 개인적으로 가는 것보다는 한국인 가이드의 설명과 차량을 이용하는 것이 훨씬 효율적이며 유익하기 때문이다.

저비스 베이 Jervis Bay

저비스 베이 국립공원에는 몇 개의 해변이 있는데 그중에서도 히암스 비치를 찾는 이가 가장 많다. 세계에서 가장 하얀 모래가 흩뿌려진 모래사장으로 기네스북에 올라 있는 곳이기 때문이다. 신발을 벗고 걸어 보자. 발 끝에 느껴지는 부드러운 느낌이 깊은 추억으로 남을 것이다.
이곳을 찾아야만 하는 또 다른 이유는 돌고래다. 푸른 바다를 시원하게 달리는 보트 위에서 자유롭게 헤엄치는 돌고래를 만나러 가는 것은 그 사실만으로도 황홀한 경험이다. 특히, 호주의 겨울인 6~9월에는 평소에는 볼 수 없는 혹등고래도 만날 수 있다.

당일 투어 요금

- 엘라 트래블 센터
  A$ 99 (비정기 진행)

헌터 밸리 와이너리 투어 Hunter Valley Winery Tour

퍼스의 마가렛 리버, 애들레이드의 바롯사 밸리와 함께 호주의 3대 와인 산지인 헌터 밸리를 방문하는 투어로, 시드니 북서쪽 약 160km 거리에 있다. 약 50개 이상의 와이너리가 있어 와인 애호가라면 반드시 방문해야 하는 곳이다. 특히 2,3월에 방문하면 넓은 농장에서 포도를 수확하는 모습을 볼 수 있다. 투어에는 식사와 와인 시음, 와인 보관실 및 제조 과정 관람이 기본적으로 포함되어 있으며, 와이너리만 집중적으로 방문하는 투어와 와이너리 외에 헌터 밸리 디스플레이 정원인 헌터 밸리 가든 근교의 명소를 방문하는 투어가 있다. 헌터 밸리 지역에서는 헌터 허니라고 불리는 황금빛의 화이트 와인이 특히 유명하다.

당일 투어 요금
- 대한관광 여행사: A$ 99
- 엘라 트래블 센터
  A$ 119(수, 금, 출발, 최소 4명)

포트 스테판 Port Stephen

시드니에서 동부 해안을 따라 북쪽으로 약 210km 떨어져 있는 포트 스테판은 야생 돌고래 관람과 사막에서 샌드 보드를 타는 것으로 잘 알려진 관광지이다. 영어 발음은 포트 스티븐스이지만 우리나라 여행객들은 오래전부터 진행된 패키지 상품 소개 때문인지 흔히 포트 스테판이라 부른다.

오전에 돌고래 관람 크루즈를 타고, 점심 식사 이후에는 모래사막에서 샌드 보드를 타는 것이 투어의 기본이며, 추가로 사막에서 쿼드 바이크를 타는 것도 선택할 수 있다. 블루 마운틴과 함께 시드니의 대표적인 당일 투어로 풍경을 감상하는 블루 마운틴과 다르게 사막에서 즐기는 액티비티로 젊은층에게 인기가 많다.

당일 투어 요금
- 대한관광 여행사: A$ 75~90
- 엘라 트래블 센터: A$ 99

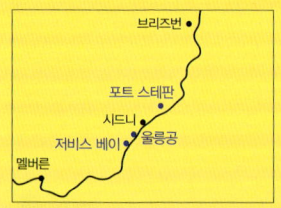

시드니 크루즈

매혹적인 항구 도시 시드니를 즐기는 또 다른 방법. 시드니 하버 크루즈
달링 하버와 서큘러 키에서 하루 수십 편의 크루즈가 관광객에게 색다른 시드니의 모습을 보여 주고 있다. 가장 인기 있는 크루즈 라인은 캡틴 쿡 크루즈다. 캡틴 쿡 크루즈는 크게 식사가 포함된 다이닝 크루즈(Dining Cruise)와 관광 중심의 사이트시잉 크루즈(Sightseeing Cruise)로 구분된다. 사이트시잉 크루즈는 대중교통으로 이용하는 시드니 페리와 크게 차이가 없기 때문에 크루즈의 느낌을 원한다면 다이닝 크루즈를 추천한다. 자세한 크루즈 정보는 홈페이지를 참고하자.

시간 및 요금 사이트시잉 크루즈 10:00~16:00(A$ 39~49), 런치 크루즈 12:30(A$79), 선셋 디너 17:00(A$ 79), 스타라이트 디너 19:00(A$ 115)
홈페이지 www.captaincook.com.au

크루즈 타는 법
캡틴 쿡 크루즈는 제시된 탑승장 앞 매표소에서 탑승권을 구입하여 이용한다.

※ 일반적으로 크루즈 탑승 시 좌석을 배정받기 때문에 창가 쪽인지 아닌지 확신할 수 없다. 반드시 창가 쪽에 앉고 싶다면 창가 좌석 보장 추가 요금(Guaranteed Window Surcharge)을 지불하면 된다.

※ 창가좌석 보장 추가 요금
· 런치 크루즈: A$ 10
· 스카이데크크루즈: A$ 50
· 나머지 크루즈: A$ 25

note. 페리 이용은 시드니 교통수단에 제시되어 있음.

울룽공 Wollongong

시드니에서 2시간 거리에 위치한 울룽공은 파도 소리라는 뜻을 가지고 있다. 자연적으로 만들어진 블로우 홀(Blow Hole)을 통해 파도가 밀려들어 하늘 높이 날아오르는 수만 개의 물방울이 뿜어내는 파도 소리가 울린다. 자연의 경이로움을 느끼기에 충분한 곳이다.
호주 안에 자리한 남천사(절)와 동화 속 하얀 등대 키아마 등대도 둘러보자. Bald-Hill 행글라이드 포인트에서의 스카이다이빙은 스카이다이빙의 꽃이니 여유가 된다면 도전해 보자.

당일 투어 요금
· **대한관광 여행사**: A$ 40
· **울룽공 스카이다이빙**: A$ 300

울룽공까지의 이동은 시드니 센트럴 역에서 South Coast Line 열차를 타고 울룽공(대체로 Kiama행)을 돌아보는 것을 추천한다. 배차 시간이 1시간인 삼등 기차로 1시간 40분이 걸리지만, A$ 12 내외의 비용으로 이 모든 자연을 충분히 누릴 수 있다. 당일 투어를 이용한다면 시티에서 차로 울룽공과 블로우 홀까지 편하게 돌아볼 수 있지만 A$ 40정도의 비용이 든다. 스카이다이빙을 할 경우 별도로 예약이 필요하고, 비용은 A$ 300(사진 촬영 추가 비용) 정도이며 미리 홈페이지에서 예약하면 시드니 시내까지 픽업 서비스도 제공한다.

쇼핑 센터

호주의 공산품은 우리나라에 비해 비싸 편이지만 세일 기간에는 30~80% 정도 할인되어 저렴한 가격에 쇼핑을 즐길 수 있다. 백화점의 세일 기간은 6월~7월, 12월~1월이며, 특히 크리스마스 전후가 세일 폭이 가장 크다.

시드니의 대표적인 백화점은 피트 스트리트 몰의 데이비드 존스(David Jones)와 타운 홀 건너편의 마이어(Myer)다.

1898년에 건축된 퀸 빅토리아 빌딩(QVB)은 시드니에서 빼놓을 수 없는 명물이다. 세계적인 디자이너 베르사체가 세상에서 가장 아름다운 쇼핑몰이라 극찬했을 정도다. 퀸 빅토리아 빌딩은 타운 홀 건너편에 있으며, 달링 하버까지 도보로 5분, 오페라 하우스가 있는 서큘러 키 지역까지 도보로 15분 정도 소요되기 때문에 관광과 쇼핑을 함께 즐기기에 좋다.

브랜드 제품의 쇼핑과 소비세 환급

시드니 시내 피트 스트리트(Pitt St.)와 마틴 플레이스(Martin Place)에는 명품 브랜드 매장이 모여 있다. 외국인 관광객이 호주 출국 30일 전에 한 상점에서 A$ 300 이상의 물건을 구입하면 출국 시 호주의 소비세 약 5~10%를 환급해 준다는 걸 잊지 말자. 록스 지역의 대형 면세점 DFS 갤러리아에도 다양한 브랜드의 면세점이 있다.

호주의 기념품

호주의 대표적인 기념품으로는 캥거루, 코알라 등을 이용한 각종 잡화, 이불, 어그 부츠 등의 양모 제품, 기이한 빛을 띠는 오팔로 대표되는 보석류, 스쿠알렌, 녹색 홍합, 로열 젤리 등의 건강 식품, 점묘 기법을 이용해 독특한 느낌을 주는 원주민 공예품 등이 있다. 시내 곳곳에서 관광객을 위한 기념품 전문점을 쉽게 찾아볼 수 있다.

건강 식품, 양태반 크림 등의 화장품은 자세한 설명을 듣고 구입하는 것이 좋다. 이런 경우 한국인이 운영하는 기념품 가게에서 구입하는 것이 좋은데, 이 기념품 가게는 피트 스트리트 주변에 많이 있다.

부피가 큰 양모 이불은 압축해 달라고 하고, 짐이 많은 경우는 국제 택배를 이용하자.

시드니 시내 중심에 위치한 브랜드별 쇼핑 정보

Prada	Tiffany&Co	Louis Vuitton	Gianni Versace	Gucci
44 Martin Place +02 9231 3929 10:00~19:00 10:00~18:00(토) 11:00~17:00(일)	Chifley Plaza, 2 Chifley Square +02 9235 1777 09:30~18:00 09:39~16:00(토) 휴무 : 공휴일	63 Castlereagh St. +02 9236 9624 10:00~18:00 10:00~21:00(목) 11:00~17:00(일)	128 Castleagh St. +02 9267 3232 10:00~18:00 10:00~19:00(목) 10:00~17:00(토) 12:00~17:00(일)	Shop 23, MCA, 136-140 George St +02 9232 77565 10:00~17:00

Ferragamo	Giorgio Armani	MaxMara	Chanel	Hermes
MLC Centre, 45 Castlereagh St. +02 9221 3036 10:00~18:00 10:00~19:00(목) 11:00~17:00(일)	135 Elizabeth St. +02 9283 5562 09:30~18:00 09:30~20:00(목) 10:00~17:00(토) 11:00~16:00(일)	1 Chifly Plaza, Chifley Square +02 9223 2688 09:30~18:00 09:30~16:00(토) 휴무 : 일,공휴일	70 Castlereagh St. +02 9233 4800 10:00~18:00 10:00~19:00(목) 09:30~17:30(토) 11:00~17:00(일) 휴무 : 공휴일	77 Castlereagh St. +02 9223 4007 10:00~18:00 10:00~19:00(목) 09:30~17:00(토) 11:00~17:00(일) 휴무 : 공휴일

Bvlgari	Bally	Cartier	Emporio Armani	Armani Exchange
75 Castlereagh St. +02 9233 3611 10:00~17:30 10:00~19:00(목) 11:00~16:00(일)	181 Pitt St. +02 9231 5015 09:30~18:00 09:30~20:00(목) 10:00~18:00(토) 11:00~17:00(일)	43 Castlereagh St. +02 9233 4800 10:00~18:00 10:00~19:00(목) 10:00~17:00(토) 휴무 : 일, 공휴일	Challis House, 4 Martin Place +02 9231 3644 09:00~18:00 09:00~20:00(목) 10:00~17:00(토) 11:00~16:00(일)	97-107 King St. +02 9231 0047 09:00~18:00 10:00~18:00(목) 11:00~16:00(일)

시장과 주말 마켓

독특한 액세서리와 인테리어 소품은 패팅턴 마켓에서 구입하는 것이 좋다. 록스 마켓이나 오페라 하우스, 하버 브리지 주말 마켓에서 관광객을 대상으로 한 기념품을 구입하는 것은 가격이 비싸기 때문에 그리 추천할 만한 곳은 아니다. 기념품, 식료품, 생필품은 가격이 저렴한 패디스 마켓을 이용하자.

더 록스 마켓(The Rocks Market) `07023`
주소 L6, 66 Harrington Street, The Rocks NSW 2000
시간 월~금 09:00~17:00
홈페이지 www.rocksmarket.com

패딩턴 마켓(Paddington Market) `07024`
주소 5 Oxford Street, Paddington in the grounds of the historical Paddington Uniting Church
전화 +61 (0)2 9331 2923
시간 매주 토요일 10:00~16:00
홈페이지 www.paddingtonmarkets.com.au

패디스 마켓(Paddy's Market) `07025`
주소 Under Carpark V at Sydney Markets, Off Parramatta Road, Flemington.
시간 금요일 10:00~16:30 / 토요일 06:00~14:00 / 일요일 09:00~16:30
홈페이지 www.paddysmarkets.com.au

패딩턴 마켓

더 록스 마켓

패디스 마켓

배낭 여행자를 위한 생필품

콜스(Coles)와 울월스(Woolworth)
배낭 여행자의 숙소 호주식 유스호스텔인 백패커스(Backpackers)의 주방에는 취사도구가 완비되어 있다. 따라서 재료만 구입한다면, 간단히 라면을 끓여 먹는 것은 물론, 자신의 요리를 전 세계 배낭족에게 뽐낼 수 있다. 재료 구입은 호주를 대표하는 대형 슈퍼마켓 콜스(Coles)와 울월스(Woolworth)를 추천한다. 스테이크용 쇠고기, 소시지, 샐러드, 음료는 물론 아침 식사를 위한 1회분의 시리얼 외에도 아시안 푸드 코너에서는 우리나라의 신라면, 새우깡 등도 구입할 수 있다.

위치 울월스 타운 홀점 : 타운 홀(Town Hall)과 퀸 빅토리아 빌딩(QVB) 건너편 / 울월스 헤이마켓점 : 센트럴 역 인근 패디스 마켓 옆 / 콜스 : 센트럴과 타운 홀 사이의 월드 스퀘어(World Square) 지하 1층

한국 식료품 구입하기
한국 식품은 위의 슈퍼마켓 외에도 피트 스트리트(Pitt St.) 근처의 한국인이 운영하는 한인 슈퍼를 추천한다. 고추장, 참기름, 라면, 과자, 음료수, 통조림 등 없는 것이 없다. 또한 우리나라로 전화를 걸 때 가장 저렴하게 할 수 있는 국제전화카드, 콘센트, 화투 등도 구입할 수 있으니 참고할 것!

스테이크

시드니에서 꼭 먹어야 하는 음식은 소고기 스테이크다. 호주에서는 양질의 소고기를 저렴하게 먹을 수 있기 때문이다. 1~2만원으로 예산을 세웠다면 스크러피 머퍼스와 스타 바, 3~5만원 정도로 예산에 여유가 있다면 바 레지오나 필립스 풋을 추천한다.

스크러피 머퍼스 (Scruffy Muyphy's) 07026

조지 스트리트와 골번 스트리트가 교차하는 곳에 녹색 바탕에 또렷이 쓰인 5라는 간판이 있다. 처음 5불 스테이크로 시작해 지금은 A$ 12 금액에 스테이크를 먹을 수 있는 곳이다. 맛이 최고는 아니지만 저렴한 가격에 스테이크를 즐기기에 좋은 곳이다. 단, 스테이크 단품 주문은 불가하며 음료 또는 주류를 함께 주문해야 한다.

주소 43-49 Goulburn St, Sydney NSW 2000
전화 +61 (2) 9211 2002
시간 메인 바 09:00~02:00, 레스토랑 11:30~21:30
인기 메뉴 Steak With Mashed Potato
예산 A$ 10~15
홈페이지 www.scruffymurphys.com.au

스타 바(Star Bar) 07027

시드니 타운 홀과 뮤지엄 역 근처에 위치한다. 1층은 바이고, 2층이 스테이크를 먹을 수 있는 레스토랑이다. 바 분위기와 저렴한 가격까지 더해져 찾는 이가 많은 곳이며, 우리나라에서도 10불 스테이크로 유명세가 있는 곳이다. 런치는 A$ 10, 디너는 A$ 12.500이다. 스크러피 머퍼스와 가격 차이를 고려해도 스크러피 머퍼스보다 스타 바가 좋다는 평이 많으니, 참고하자.

주소 600 George St, Sydney NSW 2000
전화 +61 (2) 9267 7827
시간 10:00~04:00
예산 A$15~20
홈페이지 starbar.com.au

바 레지오(Bar Reggio) 07028

시드니에서 꼭 가봐야 한다는 바 레지오는 이탈리안 레스토랑으로, 스테이크뿐만 아니라 피자, 파스타 모두 맛있다고 이름난 곳이다. 작은 가게임에도 식사를 하기 위해서는 식당 앞 대기 명단에 이름을 올리고 기다려야 할 정도다. 헛걸음으로 돌아올 수 있으니, 미리 예약을 해야 한다. 이곳 스테이크는 소스에 따라 4가지 맛이 있는데, 그중에서도 30불짜리 머쉬룸 스테이크가 가장 소스 맛이 좋아 인기 있다. 사이드 메뉴로는 으깬 감자와 감자튀김, 그리고 샐러드 중에 취향대로 선택하면 된다.

주소 135 Crown st, Darlinghurst NSW 2010
전화 +61 (2) 9332-1129
시간 10:00~12:00, 15:00~18:00
인기 메뉴 머쉬룸 스테이크
예산 A$ 40
홈페이지 www.barreggio.com.au

필립스 풋(Philips Foote) 07029

록스에 위치한 필립스 풋은 가게 앞에 신발 모양 간판이 걸려 있어 쉽게 눈에 띄는 곳이다. 고기를 골라서 직접 구워 먹는 바비큐장으로 샐러드는 무한 제공이다. 가게 안쪽에서 먹을 수도 있고 가게 밖 테라스에도 자리를 잡을 수가 있는데, 시끌시끌하고 북적거려서 저절로 흥이 나는 곳이다. 가장 인기있는 메뉴는 시드니컷 서로인(A$ 31)과 티본 스테이크(A$ 35)이다.

주소 101 George Street, The Rocks NSW 2000
전화 +61 (2) 9241 1485
시간 월~토 12:00~24:00 / 일요일 10:00~22:00
인기 메뉴 시드니컷 서로인, 티본 스테이크
예산 A$ 40~50
홈페이지 www.phillipsfoote.com.au

캥거루 요리

시드니 아니, 호주에 왔다면 꼭 도전해 봐야 하는 음식이 있다. 바로 캥거루 요리다. 더욱이 한국에서는 접하기 힘든 식재료라서 찾는 이가 많은데, 민감한 사람은 고기에서 누린내가 난다고도 하지만 대부분의 사람들이 무리 없이 즐길 수 있는 음식이다. 99%가 단백질로 기름기가 거의 없고 담백하다. 캥거루 고기 그 자체를 먹고 싶다면 더 미트 앤 와인, 캥거루 요리를 가볍게 경험하고 싶다면 피자 앤 오스트레일리안 비어를 추천한다.

더 미트 앤 와인 코 (The Meat & Wine Co)

달링 하버에 있던 곳이 지금은 바랑가루로 이동하여 영업 중이다. 달링 하버에 있을 때보다 훨씬 더 고급스럽게 꾸며져, 와인에 스테이크를 시키고 분위기 잡기에도 좋다. 스테이크 메뉴 중 MB2+, MB6+와 같은 표시는 호주 스테이크의 마블링 정도를 말하며 수치가 높을수록 마블링이 많다. 소고기 스테이크 외에 캥거루 꼬치도 판매하고 있어 여행객들의 호기심을 자극한다.

주소 Ground level, International Tower One, 100 Barangaroo Avenue, Barangaroo NSW 2000
전화 +61 (2) 8629 8888
시간 12:00~22:00 (금, 토는 ~22:30)
인기 메뉴 소고기 스테이크
예산 A$ 50~
홈페이지 themeatandwineco.com

디 오스트레일리안 (The Australian)

가수 시아준수가 캥거루 & 악어 피자를 먹어서 더욱 유명해진 곳이다. 캥거루를 맛보고 싶은데 예산이 부족하거나, 간단하게 경험만 해보고 싶다면 가 보자. 피자는 스몰과 라지 사이즈가 있는데, 혼자 먹는다면 스몰, 둘 이상이라면 무조건 라지를 주문해야 배를 채울 수 있다. 인기 메뉴는 캥거루 피자(스몰 A$ 22)와 악어 피자(스몰 A$ 23)다.

주소 100 Cumberland St, The Rocks NSW 2000
전화 +61 (2) 9247 2229
시간 10:30~24:00
인기 메뉴 캥거루 피자, 악어 피자
예산 A$ 25
홈페이지 australianheritagehotel.com

피쉬 앤 칩스

피쉬 앤 칩스는 호주의 전통 음식이라고 여겨지는 음식이다. 흰 살 생선 튀김과 감자튀김을 말하는데, 우리 입맛에도 잘 맞아 술안주나 한 끼 식사로 손색이 없는 음식이다. 19세기 영국에서 어부들이 간편하게 식사를 해결하기 위해 생선과 감자를 튀겨 먹은 것을 시작으로 영국에 피쉬 앤 칩스 가게들이 줄지어 문을 열었고, 영국의 식민지였던 호주에도 피쉬 앤 칩스가 전해졌다.

도일스(Doyles)

음식이 맛있어서 왓슨스 베이의 갈매기들이 빼앗아 먹으려고 자꾸 덤빈다거나 왓슨스 베이에 가면 누구나 먹는다라는 말이 있을 정도로 유명한 피쉬 앤 칩스 식당이다. 왓슨스 베이에 도착하자마자 제일 먼저 보이는 곳이 바로 도일스이다. 특히, 양이 많고 맛도 좋아 인기가 좋다. 가장 인기 있는 메뉴는 피쉬 앤 칩스(A$ 44.90)다.

주소 11 Marine Parade, Watsons Bay NSW 2030
전화 +61 (2) 9337 2007
시간 12:00~15:00, 17:30~20:30
인기 메뉴 피쉬 앤 칩스
예산 A$ 50~
홈페이지 www.doyles.com.au

피쉬 섁(Fish Shack)

07033

맨리 비치 도로를 따라 즐비하게 늘어선 피쉬 앤 칩스 가게들 중에서 피쉬 섁을 찾는 사람이 많은 이유는 주문을 받으면 바로바로 튀겨 준다는 점과 가격이 저렴하다는 것이다. 이 중에 가장 인기가 있는 메뉴는 바로 Beer Battered Fish & Chips(Take Away A$ 12.90, Eat In A$ 14.90)이다.

- **주소** 33 S Steyne, Manly NSW 2095
- **전화** +61 (2) 9976 3886
- **인기 메뉴** Beer Battered Fish & Chips
- **예산** A$ 20

분위기 있는 레스토랑에서의 식사

Quay Restaurant

07034

세계 최고의 레스토랑 50 리스트에 해마다 이름을 올리고, 시드니 최고의 레스토랑에도 매번 선정된다. 전면이 통 유리로 되어 있어 뷰가 좋기로도 유명하다. 오페라 하우스와 하버 브리지를 감상할 수 있는 자리는 2~3달 전에 예약을 해야 한다. 런치는 3코스(A$ 150)와 4코스(A$ 175), 디너는 4코스(A$ 175) 중에 선택이 가능하다. 어떠한 코스를 선택하더라도 디저트는 흔히 스노우 에그(Custard Apple Snow Egg)라고 불리는 디저트이다. 가장 인기 있는 메뉴는 런치와 디너에 선택할 수 있는 테스팅 메뉴(A$ 235)이다. 테스팅 메뉴의 런치나 디너를 즐기는 시간은 3시간이 필요한데, 특별한 경험이 될 수 있으니, 예산과 시간의 여유가 있다면 꼭 찾아가 보자.

- **주소** 3, Overseas Passenger Terminal, George St & Argyle Street, The Rocks NSW 2000
- **전화** +61 (2) 9251 5600
- **시간** 런치 12:00~13:30 / 디너 18:00~21:30
- **예산** A$ 200 이상
- **홈페이지** www.quay.com.au

Rockpool Bar & Grill

07035

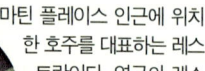

마틴 플레이스 인근에 위치한 호주를 대표하는 레스토랑이다. 영국의 레스토랑 매거진에서 발표한 세계 10대 레스토랑 중 8위에 뽑혔을 정도로 세계적으로도 높은 평가를 받는 곳이다. 유럽 스타일에 아시아의 풍미가 곁들여진 퓨전 시푸드 요리가 인기다.

- **주소** 66 Hunter St, Sydney **전화** +61 (0)2 8099 7077 **시간** 월~금 12:00~15:00, 18:00~23:00 / 토 17:30~23:00 / 일 18:00~22:00 **예산** A$ 150~ **홈페이지** www.rockpooldininggroup.com.au/rockpool-bar-grill

South Steyne

07036

달링 하버의 배를 개조해 만든 식당으로 해산물과 각종 스테이크류를 판매한다. 맛도 좋지만 독특한 인테리어와 외관이 식사를 즐겁게 한다.

- **주소** Harbourside Jetty-Cockle Bay-Darling Harbour
- **전화** +61 (0)2 9211 5999
- **예산** A$ 30~80
- **홈페이지** www.southsteyne.com.au/index1.htm

O Bar and Dining `07037`

지상 165m의 고층에서 하버 브리지와 오페라 하우스는 물론 시드니 시내 전체를 바라보며 식사를 즐길 수 있는 회전 전망 레스토랑이다. 메뉴는 프랑스 요리이며, 간단히 커피나 칵테일만 마실 수도 있다.

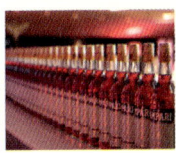

주소 Level 47, Australian Square, 264 George St. **전화** +61 (0)2 9247 9777 **시간** 17:00~23:00(일~화요일) / 17:00~23:30(수~목요일) / 12:00~24:00(금요일) / 17:00~24:00(토요일) **예산** 점심 A$ 40부터 / 저녁 A$ 60부터 **홈페이지** www.obardining.com.au/restaurant **기타** 레스토랑의 회전은 1시간 45분이 소요된다. 단, 런치 타임에는 회전하지 않는다.

간단한 음식과 한식 식당

울루물루 핫도그 (Harry's cafe de wheels) `07038`

브룩실즈, 제이슨 빅스 등 유명인사들이 많이 방문해서 꽤나 유명한 핫도그 집이다. 건물이나 식당이 아닌 테이크 아웃을 주로 하는 우리나라로 치면 푸드 트럭이나 간이 매점쯤 되는 곳이다. 주문을 하고 음식을 받아 주변 벤치나 공원에서 먹으면 된다. 가장 인기 있는 메뉴는 헤리스 카페 드 휠 A$ 7.40이다. 크기가 커서 하나로 둘이 나눠 먹어도 된다.

주소 Woolloomooloo, NSW 2011
전화 +61 (0)2 9347 3074
예산 A$ 8~10

메시나 젤라또(Messina) `07039`

호주에서 알 만한 사람들은 모두 알고 있다는 메시나 젤라또이다. 워낙 인기가 좋아 줄을 서 아이스크림을 사야 하는 곳이다. 아이스크림 종류가 많아 고르는 것이 쉽지 않지만, 그만큼 취향대로 골라 먹는 재미가 있다. 한 스쿱당 가격으로 판매를 하며, 한국에서 접하지 못했던 Pear & Rhbarb와 Salted Caramel 맛이 인기가 있다.

주소 389 Crown Street, Surry Hills NSW 2010
전화 +61 (2) 9332 1191
시간 12:00~23:00
인기 메뉴 Pear & Rhbarb, Salted Caramel

팬케이크 온 더 락 (Pancakes On The Rocks) `07040`

시드니의 인기 있는 팬케이크 전문점이다. 1959년 미국 마이애미를 여행하던 메드모어 씨가 팬케이크를 맛보고 1965년 호주에 'The Pancake Kitchen'이라는 이름으로 처음 문을 연 이래, 선풍적인 인기를 얻고 있다. 다양한 팬케이크가 준비되어 있으며, 립이나 크레페도 추천 메뉴다.

주소 4 Hickson Rd, The Rocks, Sydney **전화** +61 (0)2 9247 6371 **시간** 연중 무휴 24시간 영업 **인기 메뉴** 립, 멕시칸 크레페, 스트로베리 팬케이크 **예산** 팬케이크 A$ 11~14, 음료 A$ 3~5 **홈페이지** www.pancakesontherocks.com.au/home

패스트푸드

맥도날드, 헝그리잭스(버거킹), KFC 등을 이용할 수 있다. 우리나라와 가장 다른 점은 세트 메뉴를 밀(Meal) 또는 콤보(Combo)라 하며, 사이즈가 스몰(S), 미디엄(M), 라지(L)로 구분되어 있다는 것이다. 호주는 리필이 되지 않으므로 음료를 많이 마시는 사람이라면 큰 사이즈를 선택하는 게 낫다.

한식 식당

한식이 너무 먹고 싶다면 서울리아, 밀리오레 등의 한국 식당을 찾아 보자. 시내에서 쉽게 찾아볼 수 있으며, 주로 피트 스트리트(Pitt Street)에 모여 있다.

시드니의 숙소 비용은 뉴욕 호텔의 2.5배라는 기사가 나올 정도로 물가가 비싸기 때문에 적당한 가격에 쾌적한 숙소를 찾기가 힘들다. 그래서 시드니에서 숙소를 정할 때는 어느 정도 비용을 감안해야 한다. 우선 숙소를 정할 때는 교통의 편의와 전망 그리고 쾌적한 환경 등을 고려해서 선택한다.

숙박의 형태는 호텔, 백패커스, 한인 민박, 단기 숙박, 홀리데이 하우스 렌트 등 다양하므로, 여행 기간과 자신의 목적에 맞는 숙소를 이용하면 된다.

시드니 숙소 예약하기

위치 선택하기

한정된 기간 동안 여행 시간을 어떻게 쓸 것인가는 여행자에게 있어서 가장 중요한 부분이다. 그래서 여행자가 숙소를 선택할 때 중요한 것이 교통이다. 그중에서도 타운 홀이나 센트럴 역은 시드니 도심의 핵심 관광지 중심과 연결되며, 환승 없이 한 번에 이동이 가능하므로 위치적으로 가장 좋은 장소다. 다만, 킹스크로스 역 주변은 술집이 많아 치안상 위험할 수 있으므로 피하는 것이 좋다.

예약 사이트

대부분의 여행자는 정가로 숙소를 예약하기보다 여행사 혹은 숙박 예약 사이트에서 예약을 한다. 숙박 예약 사이트를 이용하면 그날의 예약 상황에 따라 할인 프로모션을 진행하기 때문에 대부분 요금 할인이 이뤄진다.

숙소 예약을 할 때는 잘 알려진 여행사의 홈페이지에서 예약을 하거나 우리나라에서 잘 알려진 호텔 예약 사이트인 호텔스닷컴, 아고다, 부킹닷컴 등과 여러 예약 사이트의 가격을 비교해 주는 트리바고 등을 이용한다. 경우에 따라서는 숙소의 홈페이지에서 직접 예약하는 것이 더 저렴하기도 하니 예약 대행 사이트와 비교해 보는 것이 좋다. 그리고 현지의 위메프, 그루폰(www.groupon.com.au) 등의 사이트를 이용하는 방법도 있다. 특히, 마감 임박 숙소를 보다 합리적인 금액으로 예약할 수 있다.

백패커스

배낭 여행자를 위한 시설이 잘 마련되어 있는, 호주에서 가장 저렴하면서 일반적인 숙소는 백패커스다. 기본적으로 4~8인실의 다인실 객실을 이용하는 것은 다른 국가의 유스호스텔과 동일하지만, 객실 사용에 남녀의 구분이 없는 것이 특징이다. 하지만 최근 들어 각 도시의 발빠른 백패커스들은 여성 전용 다인실과 젊은 관광객들을 위한 2인실을 증설하고 있는 추세이다.

시드니의 백패커스는 센트럴 역(Central Station)과 킹스 크로스(Kings Cross) 지역에 많이 모여 있다. 센트럴 역 바로 앞의 YHA, 킹스 크로스의 Sydney G'Day Backpackers가 인기 있으며 공항에서 무료 픽업 서비스를 제공한다.

Wake Up

호주 전체에서 가장 비싼 백패커스 중 하나다. 그만큼 시설이 좋고 관광하기에 좋은 위치에 있다. 특히 공항에서 무료 픽업을 제공하며 지하에 펍(Pub)을 운영해 젊은 관광객들에게 인기가 많다.

주소 509 Pitt Street, Sydney
전화 +61 (0)2 9288 7888
요금 10 Dorm : (월~목) A$ 39, (금~일) A$ 47 / 8 Dorm : (월~목) A$ 41, (금~일) A$ 49 / 6 Dorm : (월~목) A$ 43, (금~일) A$ 51 / 4 Dorm : A$ 45 / 트윈 : A$ 99 / 더블 : A$ 124 (비수기와 성수기 가격이 다르므로 확인 후 예약이 필수)
홈페이지 www.wakeup.com.au

Summer House Backpackers `07042`

비교적 저렴하면서 깔끔한 시설을 제공한다. 4~12인실의 방을 가지고 있으며 여성 전용 도미토리 또한 운영 중이다. 방에서 무제한 무료 와이파이를 사용할 수 있으며 매일 아침 콘티넨털 조식이 제공한다. 다만 킹스 크로스 역과 하이드 파크 사이에 있어 위치가 약간 아쉽다.

주소 153 Forbes Street, Sydney
전화 +61 (0)2 9358 4327
요금 12인실 A$ 26, 8인실 A$ 30, 6인실 A$ 32, 4인실 A$ 34
홈페이지 summerhousebackpackers.com

Maze Backpackers `07043`

시내 중심에 있으며, 주변에 한인 슈퍼, 식당, 기념품 가게 등이 있어 긴 여행으로 우리나라 음식이 그리운 관광객에게 추천하는 백패커스다. 저렴한 비용에 비해 시설과 위치도 만족스럽다.

주소 417 Pitt Street, Sydney
전화 +1800 813 522(호주 내 무료 전화)
요금 6~8 Dorm : A$ 22 / 4 Dorm : A$ 29 / 더블 : A$ 75 / 싱글 : A$ 59
홈페이지 www.mazebackpackers.com.au

Base Backpackers Sydney `07044`

시내의 중심인 타운 홀에서 불과 30m 거리에 있는 백패커스로 관광하기에는 최적의 조건이다. 호텔급의 침구를 제공하며, 방마다 개별 락커를 제공하기 때문에 도난의 위험도 적다. 숙소 안에서 와이파이를 무료로 사용 가능하다.

주소 477 Kent St, Sydney, NSW 2000
전화 +61 (0)2 9267 7718
요금 10인실 A$ 35, 8인실 A$ 37, 6인실 A$ 39, 4인실 A$ 41
홈페이지 stayatbase.com/hostels/australia/sydney/base-sydney

한인 민박

언어 걱정이 없다!

시드니는 다른 지역과 달리 정식 숙박업으로 등록된 한인 민박이 있다.
언어에 대한 걱정을 가지고 있는 배낭족, 워킹홀리데이 비자 소지자들이 찾는 한인 민박은 언어가 통하기 때문에 불편함이 없다. 하지만 허가를 받고 영업하는 곳이 많지 않기 때문에 사고가 발생할 경우에는 문제가 될 수 있다. 두리 하우스는 이런 걱정을 할 필요가 없는 곳이며, 한국인이 운영하지만 외국 여행객들에게도 많이 알려진 곳이다.

두리 하우스 `07045`

킹스 크로스에 위치하고 있다. 두리 하우스 역시 무료 식사와 3일 이상 예약한 사람들에 한해 무료 픽업 서비스를 제공하고 있다.
두리 하우스의 자랑거리는 화장실과 샤워실이 모두 방 안에 있어 아침마다 샤워실 앞에서 줄을 서서 기다리지 않아도 된다는 점이다.

주소 48A Darlinghurst Rd. Kings Cross NWS 2011
전화 +61 (0)2 9357 2255
요금 8 Beds : A$ 25 / 6 Beds : A$ 26
홈페이지 www.duryhouse.com

중급 호텔

Capitol Square ★★★ `07046`

시드니 차이나타운에 위치하며, 센트럴 역에서 도보로 5분 정도 걸린다. 극장과 역이 가깝고 달링 하버까지 도보로 10분 정도 소요되는 등 입지가 좋은 편이다. 시설이 소박하고 깔끔하다.

주소 Corner George And Campbell Street, Sydney NSW 2000
전화 +61 (0)2 9211 8633
요금 Queen A$ 179 / Twin A$ 179 / Superior Family A$ 229 / Balcony A$ 249
홈페이지 www.capitolsquare.com.au
www.rydges.com

메트로 아파트먼트 온 킹 `07047`
(Metro Apartments on King) ★★★★

시드니 중심가에 위치하고 있는 아파트먼트이다. 달링 하버나 오페라 하우스가 있는 서큘러 키, 타운 홀 등의 중간 지점에 위치하고 있어 관광에 용이하다. 아파트먼트이다 보니 주방 시설과 냉장고, 세탁기 등을 갖추고 있어 장기 투숙에도 알맞다. 와이파이는 무료로 제공된다.

주소 27-29 King St, Sydney NSW 2000
전화 +61 (0)2 9290 9200
홈페이지 www.metrohotels.com.au

The Ibis Sydney World Square ★★★ `07048`

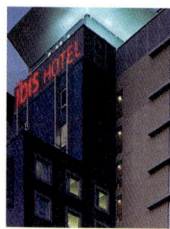

시드니의 심장에 위치해 있다고 말할 만큼 다른 지역으로의 접근이 편리한 곳이다. 라이트 레일과 시드니 트레인의 센트럴 역이 가까워서 타 지역에서의 접근도 좋다. 시드니 내에서는 걸어서 달링 하버, 시드니 컨벤션 센터, 차이나타운에 갈 수 있으며, 시드니 쇼핑 센터도 가깝다. 한국인 직원이 있어 이용하기 편리하다. 다리미, 헤어 드라이어 등은 비치되어 있으나, 창문이 없고 침대는 조금 좁은 편이다.

주소 382-384 Pitt Street, Sydney NSW 2000
전화 +61 (0)2 8267 3111
요금 Queen Bed : A$ 134 / Single Beds : A$ 134 / King Beds : A$ 197
홈페이지 www.ibissydneyworldsquare.com.au

고급 호텔

The Sydney Boulevard Hotel ★★★★ `07049`

시드니 시내 중심에 위치하고 있지는 않지만, 시드니는 도시가 넓지 않아 어느 곳이든 도보로 움직이는 게 가능한 것을 감안하면 시드니 관광 일정에서 추천할 만한 호텔이다. 세련된 분위기의 객실은 중간 규모지만 좋은 상태를 유지하고 있으며, 달링 하버를 내려다보고 있어 고급 호텔 중 야경이 최고다.

주소 90 William Street, Sydney NSW 2011
전화 +61 (0)2 9383 7222

요금 A$ 280~440 (날짜와 시즌에 따라 요금 차이가 많다. 홈페이지 실시간 예약 필수.)
홈페이지 www.sydneyboulevard.com.au

Shangri-La Sydney ★★★★★ 07050

록스 지구에 위치한다. 센트럴 비즈니스 지구와 쇼핑 시설들이 있는 주요 관광 명소들과 인접해 있고, 서큘러 키 페리 터미널까지 도보로 이동이 가능하다. 시드니 오페라 하우스와 하버 브리지가 내려다보이는 것이 장점이다.

이곳은 초특급 호텔로 2005년 수백만 달러의 보수 공사를 완료하면서 시설이 더욱 화려하고 고급스러워졌다. 감각 있는 레스토랑과 바, 완벽한 비즈니스 및 레저 시설을 마련하고 있다.

주소 176 Cumberland St. The Rocks Sydney NSW
전화 +61 (0)2 9250 6000
요금 A$ 245~665
홈페이지 www.shangri-la.com/en/property/sydney/shangrila

Pullman Quay Grand Sydney Harbour ★★★★★ 07051

센트럴 비즈니스 지구, 쇼핑 시설, 주요 관광 명소들과 인접해 있고, 서큘러 키 페리 터미널까지 도보로 이동이 가능하다.

허니문 관광객이 많이 이용하는 고급 호텔인 만큼 객실과 거실이 크고 시설이 훌륭하다. 그중에서도 발코니는 시드니 오페라 하우스와 달링 하버를 내려다볼 수 있게 설계되어 이곳의 가장 큰 자랑이 되고 있다.

주소 East Circular Quay 61 Macquarie Street, Sydney
전화 +61 (0)2 9256 4000
요금 Two Bedroom Harbour Suite : A$ 980 / Two Bedroom Opera : A$ 860
홈페이지 www.pullmanquaygrandsydneyharbour.com

Hyatt Regency Sydney ★★★★

달링 하버, 시드니 아쿠아리움, 록스, 시드니 카지노, 하버 브리지는 걸어서 5분, 퀸 빅토리아 빌딩은 걸어서 15분이면 도착한다. 10분 내외에 시드니 트레인을 이용할 수 있어 도시 관광을 하기에는 최고의 위치다.

07052

시드니에서도 좋은 호텔로 알려져 있으며, 달링 하버를 등지고 있어 야경이 아름답다. 시설도 매우 고급스럽다.

주소 161 Sussex Street, Sydney NSW 2000
전화 +61 (0)2 8099 1234
요금 City Side Twin : A$ 560 / City Side King : A$ 580 / Harbour View Twin : A$ 600 / Harbour View King : A$ 640
홈페이지 sydney.regency.hyatt.com

Harbour Marriott Hotel ★★★★★ 07053

시내 중심에 위치하고 있어 도보로 5~15분이면 시드니 도시 관광이 모두 가능하며, 타 지역으로 가는 것도 양호하다. 객실에서는 하이드 파크가 내려다보인다. 달링 하버보다 야경 면에서는 다소 떨어지지만, 5성급 호텔이니만큼 시설도 고급스럽다.

주소 30 Pitt Street, Sydney NSW
전화 +61 (0)2 9259 7000
요금 A$ 299~629
홈페이지 www.marriott.com.au

Sheraton on the Park ★★★★ 07054

시드니의 중심 지역에 위치해 있으며, 하이드 파크를 내려다보고 있다. 내부 인테리어가 웅장한 느낌을 주며 고급스럽다. 시설이 호화롭고 분위기도 좋아 인기 있는 호텔이다.

주소 161 Elizabeth Street, Sydney 2000
전화 +1800 325 3535
요금 City Side King Room : A$ 550 / Hyde Park Twin Room : A$ 590 / Hyde Park King Room : A$ 590
홈페이지 www.sheratonontheparksydney.com

시드니 추천 코스
Sydney 1

1 시드니 천문대
빵, 과일 등을 가지고 가서 간단한 아침 식사와 함께 여행 시작!

도보 10분

2 파일론 전망대
오페라 하우스와 시드니만, 시내를 한눈에 내려다볼 수 있는 최고의 전망대. A$ 150 이상의 브리지 크라임 투어에 뒤지지 않는 전망을 자랑한다.

도보 10분

3 록스 스퀘어
주말 마켓이 볼 만하다. 평일에는 록스의 골목 곳곳에 숨겨진 예쁜 가게나 맛집을 찾아보는 소소한 재미가 있다.

오페라 하우스와 달링 하버를 중심으로 하는 일정

여유롭게 일정을 정해 두었지만 일정에 욕심을 부려 시드니항 크루즈를 런치 타임으로 이용한다면 타운 홀, 하이드 파크, 마틴 플레이스, 차이나타운 등의 시내 관광까지 하루 만에 둘러볼 수 있다.

⑤ 맥콰리 포인트
오페라 하우스와 하버 브리지를 한 장의 사진에 담을 수 있는 곳

도보 15분

④ 서큘러 키
페리 터미널이 있는 곳으로, 시드니에서 가장 많은 관광객이 모인다. 오페라 하우스에서 연결되며, 거리 곳곳에서 예술가들을 만날 수 있다.

도보 10분

⑥ 시드니항 크루즈
크루즈를 이용해서 시드니만을 둘러본 후 달링 하버로 이동할 수 있다.

런치 12:30, 디너 17:00, 스타라이트 19:00 또는 19:30 / 서큘러 키 출발. 3시간 후 달링 하버에 도착.

도보 5분

크루즈로 30분

⑦ 달링 하버
야경 감상 후 숙소로 이동.

시드니 추천 코스
Sydney 2

1 하이드 파크
빵, 과일 등을 가지고 가서 간단한 아침 식사와 함께 여행 시작~

도보 3분

2 세인트 메리스 대성당
물에 비친 성당의 모습이 아름답다.

도보 10분

3 마틴 플레이스
도심의 활기찬 모습과 여유로운 모습을 한눈에 볼 수 있는 곳!

시내만 둘러보는 일정

시드니 시내 중심부를 보는 데는 3~4시간이면 충분하다. 하이드 파크, 세인트 메리스 대성당, 타운 홀은 지나가면서 금방 볼 수 있지만 피트 스트리트 몰, 퀸 빅토리아 빌딩 등을 깊게 보려면 하루 일정으로 잡는 게 좋다.

도보 5분

❺ 타운 홀
시드니에서 유동 인구가 가장 많은 곳! 타운 홀과 함께 고풍스러운 쇼핑몰 퀸 빅토리아 빌딩도 빼놓지 말고 구경하자.

❹ 피트 스트리트 몰
시드니에서 가장 쇼핑을 하기 좋은 곳! 유명 백화점, 브랜드 숍이 즐비하다.

도보 10분

❻ 차이나타운
차이나타운 특유의 먹을거리와 흥청거림이 눈에 띄는 곳이다. 마켓 시티와 패디스 마켓은 여행 기념품을 사기도 좋다.

도보 5분

도보 5분

❼ 달링 하버
야경 감상 후 숙소로 이동.

케언스

각양각색의 레포츠를 즐긴다!

1870년대에 호주 정부에서 관세를 징수하기 위해 건설한 케언스는 1875년~1877년 퀸즐랜드 주지사를 지낸 윌리엄 웰링턴 케언스의 이름에서 비롯된 조용한 시골 마을이다. 19세기 말에 금·주석 등의 광물이 발견되면서 활기를 띠기 시작했으며, 현재는 사탕수수 재배의 중심지이다.

케언스를 세계 각지의 관광객들이 죽기 전에 꼭 한번 가 보고 싶은 곳으로 꼽는 이유는 무엇일까?

그것은 바로 퀸즐랜드 해안과 거대한 규모의 산호초군인 그레이트 배리어 리프가 에메랄드빛의 장관을 이루고, 천혜의 자연을 배경으로 래프팅, 스카이다이빙, 번지

점프 등의 다양한 엑티비티를 즐길 수 있기 때문이다.
보통은 배낭 여행, 허니문, 고품격 여행에 따라 선호하는 지역이 다르지만, 케언스 만큼은 이 모든 관광객들이 한꺼번에 찾는 곳이다. 그래서인지 백패커스, 호텔, 고급 리조트 등 다양한 숙박 시설을 두루 갖추고 있다.
아름다운 에메랄드빛 바다가 있는 케언스로 떠나 보자.

Dress code

레포츠를 즐기는 도시에서 정장 차림은 NG! 가벼운 복장과 편한 신발을 신고 다니는 것이 가장 일반적이다. 다른 도시와 다르게 카지노의 복장 규제도 심하지 않다.

Travel point

레스토랑	★★★★☆
쇼핑	★★★☆☆
볼거리	★★☆☆☆
레포츠	★★★★★

↑ 케언스 국제 공항 방향

Grove St.

쿡 앤 불
Cock and Bull

181 디 에스플래네이드
181 The Esplanade

• Pioneer Cemetery

케언스 고등학교
Cairns State High School

케언스 베이스 병원
Cairns Base Hospital

① Photo Point
새벽 조깅 코스 라군

매디슨 리조트
Matson Resort Cairns

③ Photo Point
호주 지역의 거리가 표시된 이정표

Upward St.

올 시즌 선샤인 타워
All Season Sunshine Tower Hotel

캘버리 병원
Calvary Hospital

Minnie St.

Abbott St.

리지스 트레이드윈즈
Ryges Tradewinds Cairns

② Photo Point
무료 수영장 라군

먼로 마틴 공원
Munroe Martin Park

더블 트리 바이 힐튼
Double Tree by Hilton

Florence St.

시빅 센터
Civic Centre

Cairns Girls Hostel

오아시스 리조트
The Oasis Resort Cairns

에버트 오팔스
Evert Opals

빌라 로마나 트라토리아
Villa Romana Trattoria

Aplin St.

관광국

스프링스
Springs Restaurant

↑ 팜 로열 방향

타카 다이브
Taka Dive

시청사
City Council

나이트 마켓 플레이스
Night Markets on the Cairns Esplanade

스플리시 스플레시
Splish Splash

루스 체인지
Loose Change

시티 플레이스
City Place

케언스 박물관
Cairns Museum

도서관
Library

에스플러네이드 라군
Esplanade Lagoon Undersea World Aquarium

버디스 레스토랑
Verdis Restaurant

케언스 센트럴
Cairns Central

케언스 역
Cairns Sta.

레드 오커 그릴
Red Ochre Grill

실즈 스트리트
Shields St.

카니스 레스토랑
Kani's Restaurant

피 제이 오 브라이언스
P.J.O' Brien's

케언스 지역 미술관
Cairns Regional Art Gallery

오키드 플라자
Orchid Plaza

비코 인 케언스
Bico In Cairns

상그릴라 호텔
Shangri-la Hotel The Marina Cairns

러스티즈 바자 마켓
Rusty's Bazaar Markets

오스트레일리언스피릿
Australian Spirit

Spence St.

카페 차이나
Cafe china

이츠 익스트림
It's Extreme

던 아트 앤드 디자인
Done Art and Design

보트쉐드
Boatshed

본즈 온 더 리프
Bonz on the Reef

파티 사파이어
Parti Sapphires

던디스 레스토랑
Dundee's

리프 플릿 장거리 버스 터미널 & 리프 플릿 크루즈

말린 부
Marlin

와인 파라다이스
Wine Paradise

힐튼 케언스
Hilton Cairns

풀만 인터내셔널
Pullman International

케언스 코퍼릿 타워
Cairns Corporate Tower

그레이트 어드벤처스
Great Adventures

Hartley St.

우체국

풀만 리프 호텔 카지노
Pullman Reef Hotel Casino

Bunda St.

Draper St.

컨벤션 센터
Convention Centre

트리니티 워프
Trinity Wharf

케언스 줌 & 와일드라이프 돔
Cairns Zoom & Wildlife Dome

Kenny St.

워프 스트리트 Wharf St.

트리니티 인렛
Trinity Inlet

브리즈번 방향

✈ 케언스로 이동하기

우리나라에서 가기
외국 항공사를 이용해 일본, 대만, 홍콩 등을 경유하는 방법과 우리나라 항공사를 이용해 시드니나 브리즈번에 도착한 후 호주의 국내선을 타고 케언스로 이동하는 방법이 있다. 이러한 방법으로 케언스에 도착을 하는 경우 한국에서 케언스까지 최소 11시간 이상 비행시간이 소요된다.
진에어도 국내 LCC 최초로 인천-케언스 장거리 노선을 2016년 12월 14일부터 약 2개월간 주 2회 운항할 계획이다. 현재 한국에서 퀸즐랜드 주까지는 대한 항공이 인천-브리즈번 노선을 주 4회 운항하며 진에어가 인천-케언스 노선에 취항할 경우 퀸즐랜드 주 내에서는 두 번째 노선이 된다.

호주의 다른 도시에서 가기
호주를 대표하는 콴타스 항공, 제트스타, 버진 오스트레일리아가 호주 주요 도시와 케언스의 국내선 공항을 연결하고 있다. 가장 수요가 많은 시드니와 멜버른 구간은 하루 약 4~5편 정도 운항하고 있다. 또한 그레이하운드 버스와 프리미어 모터 서비스가 동부 해안을 따라 다른 도시로 연결된다. 이 외에 장거리 기차도 있지만 주 3~4편이며, 요금도 비싸기 때문에 일반적인 여행객들의 이용은 적다.

공항에서 시내까지
케언스 공항에서 시내까지는 7km 정도로 도시로의 이동이 비교적 편하다. 케언스 공항에서 시내로 가는 방법은 셔틀과 택시를 이용하는 두 가지가 있다.

버스 공항셔틀(썬팜)은 시내까지 15~20분 정도가 소요되고, 비용은 편도 A$ 16이다. 왕복으로 구매하면 보다 저렴하다. 호텔이나 숙박 업소에서 비용을 대신 지불해 주는 경우가 많으므로, 숙박 업체에 확인을 하여 알뜰하게 이용해 보자.
홈페이지 sunpalmtransport.com.au

택시 택시를 이용하면 A$ 25~35 정도가 든다. 숙박 업소에서 셔틀버스 비용을 지불하지 않는 경우, 2명 이상이면 버스보다 택시를 이용하는 것도 좋은 방법이다. 택시 요금은 아래의 사이트에서 확인하면 된다.
홈페이지 www.taxifare.com.au

장거리 버스 또는 열차로 도착 후
장거리 버스로 케언스에 갈 경우 시내 끝에 위치한 리프 플릿 터미널에 도착한다. 이곳에서 도보로 약 10분 이내면 대부분의 숙소로 이동이 가능하다. 장거리 열차는 쇼핑몰과 연결된 케언스 센트럴 역에 도착하며 버스로 도착할 때와 마찬가지로 도보 약 10분이면 시내 대부분의 숙소로 이동할 수 있다.

🚌 케언스의 시내 교통

케언스는 시드니에 비해 작은 도시로 전철이나 트램이 없지만 시내를 이동할 때는 도보로 모두 해결이 된다. 근교를 나간다면 버스와 택시를 이용하자.

버스 홈페이지 www.sunbus.com.au/cairns

케언스 시내
Cairns City

심신을 달래주는 휴양의 낙원

호주를 대표하는 관광 도시인 케언스는 일부 호텔을 제외하고는 3층 이상의 건물을 찾아볼 수 없을 정도로 작은 시내다. 레이크 스트리트(Lake St.)와 실즈 스트리트(Shields St.)의 교차점에 있는 시티 플레이스는 시내의 중심이라 할 수 있다. 이곳을 중심으로 다양한 기념품 가게와 레스토랑, 카페, 나이트클럽, 미술관 등이 있다.

해변을 따라 나 있는 에스플러네이드(Esplanade)에는 무료로 수영장, 샤워장, 바비큐 시설을 이용할 수 있는 인공 라군이 있으며, 멋진 산책로가 조성되어 있어 관광객은 물론 현지인의 쉼터로 인기가 많다.

레포츠를 중심으로 한 투어에 참가하면서 저녁 시간을 이용해 시내를 둘러보는 것만으로도 충분하다. 하지만 여유 있는 일정으로 여행을 한다면 하루 정도는 시내를 둘러보는 것도 좋다.

Travel point
레스토랑	★★★★★
쇼핑	★★★☆☆
볼거리	★☆☆☆☆
레포츠	★★★★★

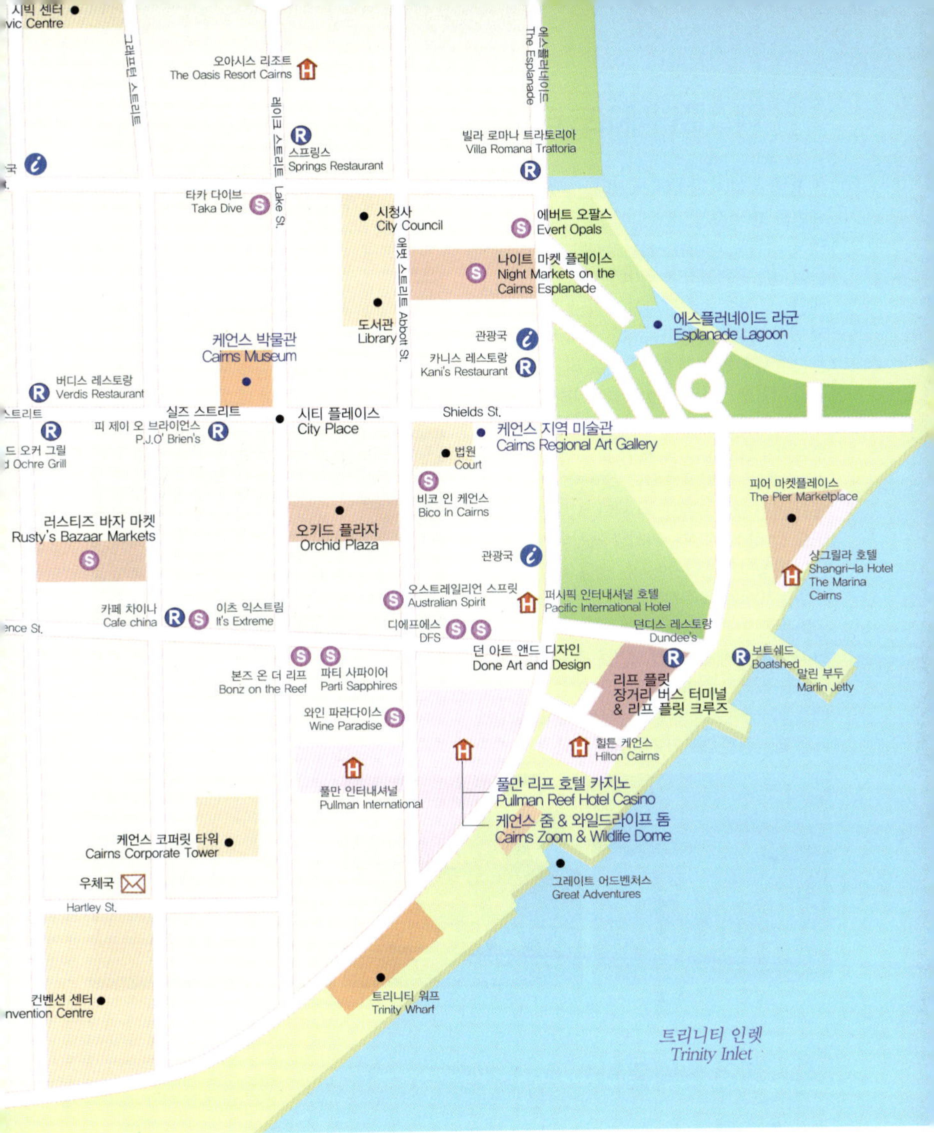

시빅 센터
vic Centre
그래프턴 스트리트
오아시스 리조트
The Oasis Resort Cairns
레이크 스트리트
Lake St.
에스플러네이드
The Esplanade
스프링스
Springs Restaurant
빌라 로마나 트라토리아
Villa Romana Trattoria
타카 다이브
Taka Dive
시청사
City Council
에버트 오팔스
Evert Opals
애벗 스트리트
Abbott St.
나이트 마켓 플레이스
Night Markets on the
Cairns Esplanade
도서관
Library
에스플러네이드 라군
Esplanade Lagoon
케언스 박물관
Cairns Museum
관광국
카니스 레스토랑
Kani's Restaurant
버디스 레스토랑
Verdis Restaurant
실즈 스트리트
피 제이 오 브라이언스
P.J.O' Brien's
시티 플레이스
City Place
Shields St.
케언스 지역 미술관
Cairns Regional Art Gallery
드 오커 그릴
d Ochre Grill
법원
Court
비코 인 케언스
Bico In Cairns
피어 마켓플레이스
The Pier Marketplace
러스티즈 바자 마켓
Rusty's Bazaar Markets
오키드 플라자
Orchid Plaza
관광국
상그릴라 호텔
Shangri-la Hotel
The Marina
Cairns
오스트레일리언 스프릿
Australian Spirit
퍼시픽 인터내셔널 호텔
Pacific International Hotel
카페 차이나
Cafe china
이츠 익스트림
It's Extreme
디에프에스
DFS
던디스 레스토랑
Dundee's
ence St.
던 아트 앤드 디자인
Done Art and Design
보트쉐드
Boatshed
본즈 온 더 리프
Bonz on the Reef
파티 사파이어
Parti Sapphires
말린 부두
Marlin Jetty
리프 플릿
장거리 버스 터미널
& 리프 플릿 크루즈
와인 파라다이스
Wine Paradise
힐튼 케언스
Hilton Cairns
풀만 인터내셔널
Pullman International
풀만 리프 호텔 카지노
Pullman Reef Hotel Casino
케언스 줌 & 와일드라이프 돔
Cairns Zoom & Wildlife Dome
케언스 코퍼럿 타워
Cairns Corporate Tower
우체국
그레이트 어드벤처스
Great Adventures
Hartley St.
트리니티 워프
Trinity Wharf
컨벤션 센터
nvention Centre
트리니티 인렛
Trinity Inlet

CAIRNS MUSEUM

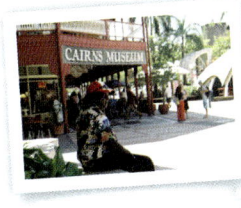

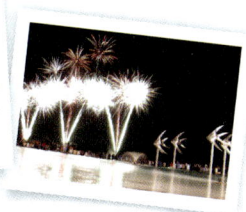

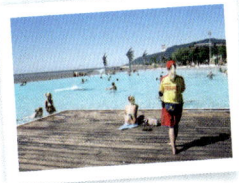

에스플러네이드 라군 The Esplanade Lagoon

휴양 시설이 한곳에 모였다

해변을 따라 길게 이어진 에스플러네이드는 수영장, 샤워장, 바비큐 시설, 산책로, 전쟁 기념비 등이 있는 공원이라고 생각하면 된다.

케언스의 해변은 모래사장이 아닌 갯벌로 채워져 있어 해수욕이 불가능하다. 이에 케언스 시는 관광객 유치를 위해 전략적으로 라군(Lagoon) 수영 시설을 만들었다. 바닷물을 이용한 인공 수영장인 라군은 현지인에게도 인기가 많다. 최대 수심이 1.5m이며 아이들이 놀 수 있는 모래사장과 선탠을 즐기기에 좋은 넓은 잔디밭도 있다. 또한 안전 요원, 응급조치 센터, 샤워장 등의 설비도 잘 갖추고 있다. 바비큐 시설은 무료로 이용이 가능하지만 이곳에서는 술을 마실 수 없다. 호주는 밖에서 음주하는 것이 불법이라는 것을 알아 두자.

크리스마스, 새해 첫날, 케언스 쇼 등의 날에는 라군을 배경으로 화려한 불꽃놀이가 펼쳐진다. 에스플러네이드의 북쪽에는 전쟁 기념비 및 2차 대전 때 사용한 대포가 전시되어 있다.

Fun point
1. 수영장을 이용하자.(수영복 준비)
2. 바비큐거리를 준비해 가자.
3. 새해 첫날이라면 불꽃놀이를 볼 수 있다.

Access
위치 시티 플레이스에서 애벗 스트리트(Abbott St)를 건너 직진, 도보 5분.
전화 +61 (0)6 4044 3715
수영장 개방 시간 (10월~3월) 06:00~22:00 (4월~9월) 07:00~21:00 (매주 수요일) 15:00~21:00 혹은 22:00

케언스 박물관 Cairns Museum

케언스의 역사가 담긴 박물관

케언스의 역사를 전해 주는 작은 규모의 박물관이다. 1907년에 건설된 예술 학교의 건물을 사용하고 있다. 철도와 탄광의 발전사와 애버리진의 문화 등 흥미 있는 전시품들로 케언스의 옛모습을 느낄 수 있다.

Access **위치** 시티 플레이스에서 도보 3분. **전화** +61 (0)7 4051 5582 **홈페이지** www.cairnsmuseum.org.au
시간 (월~토) 10:00~16:00 (휴무) 12월 25~26일, 1월 1일, 3월 30일 **요금** 성인 A$ 10 / 어린이 A$ 5

MAPECODE 07103

케언스 지역 미술관 Cairns Regional Art Gallery

케언스의 예술과 공예품을 전시

북부 퀸즐랜드 주에서 활동하는 예술가들의 작품과 애버리진의 예술 및 공예품을 주로 전시하고 있는 지방 미술관으로 제법 큰 규모를 자랑한다.

Fun point
1. 바로 옆 Perrotta's에서 아침 먹기.
2. 에스플러네이드 라군과 함께 둘러보자.

Access
위치 시티 플레이스에서 애벗 스트리트(Abbott St)를 건너 바로 오른편. 도보 2분. **전화** +61 (0)7 4046 4800
홈페이지 www.cairnsregionalgallery.com.au
시간 (월~금) 09:00~17:00, (토) 10:00~17:00, (일) 10:00~14:00
요금 성인 A$ 5 / 학생 A$ 2.5 / 16세 이하 무료

MAPECODE 07104

케언스 줌 & 와일드라이프 돔 Cairns Zoom & WildLife Dome

소피텔 리프 카지노 안에 재현한 열대우림

코알라 외 열대우림 지역에 서식하는 파충류와 각양각색의 조류를 볼 수 있으며, 다양한 쇼가 준비되어 있다. 2012년 확장 리뉴얼이 완료되면서 열대우림 숲속을 걷는 듯한 액티비티인 Zipline과 유리돔을 기어오르는 Dome Climb이 생겨 많은 인기를 얻고 있다.

Access **위치** 시티 플레이스에서 애벗 스트리트를 건너 레이크 스트리트를 따라 오른쪽으로 직진, 도보 5분. 풀만 리프 카지노 건물.
전화 +61 (0)7 4031 7250
홈페이지 www.cairnsdome.com.au
시간 (일~금) 09:00~18:15 (토) 09:00~20:00
요금 성인 A$ 24 / 어린이 A$ 12 (체험 프로그램은 홈페이지를 참고)

MAPECODE 07105

풀만 리프 호텔 카지노 Pullman Reef Hotel Casino

밤은 낮보다 아름답다

도시 중심에 위치한 풀만 리프 호텔 카지노는 놀거리가 없는 케언스에서 유일하게 유흥을 즐길 수 있는 곳으로, 만 18세 이상만 출입이 가능하다. 총 4개의 게임장으로 꾸며져 있는데, 500대 정도의 게임 기계가 준비되어 있어 블랙잭, 룰렛, 바카라 등을 즐길 수 있다. 호텔 카지노에는 2개의 바가 있어, 라이브 음악과 간단한 댄스 공연 등을 저렴한 가격에 즐길 수 있다.
스포츠 아레나(Sportz Arena)에서는 음료를 마시며 2개의 큰 스크린을 통해 생생한 스포츠 경기를 할 수 있다. 복싱, 축구 등이 준비되어 있는데, 만약 게임에서 이기지 못하더라도 게임이 끝난 후 간단한 파티에 참여할 수 있다. 운이 좋으면 상도 받을 수 있으니 관심이 있다면 참여해 보자.

리프 카지노 멤버십 카드

이곳은 버스로 여행하는 배낭 여행객들이 케언스에서의 마지막 일정을 보낸 후 00시 25분에 출발하는 에얼리 비치행 버스를 기다리면서 시간을 보내기에 좋다.
카지노가 싫다면, 케언스의 나이트클럽 문화를 체험하는 것도 좋다. 나이트클럽에서 칵테일을 마시며 분위기에 취해 보거나, 호텔의 레스토랑을 이용해 보자. 그중 타마린 레스토랑이 유명한데, 이곳은 아시아와 서양의 퓨전 요리를 제공하는 곳으로, 2007 퀸즐랜드 호텔 단체 시상에서 '가장 명성 있는 레스토랑'으로 선정되기도 했다. 오후 6~10시에 디너가 준비되는데, 가격은 조금 비싼 A$ 50 정도다. 여러 가지 활동을 두루 경험하길 원한다면 깔끔한 차림으로 방문하자.

Access **위치** 시티 플레이스에서 애벗 스트리트를 건너 레이크 스트리트를 따라 오른쪽으로 직진, 도보 5분.
홈페이지 www.reefcasino.com.au

케언스 근교
Around Cairns

애버리진의 정취를 찾아서

케언스 근교의 볼거리로는 시내 북서쪽에 있는 쿠란다와 팜 코브 지역 등이 있다.

고지대에 위치한 쿠란다는 원주민의 문화를 직접 체험할 수 있는 곳으로, 큰 나무 사이사이로 수공예품점, 분위기 있는 카페와 레스토랑 등이 모여 있다.

스카이 레일, 클래식한 전망 열차(시닉 레일)를 이용하면 보다 즐겁게 쿠란다로 이동하면서 아름다운 자연도 함께 감상할 수 있다. 쿠란다를 방문하면서 스카이 레일 타는 곳에 위치한 자푸카이 문화공원, 케이블 스키를 함께 둘러보는 것도 추천한다.

케언스 시내 북쪽의 팜 코브 지역은 허니문, 가족 여행객들에게 인기가 높은 고급 리조트들이 모여 있으며, 케언스 열대 동물원에서는 야간 동물원 투어 등의 색다른 체험을 즐길 수 있다.

Travel point

레스토랑	★☆☆☆☆
쇼핑	★☆☆☆☆
볼거리	★★★☆☆
레포츠	★★☆☆☆

MAPECODE 07106

자푸카이 애버리진 문화 공원 Tjapukai Aboriginal Cultural Park

이국적인 댄스 공연 관람

1987년 쿠란다에 호주 최초로 세워진 애버리진 댄스 극장은 음악 연주와 독특한 댄스 공연을 감상할 수 있는 곳이다. 공연 이외에도 애버리진 아트 갤러리를 비롯한 다양한 유물들이 전시되어 있어 볼거리와 즐길거리가 풍성하다. 부메랑 던지기, 디저리두 연주 등의 현장 체험도 즐길 수 있다.
2015년 리뉴얼을 통해 편의 시설이 확대되었고, 요금이 변동되었다. 낮 공연인 '바이 데이(By Day)', 저녁 공연인 '나이트 파이어(Night Fire)'로 크게 나눌 수 있다. 바이 데이의 경우는 기본 입장료에 대부분의 공연이 포함되어 있으며 선택 사항으로 전통 공예 체험, 열대 음식 가이드 투어와 점심 식사를 추가할 수 있다.

나이트 파이어는 저녁 식사가 기본으로 포함되어 있으며 바이 데이와 달리 스케줄 대로 진행되기 때문에 투어 시작 시간에 맞춰서 입장하는 것이 좋다.

Fun Point
1. 스카이 레일을 이용, 쿠란다와 함께 관광한다.
2. 관람 후나 관람 전, 케이블 스키를 즐긴다.

Access
위치 케언즈 시내, 북부 해변의 숙소까지 셔틀버스 이용 (투어 요금에서 A$ 25 추가) / 대중교통 이용 시 케언즈 시내에서 123번 버스 이용 약 20분, 자푸카이 버스 정류장 하차.
전화 +61 (0)7 4042 9900
홈페이지 www.tjapukai.com.au
시간 바이 데이 09:00~16:30 / 나이트 파이어 19:00~21:30
요금 기본 입장권 : 성인 A$ 62, 어린이 A$ 42 / 기본 입장권+전통 공예 체험 : 성인 A$ 88, 어린이 A$ 58 / 기본 입장권+열대 음식 가이드 투어 : 성인 A$ 88, 어린이 A$ 58 / 기본 입장권+전통 공예 체험+열대 음식 가이드 투어 : 성인 A$ 108, 어린이 A$ 70 / 기본 입장권+전통 공예 체험+열대 음식 가이드 투어+점심 식사 : 성인 A$ 134, 어린이 A$ 85 / 나이트 파이어(Night Fire) 성인 A$ 123, 어린이 A$ 75

MAPECODE 07107

케이블 스키 케언스 Cable Ski Cairns

보트 없이 수상 스키를 즐긴다!

자푸카이 애버리진 문화 공원, 쿠란다 스카이 레일 정류장에서 도보 5분 거리에 있기 때문에 함께 방문하기 좋은 곳이다. 보트를 이용하는 것이 아니라 철탑에 연결된 케이블을 통해 수상스키를 즐길 수 있다. 수상스키, 웨이크 보드를 경험해봤다면 어렵지 않게 탈 수 있지만, 수영을 하지 못한다면 이용할 수 없다.

Fun Point
수상 스키와 케이블 스키를 즐긴다.

Access
위치 시티 플레이스에서 선 버스 1번 또는 1A번을 이용해 약 20분, 스카이 레일 정류장에서 하차 후 도보 5분.
전화 +61 (0)7 4038 1304
홈페이지 www.cairnswakepark.com
시간 10:00~18:00 / 크리스마스 휴무

요금 (1시간) 성인 A$ 39, 16세 미만 어린이 A$ 34
(2시간) 성인 A$ 54, 16세 미만 어린이 A$ 49
(4시간) 성인 A$ 69, 16세 미만 어린이 A$ 59
(Day Pass) 성인 A$ 74, 16세 미만 어린이 A$ 69

MAPECODE 07108

하틀리스 크로커다일 어드벤쳐스 Hartley's Crocodile Adventures

악어를 볼 수 있는 보트를 타 보자!

하틀리스 크로커다일 어드벤쳐스에서는 악어 보트가 당연히 최고다. 악어가 우글거리는 강을 작은 보트를 타고 건넌다. 특히 사육사가 악어에게 먹이를 주면, 악어가 보트 앞에서 격렬하게 움직이며 먹이를 먹는 장면을 볼 수 있다. 악어 쇼는 악어 먹이 주기와 농담으로 쇼를 진행한다. 그 외에도 뱀 쇼, 뱀과 사진 찍기, 코알라, 왈라비, 새 먹이 주기 등의 다양한 프로그램이 매시간 준비되어 있다. 식당에는 간단한 핫도그나 소시지롤, 피쉬 & 칩스, 감자, 치킨 텐더 외에도 버거류 등의 음식을 판매하고, 악어 고기도 판매한다. 단, 점심 시간에만 악어 고기를 주문할 수 있다.

Access
주소 Captain Cook Hwy, Wangetti Beach, Queensland
위치 케언스 시내에서 40~60분 정도 걸리는 곳이라, 투어 버스를 이용하는 것이 편리하다. 한인 업체를 이용하면, 입장료에 버스 요금 정도만 더 지불하면 된다.
전화 +61 (0)7 4055 3576
홈페이지 www.crocodileadventures.com/contact.html
시간 08:30-17:00 / Lagoon Boat Cruise 09:00, 10:30, 13:00, 14:30, 16:00
요금 성인 A$ 39 / 어린이 A$ 19.5

Fun point
1. 악어 보트에서 악어를 가까이에서 보고 싶다면, 제일 앞으로!
2. 점심 시간에 악어 고기 맛보기!

MAPECODE 07109

팜 코브 비치 Palm Cove Beach

원시적인 느낌을 풍기는 해변

케언스 북쪽 외곽에 있는 곳으로, 버스로 잠깐 이동해 만날 수 있는 열대 해변이다. 2km가 넘는 모래사장에 야자수가 끝없이 늘어선 열대 해변은 200년이 넘은 멜라루카 나무가 자리하고, 높은 건물이나 패스트푸드점은 해변에서 찾아볼 수 없다. 주변에 휴가를 즐기기 위한 스파, 리조트, 레스토랑, 쇼핑센터 등이 있지만, 원시적인 느낌을 간직하고 있는 곳이라 특별하다. 해변 그 자체를 만끽하기도 좋고, 주변 리조트를 이용하는 것도 좋다.

Access
주소 111 Williams Esplanade, Palm Cove QLD
위치 케언스 시내에서 110번, 111번을 타면 팜 코브 비치(종점) 도착. 약 50분 소요.
홈페이지 www.palmcoveaustralia.com

Fun point
1. 이동이 간편한 곳에 있는 해변!
2. 끝없이 야자수가 늘어선 해변에서 즐기는 여유로운 해수욕

MAPECODE 07110

포트 더글라스 와일드라이프 공원 Port Douglas; Wildlife Parks

동물과 특별한 추억을 만들 수 있는 공원

포트 더글라스에 가면 코알라를 직접 포옹하고, 비단뱀, 악어, 호주의 다양한 새, 캥거루를 만날 수 있는 동물원이다. 이곳의 프로그램은 하루가 모자랄 정도로, 1개의 입장권으로 4일 연속 재입장이 가능하다. 새와의 교감, 기념사진, 열대 우림 탐험, 습지대 견학, 코알라 프레젠테이션 및 기념 사진, 캥거루 투어, 파충류 체험, 거북이 먹이 주기, 코알라 먹이 주기 등의 다양한 프로그램이 09:00~16:00까지 진행된다. 동물과 함께하는 특별한 추억을 만들기 좋다. (자세한 프로그램 사항은 홈페이지에서 확인할 수 있다.)

Fun point
1. 동물들과 교감을 할 수 있는 공원!
2. 다양한 프로그램이 가득하다!

Access
주소 Port Douglas Rd, Port Douglas QLD 4877
전화 +61(0)7 4099 3235
홈페이지 www.wildlifehabitat.com.au
시간 08:00~17:00(매일)
요금 성인 A$ 35, 어린이 A$ 17.50, 가족(성인 2명 + 아동 2명) A$ 87.50 / (추가 프로그램은 별도로 요금 추가) 새 모이 주기 성인 A$ 19, 어린이 A$ 9.5 / 나이트 투어 성인 A$ 42, 어린이 A$ 31

MAPECODE 07111

쿠란다 Kuranda

원주민 테마 마을

케언스 북서쪽 34km, 해발 330m의 고지대 열대우림에 둘러싸여 있다.
언뜻 호주의 원주민이 살고 있는 마을로 상상할 수 있지만 원주민을 테마로 한 관광지로 개발했기 때문에 현재는 마을의 모습이라기보다는 숲 속에 쇼핑 센터, 레스토랑과 카페가 모여 있는 테마파크란 느낌이 강하다. 수려한 경관을 달리는 클래식한 관광 열차, 세계에서 가장 긴 케이블카인 스카이 레일, 아름다움을 한껏 발산하는 열대우림은 점점 많은 사람들을 이곳으로 이끌고 있다.

Access
위치 쿠란다로 가는 방법에는 버스, 시닉 레일, 스카이 레일의 세 가지 교통수단을 이용해 개별적으로 가는 방법과 당일 투어 상품을 이용해서 가는 방법이 있다. 버스로 가는 것이 가장 저렴하지만, 시닉 레일과 스카이 레일을 타지 않는다면 아쉬움이 많이 남는다. 금전적으로 큰 문제가 없다면 시닉 레일과 스카이 레일 두 가지를 함께 이용해 보자.
투어는 시닉 레일과 스카이 레일, 케언스 시내에서 각 교통 시설로의 픽업 버스, 식사, 쿠란다에 있는 시설(레인포레스테이션, 나비 보호 구역 등)에 대한 내용이 포함된다.

요금
Heritage Class 편도 : 성인 A$ 50 / 어린이 A$ 25
Heritage Class 왕복 : 성인 A$ 76 / 어린이 A$ 38
Royale Servic 편도 : 성인 A$ 73 / 어린이 A$ 48
Royale Servic 왕복 : 성인 A$ 122 / 어린이 A$ 84
Gold Class 편도 : 성인 A$ 99 / 어린이 A$ 74
Gold Class 왕복 : 성인 A$ 174 / 어린이 A$ 136

※ 어린이는 4세~14세
※ 스카이 레일은 케언스 시내에서 약 20분 거리에 있다.
※ 케언스에서 쿠란다까지 오전에 출발하는 시닉 레일은 케언스 시내에서 15분 거리의 프레시워터 역에서만 출발한다.

쿠란다 시닉 레일 Kuranda Scenic Railway

세계 문화유산으로 지정된 케언스의 열대우림을 달리는 클래식한 열차로 케언스와 쿠란다 간의 75km를 연결하고 있다.

1915년 정식 개통까지 약 5년간의 공사 기간 동안 여러 명의 인부가 목숨을 잃을 만큼 험준한 산을 오르는 이 열차는, 15개의 터널과 12개의 다리를 지난다.

케언스에서 약 15분 거리의 프레시워터(Fresh Water) 역에서 출발한 열차는 굽이굽이 산을 넘으며, 바론 폭포(Barron Falls)에서 잠시 사진을 찍을 수 있는 시간을 준다. 그 후 쿠란다에 도착하는 데까지, 총 소요 시간은 85분이다.

Access **위치** 케언스 센트럴 역에서 출발
전화 +61 (0)7 4036 9333
홈페이지 www.kurandascenicrailway.com.au
시간 하루 2회 왕복, 아래표 참고

케언스 ~ 쿠란다			쿠란다 ~ 케언스		
케언스	08:30	09:30	쿠란다	14:00	15:50
프레시워터	08:50	09:55	프레시워터	15:32	17:02
쿠란다	10:25	11:25	케언스	15:55	17:25

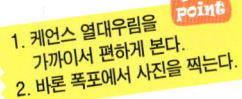

Fun point
1. 케언스 열대우림을 가까이서 편하게 본다.
2. 바론 폭포에서 사진을 찍는다.

쿠란다 스카이 레일 Kuranda Sky Rail

1995년 완공된 세계에서 가장 긴 케이블카로 6명씩 앉을 수 있는 곤돌라가 총 114개 운행되고 있다. 케언스 시내에서 버스로 20분 거리에 있는 자푸카이 애버리진 문화 공원 옆에 스카이레일 정류장이 있으며, 이곳에서 총 7.5km의 스카이 레일이 바론 폭포를 거쳐 쿠란다까지 연결된다. 바론 폭포(Barron Falls) 역에는 열대우림의 산책로가 조성되어 있으며 바론 폭포 역에서 웅장한 폭포의 모습을 볼 수 있다.(단, 건기인 5월~10월에는 수량이 매우 적음)

Access
위치 시티 플레이스에서 선 버스 1번 또는 1A번을 이용해 약 20분.
전화 +61 (0)7 4038 1555
홈페이지 www.skyrail.com.au
시간 08:30~17:30
(마지막 탑승 : 왕복 15:00, 편도 15:30) / 수시 출발

Fun point
1. 공중에서 본다.
2. 산책로를 따라 거닐어 본다.

레인포레스테이션 Rainforestation

쿠란다 중심지에서 버스로 약 5분 거리에 위치한 레인포레스테이션은 열대우림을 이용한 작은 테마파크로 수륙 양용 장갑차인 아미덕을 이용한 열대우림 투어(Army Duck Rainforest Tour)로 유명하다. 애버리진의 전통 춤 관람과 부메랑, 창 던지기를 체험할 수 있는 파미기리 애버리진 체험(Pamagirri Aboriginal Tour)과 코알라, 캥거루는 물론 호주의 야생 동물을 볼 수 있는 동물원(Koala & Wildlife Park)도 인기가 있다.

이곳은 개별적으로 관광하기보단 당일 투어를 이용하는 것이 경제적이다. 개별적으로 방문할 경우에는 쿠란다의 나비 보호 구역 앞에서 픽업 버스를 이용해야 한다. 요금은 성인이 A$ 8, 어린이가 A$ 4이다.

Fun point
1. 애버리진을 체험한다.
2. 동물원을 이용한다.
3. 다양한 당일 투어를 이용한다.

Access
위치 쿠란다의 나비 보호 구역(Butterfly Sanctuary)에서 픽업 버스로 약 5분.
전화 +61 (0)7 4085 5008
홈페이지 www.rainforest.com.au
시간 09:00~16:00 / 크리스마스 휴무
요금 3가지 옵션 통합 입장료(코알라 및 야생 동물원, 파미기리 애버리진 체험, 아미덕 레인포레스트 투어) : 성인 A$ 49 / 4~14세 어린이 A$ 24.50

나비 보호 구역에서	레인포레스테이션에서
10:45 11:15 11:45	11:00 11:30 12:00
12:15 12:45 13:15	12:30 13:00 14:00
14:15 14:45	14:30 15:00 15:45

아미덕 레인포레스트 투어
열대우림을 가장 독특하게 체험할 수 있는 방법은 실제 2차 대전 때 이용되던 수륙 양용 장갑차인 아미덕에 탑승하는 것이다.
시간 10:00, 11:00, 12:00, 13:00, 14:00, 15:00

파미기리 애버리진 체험
애버리진의 문화를 배울 수 있는 좋은 기회로, 음식을 모으고, 사냥을 하는 모습과 다양한 동물을 묘사하는 전통춤 관람이 가능하다. 전통 악기인 디저리두 연주, 부메랑 및 창 던지기를 체험할 수 있다.
시간 10:30, 12:00, 14:00

코알라 및 야생 동물원
코알라와 사진을 찍고, 캥거루와 월라비에게 먹이를 주는 것은 물론, 웜뱃, 도마뱀 등 다양한 야생 동물을 만져 볼 수 있는 기회도 있다.
시간 09:00~16:00

호주 나비 보호 구역 Australian Butterfly Sanctuary

호주 나비 보호 구역은 1987년 개장할 당시 기네스북에 소개된 적이 있을 정도로, 예나 지금이나 세계 최대 규모를 자랑한다. 3천 평 규모에 1,500마리의 열대 나비가 서식하는 모습은 장관이다. 이곳의 가이드 투어에서 나비의 습성, 수명 주기, 행동에 대해 설명하는데, 30분 정도 시간이 걸린다.

Access
위치 쿠란다 역에서 도보 10분.
전화 +61 (0)7 4093 7575
홈페이지 www.australianbutterflies.com
시간 09:45~18:00 / 크리스마스 휴무
요금 성인 A$ 19.50 / 어린이(4~14세) A$ 9.75

Fun Point
1. 나비 사진을 찍는다.
2. 무료 한국어 가이드 투어를 이용한다.

하루 일정 알차게 보내기
언제부터인가 한국인 관광객들에게 쿠란다 투어는 케언스에서 빼놓을 수 없는 요소로 자리 잡았다. 하지만 시닉 레일웨이(총 소요 시간 약 1시간)와 스카이 레일(총 소요 시간 약 1시간) 두 가지만을 위해 케언스에서 하루 일정을 보낸다면 아쉬움이 많이 남는다. 따라서, 쿠란다를 방문하고자 하는 경우, 가장 좋은 방법은 스카이 레일과 함께 승마(Horse riding)나 ATV(4륜 오토바이), 레인포레스테이션이나 자푸카이 등과 함께 당일 패키지 투어를 이용하는 것이 더욱 저렴하면서 하루 일정을 조금 더 알차고 재미있게 보낼 수 있다.

하루는 꼬박 써야지~ 당일 투어

호주의 도시 중 가장 많은 당일 투어가 있는 케언스는 액티비티의 천국이라 불릴 만큼 스쿠버 다이빙, 세일링, 래프팅, 번지 점프, 스카이다이빙 등 수없이 많은 당일 투어가 있다. 당일 투어의 예약은 출국 전 여행사를 통해 할 수 있으며, 호주 도착 후에는 현지의 인포메이션 센터, 호텔 또는 백패커스 등의 숙소와 한국인 여행사, 유학원을 통해서 가능하다. 하지만 케언스에서의 당일 투어는 '하나원' 등의 유학원을 통해서 예약하는 것이 보다 저렴하다. 사전에 숙소나 투어 등을 예약하면 케언스 도착 시 공항에서 시내 숙소까지 무료 픽업 서비스와 자세한 현지 정보를 얻을 수 있다. 당일 투어를 예약할 때는 식사 및 현지 입장료, 숙소까지 차량이 제공되는지 등의 기본적인 내용, 정확한 출발 시간, 장소를 확인해야 한다.

'하나원' 찾아가기
위치 오키드 플라자 2층
전화 +61 (0)7 4031 0688
　　 +070 8271 3389
인터넷카페 cafe.daum.net/cairnsguide

래프팅 Rafting

케언스에서 래프팅이 가능한 곳은 시내에서 30분 거리의 바론 강(Barron River)과 털리 강(Tully River) 두 곳이다. 바론 강의 급류는 한국에서의 래프팅과 크게 다르지 않기 때문에, 털리 강 래프팅을 도전해 볼 것을 추천한다. 최근 케언스를 방문하는 우리나라 관광객이 늘어남에 따라 우리나라의 동강 등지에서 경력을 쌓은 가이드들이 이곳에서 활동 중이므로 예약 시 한국인임을 명시하면 우리나라 가이드와 함께 래프팅을 즐길 수도 있다.

래프팅을 할 때는 귀중품을 소지하지 않는 게 좋다. 대신 카페에서의 식사나 사진 구입을 위해 A$ 20~30 또는 신용카드 정도만 가져가는 게 좋다.

래프팅을 할 때는 맨발을 하거나 슬리퍼를 신을 수 없다. 래프팅 후 닦을 수건과 갈아입을 옷은 미리 준비하자. 옷을 갈아입는 곳이 별도로 없기 때문에 여성들은 속옷 대신 수영복을 입고 가는 게 좋다.

⊙ 털리 강 래프팅(Tully River Rafting)

1~6단계로 나뉘는 급류의 등급 중 5~6등급은 급류가 너무 심해 일반인이 래프팅 할 수가 없다. 일반인들에게 최적의 래프팅 등급은 3~4등급인데 털리 강의 급류는 항상 3~4등급을 유지하기 때문에 전 세계의 젊은이들이 케언스로 몰린다.

털리 강 래프팅은 오전 6시 30분~7시 케언스에서 출발한다. 중간에 털리의 카페에 잠시 들르는데, 이때 아쿠아슈즈나 샌들(A$ 4)을 빌릴 수 있으며, 커피와 빵 등의 간단한 아침 식사를 할 수 있다. 9시 30분~45분에 래프팅 출발 지점에 도착해 안전 교육과 패들링(노 젓기) 교육을 받고 본격적인 래프팅을 시작한다. 약 6시간의 래프팅 중에는 바비큐, 햄버거와 과일 등의 식사가 포함된다. 래프팅이 끝나면 다시 카페에 들르는데, 이곳에서 래프팅을 하면서 찍힌 사진이나 사진 CD를 구입할 수 있다.

투어 요금

- **Raging Thunder**
  (www.ragingthunder.com.au):
  A$ 209
- **RnR Rafting**
  (www.raft.com.au):
  A$ 179

투어 요금

- Raging Thunder
  (www.ragingthunder.com.au) :
  A$ 138
- RnR Rafting
  (www.raft.com.au) :
  A$ 179

투어 요금

- **AJ 해킷(AJ Hackett)**
  (www.ajhackett.com/cairns)
- **Bungy Jump**
  번지 점프 : A$ 179
- **Minjin Swing**
  민진 스윙 : A$ 129
- **Combo Package**
  번지 점프 + 민진 스윙 : A$ 269
- **Biggest Day Out Package**
  무제한 번지 점프 + 민진 스윙 + 점심 : A$ 359

투어 요금

스카이 다이브 케언스
(www.skydive.com.au)
- 10,000ft(약 3km / 30초 자유 낙하) : A$ 249 + A$ 35(세금)
- 14,000ft(약 4.3km / 60초 자유 낙하 : A$ 299 + A$ 35(세금)
- 사진 촬영(약 30~50장) : A$ 104
- 비디오 촬영 : A$ 135
- 사진 & 비디오 촬영 : A$ 160

⊙ **바론 강 래프팅(Barron River Rafting)**

급류 등급 1~2의 바론 강 래프팅은 오후 1~2시에 출발하는 반나절 일정으로, 총 래프팅 시간은 2시간 정도다. 케언스 시내에서 가깝다는 장점이 있지만 우리나라의 래프팅과 비교해도 차이가 없으므로 그다지 매력적이지는 않다.

번지 점프 & 민진 스윙 Bungy Jump & Minjin Swing

뉴질랜드에서 세계 최초로 상업적인 번지 점프를 시작한 AJ 해킷(AJ Hackett)의 번지 점프를 케언스에서도 즐길 수 있다. 열대우림에 둘러싸인 이곳에서는 높이 50m의 번지 점프는 물론, 숲 속의 나무 사이를 아찔하게 가로지르는 민진 스윙을 즐길 수 있다.

번지 점프 요금에는 케언스에서의 왕복 교통편이 포함되어 있으며, 기본 요금에서 조금만 더 지불하면 무제한으로 번지 점프를 할 수 있다. DVD(A$ 45)나 사진(A$ 39)도 구입할 수 있다. 민진 스윙은 DVD 촬영은 허용되지 않으며 사진 촬영만 가능하다.

민진 스윙

스카이다이빙 Sky Diving

자유 낙하의 짜릿함을 느낄 수 있는 스카이다이빙은 숙련된 강사가 낙하산을 메고, 함께 뛰는 탠덤 점프(Tandem Jump)의 형식으로 진행되기 때문에 매우 안전한 액티비티다.

케언스에서의 스카이다이빙은 두 곳의 드롭존(Drop Zone, 착륙 장소)이 있는데, 케언스 시내 근처와 케언스에서 2시간 거리의 미션 비치(Mission Beach)이다. 가격은 동일하며, 그레이트 배리어 리프를 보며 점프를 한다는 것이 비슷하기 때문에 일정이 짧다면 케언스에서 점프하는 것을 추천한다. 높이에 따라, 낙하산을 펴지 않고 있는 자유 낙하 시간(Freefall Time)에 따라, 요금이 다르다.

미션 비치 / 스카이다이빙

파로넬라 파크 Paronella Park

미야자키 하야오의 애니메이션 '천공의 성 라퓨타'의 배경이 된 파로넬라 파크는, 스페인에서 호주로 이주 온 호세 파로넬라(Jose Paronella)가 지은 성과 정원이다. 화재와 여러 번의 홍수로 그 모습을 잃을 뻔했지만 재건보다는 보전과 보호를 통해 그 모습을 관리하고 있다. 가이드 투어는 영어로 진행하지만 한국어 안내문도 비치되어 있다.
투어는 파로넬라 파크, 신비한 착시 현상을 일으키는 밀라 밀라 폭포(Milla Milla Falls), 거대한 나무인 커튼 피그 트리(Curtain Fig Tree) 방문으로 진행된다. 차량 이동 시간이 약 4~5시간 정도로 케언스의 당일 투어 중 가장 길지만, 고원 지대인 테이블 랜드의 경치를 즐기는 것만으로도 긴 이동 시간을 보상받을 수 있다.

당일 투어 요금

- **Northern Experience Eco Tours**
  (www.northernexperience.com.au):
  A$ 190

밀라밀라 폭포   커튼 피그 트리

열기구 타기 Ballooning

애서톤 테이블 랜드(Atherton Table Land, 애서톤 고원 지대)의 아름다운 일출을 볼 수 있는 열기구 투어는 경험이 풍부한 조종사와 친절한 안내원이 동승해 안전하고 재미있다.
열기구 투어는 오전 4시~4시 20분에 출발하여, 일출이 뜨기 전에 호주 직원들과 같이 열기구를 준비한다. 거대한 풍선을 타고 상공에 올라 30분에서 1시간 동안 상쾌한 새벽 공기와 함께 장엄한 일출을 관람한 뒤 지상으로 내려와 오전 10시경 케언스로 돌아온다.
그레이트 배리어 리프가 아닌 초원과 열대우림 지대인 테이블 랜드 저편으로 일출이 보이므로, 높은 하늘에서 아름다운 바다의 모습을 보고 싶다면, 열기구를 추천한다.

당일 투어 요금

- **Raging Thunder**
  (www.ragingthunder.com.au):
  A$ 260

- **Hot air balloon**
  (www.hotair.com.au):
  A$ 260 + A$ 30(세금, 보험 등)

그레이트 배리어 리프 Great Barrier Reef

애니메이션 '니모를 찾아서'의 무대인 그레이트 배리어 리프는 브리즈번에서 케언스의 북쪽 지역까지 약 2,600km에 이르는 지역으로 약 900개의 섬과 3,000곳이 넘는 크고 작은 산호초(리프, Reef)가 모여 있다.

세계 문화유산으로 지정된 그레이트 배리어 리프만을 위해 케언스를 찾는 관광객도 있을 만큼 케언스를 대표하는 당일 투어다. 크루즈 선박으로 섬, 리프(Reef) 또는 인공으로 설치된 플랫폼(Platform)까지 이동한 후 아름다운 바다를 바라보며 휴식을 취하거나 스쿠버 다이빙 및 스노클링(Snorkling)을 한다.

추가 금액을 지불하면 바닥이 유리로 되어 있는 글래스 보텀 보트(Glass Bottom Boat)에서 산호를 좀 더 자세히 볼 수 있으며, 자격증 없이도 가능한 스쿠버 다이빙(Intoductory Scuba Diving)을 즐길 수 있다.

그레이트 배리어 리프 투어 선택 시 참고 사항

1. 선박의 크기 : 연중 큰 파도가 없기 때문에 배멀미를 하는 경우는 많지 않지만 경우에 따라 파도가 심하면 작은 선박보다는 큰 선박이 배멀미가 적다.
2. 목적지 : 섬과 리프, 플랫폼이 있다. 그린 섬 또는 피츠로이 섬은 해변에서 휴식을 취하고 얕은 바다에서 수영이나 스노클링을 즐길 수 있기 때문에 수영에 자신이 없는 사람이 가기 좋다. 리프와 플랫폼으로 가게 되면 섬에서처럼 해변을 산책하거나 얕은 물에서 즐길 수는 없지만 섬에서는 찾아보기 힘든 아름다운 산호초를 볼 수 있다.
3. 가격 포함 사항 : 가격을 비교할 때는 투어에 따라 포함 사항이 다소 다르기 때문에 세심하게 확인해야 한다. 일반적으로 식사와 스노클링 장비 대여료가 포함되어 있다.
4. 출발 장소 및 시간 : 대부분 라군(Lagoon) 옆의 리프 터미널에서 출발한다. 인기 있는 크루즈 중의 하나인 퀵실버(QuicksSilver) 계열의 크루즈는 케언스에서 버스로 약 1시간 거리의 포트 더글라스에서 출발하기도 하므로 출발 장소와 픽업 시간을 확인하자.

그레이트 배리어 리프에서 사진 찍기

일반적으로 판매하는 일회용 수중 카메라는 고감도 필름을 이용하기 때문에 사진을 현상하면 입자가 매우 거칠고 색감도 실제 봤던 것과는 많이 달라 그레이트 배리어 리프의 아름다운 빛을 그대로 표현하기 어렵다.

웻솔루션(Wet Solution, www.wetresolution.com.au, +61 (0)7 4031 9661)에서는 방수 케이스와 최신형 카메라(Canon Power Shot 시리즈 / 수중 촬영 모드 지원)를 하루에 A$ 50에 대여하고 있어 아름다운 사진을 남길 수 있다. 반납 시 무료로 사진 CD를 제작해 주는 서비스도 제공한다. 단 카메라 대여 시 보증금으로 신용카드를 제시해야 하며, 카메라를 분실했거나 훼손했을 경우, 자동으로 카드가 결제되니 주의해서 카메라를 다뤄야 한다.

⊙ 피츠로이 섬(Fitzroy Island)

페리로 약 40분, 케언스에서 가장 가까이에 위치해 반나절 일정으로도 부담 없이 방문할 수 있다. 배에서 내리면 바로 앞에 작은 리조트가 있어 이곳에서 수영과 식사 등을 할 수 있고 스노클링 장비나 바다 카약(Sea Kayak) 등을 빌릴 수 있다. 카약은 정해진 최소 인원이 채워지지 않을 경우 취소되기 때문에 사전에 등록하거나 투어 가능 여부를 확인하는 게 좋다. 해수욕 및 스노클링은 리조트에서 약 10분 거리에 있는 누디 비치(Noodey Beach)에서 하자. 섬 정상의 등대까지는 약 30분 정도 소요되며 등산로가 정비되어 있지만 슬리퍼를 신고 가기는 다소 무리가 있으므로 운동화를 신는 게 좋다.

당일 투어 요금
Raging Thunder
www.ragingthunder.com.au

- **케언스-피츠로이 섬 왕복 페리**
  A$ 78
- **케언스-피츠로이 섬 스노클링**
  A$ 108(케언스-피츠로이 왕복 페리, 피크닉 런치 포함)
* 10월~3월 해파리가 많은 기간에는 반드시 다이빙 슈트 입는 것을 추천!

⊙ 그린 섬(Green Island)

피츠로이 섬과 함께 케언스에서 가장 가까운 섬이다. 선박을 정박할 수 없을 정도로 아주 작아 길게 설치된 선착장이 더욱 눈길을 끈다. 작은 섬이지만 해변은 피츠로이 섬과 비교해 더 발달되어 있으며 크루즈 느낌을 받을 수 있는 큰 선박을 이용할 수 있다. 글래스 보텀 보트보다 관찰하기 좋은 반잠수정(Semi-Submarine)과 스쿠버 다이빙, 바다 속에서 타는 오토바이인 스쿠바두 등 다양한 액티비티를 즐길 수 있어 더욱 인기를 얻고 있다.

당일 투어 요금
Big Cat,
www.greenisland.com.au

- **그린 섬 당일 투어 패키지**
  A$ 94~139
* 10월~3월 해파리가 많은 기간에는 반드시 다이빙 슈트 입는 것을 추천!

⊙ 퀵실버(Quick Silver)

케언스에서 버스로 약 1시간 30분 거리에 위치한 포트 더글라스에서 출발하는 크루즈로, 그레이트 배리어 리프에서도 가장 아름다운 리프로 가는 것으로 유명하다. 아웃터 리프(Outer Reef), 로우 아일즈(Low Isles), 실버 소닉(Silver Sonic), 실버 스위프트(Silver Swift) 총 네 가지의 선박이 있다.

퀵실버 티켓, 재방문 시 10% 할인해 주니 버리지 말자.

투어 요금
Quick Silver
www.quicksilver-cruises.com

퀵실버 아웃터 리프
- 아침 및 점심 식사, 스노클링 포함 요금 : A$ 246 + A$ 30(케언스 픽업 버스) + A$ 6.50(세금)
- 스쿠버 다이빙 체험(Introductory Dive) : A$ 168
- 자격증 소지자 스쿠버 다이빙 (Certified Dive) :
  1회 A$ 120 / 2회 A$ 170
- 오션 워커(Ocean Walker) : A$ 168
- 헬리콥터(Sceic Helicopter) : A$ 179 / 10분

퀵실버 로우 아일즈
- 아침 및 점심 식사, 스노클링 포함 요금: A$ 126 + A$ 16(케언스 픽업 버스) + A$ 5(세금)
- 스쿠버 다이빙 체험(Introductory Dive) : A$ 115

• **퀵실버 아웃터 리프**
포트 더글러스에서 약 1시간 30분 거리에 있는 애진코트 리프(Agincourt Reef)의 플랫폼으로 이동 후 자유롭게 수영과 스노클링을 즐길 수 있다. 수영을 못 하는 사람도 헬멧을 쓰고 바다 속을 걸을 수 있는 오션 워커(Ocean Walker)나 스쿠버 다이빙, 헬리콥터 투어 등 다양한 액티비티를 선택할 수 있다.

• **퀵실버 로우 아일즈**
빨간 지붕의 등대가 인상적인 로우 아일즈는 그린 섬과 비슷한 크기로, 선착장이 없기 때문에 선박과 섬 사이는 수영, 스노클링 또는 작은 보트를 이용해 이동해야 한다. 그린 섬, 피츠로이 섬과는 달리 한정된 인원만 들어오기 때문에 붐비지 않고 조용하다. 큰 돛이 2개 달린 품격 있는 모습으로 인기를 더한다.

- **퀵실버 실버 소닉 & 실버 스위프트**(www.silverseries.com.au)

퀵실버의 실버 시리즈는 섬이나 플랫폼에 정박하지 않고 리프에 바로 정박한 후 스노클링, 스쿠버 다이빙을 한다. 총 3곳의 리프를 방문하기 때문에 스쿠버 다이빙 마니아와 젊은 층에 큰 인기를 얻고 있다. 특히 2006년 새로 생긴 실버 스위프트는 퀵실버의 크루즈 중 가장 저렴하고, 포트 더글러스에서 출발하는 것이 아니라 케언스에서 출발한다는 점에서 큰 인기를 얻고 있다.

당일 투어 요금

실버 스위프트 요금
- 아침 및 점심 식사, 스노클링, 케언스 숙소에서의 픽업 버스 포함 요금 : A$ 216 + A$ 6.50(세금)
- 스쿠버 다이빙 체험(Introductory Dive) : 1회 A$ 77 / 2회 A$ 144
- 자격증 소지자 스쿠버 다이빙 (Certified Dive) : 1회 A$ 57 / 2회 A$ 77 / 3회 A$ 92

실버 소닉 요금
- 아침 및 점심 식사, 스노클링 포함 요금 : A$ 239 + A$ 6.50(세금)
- 스쿠버 다이빙 체험(Introductory Dive) : 1회 A$ 69 / 2회 A$ 132
- 자격증 소지자 스쿠버 다이빙 (Certified Dive) : 1회 A$ 50 / 2회 A$ 70 / 3회 A$ 86

패션 오브 파라다이스

⊙ 패션 오브 파라다이스(Passion of Paradise)

미컬마스 케이(Michaelmas Cay)와 파라다이스 리프(Paradise Reef)의 두 곳을 방문하는 패션 오브 파라다이스는 무엇보다 저렴한 요금으로 큰 인기를 얻고 있다. 다른 회사에 비해 비교적 작은 배를 이용하는 점이 단점일 수도 있지만 저렴한 요금으로 젊은 사람들에게 인기가 많고, 그만큼 젊은 활기를 느낄 수 있다.

- 홈페이지 www.passions.com.au

⊙ 선러버 리프 크루즈(Sunlover Reef Cruise)

1991년 창업 이래 100만 명 이상이 이용한 크루즈 회사의 고급 선박을 이용해 케언스에서 무어 리프(Moore Reef)의 플랫폼으로 이동한다. 자유롭게 수영과 스노클링 등을 즐길 수 있다. 스쿠버 다이빙, 헬리콥터 투어 등의 액티비티를 선택할 수 있고, 수영을 못 하는 사람도 헬멧을 쓰고 바다 속을 걸을 수 있는 시 워커(Sea Walker)를 할 수 있다. 또한 무어 리프의 플랫폼까지 헬리로 왕복하거나 크루즈 편도와 헬리콥터 편도를 이용해 다녀올 수도 있다.

- 홈페이지 www.sunlover.com.au

당일 투어 요금

패션 오브 파라다이스
- 점심 식사, 스노클링 포함 요금 : A$ 159
- 케언스 숙소에서의 픽업 버스 : A$ 15
- 스쿠버 다이빙 체험(Introductory Dive) : 1회 A$ 70 / 2회 A$ 115
- 자격증 소지자 스쿠버 다이빙 (Certified Dive) : 1회 A$ 70 / 2회 A$ 115

선러버 리프 크루즈
- 점심 식사, 스노클링 포함 요금: A$ 212(선박 왕복) / A$ 369(선박 편도 + 헬리콥터 편도) / A$ 499(헬리콥터 왕복)
- 케언스 숙소에서의 픽업 버스 : A$ 15
- 스쿠버 다이빙 체험(Introductory Dive) : 1회 A$ 145
- 자격증 소지자 스쿠버 다이빙 (Certified Dive) : 1회 A$ 95 / 2회 A$ 149
- 시 워커(Sea Walker) : A$ 155
- 헬리콥터(Sceic Helicopter) : A$ 179 / 10분

당일 투어 요금

투어리즘 휘트선데이
www.tourismwhitsundays.com.au

- 헬기 투어 : 세계 10대 비행 상품 중 하나. 그레이트 배리어 리프 해양 공원과 화이트 해븐 비치를 볼 수 있다. 그중에서 그레이트 배리어 리프에서 수상 착륙하는 것은 특별한 경험이 된다. 요금 : A$ 330(비행 시간 약 1시간)

- 요트 투어 : 보라색 요트인 카미라(Camira)를 하루 종일 타고 휘트선데이의 경이로움을 경험해 보자. 아름다운 해변, 스노클링, 바비큐 점심 식사와 스릴 넘치는 항해로 만족스러운 하루를 보내기에 충분하다. 요금 : A$ 189

- 크루즈 투어 : 화이트 해븐의 전 구간과 힐 인렛(Hill Inlet)을 가로지르는 크루즈다. 크루즈만 포함되는 것이 아니라 휘트선데이섬 숲을 지나 Chance Bay의 한적한 해변 산책과 수영 시간도 제공된다. 요금 : A$ 220

⊙ 휘트선데이 화이트 해븐 비치
(Whitsundays White Haven Beach)

그레이트 배리어 리프의 대부분은 무인 국립 공원 섬이지만, 그중에서 휘트선데이섬은 그레이트 배리어 리프 및 많은 여행을 위한 거점이다. 그래서 휘트선데이섬은 다른 곳에 비해 활기가 느껴진다. 활기찬 분위기와 멋진 풍경, 아름다운 폭포와 열대 우림을 통과하는 산책로가 인상적인 곳이며, 유명한 리조트도 이곳에 위치한다. 산호와 물고기가 만들어 내는 경이로운 풍경을 온몸으로 느끼기 위해서는 스쿠버 다이빙, 스노클링 및 수영, 카약, 외륜 경계선, 제트 스키 등을 이용하면 된다. 특히 이곳에서 요트나 크루즈 여행을 꼭 해봐야 한다.

⊙ 해밀턴 아일랜드 Hamilton Island

74개의 크고 작은 섬으로 이루어진 휘트선데이 제도 중 가장 많은 인구가 거주하는 해밀턴 아일랜드는 브리즈번에서 북쪽으로 약 887km, 케언즈 남쪽으로 약 512km 떨어져 있다. 해밀턴 아일랜드는 그레이트 배리어 리프 최고의 휴양지로 꼽히며, 섬에 있는 다양한 숙박 시설 중 하나인 퀄리아(Qualia)는 전 세계적으로 손꼽히는 럭셔리 리조트이다.

• 해밀턴 아일랜드 찾아가기

해밀턴 아일랜드에 위치한 그레이트 배리어 리프 공항(HTI)은 휘트선데이 아일랜드와 그레이트 배리어 리프의 관문이 되는 공항이다. 우리나라에서 해밀턴 아일랜드까지 직항편은 없으며 주로 브리즈번 또는 시드니에서 국내선 항공으로 환승해 이동을 한다. 작은 규모이기는 하지만 현대적인 설비를 갖추고 있는 공항에서는 콴타스 항공 및 제트 스타와 버진 항공이 시드니, 멜버른, 브리즈번, 케언즈까지 매일 직항편을 운행하고 있다.

브리즈번에서는 헬리콥터와 경비행기, 수상 비행기를 이용해 이동을 할 수도 있다.

브리즈번 공항에서 약 1시간 20분 소요
케언즈 공항에서 약 1시간 25분 소요
멜버른 공항에서 약 2시간 50분 소요
시드니 공항에서 약 2시간 15분 소요

• 해밀턴 아일랜드의 주요 볼거리

섬의 중심부에 있는 캣츠 아이 비치는 여유롭게 휴식을 취하기 좋고, 해변 뒤쪽으로 작은 상점가, 레저 공간이 있으며, 섬에는 18홀의 코스를 갖춘 골프장과 20km의 열대우림 산책 코스, 코알라를 안고 사진을 찍을 수 있는 동물원 등 다양한 시설이 있다.

마리나 빌리지에서는 다양한 액티비티를 체험할 수 있는데 가장 인기 있는 것은 세계에서 가장 아름다운 해변, 산호초를 만날 수 있는 화이트 해븐 비치로 가는 투어이다. 마리나 빌리지 앞의 해변에서는 스노클링과 윈드서핑, 패들 스키 등을 즐길 수 있다.

• 해밀턴 아일랜드의 레스토랑

고급 리조트들이 모여 있는 해밀턴 아일랜드에는 선택의 폭이 넓은 다양한 레스토랑이 있다. 수준 높은 요리와 와인을 자랑하는 '보미', 캐쥬얼한 펍 스타일의 다이닝 장소인 '마리나 타번', 프리미엄 등급의 호주식 커팅이 특징인 스테이크를 전문으로 하는 '스테이크 하우스' 등이 있으며, 휫트선데이 제도를 여행하며 즐기는 4코스의 디너 크루즈인 '데니슨 스타 디너 크루즈'는 연인, 부부들에게 특히 인기가 많다.

• 해밀턴 아일랜드의 숙소

- 퀄리아 / 프리미엄 럭셔리

해밀턴 아일랜드 최북단에 위치한 퀄리아는 호주가 낳은 세계적인 등급의 럭셔리 리조트이다. 섬세한 설비를 갖춘 60개의 객실은 하나하나 단독으로 된 건물을 이용하고 있으며 객실별 전용 해변과 끝없이 펼쳐진 바다를 감상할 수 있는 수영장과 해밀턴 아일랜드의 최고급 레스토랑 두 곳이 있다. 스파 시설 등 섬세한 서비스는 평생 잊지 못할 경험을 선사한다.

- 비치 클럽 / 부티크 호텔

해변에 위치한 비치 클럽 호텔은 18세 미만 어린이는 숙박할 수 없는 성인들만을 위한 숙박 시설이다. 57개의 모든 객실에는 정원과 발코니가 있으며, 캣츠아이 해변이 눈앞에 펼쳐져 로맨틱한 휴가를 보내고자 하는 연인, 부부들에게 인기가 많다.

- 리프 뷰 호텔

해밀턴 아일랜드에서 가장 큰 현대적 건물을 자랑하는 리프 뷰 호텔은 364개의 넓은 객실이 있으며, 19층에는 18개의 저마다 다른 느낌의 럭셔리 스위트룸을 갖추고 있다. 1991년 처음 영업을 시작했으며 2009년에 전면 리뉴얼을 통해 현대적 시설로 고객을 맞이하고 있다.

쇼핑 센터

케언스 시내의 주요 쇼핑 지역은 레이크 스트리트(Lake st.)와 애벗 스트리트(Abbot St.)다. 거리를 연결하는 오키드 플라자(Orchid Plaza)에도 상점이 즐비하다. 케언스의 유일한 백화점이 있는 센트럴 쇼핑몰에는 콜스, 바이로를 비롯한 대형 슈퍼마켓과 다양한 상점이 입점해 있다. 얼빌(Earlville)의 멀그레이브 로드(Mulgrave Road)에 있는 얼빌 쇼핑몰에서도 백화점과 전문 상점을 이용할 수 있다. 얼빌 쇼핑몰이 케언스에서 가장 큰 규모이지만 교통이 불편해 짧은 기간의 여행 중 찾아가기에는 무리가 있다.

케언스 센트럴 쇼핑몰 07112
(Cairns Central)

주소 Corner Mcleod and Spence Streets, Cairns QLD 4870 **전화** +61 (0)7 4041 4111 **시간** 월~수, 금 09:00~17:30 / 목 09:00~18:00 / 토 09:00~17:30 / 일 10:30~16:00 **홈페이지** www.cairnscentral.com.au

던 앤 아트 디자인 07113
(Done Art And Design)

호주 출신의 아티스트 켄 던의 그림과 티셔츠 등을 판매한다. 컬러풀한 색감이 기분까지 들뜨게 만든다.

주소 4 Spence St. **전화** +61 (0)7 4031 5592 **가격** 티셔츠 A$ 30부터 **시간** 월~토 09:00~21:00 / 일요일 12:00~20:30

에버트 오팔스(Evert Opals) 07114

오팔 전문점으로 원하는 색과 모양을 직접 골라 펜던트나 브로치를 만들 수 있다.

주소 85 The Esplanade **전화** +61 (0)7 4041 3466 **가격** 티셔츠 A$ 20 정도부터 **시간** 09:00~21:00

시장과 주말 마켓

케언스 시티 플레이스와 케언스 센트럴 쇼핑 센터 중간쯤에 위치한 길리건스 백패커스 뒤로 매주 목·금·토·일 러스티즈 바자 마켓(Rusty's Bazaar Markets)이 선다. 싼 가격에 과일 등을 구입할 수 있어 유학생과 현지인들에게 인기가 높은 곳이다.
무엇보다 밤에 유일하게 붐비는 곳으로, 아기자기하고 서민적인 분위기를 느낄 수 있는 나이트 마켓 플레이스(Night Markets on the Cairns Esplanade)도 방문해 볼 만하다.

러스티즈 바자 마켓 07115
(Rusty's Bazaar Markets)

주소 57-89 Grafton Street, Cairns
전화 +61 (0)7 4051 5100
시간 금 05:00~18:00 / 토 06:00~15:00 / 일 06:00~14:00
홈페이지 www.rustysmarkets.com.au

나이트 마켓 플레이스 07116
(Night Markets on the Cairns Esplanade)

주소 71-75 The Esplanade, Cairns QLD 4870
전화 +61 (0)7 4051 7666
시간 17:00~23:00
홈페이지 www.nightmarkets.com.au/contact_us.htm

배낭 여행자를 위한 생필품

콜스(Coles)와 울월스(Woolworth)

배낭 여행자의 숙소 백패커스의 주방에는 취사 도구가 완비되어 있다. 재료 구입은 호주를 대표하는 대형 슈퍼마켓 콜스(Coles)와 울월스(Woolworth)를 추천한다. 스테이크용 쇠고기, 소시지, 샐러드, 음료는 물론 아침 식사를 위한 1회 식사분의 시리얼을 살 수 있다. 이 외에도 아시안 푸드 코너에서는 우리나라의 신라면, 새우깡 등도 구입할 수 있다.

위치 울월스는 시티 플레이스 바로 옆의 오키드 플라자 1층에 있으며, 콜스는 케언스 센트럴 쇼핑몰 2층이다.

> **한국 식료품 구입하기**
> 한국의 식료품을 구입하고자 한다면, 시티 플레이스 바로 옆 버스 정류장이 있는 곳에 위치한 한인 슈퍼 (웰빙 코리아)를 방문해 보자.
> 고추장, 참기름, 라면, 과자, 음료수, 통조림 등 없는 것이 없다. 또한 우리나라로 전화를 걸 때 가장 저렴하게 이용할 수 있는 국제 전화 카드, 콘센트, 화투 등도 구입할 수 있다. 은행보다 저렴한 환율로 송금하거나 받을 수 있으며, 건강 식품도 구입할 수 있다.

배낭 여행자를 위한 알찬 식사

Cock and Bull `07117`

저렴한 가격으로 푸짐한 스테이크를 맛볼 수 있는 곳이다. 티본 스테이크와 피쉬 앤 칩스, 비프 라자냐 등이 인기 메뉴다. 런치(11:30~15:00)에는 조금 더 저렴하게 음식을 즐길 수 있다.

주소 6 Grove St., Cairns North, QLD 4870
전화 +61 (0)7 4031 1160
시간 10:00~05:30
예산 A$ 15
홈페이지 www.cocknbull.net.au

Flinders Bar & Grill `07118`

스테이크와 샐러드 등 패밀리 레스토랑에서 맛볼 수 있는 메뉴를 저렴하게 먹을 수 있는 곳이다. 단, 케언스의 리프 호텔 카지노 내에 있기 때문에 여권을 반드시 소지하고 있어야 들어갈 수 있다. 식사 후 카지노를 구경하며 무료 음료를 디저트로 마시는 것도 좋다.

주소 35-41 Wharf Street, Cairns
전화 +61 (0)7 4030 8888
시간 10:00~14:30 / 18:00~24:00 **예산** A$ 10

분위기 있는 레스토랑에서의 식사

Hog's Breath `07119`

버거류와 스테이크를 판매하는 패밀리 레스토랑이다. 이곳은 호주 전역에 70개가 넘는 체인점을 가지고 있다. 재미있게 놀고, 즐거운 시간을 보내는 곳이라는 가게의 철학만큼이나 가격이 저렴하고 맛도 좋다.

주소 64 Spence Street, Cairns QLD 4870
전화 +61 (0)7 4031 7711
시간 점심 11:30~14:30 / 저녁 17:30~늦은 오후
예산 버거류 A$ 11.95~A$ 14.95 / 샐러드 A$ 12.95~A$ 22.95 / 디저트 A$ 7.50~A$ 14.25
홈페이지 www.silkyoakslodge.com.au

Boatshed `07120`

간단한 음식부터 샐러드와 파스타, 스테이크, 디저트 등을 맛볼 수 있는 레스토랑이다. 낮에는 런치 메뉴가 있어서 더욱 저렴하게 즐길 수 있어서 좋고, 저녁에는 전망과 분위기가 멋진 곳이다. 특히 메뉴에 캥거루 고기가 있으니, 한번 시도해 보자.

주소 Shops 7 & 8 Cairns Harbour Lights 1 Marlin Parade Cairns, QLD 4870 **전화** +61 (0)7 4031 4748
예산 A$ 30~40 **홈페이지** www.boatshedcairns.com.au

백패커스

케언스에서는 대부분 투어를 이용하여 관광을 한다. 투어를 이용할 경우 픽업 버스가 숙소 앞으로 마중 오기 때문에 숙소의 위치는 크게 중요하지 않다고 말하는 경우가 있다.
하지만 사실 숙소의 위치는 중요하다. 특히, 백패커들은 주로 취사를 직접 하기 때문에 장을 보거나 시내에서 여유 있는 일정을 보내기 위해서라도 시내 중심에 있는 숙소를 택하는 게 좋다. 리조트 지역을 방문하는 듯한 느낌으로 숙소를 선택할 때는 수영장과 부대시설을 보고 판단하는 것이 좋다.

Cairns Girls Hostel 07121

호주 숙소 중 여성만을 받는 백패커스로는 유일할 것이다. 여성만 묵고 있어서인지, 숙소 자체가 호화롭거나 거대한 규모는 아니지만 상당히 깔끔하고 청결하게 관리되고 있다. 위치도 케언스 시내의 중심인 시티 플레이스(City Place)를 기준으로 바로 옆 블록에 위치하고 있어, 도보로 시내 어디든 부담 없이 안전하게 이용할 수 있다.

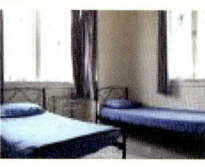

주소 147 Lake Street, Cairns **전화** +61 (0)7 4051 2016 **요금** 6 Dorm : A$ 20 / 트윈 : A$ 24(1박, 1인 당, 반드시 2인 동시 예약이어야 함) / 저녁 식사 무료 제공 **홈페이지** www.cairnsgirlshostel.com.au

Gilligan`s Backpackers Hotel & Resort 07122

케언스 시내 중심에 위치한 곳으로, 케언스의 백패커스 중 가장 큰 수영장과 최신 설비를 자랑한다. 1층에는 케언스에서 가장 큰 야외 펍, 나이트클럽이 있어 젊은 여행객들에게 인기가 많다. 하지만 나이트클럽 때문에 보통 새벽 2~3시까지 시끄러운 것이 큰 단점이다.

주소 57-89 Grafton Street, Cairns **전화** +61 (0)7 4041 6566 **요금** 8 Dorm : A$ 22 / 6 Dorm : A$ 24 / 4 Dorm : A$ 28 / 더블·트윈 : A$ 120 **홈페이지** www.gilligansbackpackers.com.au

Nomads Cairns 07123

Gilligan`s와 함께 케언스에서 손꼽히는 백패커스로 깔끔한 객실과 넓은 야외 수영장을 갖추고 있다. Gilligan`s가 다소 시끄러울 만큼 활기가 넘치는 곳이라면, 이곳은 시내에서 다소 떨어져 있기 때문에 조용하게 휴식을 취하기 좋은 곳이다. 시내까지는 무료 셔틀버스가 운행된다.

주소 341 Lake Street, Cairns **전화** +61 (0)7 4040 7777 **요금** 10 Dorm : A$ 14 / 8 Dorm : A$ 20 / 6 Dorm : A$ 21 / 더블·트윈 : A$ 70 **홈페이지** nomadsworld.com

Bohemia Resort 07124

백패커스라기보다는 중저가 리조트라고 할 만큼 아름다운 외관과 내부 시설을 자랑한다. 특이 사항으로 4 Dorm의 객실은 일반 백패커스의 2층 침대(Bunk)가 아닌 일반 침대가 비치되어 있다. 시내까지 도보로 약 15~20분이 소요되지만 무료 셔틀버스는 운행되지 않는 단점이 있다.

주소 231 McLeod Street, Cairns **전화** +61 (0)7 4041 7290 **요금** 4~6 Dorm : A$ 23 / 4 Dorm : A$ 25 / 더블·트윈 : A$ 65 / 1 Bedroom Apartment : A$ 120 / 3 Bedroom Apartment : A$ 250 **홈페이지** www.bohemiaresort.com.au

Cairns Central YHA 07125

열차 역과 쇼핑몰의 복합 건물인 케언스 센트럴 앞에 위치하며, 대부분의 객실에 화장실이 별도로 설치되어 있는 깔끔한 백패커스다. 크지는 않지만 수영을 즐기기에는 충분한 수영장, 뛰어난 시내 접근성, YHA 계열답게 남자와 여자의 객실이 분리되어 있다는 것이 장점이다.

주소 20-26 McLeod Street, Cairns **전화** +61 (0)7 4051 0772 **요금** 6~ 8 Dorm : A$ 25 / 4 Dorm : A$ 28 **홈페이지** www.yha.com.au

중급 호텔

il Centro Apartment Suites ★★★★

`07126`

케언스 중심에 위치한 호텔로, 컨벤션 센터까지 걸어서 5분, 쇼핑이나 레스토랑까지 가는 데도 도보로 시간이 많이 걸리지 않는다. 이용한 사람들이 매우 만족할 만큼 시설이 깔끔하고 자유롭다.

주소 26-30 Sheridan Street, Cairns QLD 4870
전화 +61 (0)7 4031 6777
요금 1 Bedroom Apartment : A$ 195 / 1 Bedroom 5 night : A$ 195 / 1 Bedroom 2 night : A$ 195
홈페이지 www.ilcentro.com.au/Cairns_accommodation_facilities.htm

Inn Cairns ★★★★

`07127`

Inn Cairns는 시티 센터에서 100m 정도 거리에 위치한다. 케언스 기차역하고도 가까워 그레이트 배리어 리프나, 레인포레스트로 가기에도 편리하다. 시내 근거리 관광을 하기에도 교통상으로 매우 편리하다. 방과 시설은 고딕풍의 느낌이며, 세련되지는 않으나 깔끔하게 정리되어 이용하는 데 불편함이 없다.

주소 71 Lake Street, 4870 Cairns.
전화 +61 (0)7 4041 2350
요금 Season 'BUSTER' : A$ 189 / City Centre : A$ 189 / 1 Bedroom Suite : A$ 189
홈페이지 www.inncairns.com.au

Mackay Coral Cay ★★★★

`07128`

모든 객실에는 에어컨과 무료 유선 인터넷, TV, 식탁, 냉장고, 미니 바, 토스터, 책상이 있다. 또한 야외 수영장과 사우나, 바비큐 시설, 호텔 바, 레스토랑이 있어서 편리하다. 세련된 호텔의 느낌은 아니지만 가성비가 좋은 곳이다.

주소 14-18 Nebo Rd, West Mackay QLD 4740
위치 맥케이(Mackay)에서 차로 5분 거리(1.6km)
전화 +61 (0)7 4957 7677
요금 A$ 90
홈페이지 www.coralcayresort.com.au

Daintree Eco Lodge and Spa ★★★★

07129

트립 어드바이져가 상위 1%의 시설에 부여하는 '트래블러스 초이스 2017'에 선정된 곳이다. 케언스 공항에서 80km 떨어진 원시림에 자리하고 있어, 열대 우림에서 산책과 스파를 할 수 있다. 새들이 지저귀는 소리에 잠에서 깨고, 캐노피에 앉아 있으면 힐링이 절로 된다. 편안하게 자연을 만끽할 수 있고, 여러 가지 프로그램이 준비되어 있으니, 선택하여 다양한 체험을 해 보자. 문화 체험과 열대 우림 걷기 체험이 인기가 좋다.

주소 3189 Mossman-Daintree Road, Daintree 4873, QLD
전화 +61 (0)7 4098 6100, +61 (0)7 4777 7377
요금 A$ 200~400(룸 타입과 일정에 따라 상이)
홈페이지 www.daintree-ecolodge.com.au
페이스북 www.facebook.com/daintreeecolodgeandspa

고급 호텔

Waters Edge ★★★★★

07130

세일링과 해변 활동을 하고자 케언스를 찾았다면, 도심의 호텔은 다소 갑갑하고 불편할 수 있다. 바다를 안고 있는 이곳은 2006년 지어진 리조트형 호텔로 세일링 등 해양 스포츠를 모두 즐길 수 있다. 에스플러네이드 보드워크를 따라 걸으면, 쇼핑몰과 카지노를 이용할 수 있다. 케언스가 해양 스포츠로 유명한 지역이니만큼 여유가 있다면 이곳을 추천한다.

주소 155 The Esplanade Cairns City 4870 QLD
전화 +61 (0)7 4948 2655
요금 2 Bedroom Apartment : A$ 360 / 3 Bedroom Apartment : A$ 400 / Swim Out Apartment : A$ 450
홈페이지 www.watersedgewhitsundays.com.au

Sebel Harbour Lights hotel Cairns ★★★★★

07131

시설은 Waters Edge보다 조금 떨어지지만, 이곳 역시 리조트형 호텔로 세일링 등 해양 스포츠를 모두 즐길 수 있다. 케언스 센트럴 역까지 도보로 이동할 수 있으며, 시내 접근성과 해양 스포츠를 즐길 수 있다는 장점 때문에 인기가 좋다. 케언스에서는 도심형 호텔도 좋지만, 리조트형 호텔을 이용해 보는 것을 추천한다.

주소 1 Marlin Parade, Cairns QLD 4870
요금 Hotel Studio Room : A$ 360 / 1 Bedroom Apartment : A$ 460 / 1 Bedroom Harbour : A$ 520 / 2 Bedroom Apartment : A$ 660 / 2 Bedroom Harbour : A$ 720 / 3 Bedroom Penthouse : A$ 1,700

케언스 추천 코스
Cairns

4일 여행 기준, 가장 추천하는 당일 투어!

케언스에 방문하는 가장 큰 목적은 당일 투어다. 케언스는 호주에서 가장 '할거리(레포츠)'가 많고, 가격 대비 품질이 높다.

시내의 인포메이션 센터에서 지도를 달라고 하는 게 어색할 정도로 케언스는 시내 관광보다 당일 투어를 이용하는 것이 일반적이다. 케언스의 시내 관광은 투어가 끝난 후에도 충분히 할 수 있다.

우리나라에서 케언스로 이동하는 항공편은 모두 새벽이나 이른 아침에 도착하기 때문에 출국 전 예약을 해 두었다면 도착한 당일에도 투어에 참가할 수 있다. 케언스에 도착하기 전에 투어를 예약하지 않았다면 도착한 당일 앞으로의 투어를 예약한 후 시내 관광을 하는 것도 좋은 방법이다.

기내에서 하루를 보내고 케언스에 도착한 날 바로 그레이트 배리어 리프 투어를 하는 것은 건강이나 안전상 피하는 게 좋다. 첫날은 체력적으로 무리가 없는 스카이다이빙(2시간 소요)이나 번지 점프(중간중간 휴식 가능) 투어에 참가하는 것을 추천한다.

❶ 일차
여유 있는 일정으로 스카이다이빙 또는 번지 점프

❷ 일차
그레이트 배리어 리프

❸ 일차
시내의 라군에서 휴식 또는 쿠란다 관광

❹ 일차
털리 강 래프팅

브리즈번

호주 제3의 도시

브리즈번이란 명칭은 뉴사우스웨일즈의 주지사이던 토마스 브리즈번의 이름을 딴 것이다. 원주민어로는 뿔 모양의 뾰족한 장소라는 뜻의 미안진(Mian-Jin)이라 불린다. 처음에 이곳은 사형수들을 이주시키던 곳이었으며, 1842년부터 일반인의 이주와 정착이 시작되었다. 브리즈번에 많은 양의 광물이 매장된 사실이 알려지면서 주목을 받게 되었고, 이민자가 늘어나면서 서서히 발달하기 시작했다. 1970년에 호주 제3의 도시로 성장했으며 1982년 커먼웰스 게임(Commonwealth Game), 1988년 엑

스포(EXPO)의 개최로 비약적인 성장을 이루었다. 다른 지역에 비해 특색 있는 랜드마크는 없지만 요즘은 '코스모폴리탄', '브리스 베가스'라는 별명을 가질 정도로 세련된 도시의 명성을 잇고 있다. 1년에 맑은 날이 300일 이상이기 때문에 '선샤인 캐피털(Sunshine Capital)' 이라는 별칭도 갖고 있다.

Dress code
전체적으로 아열대성 기후를 띠는 곳으로 우리나라 기준으로 5월~10월은 14도~18도, 11월~4월까지는 20도~25도, 여름에는 평균 최고 기온이 30도로 더울 수 있으니 경쾌하고 편한 복장을 준비하자.

Travel point
레스토랑	★★★★☆
쇼핑	★★★☆☆
볼거리	★★★☆☆
레포츠	★☆☆☆☆

✈ 브리즈번으로 이동하기

우리나라에서 가기

대한 항공의 직항편이 매주 월·수·금·토 총 4회에 걸쳐 운항하고 있으며, 다양한 외국 항공사의 경유편 노선이 운행되고 있다. 단기 여행의 경우는 20~30만 원 정도 더 많은 비용이 소요되더라도 시간을 효율적으로 사용할 수 있기 때문에 직항편을 추천한다. 그러나 시간적 여유가 있다면 직항편에 비해 저렴할 뿐만 아니라 스톱 오버(Stop Over)를 통해 경유지를 관광할 수 있는 경유편을 이용하자. 브리즈번으로 취항하고 있는 경유편 항공사와 직항편 항공사는 아래와 같다.

항공사	경유지	소요 시간	경유 시간	스톱 오버	기타
대한 항공(KE)	없음	10시간	직항	직항	월, 수, 금, 토 (주 4회)
콴타스(QF)	홍콩	13시간	7시간	가능	매일 취항
일본 항공(JL)	도쿄	11시간	5시간 30분	14일 이내 무료	매일 취항
말레이시아(MH)	쿠알라룸푸르	18시간	14시간	가능	매일 취항
싱가포르 항공(SQ)	싱가포르	14시간 30분	5시간	가능	매일 취항
캐세이패시픽(CX)	홍콩	13시간 30분	1시간 20분	리턴 시 1회 무료	매일 취항
타이 항공(TG)	방콕	15시간	3시간	가능	매일 취항

호주의 다른 도시에서 가기

콴타스 항공, 제트스타, 버진 오스트레일리아로 대표되는 호주의 국내선 항공사들은 호주의 거의 모든 도시와 브리즈번에 있는 두 곳의 국내선 공항을 연결하고 있다. 특히 수요가 가장 많은 시드니와 브리즈번, 멜버른과 브리즈번 구간은 하루 약 30편 이상 운항되기 때문에 원하는 시간에 언제든지 이동할 수 있다.

	시드니	멜버른	애들레이드	케언스	퍼스	에어즈 록
비행 소요 시간	1시간 30분	2시간	2시간 20분	2시간 20분	5시간 25분	-
버스 이동 거리(km)	1,025	1,910	2,735	1,925	5,185	3,055

브리즈번 공항에서 시내까지

브리즈번의 국제선 공항이나 국내선 공항에서 시내까지의 이동은 버스, 열차, 택시의 세 가지 이동 수단이 있다.

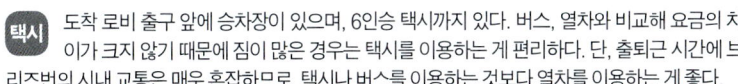

택시 도착 로비 출구 앞에 승차장이 있으며, 6인승 택시까지 있다. 버스, 열차와 비교해 요금의 차이가 크지 않기 때문에 짐이 많은 경우는 택시를 이용하는 게 편리하다. 단, 출퇴근 시간에 브리즈번의 시내 교통은 매우 혼잡하므로 택시나 버스를 이용하는 것보다 열차를 이용하는 게 좋다.

- 국제선 청사에서 시내 중심까지 약 25분 / A$ 40~45
- 국내선 청사에서 시내 중심까지 약 30분 / A$ 45~50

버스 공항에서 브리즈번 시내와 골드코스트 등으로 이동하는 대중교통은 커넥션(Con-X-Ion)에서 운영하고 있다. 브리즈번 시내의 숙소에서 숙박을 하는 경우, 탑승객의 숙소까지 이동하며, 최종 목적지는 트랜짓 센터(Transit Centre)이다. 도착 로비 앞의 데스크에서 티켓을 구입할 수 있으며, 인터넷을 통해 예약할 수도 있다. 공항에서 브리즈번 시내까지는 약 40분이 소요된다.

전화 1300 266 946　**홈페이지** www.con-x-ion.com　**요금** A$ 15~

열차 공항과 시내를 정확한 시간에 연결하는 에어트레인(AirTrain)은 교통이 혼잡한 출퇴근 시간에 이동하는 경우에 특히 효과적이다. 시내 정차역은 센트럴(Central) 역, 로마 스트리트(Roma Street) 역, 사우스 브리즈번(South Brisbane) 역, 사우스뱅크(South Bank) 역이다. 단, 시간당 2편만 운행하므로 운행 시간을 꼭 체크하자! 시내 중심까지는 약 30분이 소요된다.

전화 +61 (0)7 3216 3308 **홈페이지** www.airtrain.com.au **요금** A$ 17.50(편도), A$ 33(왕복)

> 브리즈번 공항은 국제선 청사(International Terminal)와 국내선 청사(Domestic Termanal) 간의 거리가 있으므로 시내에서 공항으로 이동할 때 주의하자.

장거리 버스 또는 열차로 도착 후
그레이하운드, 맥카퍼티 등의 장거리 버스는 시내 트랜짓 센터(Transit Centre) 3층에, 장거리 열차는 트랜짓 센터 옆의 로마 스트리트 역(Roma St. Sta.)에 도착한다. 이곳에서 시내 중심까지는 도보로 약 5분 거리다.

브리즈번의 시내 교통

퀸 스트리트 몰을 중심으로 반경 1km 내외의 브리즈번 시내 중심 지역은 도보로도 충분히 관광할 수 있다. 무료 관광버스인 시티 루프를 이용하는 것도 좋은 방법이다.

프리 루프 버스(Free Loop Bus)
월요일부터 금요일까지, 오전 7시부터 오후 6시까지 10분 간격으로 운행하는 무료 버스로 시계 방향과 반시계 방향 두 가지 노선 모두 시내를 감싸듯 순환한다.

프리 루프 버스 정류장

❶ 퀸즐랜드 공과 대학(Queensland University of Technology, QUT)
❷ 국회 의사당(Government Precinct)
❸ 퀸 스트리트 몰(Queen St. Mall)
❹ 타운 홀(Town Hall)
❺ 센트럴 역(Central Station)
❻ 와프 스트리트(Whart St.)
❼ 리버사이드(Riverside)
❽ 이글 스트리트 피어(Eagle St. Pier)
❾ 스탬포드 플라자(Stamford Plaza)
❿ 시티 보타닉 가든(City Botanic Gardens)
⓫ 퀸즐랜드 공과 대학(QUT)

트랜스링크(Translink)

무료 교통수단인 프리 루프 버스 외에 버스, 페리, 열차는 트랜스링크(Translink)라는 공공 교통 체계로 묶여 있다. 세 가지 교통수단을 한 장의 티켓으로 이용할 수 있으며, 요금 체계는 존 개념으로 되어 있다. 론파인 코알라 보호 구역(3존), 마운틴 쿠사 전망대(2존), 포엑스 맥주 공장(1존), 차이나타운(1존) 등은 버스를 이용하고, 브리즈번 시내 중심만 둘러본다면 대중교통을 이용할 필요는 없다.

스마트 교통카드인 고 카드(Go Card)를 이용하면 약 30% 할인된 요금(오프 피크 09:00~15:30, 19:00~03:00에는 추가 20% 할인)으로 이용할 수 있지만, 보증금 A$ 10이 필요하기 때문에 짧은 일정으로 브리즈번을 방문했다면, 교통수단을 이용할 때마다 페이퍼 티켓을 구입하는 것이 편리하다. 고 카드는 세븐일레븐, 뉴스에이전시, 기차역 등에서 구입할 수 있으며, 트랜스링크의 페이퍼 티켓은 열차역이나 버스 내에서 구입할 수 있다.

브리즈번 존 티켓

Zones	Go Card	Go Card Off-Peak	Single Paper Ticket
1존	A$ 3.35	A$ 2.68	A$ 4.80
2존	A$ 3.93	A$ 3.14	A$ 5.60
3존	A$ 4.66	A$ 3.72	A$ 6.70

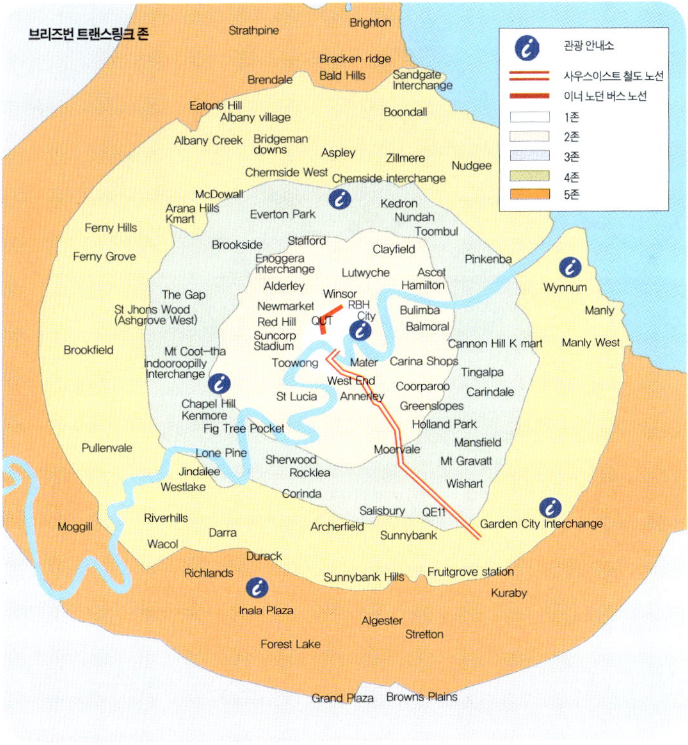

브리즈번 시티 버스 정류장(Brisbane City bus stop)

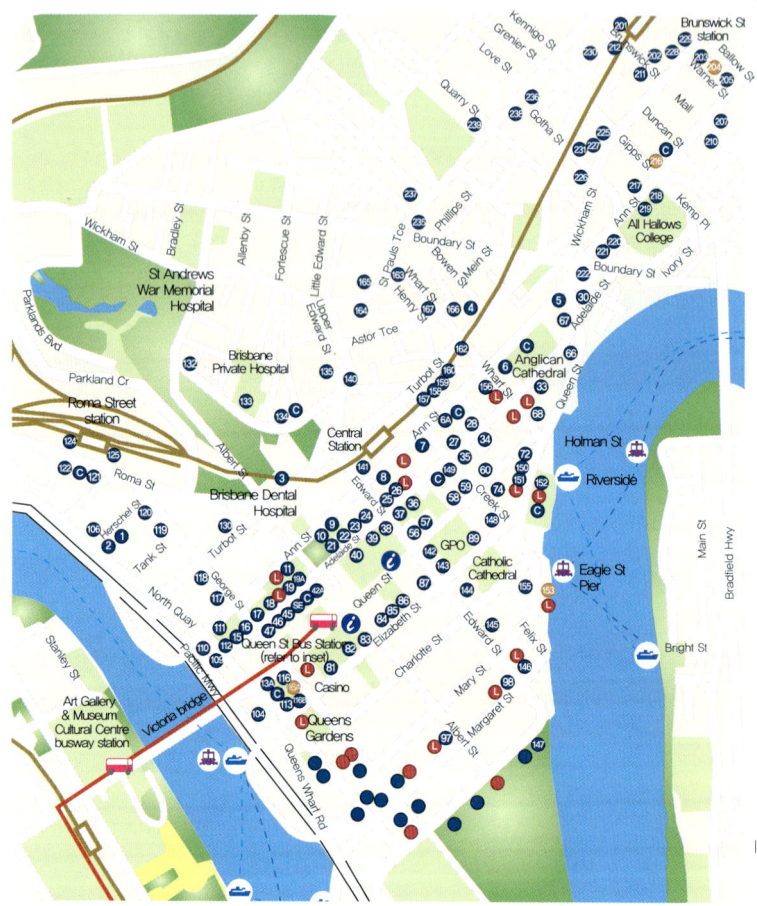

- 관광 안내소
- 사용 중인 버스 정류장(in use bus stop)
- 나이트링크 버스 정류장(NightLink bus stop)
- 특별한 이벤트 버스 정류장(special events bus stop)
- 도시 관광 버스 정류장(citysights bus stop, non-transLink service)
- 무료 루프 버스 정류장(free loop bus stop, non-transLink service)
- 버스 역(bus station)
- 시티 캣(city cat)
- 페리(ferry)

호주는 영국과 같은 나라?

1939년 영국으로부터 독립해, 독자적인 행정권과 외교권을 갖고 있는 엄연한 독립 국가이면서도 영국의 왕을 국가 원수로 모시고 사는 좀 독특한 나라, 호주. 하지만 호주의 역사를 되짚어 보면, 그다지 이상한 일도 아니다.

호주를 여행하다 보면, 영국 여왕의 이름을 딴 거리나 동상을 곳곳에서 볼 수 있다. 그만큼 호주에 깊숙이 뿌리 내리고 있는 영국을 발견하게 된다. 이는 1770년 영국의 제임스 쿡 선장이 호주를 영국령으로 선포하면서 호주의 역사가 시작했고, 1939년 독립 때까지 역사의 대부분과 국가 건설이 영국에 의해 이루어졌기 때문에 어찌 보면 당연한 일이다.

영국의 왕실은 영국에서 국가 원수이지만, 실질적인 정치적 활동은 총리가 담당한다. 영국 왕실은 그만큼 상징적인 의미가 강하다. 호주 역시 영국에서 국왕의 권한(총리 임명권, 의회 해산권 등)을 대리하는 총독을 파견하지만 실질적인 국정 운영은 총리가 담당한다.
이렇듯 영국의 여왕을 국가의 원수로 모시고 있는 국가들을 영연방이라고 하며 회원국은 아래와 같다.

영연방
영연방은 영국을 포함하여 54개 회원국으로 구성된다. 영연방은 여러 국가들의 자발적 연합체이며, 거의 대부분 국가들이 과거 영국의 영토였지만 지금은 독립국이다.
회원국들은 앤티구아 바부다, 호주, 보츠와나, 영국, 브루나이, 다루살람, 카메룬, 캐나다, 키프로스, 도미니카, 피지, 감비아, 가나, 그레나다, 가이아나, 인도, 자메이카, 케냐, 키리바시, 레소토, 말라위, 말레이시아, 몰디브, 몰타, 모리셔스, 모잠비크, 나미비아, 나우루, 뉴질랜드, 나이지리아(일시 보류), 파키스탄, 파푸아뉴기니, 세인트키츠 네비스, 세인트루시아, 세인트빈센트 그레나딘, 사모아, 세이셸, 시에라리온, 싱가포르, 솔로몬 제도, 남아프리카, 스리랑카, 스와질랜드, 탄자니아, 통가, 트리니다드 토바고, 투발루, 우간다, 바누아투, 잠비아, 짐바브웨 등이다. 나우루와 투발루는 2년에 한 번씩 열리는 영연방 국가 원수 회의만 제외하고는 영연방의 모든 회의와 활동에 참여할 자격이 있는 특별 회원국이다.

영국 국기

뉴질랜드 국기

호주와 뉴질랜드의 국기
호주의 국기 왼쪽 위쪽 1/4 지점에 위치한 유니언 잭은 호주가 영연방의 일원임을 알려 주고 있다. 그렇다고 하더라도 뉴질랜드와 호주의 국기는 유독 닮아 있다. 이는 해군함의 표지인 해군기가 이곳의 국기가 되었기 때문이다.
뉴질랜드와 호주 국기 오른편에 그려진 별은 남십자자리인데, 이는 남쪽 바다를 항해하는 사람들의 중요한 표적이었으므로, 공통적으로 들어가게 된 것이다.

호주 국기

브리즈번 시내
Brisbane City

볼거리 가득한 상업과 경제의 중심지

하늘 위에서 보면 V 모양으로 굽이쳐 흐르는 브리즈번 강의 안쪽이 브리즈번의 상업과 경제의 중심지다. 이곳에 관광거리가 모여 있어 걸어서 하루면 모두 돌아볼 수 있지만, 브리즈번 시내만큼은 너무 도전적으로 주요 포인트를 찍는 것에 연연하지 말자. 브리즈번의 매력은 호주에서 세 번째로 큰 도시라는 것 한 가지가 아니다. 쇼핑몰과 엔터테인먼트 공간을 갖추었지만, 복잡하거나 바쁘지 않다. 퀸즐랜드 주의 맑은 하늘 아래 역사적인 건물과 현대적인 건물들이 어울려, 도시의 긴장감과 나른한 여유가 공존한다.

상가 밀집 지역인 퀸 스트리트 몰에서 브리즈번 사람들이 사는 모습도 보고, 빨간 벽돌로 만들어진 타운 홀 앞 광장에서 휴식도 취하고, 안작 스퀘어에서 호주 역사도 알아 보고, 보타닉 가든에서 우리나라에는 없는 나무들도 살피면서 찬찬히 브리즈번을 살펴보자.

Travel point
레스토랑	★★★★☆
쇼핑	★★★☆☆
볼거리	★★★☆☆
레포츠	★☆☆☆☆

MAPECODE 07201

타운 홀 Town Hall

브리즈번의 상징

타운 홀은 붉은 사암 벽돌로 지어진 르네상스 양식의 건물로, 1930년에 완공되었다. 92m 높이의 시계탑, 타운 홀의 입구를 지키는 사자상, 원형 분수대가 있는 킹 조지 스퀘어(King George Square)가 타운 홀의 볼거리다. 이외에 타운 홀 내부 가이드 투어와 전망대 관람을 할 수 있다. 전망대에 오르기 위해서는 10시~15시까지 무료로 운영되는 엘리베이터를 이용해야 하므로 시간을 잘 맞춰야 한다. 뿐만 아니라, 타운 홀은 안작 스퀘어, 포스트 오피스 스퀘어, 퀸 스트리트 등으로의 이동이 편리해 시내 관광의 시작점으로 애용된다.

Fun point
1. 관광의 시작점으로 외관과 킹 조지 스퀘어를 보며 지나간다.
2. 전망대에 올라간다.

Access 위치 센트럴 역 시계탑 출구(Clock Tower Entrance)로 나와 앤 스트리트를 따라 오른쪽으로 도보 5분.
전화 +61 (0)7 3403 8888
홈페이지 www.brisbane.qld.gov.au

시간 타운 홀 (월~금) 08:00~17:00 (토·일) 10:00~17:00 (공휴일) 휴관 | **시계탑** (월~금) 10:00~15:00 (토·일) 10:00~14:00 (공휴일) 휴관 | **전망대** (매일) 10:00~15:00 | **가이드 투어** (월~금) 09:00~16:00

MAPECODE 07202

안작 스퀘어 Anzac Square

안작 부대의 갈리폴리 전투 참전 기념

안작 스퀘어는 제1차 세계 대전 당시 영국과 프랑스가 지리적 요충지인 터키의 가리폴리 지역을 두고 벌인 갈리폴리 전투에서 전사한 군인들을 기리기 위한 곳이다. 그래서인지 안작 스퀘어 주변에는 군인의 모습이 정갈하게 새겨져 있고, 중앙에 횃불 역시 꺼지지 않게 관리되고 있다. 안작 부대의 갈리폴리 전투 참전은 1915년 4월 24일 국제사회에서 호주가 처음으로 군사권을 행사한 의미 있는 사건이다. 따라서, 이를 기념하기 위해 호주에서는 매년 4월 25일을 국경일로 지정하고, 기념 행사를 개최한다.

Access 위치 센트럴 역 시계탑 출구(Clock Tower Entrance) 바로 앞.

MAPECODE 07203

이글 스트리트 피어 Eagle St. Pier

인기 있는 데이트 코스

시드니의 달링 하버와 비슷한 느낌의 부두로 쇼핑 센터와 분위기 있는 레스토랑이 있어, 브리즈번에서 데이트 코스로 가장 인기 있는 곳이다. 저녁에 보이는 스토리 브리지의 모습과 개척 시대 선박을 이용한 레스토랑의 모습이 특히 아름답다. 일요일에는 공예품 및 다양한 잡화를 파는 주말 마켓이 열리니, 시간이 되면 이용해 보자.

Fun point
1. 분위기 좋은 레스토랑에서 저녁을 먹으며 야경을 감상한다.
2. 일요일 주말 마켓을 이용한다.

Access 위치 센트럴 역 시계탑 출구(Clock Tower Entrance)로 나와 앤 스트리트를 따라가다 왼쪽의 크릭 스트리트에서 우회전해 직진, 도보 10분.
시간 주말 마켓, 일요일 08:00~15:00

MAPECODE 07204

스토리 브리지 Story Bridge

Fun point
1. 시티 보타닉 가든에서 살짝 바라만 보자.
2. 브리지 오르기(Bridge Climb) 투어에 참여해 보자.

▶ 대공황 극복을 위해 지어진 아름다운 다리

1940년에 완공되어, 브리즈번 시내와 강 건너편의 캥거루 포인트(Kangaroo Point)를 연결하고 있는 스토리 브리지는 하버 브리지, 그레이트 오션 로드와 함께 제1차 세계 대전 이후 대공황을 극복하기 위해 건설된 것이다.

이글 스트리트 피어가 있는 리버사이드와 시티 보타닉 가든에서 바라보는 게 가장 아름답다. 브리지 오르기(Bridge Climb) 투어가 준비되어 있으니 한번 도전해 보자.

브리지 오르기
시간 새벽(일출); 오전(맑은 하늘 아래 멀리까지 볼 수 있음), 저녁(야경), 해 질 녘(노을). 단, 새벽 프로그램은 주말에만 진행되며, 해 뜨는 시간에 따라 조정됨
요금 (새벽) 토~일 A$ 99, (오전) 월~일 A$ 119, (저녁) 월~금 A$ 129, 토~일 A$ 139, (해 질 녘) 금~일 A$ 139
소요 시간 2시간 30분

Access 위치 이글 스트리트 피어에서 도보 10분 **전화** +61 (0)7 3514 6900 / 브리지 오르기 +1300 254 627
홈페이지 www.storybridgeadventureclimb.com.au

MAPECODE 07205

트레저리 카지노 Treasury Casino

Fun point
1. 게임을 즐겨 보자.
2. 밤에 펼쳐지는 다양한 엔터테인먼트를 구경하자.
3. 회원 카드로 무료 음료를 마시자.
4. 카지노 입장 시 여권 챙기는 것을 잊지 말자.

▶ 화려한 조명 아래 이 밤을 올인!

트레저리 카지노는 호주에서도 유명세를 타는 카지노 중에 하나로, 성처럼 생긴 외관이 눈길을 끈다. 내부에는 80개 이상의 게임 테이블과 1,000대 이상의 게임을 할 수 있는 기계, 레스토랑, 카페, 나이트클럽을 갖추고 있다. 밤이 되면 카지노는 네온사인으로 화려하게 물들고 댄서의 공연과 음악 밴드가 다양한 볼거리를 제공한다. 회원 카드가 있으면 커피와 음료가 무료다. 입장할 땐 신분증을 제시해야 한다.

Access 위치 트랜짓 센터에서 조지 스트리트를 따라 직진, 도보 약 10분.
전화 +61 (0)7 3306 8888
홈페이지 www.treasurybrisbane.com.au/casino-brisbane
시간 연중무휴 24시간 운영

MAPECODE 07206

시티 보타닉 가든 City Botanic Gardens

▶ 브리즈번 사람들의 휴식 장소

브리즈번에 생긴 첫 번째 공원이다. 1827년 처음 개장 당시에는 과수원이었다가 도시가 발전함에 따라 1855년, 시민 공원으로 조성되었다. 시티 보타닉 가든은 시내 중심에서는 물론 이글 스트리트 피어가 있는 리버사이드, 사우스뱅크에서도 쉽게 찾아올 수 있어, 관광객은 물론 현지인들에게 친숙한 휴식 장소로 애용되고 있다. 1999년 홍수를 기념하기 위한 표식, 퀸즐랜드 설탕 산업 탄생 표식, 대나무 숲, 아름다운 음수대, 지미모리와 브론제의 조각 등 조형물과 마호가니 나무, 마카데미안 넛트, 퀸즐랜드 넛나무, 빨간 수액이 나오는 용나무, 타마린드 나무, 무화가 나무 숲, 곰구멍 대피소, 안작 소나무와 다양한 침엽수 등의 자연경관이 멋지게 어우러진다.

참고로 브리즈번의 보타닉 가든은 두 군데가 있다. 하나는 브리즈번 시내에 있는 시티 보타닉 가든이고 다른 하나는 브리즈번 근교의 마운틴 쿠사에 있는 보타닉 가든이다. 대화하거나 길을 물을 때, 혼돈하지 말자.

Fun point
1. 안내판에 표시되어 있는 산책로를 따라 가며, 산책해 본다.
2. 그냥 쉬었다 간다.

Access 위치 트랜짓 센터에 조지 스트리트를 따라 직진, 도보 약 20분. 이글 스트리트 피어에서 도보 10분.
전화 +61 (0)7 3403 7913
홈페이지 www.brisbane.qld.gov.au

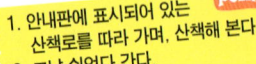

MAPECODE 07207

퀸 스트리트 몰 Queen St. Mall

▶ 브리즈번 시내의 중심 쇼핑몰

조지 스트리트(George St.)와 에드워드 스트리트(Edward St.) 사이의 보행자 전용 도로로 지정된 곳을 퀸 스트리트 몰이라 부른다. 다양한 백화점, 쇼핑몰이 있어 항상 붐비고, 노천카페와 거리의 예술가가 상주해 있는 낭만적인 곳이다.
퀸 스트리트 몰 아래쪽의 에드워드 스트리트를 건너면 우측으로 1872년 완공된 중앙 우체국(General Post Office)이 있으며, 우체국의 바로 맞은편은 센트럴 역과 안작 스퀘어의 포토 존으로 유명한 포스트 오피스 스퀘어(Post Office Square)가 있다.
이곳에서는 근교로 이동하기도 좋다. 지하 버스 정류장을 이용해 브리즈번 근교로 이동하려면 조지 스트리트 방향으로 가고, 사우스뱅크로 이동하려면 좌측의 트레저리 카지노를 지나 빅토리아 브리지를 건너면 된다.

Access 위치 센트럴 역에서 도보 10분. / 트랜짓 센터에서 조지 스트리트를 따라 직진하다 퀸 스트리트에서 좌회전, 도보 약 10분.
전화 +61 (0)7 3006 6290

Fun point
1. 노천카페에서 차 한잔을 즐긴다.
2. 거리 공연을 본다.
3. 쇼핑을 한다.

호주에는 버거킹이 없다! 헝그리잭스가 있을 뿐~!

호주를 여행하다 보면 '헝그리잭스'라는 패스트푸드점을 쉽게 볼 수 있다. 메뉴, 로고, 매장 내 분위기 모두 버거킹과 비슷해 더욱 놀라게 된다. 왜 버거킹이 아닐까? 버거킹이랑 무슨 관련이 있는 것일까?

결론부터 말하자면 버거킹이었다. 헝그리잭스라는 이름으로 영업을 하는 이유에 대해서는 호주의 국가 원수가 영국의 엘리자베스 여왕이기 때문에 버거킹을 사용할 수 없었다는 이야기 등의 재미있는 속설이 있다.
하지만 사실은 1971년 버거킹이 호주에서 영업을 시작하려 할 때 애들레이드에 이미 버거킹이라는 상호가 사용되고 있어 같은 이름으로 등록할 수 없었다. 그래서 호주 프랜차이즈를 운영하는 컴페티티브 푸드 오스트레일리아(Competitive Foods Australia)의 회장인 잭 코윈(Jack Cowin)의 이름을 따서 헝그리잭스라는 이름을 갖게 되었다.

와퍼(Whopper)라는 커다란 버거로 대표되는 버거킹의 메뉴가 모두 판매되고 있으며, 현지화를 위한 오지 버거(Oz Burger) 등이 호평을 받으며 호주의 패스트푸드 시장에서 커다란 영향을 미치는 브랜드가 되었다.

그러나 버거킹이라는 상호를 사용할 수 있게 된 것을 안 버거킹의 본사에서 상호 변경을 요구했지만 헝그리잭스가 이를 거부하면서 버거킹 본사와 헝그리잭스의 사이가 악화되었다. 버거킹 측에서는 제3자에게 버거킹 상호 사용을 허가하면서 잠시 동안 헝그리잭스와 버거킹, 같지만 다른 두 브랜드가 호주에서 영업을 하기도 했다. 하지만 법적 공방까지 간 끝에 헝그리잭스가 이겼고, 2003년 6월 버거킹이 헝그리잭스 브랜드에 통합되었다.

세계적인 브랜드를 이겨 낸 토착 브랜드라는 높은 평가를 받고 있는 곳이 바로 호주의 헝그리잭스다.

브리즈번 사우스뱅크
Brisbane Southbank

예술의 멋이 넘치는 문화 지구

시내 중심 퀸 스트리트에서 카지노를 지나 빅토리아 브리지를 건너면 1988년 엑스포 이후 공원으로 조성된 사우스뱅크 지역이 나타난다. 사우스뱅크 지역은 크게 퀸즐랜드 문화 센터, 사우스뱅크 파크랜드, 해양 박물관으로 나눌 수 있다.

퀸즐랜드 문화 센터는 넓은 부지에 미술관과 박물관, 콘서트 홀, 극장, 주립 도서관 등이 모여 있는 곳이다. 문화와 미술에 관심이 지대한 사람에게는 더할 나위 없이 좋은 곳으로, 훌륭한 미술 작품과 공연에 대해 미리 공부하고 간다면 더욱 알찬 시간을 보낼 수 있다.

사우스뱅크 파크랜드는 인공 해수욕장과 바비큐 시설, 주말 마켓 등의 즐길거리가 다양해 여유 있는 호주 문화를 느끼며 하루를 보내기에 충분한 곳이다. 미술관을 둘러보고 사우스뱅크 파크랜드에서 충분한 시간을 보내는 것이 최상의 코스지만 미술에 전혀 흥미가 없는 사람은 사우스뱅크 파크랜드만 들러도 좋다.

Travel point

레스토랑	★★★★☆
쇼핑	★☆☆☆☆
볼거리	★★★★☆
레포츠	★★★★☆

MAPECODE 07208

퀸즐랜드 문화 센터 Queensland Cultural Centre

Fun point

▶ 문화를 패키지로 즐긴다

시내에서 빅토리아 브리지를 건너면 보이는 사우스뱅크에 조성된 퀸즐랜드 문화 센터는 넓은 부지에 미술관과 박물관, 콘서트 홀, 극장, 주립 도서관 등이 모여 있다.

1. 퀸즐랜드 미술관에서 피카소를 만난다.
2. 퀸즐랜드 박물관을 관람한다.
3. 퀸즐랜드 퍼포밍 아트 센터에서 공연을 관람한다.

Access **위치** 빅토리아 브리지 바로 앞. / 퀸 스트리트 몰에서 도보 10분.

퀸즐랜드 퍼포밍 아트 센터 Queensland Performing Arts Centre

빅토리아 브리지의 왼쪽, 사우스뱅크 파크랜드로 가는 길에 있는 퍼포밍 아트 센터는 2개의 극장과 콘서트 홀이 있다. 이곳은 발레, 오페라, 뮤지컬 등 다채로운 문화 행사를 열고 있다. 공연을 감상하거나 투어를 이용해 내부의 시설을 둘러보는 것도 색다른 재미가 될 수 있다.
전화 +61 (0)7 3840 7303
홈페이지 www.qpac.com.au
요금 프로그램에 따라 입장료가 다름.

퀸즐랜드 미술관 Queensland Arts Gallery

호주를 대표하는 예술가의 작품, 애버리진의 전통 예술 작품, 피카소의 작품을 비롯한 유명한 예술가의 작품을 한곳에서 볼 수 있다. 빅토리아 브리지의 오른쪽에 위치해 있다.
전화 +61 (0)7 3840 7555
홈페이지 www.qag.qld.gov.au
시간 (월~금) 10:00~17:00 (토·일) 09:00~17:00
요금 무료(전시회는 유료)

퀸즐랜드 박물관 Queensland Museum

빅토리아 브리지의 오른쪽, 미술관과 연결되는 건물에 있는 박물관은 자연과 과학에 대한 자료와 전시물이 많이 있다.
전화 +61 (0)7 3840 7444
홈페이지 www.qm.qld.gov.au
시간 (월~금) 10:00~17:00 (토·일) 09:00~17:00
요금 무료

MAPECODE 07209

해양 박물관 Queensland Maritime Museum

퀸즐랜드 해양 역사를 한눈에

1971년 설립된 이래 퀸즐랜드 주의 해양 역사를 전시하고 있는 곳이다. 16세기경 퍼스의 근교, 프리맨틀에서 난파된 네덜란드의 선박을 발굴해 전시하고 있으며, 서호주의 해안에서 난파된 1,500여 척의 배에서 발굴된 다양한 유물들을 전시하고 있다.

이 외에도 쾌속선과 컨테이너선, 유조선, 번선 등을 전시하고 있고, 제2차 세계 대전 당시의 프리킷함과 증기 예인선을 볼 수 있다.

박물관 내에 간단한 기념품점이 있으며 박물관 앞 분수대에서 휴식을 취할 수 있다.

Access 위치 사우스뱅크 파크랜드에서 도보 5분. / 시티 보타닉 가든에서 굿윌 보행자 전용 브리지를 건너 바로 오른편. 다리를 건너는 데 약 5분 소요.
홈페이지 maritimemuseum.com.au

MAPECODE 07210

사우스뱅크 파크랜드 South Bank Parklands

엑스포 행사장을 재구성한 시민들의 휴식처

1988년 국제 엑스포 행사장을 재구성해 조성한 곳으로, 특히 인공 해변이 인상적이다. 시티 보타닉 가든과 함께 관광객과 현지인 모두를 위한 휴식처로, 언제나 많은 사람으로 붐빈다. 이곳에는 나비와 곤충 테마공원, 산책로, 자전거 전용 도로, 레스토랑, 바비큐 시설, 꽃으로 장식된 아치, 아이맥스 극장, 시네마 극장, 바비큐·피크닉 시설 등을 갖추고 있다. 시내에서 빅토리아 브리지를 건너거나, 보타닉 가든 쪽에서 굿윌 보행자 전용 브리지(The Goodwill Pedestrian Cycle Bridge)를 건너면 쉽게 찾을 수 있다.

Access 위치 시내에서 빅토리아 브리지를 건너 왼쪽으로 도보 약 7분. / 시티 보타닉 가든에서 굿윌 보행자 전용 브리지를 건너 오른쪽으로 3분. **전화** +61 (0)7 3867 2051
홈페이지 www.visitsouthbank.com

1. 인공 해변인 사우스뱅크에서 수영과 일광욕을 즐기자.
2. 바비큐 시설을 이용하자.
3. 에너젝스 브리즈번 아버에서 사진을 찍자.
4. 금요일 밤과 주말에 열리는 시장을 둘러보자.

사우스뱅크 비치 South Bank Beach

실제 바다의 모래와 야자수 등을 조성해 마치 바다에 와 있는 듯한 느낌을 준다. 안전 요원도 대기하고 있어, 안전하게 물놀이를 즐길 수 있다.

시간 09:00~해 질 녘 / 여름에만 운영 **요금** 무료

사우스뱅크 라이프스타일 마켓 South Bank Lifestyle Markets

비치 뒤쪽의 레스토랑과 쇼핑몰이 있는 거리에서 열리는 주말 마켓으로, 호주의 주말 마켓 중에는 거의 유일하게 금요일 저녁에 영업을 한다.

시간 (금요일) 17:00~22:00 (토요일) 10:00~17:00 (일요일) 09:00~17:00

아버 Arbour

빅토리아 브리지를 건너 사우스뱅크 비치로 가는 길에 있는 조형물로 사우스뱅크 비치와 함께 사우스뱅크를 상징한다. 443개의 철 기둥을 좌우로 구부려 만든 터널을 부겐빌리아라는 빨간 꽃으로 장식해 여름에는 그늘을, 겨울에는 햇살을 드리운다. 공간이 매우 아름다워 낮과 밤 모두 사진으로 남겨도 좋다.

휠 오브 브리즈번 Wheel of Brisbane

사우스뱅크 바로 앞에 자리한 휠 오브 브리즈번은 사우스뱅크와 브리즈번 시내의 모습을 높은 곳에서 조망할 수 있는 대관람차이다. 최대 성인 6명까지 탑승할 수 있는 크기의 곤돌라를 타고 바라보는 브리즈번 시내의 모습이 매우 아름답다. 특히 저녁 시간에 탑승하여 야경을 감상하면 더욱 좋고, 조명이 켜진 휠 오브 브리즈번의 모습도 인상적이다. 그리 오래 탑승하진 않지만 브리즈번의 로망을 느끼기에는 충분하다.

좀 더 로맨틱한 시간을 보내고 싶다면 온 보드 다이닝을 신청해 보자. 곤돌라 안에서 와인과 에피타이저 플래터를 즐기며 브리즈번의 밤을 감상할 수 있다.

전화 +61 (0)7 3844 3464
시간 (일~목) 10:00~22:00, (금~토) 10:00~23:00
요금 성인 A$ 20 / 학생 A$ 17 / 아동 A$ 14
홈페이지 www.thewheelofbrisbane.com.au

네팔 사원

사우스뱅크 나무 숲 옆에 자리하고 있다. 1988년 엑스포에 아시아와 브리즈번의 교류를 위해 지어졌으며 1988년 엑스포가 열릴 당시 남문에 자리하면서 많은 관광객들의 관심을 받았다. 그 후 1992년에 지금의 자리로 옮겨졌다. 브리즈번의 활발한 분위기와는 달리 네팔 사원은 숲과 어우러진 목조 건물이 편안함과 여유로움을 준다. 섬세하게 조각되어 있는 작품들이 인상적인 곳이다.

브리즈번 근교
Around Brisbane

자연의 품을 느끼는 리프레시 여행

브리즈번의 근교로 마운틴 쿠사 전망대, 론파인 코알라 보호구역, 차이나타운, 포엑스 맥주 공장 등을 둘러볼 수 있다.
브리즈번을 찾는 사람은 호주의 다른 지역을 들러서 오는 경우가 많으며, 브리즈번의 시내, 사우스뱅크 지역에서 많은 시간을 할애하는 것이 일반적이다. 다른 도시에서 차이나타운이나 호주 동물 관련 관광지에 들르지 못했거나 호주의 동물을 친환경적인 방법으로 만나고 싶을 때는 시내를 벗어나 근교로 발길을 돌려 보자.

시내는 별도의 교통수단이 필요 없어 버스, 열차 등의 데일리 티켓을 구매할 필요가 없지만, 근교 관광을 한다면 데일리 티켓을 구입하자. 빠듯한 일정으로 진행한다면 데일리 티켓을 이용해 전망대, 동물원, 차이나타운, 포엑스 맥주 공장 네 곳의 근교 지역을 하루만에 볼 수 있다. 데일리 티켓이 있으면 시내의 페리도 이용할 수 있어 매력적인 브리즈번 강을 새로운 시각으로 바라볼 수 있다.

Travel point

레스토랑	★★★☆☆
쇼핑	★☆☆☆☆
볼거리	★★★★☆
레포츠	★☆☆☆☆

보타닉 가든 - 마운틴 쿠사 Botanic Gardens - Mt. Coot-tha

전망대에서 바라보는 브리즈번의 전경

브리즈번에 있는 두 곳의 보타닉 가든 중 하나로 애버리진 말로 쿠사는 '꿀이 있는 곳'이라는 뜻이다. 돔으로 된 열대 식물원과 천문대, 분재, 선인장 구역, 2002년 개장한 양치식물 구역, 라벤더 향과 박하 향 가득한 허브 가든, 1995년 만든 자유의 벽, 일본 정원, 대나무 정원 등이 있는데, 무엇보다도 전망대가 일품이다. 그러나 날이 흐리면 시야가 확보되지 않으니 맑은 날에 가자.

시내에서 출발한 버스는 보타닉 가든에서 먼저 서고, 전망대로 올라간다. 보타닉 가든에서 전망대까지 도보로 약 15~20분 정도 걸리는 언덕길을 걸어야 하므로, 전망대에서 내려 전망대를 먼저 보고, 내려가면서 주변을 보는 것이 더 좋다. 매주 월요일과 목요일 오후 2시 15분부터 45분까지는 무료로 미니버스를 타고 가이드의 설명을 들을 수 있으니, 시간을 맞추어 이용해 보자. 이외에 홈페이지를 확인하면 음악회, 세미나 등의 이벤트 정보가 있다.

Fun Point
1. 쿠사 전망대를 이용한다.
2. 미니버스를 이용해 가든을 둘러본다.
3. 홈페이지를 방문해 이벤트가 있는 날 특별한 체험을 해 본다.

이동 요금 절약법
마운틴 쿠사는 트랜스링크의 2존에 해당하는 지역으로, 편도 요금이 A$ 2.90이다. 만약 론파인 코알라 보호 구역에 가지 않을 것이라면 A$ 5.80의 데일리 티켓을, 코알라 보호 구역을 방문할 것이라면 A$ 6.80의 데일리 티켓을 이용하자. 미리 계획을 세워 티켓을 구입하지 않으면 코알라 보호 구역은 3존이기 때문에 비용이 추가로 발생한다. 데일리 티켓을 구입하면 시내에서 이용하는 버스, 열차, 페리를 무제한 이용할 수 있으니 마운틴 쿠사를 방문한 후 페리와 열차도 이용해 보자.

Access **위치** 에들레이드 스트리트 안작 스퀘어 근처 40번 버스 정류장에서 471번 버스로 약 20분. 2존(싱글 페이퍼 티켓 A$ 5.60, 고 카드 A$ 3.93) **전화** +61 (0)7 3403 2535 **홈페이지** www.brisbane.qld.gov.au **시간** (9월~3월) 08:00~17:30, (4월~8월) 08:00~17:00 / 분재 공간 : (평일) 10:00~12:00, 13:00~15:00, (주말) 10:00~15:00

471번 버스 시간표

월~금요일								
에들레이드 스트리트	08:50	09:35	10:35	11:35	12:35	13:35	14:35	15:35
보타닉 가든	09:09	09:54	10:54	11:54	12:54	13:54	14:54	15:59
전망대	09:15	10:00	11:00	12:00	13:00	14:00	15:00	16:05
전망대	09:19	10:05	11:05	12:05	13:05	14:05	15:13	16:10
보타닉 가든	09:24	10:10	11:10	12:10	13:10	14:10	15:20	16:15
에들레이드 스트리트	09:44	10:30	11:30	12:30	13:30	14:30	15:43	16:35

토·일요일 및 공휴일						
에들레이드 스트리트	10:20	11:35	12:50	14:05	15:20	16:35
보타닉 가든	10:39	11:54	13:09	14:24	15:39	16:54
전망대	10:45	12:00	13:15	14:30	15:45	17:00
전망대	10:50	12:05	13:20	14:35	15:50	17:05
보타닉 가든	10:55	12:10	13:25	14:40	15:55	17:10
에들레이드 스트리트	11:20	12:35	13:50	15:05	16:15	17:30

* 버스 시간표는 현지 상황에 따라 변동될 수 있음.

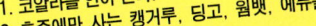

론파인 코알라 보호 구역 Lone Pine Koala Sanctuary

▶ 호주 동물과 함께하는 야생의 시간

1927년 오픈한 세계 최초, 세계 최대의 코알라 보호 구역으로 약 130여 마리의 코알라가 서식하고 있는 친환경 동물원이다. 브리즈번 시내에서 11km 거리에 있는 이곳은 코알라는 물론, 캥거루, 딩고, 웜뱃, 에뮤 등 다양한 호주의 동물과 조류를 볼 수 있다. 특히 코알라를 직접 만져 보는 것과 개가 양을 모는 것을 구경하는 프로그램이 인기가 있다. 여유가 있다면 투어에 참여해 볼 수 있지만, 1인당 A$ 280으로 다소 비싸다. 점심이 제공되고, 기념품으로 폴더, 엽서, 달력, 키홀더, 가이드북, 코알라 사진 등과 투어 증명서를 발급해 준다.

Fun point
1. 코알라를 안아 본다.
2. 호주에만 사는 캥거루, 딩고, 웜뱃, 에뮤를 눈에 담고 사진에 남긴다.
3. 데일리 투어를 이용한다.

이동 요금 절약법
론파인은 트랜스링크의 3존에 해당하는 지역으로, 편도 요금은 A$ 3.30이다. 그런데, 시간적으로 하루에 2곳 정도를 볼 수 있으므로 A$ 6.80의 데일리 티켓을 구입해서 마운트 쿠사의 교통비를 절약할 수 있다. 데일리 티켓을 구입하면, 시내에서 교통이 무제한 무료이니, 페리와 열차 등 호주의 교통수단을 덤으로 이용해 보자. 돌아오는 445번 버스 편은 평일 17:38이 막차이므로 주의해야 한다.

Access 위치 1. 애들레이드 스트리트 40번 버스 정류장에서 40번 또는 445번 버스로 약 40분(월∼토 운행) / 3존(싱글 페이퍼 티켓 A$ 6.70 / 고 카드 A$ 4.66)
2. 조지 스트리트(George St.) 카지노 앞 퀸 스트리트 버스 정류장(지하) B4 플랫폼에서 430번 버스로 약 40분(매일) / 3존(싱글 페이퍼 티켓 A$ 6.70 / 고 카드 A$ 4.66)
전화 +61 (0)7 3378 1366　**홈페이지** www.koala.net
시간 (매일) 08:30∼17:00 (안작데이) 13:30∼17:00 / (크리스마스) 08:30∼16:30
요금 성인 A$ 36 / 3∼13세 미만 어린이 A$ 22

445번 버스 시간표 (애들레이드 스트리트 출발 및 도착, 일·공휴일 운행 없음)

월∼금요일	애들레이드 스트리트	07:24	08:45	09:10	10:10	11:10	12:10	13:10	14:10
	론파인	08:04	09:20	09:43	10:43	11:43	12:43	13:43	14:43
	론파인	10:38	11:38	12:38	13:38	14:38	15:50	16:33	17:38
	애들레이드 스트리트	11:15	12:15	13:15	14:15	15:15	16:27	17:10	18:20
토요일	애들레이드 스트리트	07:55	08:54	09:54	10:54	11:55	12:55	13:55	14:55
	론파인	08:25	09:24	10:24	11:24	12:25	13:25	14:25	15:25
	론파인	10:20	11:20	12:20	13:20	14:20	15:20	16:20	17:20
	애들레이드 스트리트	10:58	11:58	12:58	13:58	14:58	15:58	16:58	17:58

430번 버스 시간표 (퀸 스트리트 출발 및 도착, 일·공휴일 운행)

월∼금요일	퀸 스트리트	08:45	09:45	10:45	11:45	12:45	13:45	14:45	15:40
	론파인	09:23	10:23	11:23	12:23	13:23	14:23	15:23	16:23
	론파인	10:57	11:57	12:57	13:57	14:57	15:52	16:52	17:59
	퀸 스트리트	11:40	12:40	13:40	14:40	15:40	16:45	17:40	18:45
일요일 및 공휴일	퀸 스트리트	08:30	09:30	10:30	11:30	12:30	13:30	14:30	15:30
	론파인	09:06	10:06	11:06	12:06	13:06	14:06	15:06	16:06
	론파인	10:33 (10:40)	11:33 (11:40)	12:33 (12:40)	13:33 (13:40)	14:33 (14:40)	15:33 (15:40)	16:33 (16:40)	17:33 (17:40)
	퀸 스트리트	11:15 (11:26)	12:15 (12:26)	13:15 (13:26)	14:15 (14:26)	15:15 (15:26)	16:15 (16:26)	17:15 (17:26)	18:15 (18:26)

* ( )는 토요일 / 가는 것은 시간이 같고, 토요일 돌아오는 것만 다소 다를 수 있음.

MAPECODE 07213

캥거루 포인트 Kangaroo Point

▶ 브리즈번의 아름다운 야경과 피크닉

브리즈번 시내에서 강 건너편에 위치하고 있는 곳으로 이른 아침 해가 뜰 때 그리고 저녁 해가 질 때 브리즈번의 아름다운 모습을 감상할 수 있는 곳이다. 다양한 카페와 레스토랑들이 있고 직접 바비큐를 해먹을 수 있는 시설도 갖추고 있다. 암벽 등반과 카약, 트래킹, 자전거 타기 등의 다양한 체험도 할 수 있어서 브리즈번 시민들의 피크닉 장소로 인기가 좋다.

Access **위치** 이글 스트리트 피어 페리 터미널에서 시드니 스트리트로 가는 페리를 타고 홀만 스트리트 페리 터미널에서 하차. 앤스트리트 버스 정류장 8번에서 캥거루 포인트 방향으로 234번 버스를 타고 캥거루 포인트 클리프에서 하차.

MAPECODE 07214

잇 스트리트 마켓 Eat Street Market

▶ 활기가 느껴지는 브리즈번의 야시장

브리즈번 시내에서 차로 약 20분간 떨어진 곳에서 열리는 주말 야시장으로 컨테이너 박스를 개조하여 상점처럼 꾸며 놓은 것이 특징이다. 전 세계의 다양한 음식들과 디저트, 음료 등을 판매하고 옷과 책, 인테리어용품, 생활용품 등도 볼 수 있다. 컨테이너 박스 상점들 사이사이에 테이블과 의자가 있어서 음식을 사고 빈 테이블에 앉아 편하게 먹으면 된다.

야시장 끝 쪽엔 잔디 공원이라는 구역이 있는데, 이곳에는 애완동물이나 주류를 가지고 들어갈 수 없어 늦게까지 아이들과 함께 있어도 안심할 수 있다.

Access **위치** 브리즈번 공항으로 가는 길목, 해밀턴 지역에 위치. (대중교통으로는 이동이 어려워 택시 탑승 추천)
시간 (금, 토) 16:00~22:00, 여름을 제외한 다른 계절에는 일요일 오전에도 오픈.
요금 성인 A$ 2.5 / 12세 미만 무료

MAPECODE 07215

포엑스 맥주 공장 The XXXX Ale House

호주 맥주의 유혹에 흠뻑 취하다

퀸즐랜드 주를 대표하는 포엑스 맥주는 호주 최대의 맥주 회사다. 이곳에서는 맥주 제조 공정을 견학하고 시음해 보는 투어를 월요일부터 금요일까지 매일 7회씩 진행한다. 시간은 약 1시간 15분 정도 걸린다. 특히, 수요일 6시에는 맥주와 함께 바비큐가 제공되어 더 인기가 있다. 반드시 예약할 필요는 없지만 인원이 투어당 최대 25인으로 한정되어 있으므로, 사전에 예약하는 게 좋다. 예약은 인터넷이나 전화로 가능하며, 대부분의 숙소와 인포메이션 센터에서 가능하다. 만약 투어를 마치고 숙소로 돌아간다면 무료 픽업 서비스를 이용하자. 편하게 숙소까지 데려다 준다.

Access **위치** 열차 로마 스트리트 역에서 한 정거장, 센트럴 역에서 두 정거장 떨어진 곳에 위치한 밀튼(Milton) 역에서 도보 5분. / 1존 (편도 A$ 2.40, 데일리 A$ 4.80) / 시내에서 도보 약 20분.
전화 +61 (0)7 3361 7597

XXXX Brewery Tour
투어 시간 10:00~16:00 한 시간에 1회 총 7회(월~금)
투어 요금 성인 A$ 22 / 맥주를 마시지 않는 성인 A$ 18 / 10~18세 A$ 15 / 10세 미만 어린이 무료
Saturday Brewery, Beer & BBQ Tour
투어 시간 수요일 저녁 6시 / 토요일 10:30, 11:00, 12:00
투어 요금 성인 A$ 35 / 맥주를 마시지 않는 성인 A$ 29 / 9시 이하 어린이 무료

Fun point
1. 맥주의 유래와 생산 과정을 눈으로 직접 본다.
2. 요일과 시간을 맞춰 바비큐 시식에 참가한다.

MAPECODE 07216

차이나타운 China Town

호주에서 느끼는 중국의 향취

브리즈번 차이나타운은 1987년 1월 29일 공식 오픈한 이래, 브리즈번 내에서 아시아 문화의 중심지로 인식되고 있다.
차이나타운 입구에는 중국으로부터 선물 받은 돌사자 한 쌍이 있는데, 이것은 나쁜 기운으로부터 이곳을 보호하는 역할을 한다. 거리에는 155개의 상점이 즐비하고, 베트남과 인도네시아, 말레이시아, 일본 그리고 한국의 물건을 판매한다. 시내에서 앤 스트리트를 따라 도보로 갈 경우 20여 분이 소요되나 매력도가 떨어지는 곳이니, 걷는 것보다는 론파인, 마운틴 쿠사를 방문한 날 데일리 티켓을 이용해 열차로 가는 것을 추천한다.

Access
위치 열차 로마 스트리트 역에서 두 정거장, 센트럴 역에서 한 정거장 떨어진 곳에 위치한 브런스윅(Brunswick) 역에서 도보 5분. / 1존 (편도 A$ 2.40, 데일리 A$ 4.80) / 시내에서 도보 약 20분.
전화 +61 (0)7 3006 6200

Fun point
1. 앞의 세 곳 일정에 맞춰서 계획해 돈과 시간, 체력을 아낀다.
2. 만약 주말에 방문한다면 주말 마켓 이용과 태극권 관람이 가능하다.

알고 가면 재미있는 호주 영어

영국 영어를 기본으로 하고 있는 호주 영어는 재미있는 표현이 상당히 많다. 여행 중 상황에 맞게 호주 슬랭을 사용해 보는 것도 재미있는 추억이 된다.

G'day mate.
호주 영어를 말할 때 빼놓을 수 없는 표현으로 가장 호주다운 인사말이다. 유학생 사이에서는 '그다이 마잇'으로 발음되는 이것을 얼마나 자연스럽게 하느냐에 따라 얼마나 호주에 오래 살았나를 알 수 있다는 우스갯소리도 있다.

Ta
Thank You를 뜻하며 공손한 표현은 아니지만 어딘가 정이 넘친다. 고맙다라는 뜻을 모르고 있을 때는 들어 본 적이 없는 것 같지만, 알고부터는 그동안 모르고 있었다는 것이 신기할 만큼 많이 듣게 되는 표현이다. 가게에서 잔돈을 거슬러 받을 때 이야기해 보자. "Ta~"

Aussie
Australia를 줄인 것으로 '오지'라고 발음한다. Oz로도 표기하며 오지 스타일, 오지 버거, 오지 패션 등 호주다운 무언가를 이야기할 때 활용한다.

Barbie
BBQ로 표기하고 '바비'라고 읽는 이것은 바비큐를 뜻한다. 바비큐용 소시지는 Snag이라 불린다. 바비큐 파티 중 "Put some snag on the barbie(바비큐에 소시지 좀더 올려 줘.)"라고 말한다면 주위 호주인들의 인기를 쉽게 얻을 수 있다.

BYO
'Bring your own'을 뜻한다. BYO라고 써 있는 레스토랑은 와인, 주류 등을 가지고 와서 먹어도 된다는 것이다. 단, 잔을 제공하거나 하는 이유로 일정한 금액(Corkqge charge, 콜키지 차지)을 지불해야 한다. 친구들끼리 파티를 할때 BYO라고 하면 자기가 마실 것은 자기가 준비해 오라는 것이며 대부분의 파티가 BYO이다.

Thong
케언스, 골드코스트 등 해변이 있는 곳을 여행할 때 유용한 고무로 된 슬리퍼를 '통'이라 부른다. 호주에서는 우리나라의 슬리퍼나 샌들은 찾아보기 어렵다. 호주에서 패션 감각을 뽐내고자 한다면 반드시 통을 신자! 단, 끈 팬티를 'Thong Panty'라고 부르니 주의하자.

Bloody
'제길'을 뜻하는 말로, 친한 친구 사이에서 사용되는 슬랭이지만, 신문, 잡지 기사 등에도 자주 등장한다. 호주 관광을 홍보하기 위해 정부에서 제작된 동영상에도 Bloody Hell이라는 표현이 나오는데, 넓고 볼것이 많은 호주를 제대로 표현하고 있다는 극찬을 받았다.
홍보물의 원문은 "So where the bloody hell are you?(그런데 도대체 너는 어디 있는 거야?)"이며 sowherethebloodyhellareyou.com이라는 공식 사이트도 운영하고 있다.

쇼핑 센터

브리즈번은 호주의 베스트 쇼핑지는 아니지만, 있어야 할 것은 다 갖추고 있다.

가장 큰 쇼핑 지역은 퀸 스트리트 몰 주변인데, 아케이드 지역은 디자이너의 숍이 있고, 브로드웨이 쪽은 젊은 느낌의 영캐주얼 의류, 애들레이드 퀸은 아디다스 등의 스포츠 브랜드가 입점해 있다.

퀸 스트리트 몰의 서쪽으로 인접해 있는 애들레이드 스트리트(Adelaide st.)는 큰 규모의 초호화 상점과 보석, 두 블록 아래의 엘리자베스 스트리트(Elizabeth st.)는 국제적 디자이너 라벨, 남동쪽 앨버트 스트리트(Albert st.)는 보석 세공으로 유명하다. 북쪽으로는 에드워드 스트리트(Edward st.)와 연결되는데 정장 의류를 구입할 수 있다. 동쪽으로 나 있는 이글 스트리트(Eagle st.)에서는 보석과 생활용품 관련 상품을 판매한다.

앤 스트리트(Ann St.)와 브런스윅 스트리트(Brunswick St.) 주변에 위치한 밸리(Valley)는 보행자 전용 상가로 다양한 유행 아이템과 펑키한 느낌의 의류와 액세서리가 전문이다. 앤 스트리트(Ann st.)는 와인이나 향수 등의 물건이 많고, 브런스윅 스트리트(Brunswick St.)는 레스토랑이 즐비하다. 차이나타운 쪽에서는 동양적인 느낌이 흠뻑 묻어나는 물건을 구입할 수 있다. 브리즈번 공항 근처에는 DFO(Direct Factory Outlet)가 있는데 120여 개 브랜드의 상품을 70%까지 할인한다. 운이 좋다면, 필요한 물건을 값싸게 구입할 수 있다. 단지, 쇼핑이 목적이라면 DFO를 추천한다.

퀸 스트리트 몰 (Queen Street Mall) `07217`

주소 George Street, Brisbane QLD Australia 4003
전화 +61 (0)7 3006 6200
시간 브리즈번 아케이드 10:30~16:00 / 브로드웨이 10:30~16:00 / 메이어 센터 10:00~17:00 / 퀸즈 플라자 10:30~16:00 / 윈터 가든 10:30~16:30

DFO(Direct Factory Outlets) `07218`

주소 DFO Brisbane, 1 Airport QLD 4007
전화 +61 (0)3 8530 3532
시간 월~금 10:00~18:00
홈페이지 www.dfo.com.au

시장과 주말 마켓

브리즈번에는 다채로운 주말 마켓이 있다. 벼룩시장(Green Flea Community Market) 중에서는 어린이용품 판매 시장(Baby & Kids Market), 공예품 시장(Riverside Markets), 패션 관련 시장(Valley Markets), 음식 시장(Saturday Fresh Market)을 추천할 만하다. 자신의 취미와 목적에 따라 시장을 선택해 보자.

Riverside Markets `07219`

하이퀄리티 로컬 제품을 만날 수 있는 주말 마켓으로 일요일에만 장이 선다.

주소 123 Eagle Street, Brisbane, Australia
전화 +61 (0)7 3870 2807
시간 매주 일요일 08:00~16:00
홈페이지 www.riversidemarkets.com.au

South Bank Lifestyle Markets `07220`

비치 뒤쪽의 레스토랑과 쇼핑몰이 있는 거리에서 열리는 주말 마켓으로, 호주의 주말 마켓 중에는 거의 유일하게 금요일 저녁에 영업을 한다.

시간 금요일 17:00~22:00 / 토요일 10:00~17:00 / 일요일 09:00~17:00

배낭 여행자를 위한 생필품

콜스(Coles)와 울월스(Woolworth)
호주에서 간단한 요리를 하려 하거나 한국이 그리워질 때는 호주를 대표하는 대형 슈퍼마켓 콜스(Coles)와 울월스(Woolworth)에 가 보자. 갖가지 재료를 구입할 수 있을 뿐 아니라 아시안 푸드 코너에서는 우리나라의 신라면, 새우깡 등도 찾아볼 수 있다.

위치 울워스는 에드워드 스트리트를 건너면 오른편에, 콜스는 퀸 스트리트 몰의 끝 쪽에 위치.

배낭 여행자를 위한 알찬 식사

Govinda's Restaurant `07221`
100% 채식주의자를 위한 음식을 파는 뷔페로 건강한 음식이 가득하며, 저렴하고 맛도 좋다.

주소 1st Floor Brisbane, QLD 4101 Australia
전화 +61 (0)7 3210 0255 **예산** A$ 7

퀸 스트리트 푸드코트 `07222`
스트리트 몰 안에 입점해 있는 대형 푸드코트로 종류도 다양하고 저렴하다.

시간 월~목 09:00~17:30 / 금~토 09:00~21:00 / 일 10:30~16:00 **예산** A$ 5~15

Guilty Rogue Public House `07223`
저렴한 가격으로 스테이크와 간단한 맥주나 칵테일 등 바 문화를 즐길 수 있는 곳으로, 유럽의 분위기가 난다.

주소 466 George Street, Brisbane, QLD(구 Tinbilly Bar & Grill)
전화 +61 (0)7 3238 5888
시간 10:00~01:00
예산 A$ 10~20

분위기 있는 레스토랑에서의 식사

Grand Taj Indian Restaurant `07224`
이탈리안 레스토랑으로 신선한 샐러드가 좋은 편이며, 세팅이 로맨틱하다.

주소 Corner Pine Mountain & Creek Roads Brisbane, TN 4152 Australia
전화 +61 (0)7 3343 8881
시간 점심(화~일) : 11:30~14:30 / 저녁 : 17:00
예산 A$ 12

Alchemy Restaurant & Bar `07225`
특별한 날 찾기에 좋은 장소로 강이 내려다보이는 자리에 있어 분위기가 아주 좋다. 저녁이 되어 다리에 불이 켜지면 더욱 황홀해진다. 인기가 좋은 곳이므로 미리 예약하는 것이 좋다.

주소 175 Eagle St, Brisbane City QLD 4000
전화 +61 (0)7 3229 3175
시간 월~토 12:00~15:00, 18:00~22:00(일요일 휴무)
예산 6코스(1인) A$ 132, 음료 별도
홈페이지 www.alchemyrestaurant.com.au/a-la-carte.html

Madame Wu `07226`
한국인 셰프가 요리하는 한국 음식도 맛볼 수 있는 아시아 퓨전 레스토랑으로 메뉴가 다양하다. 이글 스트리트에 위치하며, 브리즈번강과 스토리 브릿지 야경도 즐길 수 있다.

주소 71 Eagle St, Brisbane City QLD 4000
전화 +61 (0)7 3229 5070
시간 일~월 11:00~23:00(금, 토는 ~24:00)
예산 엔트리 A$ 15~25, 메인 A$ 30~40, 디저트 A$ 15
홈페이지 www.madamewu.com.au

IL Centro `07227`
1992년에 오픈한 이곳은 이탈리아 음식으로 유명한 고급 레스토랑이다. 그 이름에 걸맞게 퀸즐랜드, 브리즈번 등에서 수여하는 상도 많이 받았다. 특히 저녁 야경이 무척 아름답다.

주소 Eagle Street Pier Eagle St. Brisbane QLD 4000
전화 +61 (0)7 3221 6090
시간 점심(월~금) 12:00~ / 저녁(매일) 18:00~
예산 A$ 30~50 **홈페이지** www.il-centro.com.au

백패커스

Base Brisbane Uptown 07228

모든 객실에 화장실이 별도로 설치되어 있기 때문에 다른 백패커스에 비해 조금 비싸다. 하지만 브리즈번 교통의 중심인 트랜짓 센터 바로 앞에 위치해 교통이 편리하다. 때문에 가격 대비 만족도가 높은 백패커스다.

주소 466 George Street, Brisbane
전화 +61 (0)7 3238 5888
요금 6~8 Dorm : A$ 30 / 4~5 Dorm : A$ 32 / 더블 · 트윈: A$ 105
홈페이지 www.tinbilly.com

Nomads Brisbane Hostel 07229

센트럴 역이 바로 앞에 있어 브리즈번 시내 어디든 5~15분 안에 도착할 수 있다. 시설이 다소 노후하지만, 저렴하고 위치가 좋다는 것이 이곳을 추천하는 이유다. 소소하지만 옥상에서 휴식을 취할 수 있다는 점도 장점이다.

주소 308 Edward St, Brisbane City QLD 4000
전화 +61 (0)7 3211 2433
요금 10인실 1베드 A$ 20, 6인실 1베드 A$ 25
홈페이지 nomadsworld.com/australia/nomads-brisbane

City Backpackers HQ 07230

로마 스트리트 역과 가까워 이동하기에 좋은 위치다. 저렴한 가격에 수영장은 호사 아닌 호사다. 호텔 예약 사이트 등을 이용하면 더 할인된 가격으로 매우 저렴하게 지낼 수 있다.

주소 308 Edward St, Brisbane City QLD 4000
전화 +61 (0)7 3211 3221
요금 12인실 1베드 A$24, 4인실 1베드 A$29
홈페이지 www.citybackpackershq.com

Bunk 07231

차이나타운에 있는 백패커스로 브리즈번의 백패커스 중에서 가장 깔끔하다. 바비큐 시설과 수영장은 이곳의 가장 큰 장점이다. 아파트형 객실도 있어 가족 단위의 여행객에게도 추천할 만하다. 단, 시내 중심과의 거리가 도보로 약 15~20분이다.

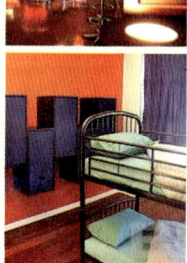

주소 21 Gipps Street, Fortitude Valley
전화 +61 (0)7 3257 3644
요금 8 Dorm : A$ 28 / 4 Dorm : A$ 31 / 더블 · 트윈 : A$ 96 / 2 Bed Apartment : A$ 172
홈페이지 www.bunkbrisbane.com.au

중급 호텔

Rothbury on Ann Hotel ★★★★   07232

시내 중심에 위치하고 있어, 이동이 매우 편리하다. 바로 근처에 퀸 스트리트 몰이 있으니, 쇼핑이 주목적이라면, 이곳을 선택하자. 카지노 이용과 사우스 뱅크로의 이동도 편리하
다. 시설 역시 매우 깔끔하며, 방에 따라서 주방이 있다는 것도 매우 큰 장점이다.

주소 301 Ann Street, Brisbane Qld 4000   **전화** +61 (0)7 3239 8888   **요금** Hotel Room : A$ 208 / 1 Bedroom Apartment : A$ 250 / 1 bedroom~2 Night Minimum : A$ 250 / Weekend Getaway : A$ 263 / 2 Bedroom Apartment : A$ 390   **홈페이지** www.rothburyhotel.com

Riverside Hotel ★★★   07233

걸어서 5분 거리에 아트 센터와 카지노, 트랜짓 센터가 위치한 도심형 호텔이다. 시설이 화려하거나 부대시설에서 많은 활동은
할 수 없지만 깔끔하며, 수영장이 구비되어 있다.

주소 20 Montague Road South Bank, Brisbane QLD 4101
전화 +1800 301 101
요금 Hotel Special : A$ 195 / Best Value B And B : A$ 235 / Corporate Special : A$ 235 / Apartment Best Value : A$ 250
홈페이지 www.riversidehotel.com.au

Tangalooma Island Resort ★★★★   07234

탕갈루마 리조트는 리조트 프로그램이 많은 곳이다. 가장 대표적인 것은 '야생 돌고래 먹이 주기'이다. 해 질 녘에 돌고래 대가족이 리조트 해안을 찾아오는데, 리조트에 숙박하는 사람들은 돌고래에게 직접 먹이를 줄 수 있다. 야생 돌고래를 직접 만난다는 설레임만으로도 탕갈루마 리조트를 선택해야 하는 이유가 있다. 또 하나는 리조트에서 15분 정도 걸으면 있는 난파선이다. 15척의 난파선에서 탐험할 수 있는 프로그램도 있다. 자유롭게 스노쿨링을 할 수도 있지만, 보트 투어나, 헬기 투어를 이용하면 보다 더 특별한 경험을 할 수 있다.

주소 Moreton Island QLD 4025   **전화** +61 1300 652 250
요금 A$ 200   **홈페이지** www.tangalooma.com

고급 호텔

Treasury ★★★★★   07235

1905년에 지어진 브리즈번 중심가에 있는 호텔로, 당시의 아름다움을 고스란히 간직하고 있다.
쇼핑 센터와 트레저리 카지노 등이 가까운 거리에 있어 이용하기 편리하며 고급스럽다. 가격이 부담스러운 것이 사실이지만, 위치적으로, 상징적으로도 꼭 한번 이용해 볼 만한 곳이다.

주소 130 William Street Brisbane Qld 4000   **전화** +61 (0)7 3306 8888   **요금** Premier Twin : A$ 550 / Deluxe King : A$ 615 / Deluxe Parlour : A$ 690 / Sheer Indulgence Pkg : A$ 848 / Premier Parlour : A$ 850 / Casino Mini Suite : A$ 850 / Suite : A$ 1415 / Treasury Suite : A$ 1450 / Treasury Suite : A$ 1650 / Treasury Suite : A$ 1650   **홈페이지** www.conradtreasury.com.au

Stamford Plaza ★★★★★   07236

보타닉 가든 주변에 위치하고 있는 호텔로, 브리즈번의 현대적인 호텔 중 최고를 자부하는
곳이다. 그만큼 시설과 서비스에서 나무랄 곳이 없다. 특히 모든 객실에서 브리스베인 강의 전경을 볼 수 있다. 여유를 느끼고 싶은 여행을 원하는 사람들에게 추천한다.

주소 Cnr Edward & Margaret Sts Brisbane Queensland 4000   **전화** +61 (0)7 3221 1999   **요금** Superior King : A$ 590 / Deluxe Room : A$ 640 / Premium Deluxe Room : A$ 700 / Junior Suite : A$ 800
홈페이지 www.stamford.com.au

브리즈번 추천 코스
Brisbane

① 타운 홀
전망대에 올라서 브리즈번 시내를 내려다보는 것도 좋다. 한두 시간은 필요하다.

도보 3분

② 안작 스퀘어
센트럴 역 앞에 있는 안작 스퀘어에는 꺼지지 않는 횃불이 있다. 주위의 예스러운 건물과 현대적 건물의 조화가 인상적이다.

도보 10분

③ 이글 스트리트 피어
주말에는 마켓이 열리고, 평일에도 수많은 관광객을 볼 수 있다. 스토리 브리지가 가장 아름답게 보이는 포인트!

브리즈번은 골드코스트로 가기 위한 관문
시내만 둘러보는 데는 반나절 정도면 충분하지만 사우스뱅크에서 여유로운 휴식을 즐기기를
원한다면 하루를 브리즈번 시내에 할애해도 좋다.

도보 5분

④ 시티 보타닉 가든
브리즈번 시민들의 조깅 코스. 휴식을 취하며 이동하자.

도보 10분

⑤ 퀸 스트리트 몰
브리즈번에서 가장 번화한 곳으로 노천카페, 레스토랑 등이 있어 식사, 쇼핑을 즐기기 좋다. 거리의 예술가들도 쉽게 찾아볼 수 있다.

도보 10분

⑥ 사우스뱅크
무료라는 것이 믿기지 않을 만큼 좋은 시설의 수영장이 있으며, 아이들을 위한 놀이터 등이 있어 하루를 보내도 아깝지 않은 곳이다. 야경도 훌륭하다.

골드코스트

작열하는 태양, 푸른 바다의 로망

골드코스트는 브리즈번에서 차로 약 1시간 거리에 위치한 해변으로, 아름다운 금빛 해변은 70km에 이르며 약 20개가 넘는 서핑 비치가 있다.

가장 번화한 곳은 서퍼스 파라다이스이며, 브로드 비치, 메인 비치 등에서도 자신의 취향에 맞게 수영, 세일링, 서핑 등의 레포츠를 즐길 수 있다.

긴 일정으로 골드코스트에 간다면 해변과 골드코스트의 명물인 4개의 테마파크와 더불어 근교의 열대우림을 방문하거나 세계 최대의 모래섬인 프레이저 섬을 당일 투어로 다녀올 수 있다. 여유로우면서도 활기찬 시간을 보내고자 한다면 아름다운

해변에서 서핑을 배워 높은 파도에 몸을 맡겨도 좋다.
호주의 열대우림, 아름다운 해변, 테마파크, 쇼핑, 레포츠, 와이너리까지 다양한 볼거리가 있는 골드코스트는 일주일을 꼬박 보내도 지루할 겨를이 없다.
여러 가지 테마가 있는 만큼 가족 여행, 허니문 등의 테마는 물론이고 조용한 휴식을 취하고 싶은 개별 여행자 등 어떠한 사람이 가도 만족스러운 곳이다.

Dress code

수영복은 필수! 비치 웨어에 신경 쓰면 보다 스타일이 산다. 놀이공원, 트래킹 등 활동이 많으니, 발랄한 캐주얼 차림도 준비하자.

Travel point

레스토랑	★★★★★
쇼핑	★★★★☆
볼거리	★★★☆☆
레포츠	★★★★★

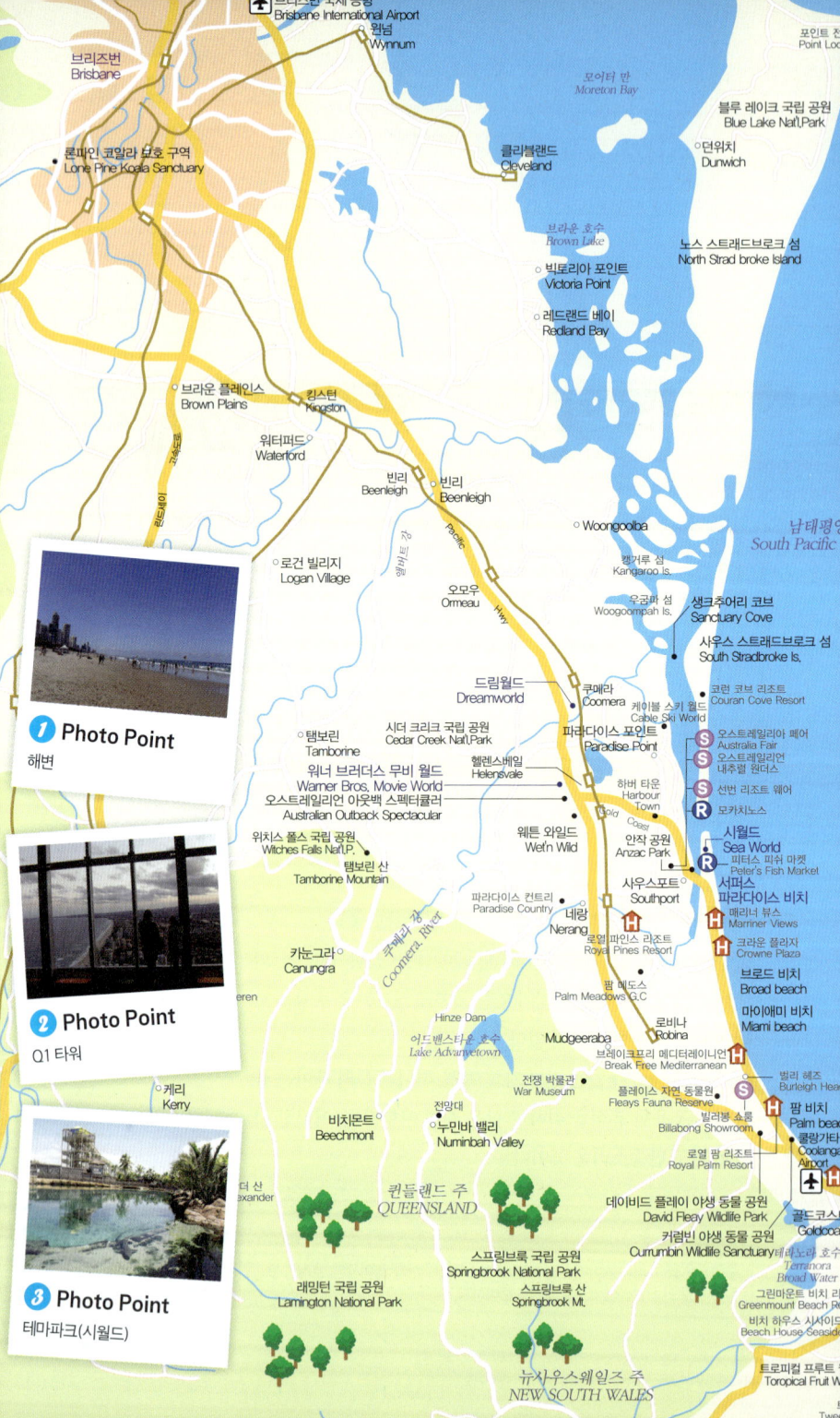

골드코스트로 이동하기

우리나라에서 가기
우리나라에서 골드코스트로 가는 직항편은 없다. 대신 항공편을 이용해 브리즈번으로 도착한 다음 브리즈번에서 골드코스트로 대중교통을 타고 이동하는 것이 가장 보편적이다. 브리즈번으로 취항하고 있는 직항편과 경유편 항공사는 아래와 같다.

항공사	경유지	소요 시간	경유 시간	스톱 오버	기타
대한항공(KE)	없음	10시간	직항	직항	월, 수, 금, 토 (주 4회)
콴타스(QF)	홍콩	13시간	7시간	가능	매일 취항
일본항공(JL)	도쿄	11시간	5시간 30분	14일 이내 무료	매일 취항
말레이시아(MH)	쿠알라룸푸르	18시간	14시간	가능	매일 취항
싱가포르항공(SQ)	싱가포르	14시간 30분	5시간	가능	매일 취항
캐세이패시픽(CX)	홍콩	13시간 30분	1시간 20분	리턴 시 1회 무료	매일 취항
타이항공(TG)	방콕	15시간	3시간	가능	매일 취항

브리즈번 공항에서 서퍼스 파라다이스까지
브리즈번의 국제선 공항 또는 국내선 공항에서 골드코스트 시내까지는 버스를 타고 가자. 열차를 이용할 수도 있지만 열차는 서퍼스 파라다이스까지 가는 것이 아니라 네랑강(Nerang)역에서 버스로 환승을 해야 하기 때문에 번거롭다.

버스는 커넥션(Con-X-Ion)을 이용하게 되는데, 공항에서 탑승자의 숙소 등지를 경유하여 서퍼스 파라다이스의 버스터미널까지 이동한다. 브리즈번 공항 도착 후 로비 앞의 데스크에서 티켓을 구입할 수 있으며, 인터넷을 통해 예약할 수 있다.

서퍼스 파라다이스에서 공항으로 이동하는 경우는 버스터미널이나 전화, 인터넷 예약을 통해 숙소 앞에서 탑승할 수 있다.

시간 서퍼스 파라다이스까지 약 1시간 40분
요금 A$ 37~
전화 1300 266 946
홈페이지 www.con-x-ion.com

> **공항 이동 시 주의!**
> 브리즈번 공항은 국제선 청사(International Terminal)와 국내선 청사(Domestic Termanal) 간의 거리가 있으므로 시내에서 공항으로 이동할 때는 이를 주의해야 한다.

호주의 다른 도시에서 가기
호주의 국내선 항공사들이 시드니, 멜버른, 애들레이드 등 일부의 도시에서만 골드코스트의 쿨랑가타 공항으로 취항하고 있다. 이 외의 도시에서 골드코스트로의 이동하기 위해선 브리즈번 공항을 이용해야 한다.

	시드니	브리즈번	케언스	멜버른	애들레이드	퍼스
비행 소요 시간	1시간 20분	-	-	2시간	2시간 15분	-
버스 이동 거리(km)	945	80	2,005	1,865	2,655	5,265

서퍼스 파라다이스 주변
Around Surfers Paradise

골드코스트의 하이라이트

골드코스트를 여행하는 관광객의 대부분이 찾는 곳은 엄밀히 말하면 골드코스트의 서퍼스 파라다이스다. 이름 그대로 연중 어느 때나 높은 파도를 즐기는 서퍼들을 만날 수 있으며, 넓은 백사장에서는 일광욕을 즐기는 관광객으로 항상 붐비는 곳이다.
길게 이어진 골드코스트에서 가장 번화한 서퍼스 파라다이스에는 백패커스, 콘도형 호텔, 리조트 형식의 고급 호텔 등의 다양한 숙박 시설과 보행자 전용 도로인 카빌 애비뉴(Cavill Ave.)를 중심으로 쇼핑몰과 레스토랑이 이어져 있다.
Q1 타워 전망대에 오르면 골드코스트의 해변과 뒤편의 호수를 둘러싸고 형성된 고급 빌라들을 한눈에 볼 수 있다.

Travel point
레스토랑	★★★★★
쇼핑	★★★★★
볼거리	★★★★★
레포츠	★★★★☆

Admiralty Dr.

서퍼스 파라다이스
메리어트 리조트
Sufers Paradise
Marriott Resort

Mantra

Ferny Ave.

River Dr.

Norfolk Ave.

Esplanada

서퍼스 파라다이스 비치
Surfers Paradise Beach

서퍼스 파라다이스
Sufers Paradise

브런 섬
on Island

Gold Coast Hwy.

Surfers Paradise Blvd.

Orchid Ave.

Cavil Ave.
Beach Road

허리케인 그릴
Hurricane's Grill

카빌 몰 Cavil Mall

버스터미널
ckers in Paradise
Bunk Surfers
Paradise

Hanlan St

Paradise Tower

Peninsular Dr.

워터마크
Watermark

파라다이스 섬
Paradise Island

Clifford St

Q1 타워
Q1 Tower

Esplanada

웨이브 레스토랑

Gold Coast Hwy.

Enderley Ave.

Via Roma

o St.

Manaco St.

포윈즈 360
FOURWINDS 360

크라운
플라자 호텔

First Ave.

Broadbeach Blvd.

브로드비치
Broadbeach

리다 가든스
DA GARDENS

캐스케이드
가든
Cascade
Gardens

서퍼스
파라다이스
파크 로열
Sufers
Paradise
Park Royal

Atlantu Ave.

Savoy Dr.

Chelsea Ave.

벨 메종
Bell Maison

로드비치 워터스
ADBEACH WATERS

Peters Dr.

Gold Coast Hwy.

니콘 플라자
Niecon Plaza

오아시스 쇼핑 센터
The Oasis Shopping Center

소피텔 골드 코스트
Sofitel Gold Coast

벨리시모
Bellisimo

Old Burleigh Rd.

더 스타 골드코스트
The Star Goldcoast

브로드비치 섬
Broadbeach Is.

스타 카지노
Star Casino

Margaret Ave.

서퍼스 파라다이스 비치 Sufers Paradise Beach

MAPECODE 07301

서퍼들의 천국

파란 바다와 고운 모래알로 가득 덮인 이곳은 선텐, 수영, 서핑을 즐기려는 사람들이 많이 찾는다. 서핑으로 유명한 만큼 예약을 하고 오면 서핑을 배울 수도 있다.

골드코스트에서 가장 번화한 만큼 도시적인 쾌적함을 누릴 수 있다. 고급 부티크, 레스토랑, 나이트클럽이 줄 지어 있을 뿐만 아니라, 거리 뒤편으로는 다양한 요트와 유람선이 정박해 있어 이국적인 느낌이 물씬 풍긴다. 선크림은 필수로 지참할 것!

Fun point
1. 탁 트인 바다를 바라본다.
2. 서핑을 배워 본다.

Access 위치 서퍼스 파라다이스 시내에서 도보 5분.
홈페이지 www.surfersparadise.com
전화 +61 (0)7 5522 8761
서핑스쿨 추천 : Sunshine State Surfing School

스타 카지노 Star Casino

MAPECODE 07302

골드코스트의 유일한 카지노

스타 카지노는 골드코스트의 유일한 카지노다. 테이블 70개, 1,300개의 슬롯머신이 있으며, 룰렛, 블랙잭, 키노, 투업(Two-Up), 주피터스 휠 등 총 9가지 게임을 할 수 있다. 이외에 다양한 쇼가 준비되어 있고 7개의 식당이 입점해 있어, 취향에 맞는 요리도 맛볼 수 있다.

다른 카지노에 비해 편하게 입어도 입장할 수 있다. 카지노에 입장할 땐 여권이 필요하니 꼭 준비하도록 하자. 이곳의 회원이 되면 여러 가지 혜택을 받을 수 있으니 홈페이지를 통해 정보를 확인하고, 다양한 프로모션 혜택을 받아 보자. 회원의 경우 랍스터를 A$10.95로 맛볼 수 있고, 식음료 혜택은 물론, 무료 공연이나 공연 할인권을 받을 수 있다. 따라서 방문 날짜를 미리 확인해 준비하는 것이 좋다.

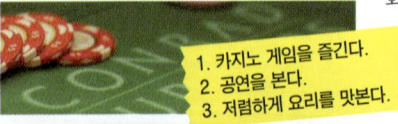

Fun point
1. 카지노 게임을 즐긴다.
2. 공연을 본다.
3. 저렴하게 요리를 맛본다.

Access 위치 서퍼스 파라다이스에서 750번 버스 이용 약 15분 소요.
전화 +61 (0)7 5592 8100
홈페이지 www.star.com.au/goldcoast

MAPECODE 07303

스카이 포인트 Sky Point

Fun point
1. 77층 전망대에서 360도 확 트인 골드코스트 주변 경치를 감상한다.
2. 세계에서 가장 높은 건물 스카이 포인트에 올라 본다.
3. 초고속 엘리베이터를 경험한다.

호주에서 제일 빠른 초고속 엘리베이터를 타는 짜릿함!

323m 높이의 스카이 포인트는 스테인레스로 제작된 무게 110톤의 첨탑이 눈길을 끈다. 이 첨탑은 시각적으로 아름다운 것 외에도 스카이 포인트에 주는 의미가 남다르다. 이 첨탑을 기준으로 하면 스카이 포인트가 호주에서 가장 높은 건물이지만 지붕 높이를 기준으로 하면 멜버른에 있는 유레카 타워가 더 높기 때문이다.

전망대는 77층에 있으나 초당 9m를 이동하는, 호주에서 제일 빠른 초고속 엘리베이터를 타면 10초 만에 도착할 수 있다. 전망대에 오르면 아름다운 골드코스트의 360도로 탁 트인 경치를 감상할 수 있다.

Access 위치 서퍼스 파라다이스 시내에서 도보 5분.
전화 +61 (0)7 5582 2700
홈페이지 www.skypoint.com.au
시간 (일~목) 07:30~21:00 (금·토) 07:30~21:00
요금 (전망대) 성인 A$ 24
 (Night Climb) A$ 84 / 매주 금~토요일
 (Day Climb) A$ 74
 (Twilight Climb) A$ 70

골드코스트의 테마파크
Goldcoast Thema Park

호주의 테마파크에서 느끼는 짜릿함

골드코스트에는 드림월드, 무비월드, 시월드의 3대 테마파크 외에 웻앤와일드(Wet'n Wild), 화이트워터월드(Whitewater World), 파라다이스 컨트리(Paradise Country) 등 다양한 테마파크가 있다.

웻앤와일드와 화이트워터월드는 워터파크로, 우리나라의 다양한 워터파크와 비교해 큰 재미가 있는 곳은 아니며, 파라다이스 컨트리는 코알라와 사진 찍기, 양털 깎기, 양몰이 쇼를 보여 주는데, 만족도가 낮은 편이다.

드림월드와 화이트워터월드는 맥쿼리 레저 오퍼레이션(Macquarie Leisure Operations)이 운영하며, 시월드와 웻앤와일드, 파라다이스 컨트리는 빌리지 로드쇼(Village Roadshow)가 운영하는데, 같은 계열의 테마파크는 할인 혜택을 받을 수 있다. 두 곳 이상의 테마파크를 방문할 예정이라면 티켓을 함께 구입하자.

Travel point
레스토랑	★★★★★
쇼핑	★★★★★
볼거리	★★★★★
레포츠	★★★★☆

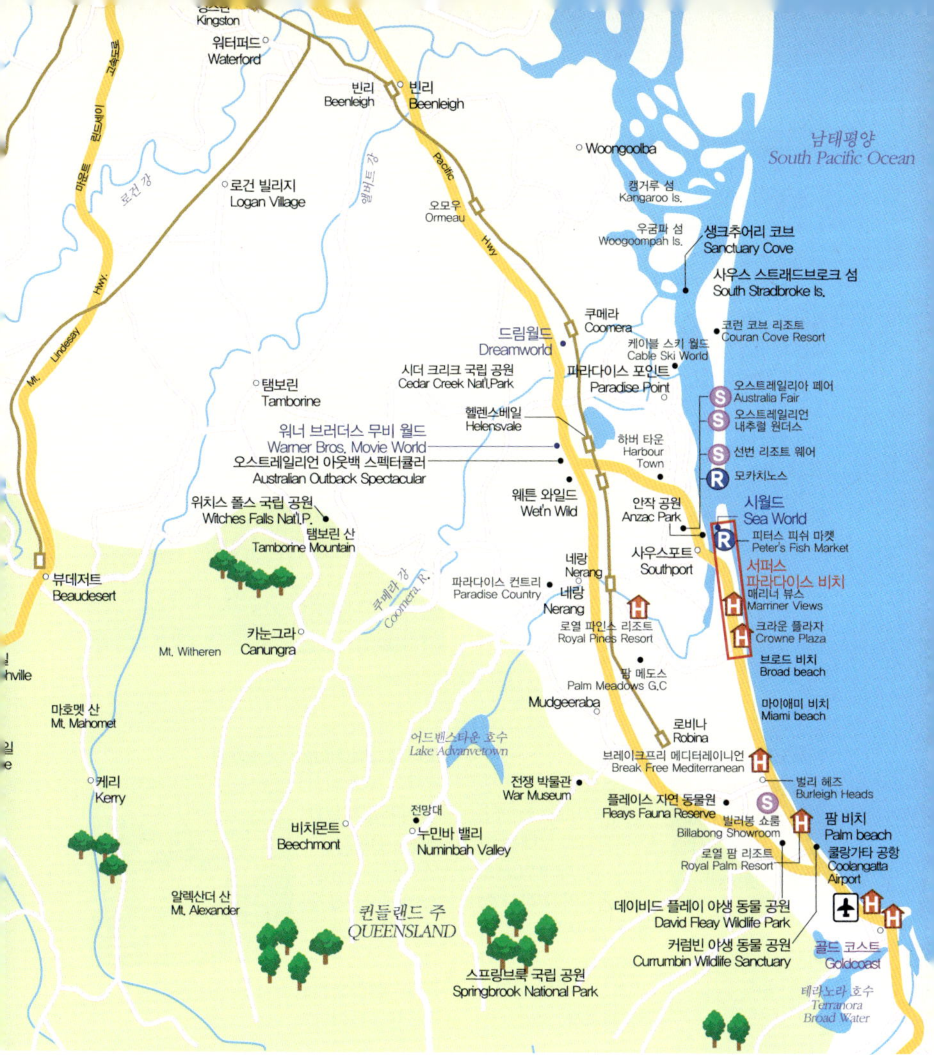

드림월드 + 화이트워터월드(2 Day World Pass) : 성인 A$ 102 / 4세~13세 어린이 A$ 68
무비월드, 시월드, 웻앤와일드 중 2곳(Escape Pass) : 성인 A$ 105 / 4세~13세 어린이 A$ 69

드림월드 Dream World

호주의 에버랜드

호주의 에버랜드라는 표현이 가장 적당한 테마파크로 스릴 있는 어트랙션이 가장 많다. 어트랙션 외에도, 캥거루, 코알라 등 호주의 동물을 구경할 수 있다. 세계적으로 희귀한 백호가 살고 있는 타이거 아일랜드(Tiger Island), 수상 레포츠 마니아들이 찾는 플로 라이더(Flow Rider) 등 다양한 활동을 할 수 있어, 모든 연령대가 이곳을 찾는다.

Access 위치
1. 서퍼스 파라다이스에서 TX3번 버스를 타고 드림월드 정류장에 하차. 25~30분 소요. 10~30분 간격으로 운행.
2. 트위즈 헤즈와 쿨랑가타에서는 TX1번 버스를 타면 되며, 1시간 30~40분 소요. 하루 2차례만(08:10, 08:40) 운행, 돌아올 때도 하루 2차례(16:45, 17:10)만 운행.
3. 쿠메라 역(Coomera Station)에서 TX5번 버스를 타고 드림월드 정류장에서 하차. 5분 정도 소요되며, 15~30분 간격으로 운행됨.

전화 +61 (0)7 5588 1111
홈페이지 www.dreamworld.com.au
시간 (평일) 10:00~17:00 / (안작데이) 13:30~17:00 / 크리스마스 휴무
요금 성인 A$ 119 / 어린이 4~13세 A$ 99

Fun point
1. 어트랙션이 가장 많은 곳, 스릴을 즐겨라!
2. 동물원을 둘러보자!

스릴 있는 어트랙션

타워 오브 테러(Tower of Terror)

드림월드에서 가장 인기 있는 어트랙션이다. L자 모양의 트랙을 따라 순식간에 120m의 타워에 올라가 잠시 멈춘 후 올라온 트랙을 다시 거꾸로 내려온다. 약 6.5초간 무중력 상태를 경험해 보자.

자이언트 드롭(Giant Drop)

타워 오브 테러와 같은 타워를 이용한다. 롯데월드 어드벤처의 자이로 드롭과 같은 어트랙션으로 120m 높이에서 순식간에 떨어지며 5초간의 자유낙하를 느낄 수 있다. 타워 정상까지 올라가는 약 90초 동안 펼쳐지는 골드코스트의 아름다운 해변 광경도 놓치지 말자.

모터 코스터(Motor Coaster)

호주의 유명 바이크 레이서 믹 두한(Mick Doohan)의 이름을 이용한, 2007년 9월에 새로 생긴 어트랙션이다. 500cc 바이크를 재현한 롤러코스터로 마치 바이크를 탄 듯한 느낌을 준다.

더 클로(The Claw)

롯데월드 어드벤처의 자이로 스윙과 같은 놀이기구로 최대 9층 높이까지 올라간다.

가족 여행을 위한 동물원

타이거 아일랜드(Tiger Island)
세계에서 두 곳밖에 없는 호랑이를 사육하며 훈련시키는 곳으로, 20여 마리의 호랑이가 사육사와 함께 생활하는 모습을 볼 수 있다. 그중에서도 두 마리의 백호와 아기 호랑이가 단연 인기를 독차지하고 있다.

이곳에는 호랑이와 함께 산책하는 프로그램이 준비되어 있다. 드림월드가 오픈하기 전인 8~9시 사이에 진행하므로, 반드시 예약(+61 (07) 5588 1111)을 해야 참여할 수 있다. A$ 695(네 명까지 가능)의 비용이 소요된다.

와일드 라이프 익스피리언스(Wild Life Experience)
코알라, 캥거루, 에뮤, 딩고 등 호주에서만 볼 수 있는 다양한 동물과 사진을 찍을 수 있다. 이곳에서는 10:00 / 11:00 / 12:00 / 14:00에 양털 깎기와 양몰이 등의 모습을 보여 주는 오키 크릭 농장 쇼(Oakey Creek Farm Show)를 진행한다.

어린이를 위한 놀이 시설
짜릿한 어트랙션 외에도 어린이를 위한 범퍼카, 회전 그네 등 아기자기한 놀이기구와 캐릭터들도 있다.

서핑 마니아를 위한 플로 라이더(Flow Rider)

1991년 첫선을 보인 플로 라이더는 인공의 파도를 이용해 서핑을 즐기는 것으로, 호주에서는 유일하게 드림월드에만 있다. 강한 수압을 이용해 파도를 치게 한 것으로, 초보자도 안전하게 서핑을 체험할 수 있다는 점에서 많은 인기를 얻고 있다. 플로 라이더는 드림월드 입장료에 포함되어 있지 않으며 세션당 플로 패스(Flow Pass / A$ 5)를 별도로 구입해야 한다.

10:00부터 16:40까지 총 14회의 세션이 있으며, 11:30 / 14:00 / 16:30의 세 세션은 전문가들의 화려한 묘기를 감상할 수 있다. 이 외에 11세션은 보디보딩 세션(Bodyboarding Session)으로 초심자를 위한 것이다.

초보자가 아닌 경우 스텐드업 보딩 세션(Stand-up Boarding Session)인 나이트 라이더(Night Rider / A$ 20)를 이용하는 것이 좋다. 나이트 라이더는 매주 목요일과 금요일 17:00부터 21:00까지 운행한다.

MAPECODE 07305

워너 브라더스 무비월드 Warner Bros. Movie World

Fun point

쇼와 다양한 어트랙션을 즐긴다

귀여운 루니툰즈의 캐릭터로 친숙한 워너브라더스의 영화 테마파크로, 미국과 일본에 있는 유니버설 스튜디오(Universal Studio)와 비슷한 느낌이다. 쇼 위주의 테마파크였으나 2005년 슈퍼맨 이스케이프(Superman Escape), 2006년 배트윙 스페이스 샷(Batwing Space Shot) 등 스릴 있는 어트랙션의 등장으로 다양한 연령대의 인기를 얻고 있다.

1. 캐릭터와 사진을 찍자.
2. 주요 어트랙션을 이용하자.

Access

위치 1. 서퍼스 파라다이스에서 TX2번 버스를 타고 무비월드 정류장에 하차. 20~30분 소요. 10~30분 간격으로 운행.
2. 트위즈 헤즈와 쿨랑가타에서 TX1번 버스에 승차. 1시간 20~30분 소요. 하루 2차례(08:10, 08:40)만 운행함. 돌아오는 버스 역시 하루 2차례(16:45, 17:10)만 운행하니 시간을 엄수해야 함.
3. 쿠메라 역에서는 TX5번 버스를 타고 무비월드 정류장에서 하차. 시간은 20~25분 정도 소요되며, 15~30분 간격으로 운행함.
전화 +61 (0)7 5573 3999
홈페이지 movieworld.myfun.com.au
시간 10:00~17:00
안작데이(4월 25일) 13:30~17:00 / 크리스마스 휴무
요금 성인 A$ 89 / 어린이 3~13세 A$ 74

즐거운 쇼와 캐릭터 만나기

폴리스 아카데미 스턴트 쇼 (Police Academy Stunt Show)

무비월드가 처음 오픈한 1991년부터 꾸준한 인기를 얻고 있는 쇼로 80년대 후반 인기를 끌었던 영화를 콘셉트로 아찔한 스턴트 쇼를 보여 준다. 쇼 중간 유머스러운 전개가 인기의 비결이다.

루니툰즈 4D(Looney Tunes 4D)

루니툰즈는 우리에게 익숙한 캐릭터가 등장하는 워너 브라더스의 대표 코미디 애니메이션이다. 대사가 없는 애니메이션이라 누구나 즐겁게 감상할 수 있다. 무엇보다 4D라 재미를 더한다. 특히 어린이를 동반한 관람객에게 인기가 좋다.

다양한 퍼레이드

루니툰즈의 바니와 트위티, 원더우먼과 베트맨, 슈렉 등 다양한 캐릭터의 퍼레이드가 펼쳐지며 퍼레이드가 끝나면 이들과 사진 촬영을 할 수 있다. 가장 인기 있는 캐릭터는 베트맨의 여주인공인 캣우먼과 슈렉이다.

흥미진진한 어트랙션

배트윙 스페이스 샷(Batwing Space Shot)
가장 최근에 생긴 어트랙션으로 61m의 높이를 순식간에 올라갔다 다시 자유낙하 하는 것으로, 최고 속도는 64km/h이다.

리셀 웨폰(Lethal Weapon)
무비월드에서 최초로 생긴 스릴 있는 어트랙션으로, 최고 속도는 80km/h이다. 에버랜드의 독수리 요새처럼 레일을 타고 가지 않고, 레일에 매달려 가는 롤러코스터이다.

슈퍼맨 이스케이프(Superman Escape)
로드 런너 롤러코스터, 스쿠비 두 스푸키 코스터, 리셀 웨폰 등 드림월드 내의 여러 롤러코스터 중 가장 스릴 있다. 엄청난 속도로 정지 상태에서 최고 속도인 100km/h에 이르는 데 단 2초가 걸린다.

MAPECODE 07306

시월드 Sea World

아이들과 함께 가기 좋은 테마파크

1971년 개장한 골드코스트 최초의 테마파크로, 서퍼스 파라다이스에서 가장 가까운 곳에 위치한다. 시월드 나라 리조트(Sea World Nara Resort), 팔라조 베르사체(Palazzo Versace Hotel) 등의 럭셔리 호텔이 바로 옆에 있어 신혼여행객들이 많이 찾는다.

돌고래 쇼와 수상 스키 쇼가 가장 인기 있으며, 상어의 모습을 볼 수 있는 샤크 베이(Shark Bay)와 네 마리 북극곰의 귀여운 모습을 볼 수 있는 북극곰 쇼어(Polar Bear Shores)가 눈길을 끈다. 아이들을 위한 어트랙션 위주의 테마파크로 드림월드, 무비월드와는 다르게 스릴 있는 어트랙션은 없다.

Access
위치 서퍼스 파라다이스에서 705를 타고 시월드 정류장에서 하차. 15~20분 소요. 10~30분 간격으로 운행.
전화 +61 7 5591 0000
홈페이지 www.seaworld.myfun.com.au
시간 10:00~17:00
안작데이(4월 25일) 13:30~17:00 / 크리스마스 휴무
입장료 성인 A$ 89 / 어린이 3~13세 A$ 74

Fun point
1. 어트랙션은 스릴 Zero!
2. 돌고래 쇼, 수상 스키는 OK!

하루는 꼬박 써야지~ 당일 투어

프레이저 아일랜드 Fraser Island

전체 길이 120km, 최대 폭 25km, 총면적 1,660km²에 달하는 세계 최대의 모래섬 프레이저 섬은 세계 문화유산 중 하나이며 카카두 국립공원, 울루루, 그레이트 배리어 리프와 함께 호주 4대 관광 명소 중 하나로 꼽힌다.

퇴적된 모래 위에 형성된 열대우림과 희귀한 야생 동식물, 끝없이 펼쳐진 해안 등을 볼 수 있는 이곳에 도착하기 위해서는, 허비 베이(Hervey Bay)에서 투어를 이용해 방문하는 것이 일반적이다. 투어는 당일, 1박 2일, 2박 3일의 세 가지가 있으며, 1박 2일 투어가 가장 인기가 많다. 여행 일정이 짧은 관광객을 대상으로 브리즈번과 골드코스트에서도 투어가 진행되고 있으나 매일 출발하는 상품이 아니기 때문에 일정에 주의해야 한다. 같은 일정이라도 진행 회사에 따라 가격이 다르니, 철저히 비교해 선택하자.

짧은 일정으로 도시 관광을 계획하고 있다면, 프레이저 섬의 투어를 이용해 도시에서는 느낄 수 없는 자연 체험을 적극 권한다.

상품 요일 화·목·토
출발 시간 골드코스트 - 06:00 **도착 시간** 골드코스트 - 13:00
포함 사항 교통, 가이드, 4WD, 국립공원 입장료, 점심 식사
투어 요금 약 A$ 219
그레이라인 투어 www.grayline.com.au

⊙ 75마일 해변(75mile Beach)

프레이저 섬의 하이라이트라고 할 수 있는 75마일 해변은 동쪽으로 약 100km 이상 펼쳐진 하얀 백사장이 백미다. 이곳을 사륜구동 자동차로 달리면 속도와는 상관없이 자유로움을 느낄 수 있어 최상의 드라이브를 즐길 수 있다.

해변을 따라가다 보면 강이 바다로 흘러 들어가는 일라이 크릭이 있어 수영을 즐길 수 있다. 이 외에도 1차 대전 때 침몰한 메히노 난파선과 인디언헤드 전망대 등 다양한 볼거리가 있다.

⊙ 다양한 호수

프레이저 섬 내에는 맥켄지 호수, 워비 호수, 부만진 호수 등 약 200여 개의 호수가 있다. 맥켄지 호수는 수영이 가능할 정도로 넓은 면적으로 인기가 있으며 부만진 호수는 하얀 모래가 피부를 젊게 해 준다는 속설로 여성 관광객들에게 인기가 많다.

열기구 타기

핫 에어 벌룬 골드코스트(Hot Air Balloon Gold Coast) 당일 투어는 다양한 열기구 프로그램이 있다. 가장 저렴한 프로그램은 열기구에서 해돋이를 보는 것이다. 골드코스트의 언덕으로 태양이 떠오르고, 탬버린 마운틴(Tamborine Mountain), 레이튼 국립 공원(Lamington National Park) 그리고 동쪽으로 펼쳐지는 골드코스트 스카이라인을 감상할 수 있다. 헌터 랜드는 안정적인 기상 조건으로 연안 비행보다 더 높은 비행을 할 수 있다. 비행을 마치고 포도원에서 신선한 기분으로 따뜻한 아침 식사를 즐길 수 있다.

Hot air balloon

홈페이지 www.hotair.com.au
요금 A$ 290 + A$ 30(세금, 보험 등)

쇼핑 센터

골드코스트에서 하버 타운 아웃렛은 할인 상품을 실속 있게 구매하고자 하는 사람이라면, 꼭 들러야 할 곳이다.

브랜드 가격보다 적어도 60%는 저렴하게 상품을 판매할 뿐 아니라 폴로, 에스쁘리, 캘빈클라인, D&G, 나이키 등 웬만한 패션 브랜드와 국내에 들어오지 않은 외국 브랜드도 만날 수 있다. 쇼핑 품목도 신발, 향수, 보석, 액세서리, 홈웨어, 인테리어 등 종류가 다양하다. 특히, 하버 타운 아웃렛에서는 여행객에 한해서 투어리즘 클럽 카드를 만들어 주는데, 이 카드를 제시하면 기존 할인 가격에서 플러스 할인을 받을 수 있어, 숍마다 평균적으로 15~30%에서 최고 90%까지 저렴하게 쇼핑할 수 있다.

여행 일정이 서퍼스 파라다이스라면, 팩토리 센트로 서퍼스 파라다이스에 들러 보자. 120개가 넘는 숍과 대형 슈퍼마켓인 울월스(Woolworths), 야외 레스토랑 등이 모두 위치해 있다. 블록 한 면을 전부 둘러쌀 만큼 규모가 크며, 센터 내에는 하드록 카페와 글로리아진 커피숍 등 젊은이들이 즐겨 찾는 트렌디한 곳도 많다.

구입보다 윈도우 쇼핑이 목적이라면, 남반구 최대 규모의 쇼핑 센터인 퍼시픽 페어를 추천한다. 디자이너 의류 제품부터 기념품까지 다양한 제품을 구입할 수 있으며, 200개 이상의 전문점과 백화점, 대형 슈퍼마켓 코즈, 생활용품 판매점, 워너 브라더스 스토어, 우체국, 은행, 세계 요리를 즐길 수 있는 레스토랑, 카페, 영화관, 가족 단위 오락실 등 다양한 시설이 완비되어 있다.

하버 타운 아웃렛 (Harbour Town Shopping Centre) `07307`

주소 Cnr Gold Coast Highway & Oxley Drive Biggera Waters QLD 4216
전화 +61 (0)7 5529 1734
시간 월~수 09:00~17:30 / 목 09:00~19:00 / 금~토 09:00~17:30 / 일 10:00~17:00
홈페이지 www.harbourtowngoldcoast.com.au

팩토리 센트로 서퍼스 파라다이스 (Factorie Centro Surfers Paradise) `07308`

주소 Centro Surfers Paradise Cnr Cavill Mall and The Esplanade Surfers Paradise QLD 4217
전화 +61 (0)7 5592 0155
시간 월~금 09:00~17:30 / 토 10:00~16:00
홈페이지 www.factorie.com.au

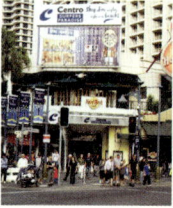 

퍼시픽 페어(Pacific Fair) `07309`

주소 Hooker Boulevard, Broadbeach QLD 4218
전화 +61 (0)7 5581 5100
시간 월~금 09:00~17:30 / 목 09:00~21:00 / 토 08:00~17:30 / 일 10:30~16:00
홈페이지 www.pacificfair.com.au

시장과 주말 마켓

골드코스트의 서퍼스 파라다이스 나이트 마켓에 들러 보자. 주민이 직접 만든 수공예품을 살펴보면 어설픈 상품이 많고, 달을 쳐다보는 데도 돈을 지불해야 하는 경우가 발생하기도 하지만, 소박하게 북적이는 밤을 느낄 수 있다.

서퍼스 파라다이스 나이트 마켓 (Surfers Paradise Night Market) `07310`

주소 Orchid Avenue Surfers Paradise, QLD
시간 매주 금·토 18:00~22:00

배낭 여행자를 위한 생필품

콜스(Coles)와 울월스(Woolworth)

여행 중 백패커스(BackPack)에서 음식을 직접 조리하고자 한다면 재료는 대형 슈퍼마켓인 콜스(Coles)와 울월스(Woolworth)를 이용해 보자. 스테이크용 쇠고기, 소시지, 샐러드, 음료는 물론 아침 식사를 위한 1회 식사분의 시리얼 외에도 아시안 푸드 코너에서는 우리나라의 신라면, 새우깡 등도 구입할 수 있다.

위치 울월스 : 팩토리 센트로 서퍼스 파라다이스의 지하

한국의 식료품을 구입할 때는 버스터미널 바로 앞에 있는 한국인이 운영하는 슈퍼에 가 보자. 고추장, 참기름, 라면, 과자, 음료수, 통조림 등 없는 것이 없다. 또한 우리나라로 전화를 걸 때 가장 저렴하게 할 수 있는 국제 전화 카드, 콘센트, 화투 등도 구입할 수 있다.

배낭 여행자를 위한 알찬 식사

피터스 피쉬 마켓 (Peter's Fish Market)

외관이 허름하지만 저렴한 가격과 만족스러운 식사로 찾는 이가 많다. 바다를 바라보고 있는 가게에 들어서면 피쉬 마켓이라는 이름에 걸맞게 새우, 가재, 킹크랩 등의 다양한 종류의 해산물이 있고 가격이 적혀 있다. 싱싱한 해산물을 원하는 만큼 담아 결제하면, 재료 특성에 맞게 요리해 준다. 이러한 과정이 불편하거나, 선택하기 어렵다면 기본 세트 메뉴를 선택해도 좋다.

주소 120 Seaworld Drive, Main Beach QLD 4217
시간 09:00~19:30 / 연중무휴
전화 +61 (0)7 5591 7747
예산 A$ 1.00~16.00(1인 식사 기준 A$ 11 정도)
홈페이지 www.petersfish.com.au

Costa D'Oro

1987년 세워진 오래된 이탈리안 레스토랑으로 20년 동안 꾸준히 사랑받고 있는 곳이다. 우아한 실내 분위기와 가격에 비해 깔끔한 음식 맛을 지녔다. 스파게티가 인기가 좋다.

주소 27 Orchid Avenue Surfers Paradise QLD
시간 중식 12:00~15:00 / 석식 18:00~22:00
전화 +61 (0)7 5538 5203
예산 전채 요리 A$ 15~25 / 메인 메뉴(파스타 A$ 20, 스테이크 A$ 30~32)

The Coffee Club

카빌 몰에 위치하며, 편한 분위기에서 식사를 할 수 있는 곳이다. 커피 전문점과 레스토랑이 복합된 형태로, 메뉴가 90여 개가 넘는다. 저렴한 가격에 맛있는 커피와 여러 가지 메뉴를 선택할 수 있다. 맛도 좋은 유명 체인이니 한번 들러 보자.

주소 Shop 2 Paradise Centre, Cavill Avenue Surfers Paradise QLD
시간 월요일~일요일 07:00~23:00
전화 +61 (0)7 5538 8940
예산 전채 요리 A$ 7~14 / 메인 메뉴 A$ 13~15

분위기 있는 레스토랑에서의 식사

Yellowfin Seafood Restaurant `07314`
해산물 요리를 주로 하는 레스토랑이다. 좋은 서비스와 질 좋은 음식으로 찾는 이가 많다.

주소 Queensland Avenue Broadbeach QLD 4218
전화 +61 (0)7 5504 5335
시간 점심 11:30부터 / 저녁 5:00부터
예산 A$ 50
홈페이지 www.yellowfinrestaurant.com.au

Il Barocco `07315`
부티크 호텔 팔라조 베르사체의 메인 레스토랑이다. 반짝거리는 야외 수영장을 보며 우아한 실내에서 요리를 맛볼 수 있으며, 뷔페가 특히 만족스럽다.

주소 94 Seaworld Dr, Main Beach 4217
전화 +61 (0)7 5509 8000
시간 조식 06:30~10:30 / 중식 12:00~14:30 / 석식 18:00~22:00
예산 조식 뷔페 A$ 41 / 중식 뷔페 A$ 65 / 석식 해산물 뷔페 A$ 74

Omeros Bros Seafood Restaurant `07316`
잔잔한 골드코스트의 야경을 보며 먹는 저녁은 환상적인 분위기를 자아내기에 충분하다. 메뉴는 샐러드와 시푸드, 파스타, 스테이크 등으로, 선택의 폭이 다양하다. 추천하고 싶은 것은 스페셜 런치 & 디너 셋트로 A$ 35.90을 내면 3가지 코스 요리가 나오며 각각의 코스에 4가지씩 선택 메뉴가 있다. 단, 이 세트 메뉴는 평일만 가능하다.

주소 4 Marina Mirage Seaworld Drive Main Beach Qld 4217 Australia
전화 +61 (0)7 5591 7222
예산 파스타 A$ 20~30 / 시푸드 A$ 25~30 / 스테이크 A$ 30~45 / 스페셜 셋트 메뉴 A$ 35.90

Dracula's `07317`
이름에서 풍기는 그대로 으스스한 느낌의 드라큘라스는 쇼를 보면서 저녁을 먹을 수 있는 공간이다. 공연은 익살스러우며, 음식은 전채 요리, 메인 요리, 디저트까지 손색없는 맛을 제공한다. 기왕이면 2층에 있는 자리로 안내해 달라고 부탁해 보자. 손님이 언제나 꽉 차기 때문에 1층은 어수선하여 공연이 잘 안 보일 수도 있다.

주소 Placement on map is approximate 1 Hooker Blvd Broadbeach QLD 4218
전화 +61 (0)7 5575 1000
예약 월~토 09:30~19:00
예산 B코스 월~금 A$ 84 / 토 A$ 86 / A코스 A$ 119

허리케인 그릴(Hurricane's Grill) `07318`
호주의 유명 체인 음식점인 허리케인 그릴은 믿고 방문해도 좋다. 우리에게도 아주 익숙한 Pork/Beef Ribs가 대표 메뉴다. 립은 Full Size와 Half Size가 있는데, 보통은 Half Size로도 충분한 식사를 할 수 있다.

주소 4-14 The Esplanade, Surfers Paradise QLD 4217
전화 +61 (0)7 5503 5500
시간 월~일 12:00~22:30
예산 2인 A$ 80~100(립 A$ 35~44, 치킨 A$ 23~31, 스테이크 A$ 56~65)

포윈즈 360(FOURWINDS 360) `07319`
포윈즈 360은 크라운 플라자 호텔 꼭대기 26층에 위치한 레스토랑으로 레스토랑이 360도 회전한다. 뷔페로 제공되는 다양한 고기 요리와 해산물, 샐러드와 디저트를 즐길 수 있다. 특히 선셋 디너는 해 질 녘에 찾아가 낮의 시원한 풍경도 감상하고, 노을도 보고, 밤의 야경까지 감상할 수 있어 인기가 좋다.

주소 2807 Gold Coast Highway, Surfers Paradise QLD 4217
전화 +61 (0)7 5592 9900
시간 점심 12:00~14:30, 선셋 디너 17:30~19:30, 캔들나이팅 디너 20:00~22:00
예산 A$ 50~70(요일과 시간에 따라 요금 변동)

백패커스

Bunk Surfers Paradise 07320

위치를 고려했을 때 Backpackers In Paradise 가 가장 저렴하다면, 예산을 조금 더 쓰고 편한 곳은 Bunk Surfers Paradise이다. 수영장이 있으며, 다인실에 베드를 하나 쓰는 형태지만, 벙커 형태라 만족도가 높다.

숙박 6 Beach Rd, Surfers Paradise QLD 4217
전화 +61 1800 692 865
요금 8인실 1베드 A$ 25, 4인실 1베드 A$ 31
홈페이지 bunksurfersparadise.com.au

Backpackers In Paradise 07321

버스터미널에서 도보 8분 거리에 위치한 백패커스로 20인실부터 4인실까지 다양한 객실이 있다. 비교적 저렴하면서 모든 객실에 화장실이 포함되어 있어 편리하다. 또한 저렴하게 맥주를 팔아 젊은 배낭 여행객들에게 인기가 많으며 수영장과 바비큐 시설도 갖추고 있다.

주소 40 Peninsular Drive, Surfers Paradise
전화 +61 (0)7 5538 4344
요금 20 Dorm : A$ 21 / 12 Dorm : A$ 23 / 8 Dorm : A$ 25 / 4 Dorm : A$ 26 / 더블 : A$ 65
홈페이지 www.backpackersinparadise.com

Cheers Backpackers 07322

버스터미널에서 도보 약 5분 거리에 위치하고 있으며, 번화가와 해변 쪽이 아니기 때문에 조용한 분위기를 느낄 수 있다. 수영장, 카페 등의 부대시설도 쾌적하게 이용할 수 있으며 해변 및 번화가로의 접근성도 용이하다.

주소 4-8 Pine Ave, Surfers Paradise
전화 +61 (0)7 5531 6539
요금 4~6 Dorm : A$ 24 / 더블·트윈 : A$ 65

중급 호텔

Paradise Tower ★★★ 07323

서퍼스 파라다이스의 중심에 위치하고 있으며, 버스 정류장이 호텔 바로 앞에 있어 이동이 쉽다. 비치나 쇼핑 센터는 걸어서 10분 정도 걸리며, 해안도 가깝다. 리조트 스타일 호텔이며 테니스 코트, 게임 룸, 어린이를 위한 공간 등이 마련되어 있어, 가족들이 가면 더욱 좋을 듯하다.

주소 3049 Surfers Paradise Blvd Surfers Paradise QLD 4217
전화 +61 (0)7 5592 3336
요금 King Room : A$ 370 / Family Room : A$ 400

Mantra ★★★★ 07324

이동하기 편리한 위치에 자리하고 있으며, 시설도 좋다. 중급 호텔 중에 가장 저렴하게 이용 가능한 곳이다.

주소 3400 Gold Coast Hwy, Surfers Paradise QLD 4217
전화 +61 0(7) 5584 6000
요금 A$ 372
홈페이지 www.mantra.com.au

고급 호텔

Couran Cove Resort ★★★★★   07325

서퍼스 파라다이스 중심부 시월드에서 도보로 10분 내외에 위치해 있다. 해안을 끼고 있어 경관이 좋은데, 이러한 경관을 가장 편하게 즐길 수 해안 디럭스 객실을 이용해 보자. 큰 덮개형 발코니에 나가  는 순간 추가 비용을 지불할 만한 가치가 있다는 것을 느낄 수 있다. 실내 가구는 우아하고 고급스러우며, 모든 욕실은 분리형 샤워와 스파 시설을 갖추고 있다.

주소 1 St Georges Terrace 6000 Perth
전화 +61 (0)8 9261 8000
요금 Marine Suite : A$ 401 / 2 Bedroom Lodge : A$ 709 / 4 Bedroom Forest Villa : A$ 1,056 / 4 Bedroom BroadwaterVilla : A$ 1,283
홈페이지 www.couran.com

Palazzo Versace ★★★★★   07326

서퍼스 파라다이스 중심부 시월드에서 도보로 10분 내외에 위치해 있다. 모든 객실 설비가 베르사체의 제품으로 꾸며져 있다. 인테리어가 아늑하고 고급스러우며 수영장을 비롯한 부대시설도 충실해, 허니문과 커플 여행의 숙소로 엄청난 인기를 얻고 있는 곳이다.

주소 Sea World Drive, Main Beach QLD 4217
전화 +61 (0)8 5509 8000
요금 Superior-1night : A$ 735 / Suite-1 Night : A$ 770 / Lagoon-1 Night : A$ 855 / Romantic Indulgence : A$ 1,260 / 2 Bed Condo Plunge Pl : A$ 1,600 / 2 Bed Condo Rooftop : A$ 1,700
홈페이지 www.palazzoversace.com.au

Sea World Nara Resort Hotel Gold Coast ★★★★   07327

위의 두 호텔과 함께 서퍼스 파라다이스 중심에 위치하고 있다. 호주에서 하나뿐인 테마파  크 해양 공원 리조트로 수영장 및 편의시설을 갖추고 있어 다양한 활동이 가능하다. 가장 좋은 리조트로 꼽히는 만큼 신혼 여행객들에게도 인기가 좋다.

주소 Cnr Surfers Paradise Blvd/hanlan St Surfers Paradise QLD 4217
전화 +1800 074 448
요금 Superior Room : A$ 300 / 3 Night Stay : A$ 300 / Studio Room : A$ 335 / Sea World & Stay : A$ 420 / Ultimate Theme Park Stay : A$ 1,295
홈페이지 www.seaworldresort.com

Marriott Resort & Spa ★★★★★   07328

서퍼스 파라다이스에 위치한 5성급 호텔로 상점가와 해변에 가까워 숙박객에게 쾌적함과 편리함을 제공한다. 스파 시설, 골드코스트의 호텔 중 최고라는 평가를 받고 있는 두 곳의 수영장, 24시간 가능한 룸서비스, 분위기 있는 바, 레스토랑 등의 부대시설을 갖추고 있다.

주소 158 Ferny Avenue Surfers Paradise, QLD 4217
전화 +61 (0)7 5592 9800
요금 Mountain View Double : A$ 250 / Ocean View Double : A$ 325 / 1 Bedroom Executive Suite : A$ 575 / 1 Bedroom Junior Suite : A$ 650
홈페이지 www.marriott.com.au

골드코스트 추천 코스
Goldcoast

4일의 시간! 이렇게 보내자~
대부분 단기간 여행이라면 3~4일 미만의 일정으로 골드코스트를 방문하게 된다. 첫째 날은 서퍼스 파라다이스 해변에서 일광욕, 수영, 서핑을 배우고 번화가를 둘러보는 여유로운 일정을 잡는다.
둘째 날부터는 테마파크를 방문하거나 당일 투어를 이용해 세계 최대의 모래섬인 프레이저 섬에 다녀오자.

❶ 일차
서퍼스 파라다이스에서 일광욕 또는 서핑 배우기

❷ 일차
프레이저 섬 투어

❸ 일차
테마파크

❹ 일차
테마파크

멜버른

골드러시의 영광이 남아 있는 우아한 거리

19세기 금광의 발견으로 영국의 식민지 중 가장 번영한 도시이던 멜버른은 20세기 초 시드니와 국가의 수도 결정 분쟁이 있기 전까지 호주의 수도였다.

멜버른은 죄수들의 유배지로 출발한 호주의 여느 도시와는 달리, 1835년 이주민이 원주민으로부터 땅을 사고 가게와 집을 지으면서 시작되었고, 1851년 금광이 발견되면서 대도시가 되었다. 또한 멜버른 내에 호주 제2의 무역항이 입지해 자연스럽게 공업이 발달했다. 이후 금의 산출량이 줄어든 뒤에도 광산 이직자를 제조업이 흡수하면서 큰 위기 없이 꾸준히 성장했다.

20세기 초까지 호주 최대의 도시이자 수도로서의 역할을 한 만큼 도시가 잘 구획되

어 있으며, 생활하기도 편리해 퍼스, 애들레이드, 시드니와 함께 세계에서 가장 살기 좋은 도시 10위 안에 선정되었다. 또한 멜버른 컵(Melbourne Cup, 경마), F-1 월드 그랑프리(F-1 World GP, 자동차 경주), 호주 오픈(Australian Open, 테니스)의 3대 스포츠 행사가 진행되어 '스포츠의 도시'라는 별명도 가지고 있다. 우리나라에는 2004년 방영된 드라마 〈미안하다 사랑한다〉의 배경이 되면서 많이 알려졌다.

Dress code
보수적이고 세련된 도시이니 만큼 편하면서도 멋스럽게 연출해 도시의 낭만을 즐겨 보자.

Travel point

레스토랑	★★★★★
쇼핑	★★★★★
볼거리	★★★★★
레포츠	★★★☆☆

✈️ 멜버른으로 이동하기

우리나라에서 가기

멜버른까지 대한 항공 직항편이 운항되기도 했지만 2013년 이후 단항되어 현재는 외국 항공사의 경유편을 이용해야 한다. 경유편 이용 시 시간의 여유가 있다면 스톱 오버(Stop Over)를 통해 경유지를 관광할 수 있는데, 각 항공사별로 스톱 오버 규정이 다르기 때문에 항공권 예약 시 확인을 하는 것이 좋은 방법이다.

멜버른으로 취항하고 있는 경유편 항공사는 아래와 같다

항공사	경유지	소요 시간	경유 시간	스톱 오버	기타
콴타스(QF)	홍콩	15시간	7시간	가능	매일 취항
일본항공(JL)	도쿄	13시간	5시간 30분	14일 이내 무료	화·목·토
말레이시아(MH)	쿠알라룸푸르	14시간 30분	5시간	가능	매일 취항
싱가포르항공(SQ)	싱가포르	14시간	1시간 30분	가능	매일 취항
베트남항공(VN)	호치민	14시간	6시간	가능	월·수·금
캐세이패시픽(CX)	홍콩	13시간 30분	1시간 20분	리턴 시 1회 무료	매일 취항
타이항공(TG)	방콕	15시간	4시간	가능	매일 취항
가루다항공(GA)	발리	13시간 30분	6시간	1회 무료 2회 2만 원	월·목·토

호주의 다른 도시에서 가기

콴타스 항공, 제트스타, 버진 오스트레일리아로 대표되는 호주의 국내선 항공사들은 호주의 거의 모든 도시와 멜버른 두 곳의 국내선 공항을 연결하고 있다. 가장 수요가 많은 시드니와 멜버른 구간은 하루 약 50편 이상 운항되기 때문에 원하는 시간에 언제든지 이동할 수 있다.

	시드니	브리즈번	애들레이드	케언스	퍼스	에어즈 록
비행 소요 시간	1시간 30분	2시간	1시간 20분	3시간 20분	4시간 10분	3시간
버스 이동 거리(km)	925	1,910	790	3,835	3,770	2,360

> **국내선 공항은 두 개**
> 멜버른의 국내선 공항은 국제선 공항으로 이용되는 툴라마린 공항(Tullamarine Airport / 약자 MEL)과 아발론 공항(Avalon Airport / 약자 AVV) 두 개가 있다. 두 곳은 완전히 다른 곳이기 때문에 호주에서 다른 도시를 항공으로 이동할 경우 주의해야 한다. 일부 항공사가 아발론 공항을 선택적으로 이용하니 참고하자.

공항에서 시내로

◎ 툴라마린 공항에서 시내까지

멜버른의 국제선, 국내선 공항인 툴라마린 공항(Tullamarine Airport)에서 시내까지의 이동은 버스 또는 택시 두 가지의 이동 수단이 있다.

택시 도착 로비 출구 앞에 승차장이 있으며, 6인승까지 있다. 택시가 스카이 버스보다 비싸지만, 3명 이상이라면 스카이 버스와 크게 차이가 나지 않을 수도 있다. 시내 중심까지 약 30분이 소요되며, A$ 40~45 요금이 부과되는데, 보통 공항 주차 비용 A$ 2가 추가된다.

스카이 버스 Sky Bus 공항에서 멜버른 시내의 스펜서 스트리트(Spencer St.)와 버크 스트리트(Bourke St.) 교차점의 서던 크로스 역(Southern Cross Station)까지 이동한 후 셔틀버스로 환승하여 호텔 앞까지 이동할 수 있다. 시내에서 공항으로 돌아올 때는 출발 3시간 전까지 예약하면 숙소 앞까지 셔틀버스가 제공된다. 버스의 예약은 숙소의 프론트에서 가능하며 아래의 홈페이지나 전화를 통해서도 예약이 가능하다.

소요 시간 시내 중심까지 약 30분　**요금** A$ 19(편도), A$ 38(왕복)　**전화** +61 (0)3 9600 1711
시간 월~금 06:00~22:00 / 토·일·공휴일 07:30~18:30　**홈페이지** www.skybus.com.au

◎ 아발론 공항에서 시내까지

스카이 버스(Sky Bus)　아발론 공항에서 멜버른 시내까지는 약 1시간이 소요된다. 제트스타의 출발 시간에 맞춰 운행되고 있으며 프랭클린 스트리트 167번지 백패커스 호텔 앞(167 Franklin St. Hotel Bakpak)과 서던 크로스 트랜짓 센터(Southern Cross Transit Center)에서 출발한다. 출발 48시간 전까지 예약하면 숙소 앞까지 셔틀버스가 제공된다. 버스의 예약은 숙소의 프론트에서 가능하며 아래의 홈페이지나 전화를 통해서도 예약할 수 있다. 스카이 버스는 툴라마린 공항(멜버른 공항)과 아발론 공항 두 곳 모두 운행하고 있으니 예약 시 반드시 아발론 공항이라고 말해야 한다. 운행 시간표는 매달 변경되니, 이용 전 홈페이지에서 꼭 체크하자.

전화 +61 1300 759 287　**홈페이지** www.skybus.com.au

서던 크로스 역에서 아발론 공항 시간표

서던 크로스 역	04:00	06:50	07:30	10:30	13:30	15:00	18:20
워리비	04:30	07:20	08:00	11:00	14:00	15:30	18:50
아발론 공항	04:50	07:40	08:20	11:20	14:20	15:50	19:10

장거리 버스 또는 열차로 도착 후

장거리 버스로 멜버른에 갈 경우 도착 장소는 버스 회사에 따라 다르다. 이용 빈도가 가장 높은 그레이하운드 장거리 버스의 경우, 시내 북쪽의 플랭클린 스트리트(Franklin St.)와 스완스톤 스트리트(Swanston St.) 코너 주변에 있는 트랜짓 센터에 도착한다. 이 외에 프리미어 모터서비스 등의 장거리 버스는 서던 크로스 기차역이 있는 스펜서 스트리트(Spencer St.)와 버크 스트리트(Bourke St.) 교차점에 도착한다.
두 버스 정류장 모두 무료의 시티 서클 트램 역과 가까워 시내 중심으로의 이동이 편리하고, 도보로 이동 시 약 20~25분 정도 소요된다.
장거리 열차는 서던 크로스(Southern Cross Railway Staion) 역에 도착하며 시티 서클 트램 역과 가까워 시내 중심으로의 이동이 편리하다. 도보로 이동 시에는 약 20~25분 정도 소요된다.

멜버른의 시내 교통

멜버른 시내의 대중교통은 크게 무료 교통과 유료 교통으로 나눌 수 있다. 단순히 여행을 한다면 유료 교통을 이용하는 경우는 많이 드물며, 대부분 한두 번의 무료 교통을 이용하는 정도로 충분할 만큼 멜버른 시내는 넓지 않다. 또한, 2015년 1월부터 시내 중심(CBD) 구간의 트램을 무료로 이용할 수 있기 때문에 여행객이 유료의 교통수단을 이용해야 하는 경우는 세인트 킬다 비치로 가는 경우 정도이다.

◎ 무료 교통

시티 서클 트램 City Circle Tram　시내의 수많은 트램 노선 중 시내를 감싸고 순환하는 클래식한 모습의 트램이다. 플린더스 스트리트와 스프링 스트리트, 라트로브 스트리트, 스펜서 스트리트 감싸고 시계 방향, 반시계 방향 양쪽으로 순환 운행하고 있다. 오전 10시부터 오후 6시까지 운행하며 한 바퀴를 도는 데는 약 30분 정도 소요된다.

※ 서머타임(10월~3월) 기간의 목, 금, 토요일은 오전 10시부터 오후 9시까지 연장 운행

시티 사이트시잉 멜버른 버스 City Sightseeing Melbourne 버스를 타고 돌아보다가 원하는 지역에서 내려 관광을 한 뒤 다시 버스에 탑승하면 되는 홉 온 홉 오프 버스이다. 24시간 또는 48시간 티켓을 구매하여 버스를 타면 된다. 버스는 총 2개 구간, 멜버른 시내와 세인트 킬다 두 곳으로 나뉘어져 있다. 멜버른 시내는 40분 간격으로, 세인트 킬다는 1시간 간격으로 출발한다. 정류장을 모두 순환하는 데 약 2시간 가량이 소요된다.

요금 24시간 성인 A$ 35, 아동(4~14세) A$ 15 / 48시간 성인 A$ 45, 아동(4~14세) A$ 25 **홈페이지** www.citysightseeing.melbourne

1. Federation Square - 페더레이션 스퀘어
2. Sea Life Melbourne Aquarium - 시 라이프 멜버른 아쿠아리움
3. Eureka Skydeck 88 - 유레카 스카이 덱 88
4. Crown Casino & Entertainment Complex - 크라운 카지노 앤 엔터테인먼트 콤플렉스
5. South Wharf - 사우스 와프

6 Harbour Town, Melbourne Star – 하버 타운, 멜버른 스타
7 Etihad Stadium – 에티하드 스타디움
8 Queen Victoria Market – 퀸 빅토리아 마켓
9 Melbourne Zoo – 멜버른 동물원
10 Lygon Street Carlton – 라이곤 스트리트 칼튼
11 Melbourne Museum / IMAX – 멜버른 박물관 / 아이맥스
12 Chinatown – 차이나타운
13 Cathedral Place – 캐더란 플라자
14 Pitzroy Garden – 피츠로이 가든
15 MCG / Sports precinct – 스포츠 프리싱크트

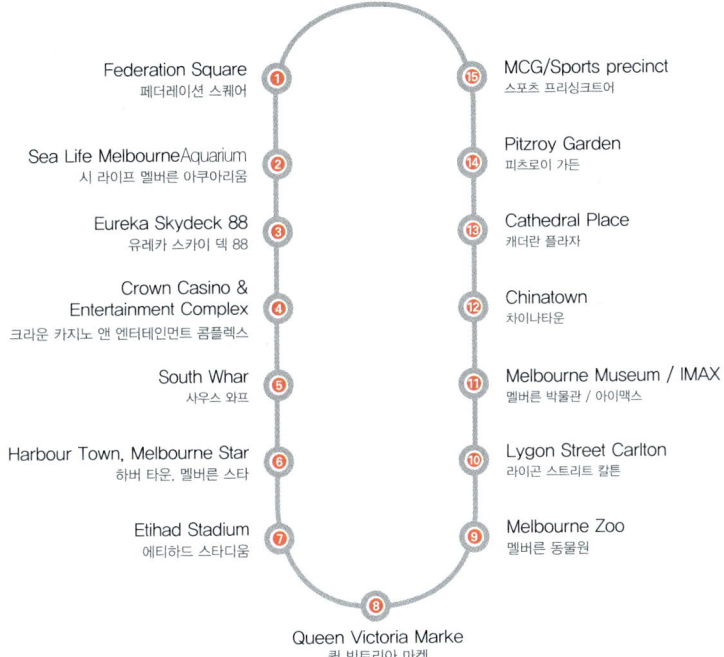

◎ 유료 교통 – 마이키

유료의 교통수단은 트램, 버스, 트레인의 세 가지가 있으며 이 세 가지를 마이키(Myki)라는 통합 시스템으로 운영하고 있다.

마이키 카드는 빅토리아 주에서 사용할 수 있는 교통 카드이다. 멜버른의 트레인, 트램 그리고 버스와 멜버른 인근의 발라랏, 벤디고, 지롱 지역의 V/Line까지 이용할 수 있다. 세븐일레븐 같은 편의점이나 지하철역 그리고 주요 트램이나 버스 정류장에서도 마이키 카드를 구매할 수 있다.

마이키 카드

대체적으로 일일 투어를 이용하여 멜버른 시내를 관광한다면, 데일리 요금으로 구매하기를 추천한다. 데일리 요금은 평일과 주말 그리고 공휴일 여부에 따라 금액이 달라지니 확인을 하도록 하자.

멜버른 시내 주변으로 가장 많이 방문하는 세인트 킬다의 경우 1존에 있으므로 1존으로 선택하여 구매하여야 하는데, 평일 1존의 경우 A$ 7.80, 주말과 공휴일은 A$ 6이다.

트램 Tram

멜버른의 도로에는 버스 노선보다 트램 노선이 많을 정도로 트램은 멜버른을 대표하는 교통수단이다. 2015년 1월부터 시내 중심(CBD) 구간의 트램 이용이 모두 무료로 변경되어 여행객이 교통비를 걱정할 필요가 없어졌다. 세련된 유료의 트램은 물론 시티 서클 트램까지 모두 무료로 이용할 수 있다. 트램을 이용해 시내 구간을 벗어날 경우는 메트 카드를 이용하거나 현금을 내면 된다. 내리는 곳에 도착하기 전 벨을 누르는 것은 우리나라의 버스 이용 방법과 비슷하다.

요금 마이키 카드 이용 (현금 사용 불가)
운행 시간 05:00~00:00(일요일은 08:00~23:00 / 노선과 지역에 따라 다소 차이 있음)

버스 Bus

시내와 근교를 연결하고 있으며, 시내는 트램으로 잘 연결되어 있어, 버스를 이용하는 여행객은 많지 않다. 앞문으로 승차한 뒤 운전사에게 티켓을 사거나, 유효한 메트 카드를 보여 주기만 하면 된다. 버스 정류장에는 이름이 붙어 있지 않으므로 목적지를 말한 후 가까운 정류장에 내려 달라고 한다.

요금 마이키 카드 이용 (현금 사용 불가)
운행 시간 06:00~23:30(노선과 지역에 따라 다소 차이 있음)

트레인 Train

시내와 근교를 연결하는 전철로, 여행객의 이용은 많지 않다. 트레인 노선 중에서도 시내 주위를 지하로 도는 것을 시티 루프(City Loop)라 하는데, 무료의 시티 서클과 거의 같은 노선이기 때문에 이용할 필요는 없다. 교외로 이동할 때 중요한 교통수단 정도로 생각하자. 티켓은 역내에서 구입할 수 있으며 메트 카드를 이용할 수도 있다.

요금 마이키 카드 이용 (현금 사용 불가)
운행 시간 06:00~23:30(노선과 지역에 따라 다소 차이 있음)

멜버른의 트램 멜버른의 하늘에는 트램의 전선이 거미줄처럼 얽혀 있다. 연말이 되면 이것을 이용해 크리스마스 장식을 하기도 한다.

호주 대중교통의 이용? No Problem!

여행을 떠나기 전 가장 감이 오지 않는 것은 현지에서의 교통 이동 방법이다. 도시 간 이동은 비행기, 장거리 열차, 장거리 버스 등을 이용하는 것으로 쉽게 생각할 수 있지만, 시내를 여행할 때 교통 문제는 상당히 어려운 부분이다.

우리나라와 비슷한 경제 규모를 가지고 있는 호주이니 우리나라와 비슷하게 생각해 보자. 서울에서 살고 있는 사람들이야 T-money 교통 카드로 지하철를 타거나 버스 환승을 하는 것이 어렵지 않다. 하지만 서울 외의 지방에서 서울에 놀러 온 사람들은 이것을 이용하는 것이 상당히 난감하다. 며칠 동안 서울에 있기 위해 T-money 교통 카드를 구입하고 복잡한 노선과 요금 체계를 이해할 필요는 없다. 자신이 가고자 하는 곳으로 가는 방법만 알면 된다.

즉, 여행을 하기 위해 간 곳의 교통 체계를 100% 이해할 필요는 없다. 이는 호주를 여행할 때도 마찬가지이다. 더욱이 호주에서 복잡한 교통 체계를 이해하지 않아도 되는 세 가지 이유가 있다.

첫째, 호주는 생각보다 도시의 규모가 크지 않다는 것이다.
호주에서 가장 큰 도시인 시드니도 여행객들이 가는 곳은 대부분 걸어 다닐 수 있는 거리다. 센트럴 역에서 오페라 하우스가 있는 서큘러 키까지 35분 정도밖에 시간이 걸리지 않는다. 버스를 이용할 경우 10분이면 이동할 수 있지만 A$ 2.0의 교통비는 적은 예산으로 여행하는 여행객들에게는 결코 가벼운 비용이 아니다.

둘째, 멜버른, 브리즈번, 퍼스, 애들레이드 등 시드니를 제외한 도시에는 관광객과 시민들을 위한 무료 교통 체계가 있다는 것이다.
멜버른에는 시티 서클 트램(City Circle Tram, p.207 참고)이, 브리즈번에는 프리 루프 버스(Free Loop Bus, p.150 참고)가 있고, 퍼스에는 네 가지 캣 버스(Cat Bus, p.267 참고)가, 애들레이드에는 무료 버스와 트램 서비스(p.240 참고)가 운행되고 있다.
위의 무료 교통 체계는 시내의 주요 관광지를 순환하고 있으며, 1년 365일 운행되고 있다. 운행 시간은 평균 09:00~18:00로 늦은 시간까지는 운행하지 않는다. 또한 주말에는 배차 간격이 다소 길어진다.

셋째, 근교 여행은 투어를 이용하자.
시내를 벗어나 근교로 가는 교통편은 요금도 비싸고, 운행 횟수도 많지 않기 때문에 일정을 정하는 데 상당한 어려움이 있다. 근교를 여행할 때는 대중교통을 이용하는 것보다 투어에 참가하는 것이 보다 경제적이며, 시간도 절약할 수 있다.

멜버른 시내 야라 강 북쪽
Melbourne City(Northside of Yarra River)

호주의 유럽, 남반구의 런던

멜버른의 시내 중심인 야라 강 북쪽의 멜버른은 무료 트램인 시티 서클이 감싸고 도는 지역이다.
이곳은 19세기 건축물들이 즐비하여 호주에서 가장 유럽적인 느낌이 많이 나는 곳으로, 남반구의 런던이라고 불린다. 옛 모습을 그대로 간직한 다양한 건물과 현대적인 고층 빌딩이 트램 노선, 전선과 아름답게 어우러져 멜버른에서 가장 세련된 모습을 자아낸다. 길이 마치 바둑판처럼 구획되어 있어 처음 찾는 사람이라도 금방 익숙해질 수 있다.

어지러운 듯 여유 있는 공원과 중심가의 건물들은 낮에는 다소 삭막해 보일 수도 있지만, 저녁이 되면 조명과 어우러져 아름다운 경관을 뽐내 호주의 다른 도시와 사뭇 다른 느낌으로 감상에 젖게 한다.

또한 골목골목 숨어 있는 예쁜 카페와 드라마 '미안하다 사랑한다'에 나왔을 듯한 그라피티로 가득 찬 골목길을 찾아보는 즐거움도 만끽해 보자.

Travel point

레스토랑	★★★★★
쇼핑	★★★★★
볼거리	★★★★☆
레포츠	★☆☆☆☆

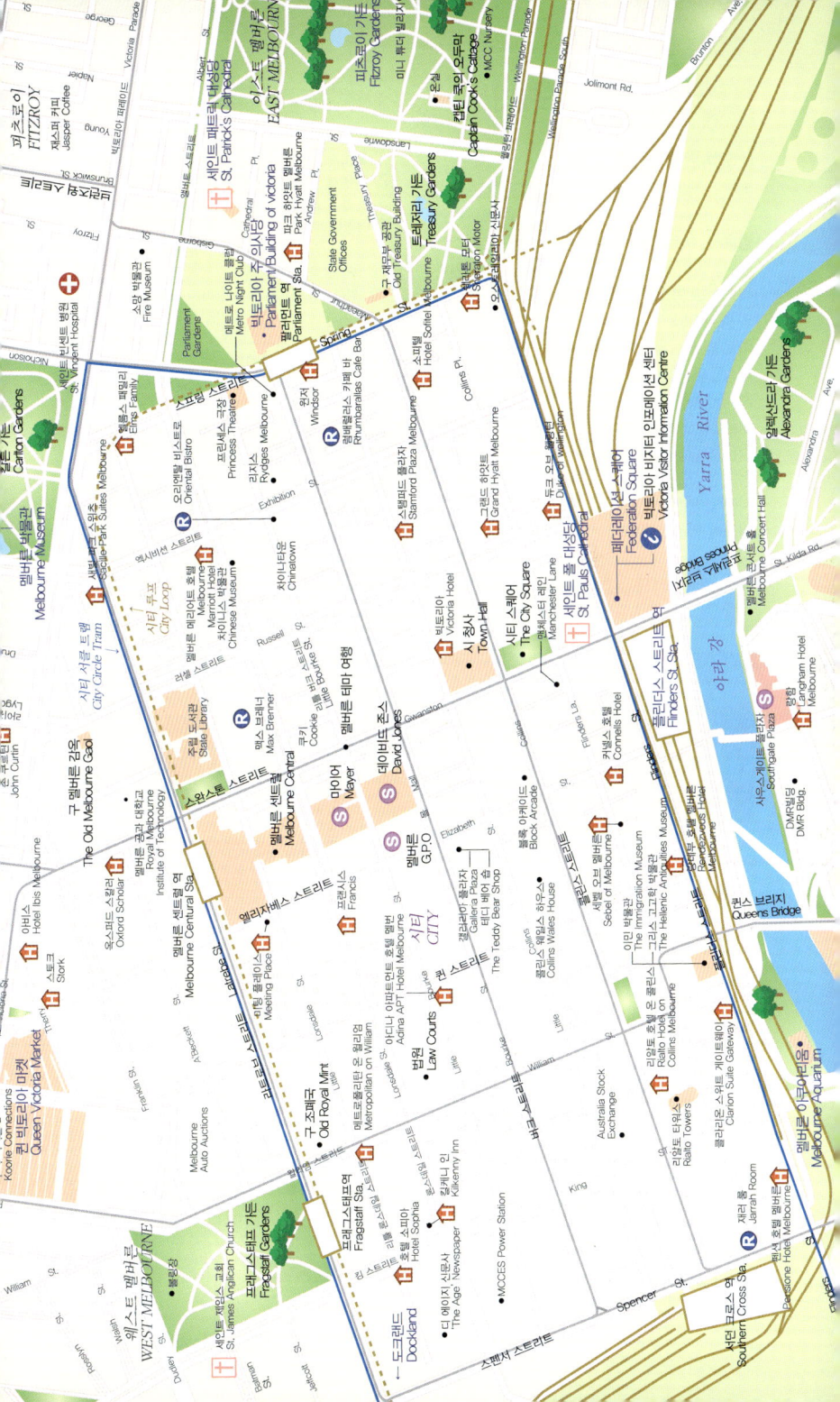

MAPECODE 07401

페더레이션 스퀘어 Federation Square

멜버른 문화의 중심지

페드 스퀘어라고도 불리는 이곳은 2001년 연방 결성 100주년을 기념하며 조성된 곳이다. 공영 방송사, 아트 갤러리, 전시 홀, 영화관, 레스토랑, 펍 등이 들어선 복합 건물로, 라이브 공연과 각종 퍼포먼스 등이 펼쳐지는 다양한 문화 행사의 중심지다.

바로 앞에는 멜버른 가톨릭의 중심인 세인트 폴 대성당(St Paul's Cathedral), 호주 최초의 기차역인 플린더스 스트리트 역(Flinders Street Station, 1854)이 있다.

많은 사람들로 북적이는 광장에는 특이한 건물들이 눈길을 끈다. 이곳의 야경은 굉장히 아름답지만 낮에는 삭막하다는 느낌을 준다.

건물에 있는 방송국에는 SBS라고 쓰여 있는데 이는 Special Broadcasting Service의 약자이니, 우리나라의 SBS! 하며, 흥분하지 말자.

Fun Point
1. 특이한 건축물의 외관을 살핀다.
2. SBS를 보고 웃는다.
3. 문화 퍼포먼스를 감상한다.
4. 야경을 본다.

Access **위치** 시티 서클 트램의 멜버른 시티 정류장(스완스톤 스트리트와 플린더스 스트리트의 교차점 또는 러셀 스트리트와 플린더스 스트리트 교차점)에서 도보 3분.
전화 +61 (0)3 9655 19800
홈페이지 www.federationsquare.com.au

MAPECODE 07402

플린더스 스트리트 역 Flinders St. Station

해 질 녘 야경이 아름다운 곳

해 질 녘이면 조명으로 금빛을 연출하는, 멜버른을 상징하는 건축물 중의 하나다. 이국적이라는 말이 연신 쏟아져 나오는 이곳은 유럽 건축 양식으로 지어져 마치 성처럼 보이는데, 트램과 어우러져 더욱 멋진 경관을 연출한다.

Access **위치** 시티 서클 트램 멜버른 시티 정류장(스완스톤 스트리트와 플린더스 스트리트 교차점 또는 러셀 스트리트와 플린더스 스트리트 교차점)에서 도보 3분.

Fun Point
1. 드라마 〈미안하다 사랑한다〉의 소지섭이 거닐던 그곳! 거닐어 본다.
2. 야경을 즐긴다.

MAPECODE 07403

세인트 폴 대성당 St. Paul's Cathedral

▶ 멜버른 성공회 성당의 중심

Fun point
1. 고딕 양식으로 건축된 성당의 외부를 본다.
2. 내부의 분위기를 느낀다.

1891년에 완공된 고딕 양식의 대성당으로 건축가 윌리엄 버터필드가 설계했다. 대리석으로 되어 있으며, 뾰족한 첨탑이 그 아름다움을 더한다. 스테인드글라스와 타일로 장식된 바닥 외에도 높은 천장과 아치형 통로 역시 전체적으로 고풍스러움을 느끼게 해 준다.
내부에는 언제나 초가 켜져 있고, 첨탑에서 종을 치는 소리도 들을 수 있다. 무료이므로 살짝 들어가 보는 것도 좋은 경험이다.

Access

위치 시티 서클 트램의 멜버른 시티 정류장(스완스톤 스트리트와 플린더스 스트리트 교차점 또는 러셀 스트리트와 플린더스 스트리트 교차점)에서 도보 3분.
전화 +61 (0)3 9653 4302 **요금** 무료
홈페이지 www.stpaulscathedral.org.au

MAPECODE 07404

빅토리아 주 의사당 Parliament Building of Victoria

Fun point
1. 외관을 보며 지나간다.
2. 가이드 투어로 내부까지 본다.

▶ 호주의 국회 의사당이던 곳

빅토리아 의사당은 1885년에 세워져 1927년 캔버라로 수도가 이전되기 전까지 26년간 호주의 국회 의사당으로 사용되었다. 현재는 빅토리아주의 의사당으로 사용되고 있으며, 웅장한 외관을 자랑한다.
하얀 건물에 9개의 기둥이 조화롭게 어울리고 바닥과 내부는 화려하면서도 정갈한 느낌이 든다. 회의 기간 중에는 관람이 가능하지만 특별한 관심이 있어 가이드 투어를 원한다면, 한 달에 3~6일 정도 열리는 주 의회 기간(Sitting Day)을 피해서 일정을 짜야 한다.

Access **위치** 시티 서클 트램 정류장(앨버트 스트리트와 니콜슨 스트리트 교차점 또는 콜린스 스트리트와 스프링 스트리트 교차점)에서 도보 3분.
전화 +61 (0)3 9651 8911
홈페이지 www.parliament.vic.gov.au
회의 시간 (월~금) 10:00, 11:00, 12:00, 14:00, 15:00, 15:45

MAPECODE 07405

피츠로이 가든 Fitzroy Gardens

Fun point
1. 오전의 맑은 공기를 느끼며, 멜버른 관광을 시작한다.
2. 호주 대륙을 발견한 캡틴 쿡의 오두막을 방문한다.

신선한 공기와 예스러운 역사의 향기

정원의 도시 멜버른을 대표하는 정원 중 하나로 시내 중심의 동쪽 끝에 위치한다. 1857년에 개원한 역사 깊은 곳으로 영국 국기 유니언 잭의 모습으로 산책로를 조성했다. 정원의 남서쪽에 있는 캡틴 쿡의 오두막(Captain Cook's Cottage)은 1755년 영국의 노스 요크셔 지방에 건축되었던 것을 1934년에 이축한 것이다. 캡틴 쿡이 항해를 마치고 다음 항해까지 그의 부모와 함께 보내던 이곳은 현재 그와 그의 항해에 관한 자료가 전시되어 있다.

또한 정원의 중앙에는 영국의 옛 튜더 왕조 시대의 마을 모습을 미니어처로 전시하고 있는 튜더 빌리지(Tudor Village)가 있어 정원을 산책하는 사람들에게 색다른 즐거움을 제공한다.

Access
위치 시티 서클 트램의 멜버른 시티 정류장(콜린스 스트리트와 스프링 스트리트 교차점)에서 도보 5분.
전화 +61 (0)3 9419 4677
홈페이지 www.fitzroygardens.com

캡틴 쿡의 오두막 Captin Cook's Cottage

캡틴 쿡은 영국의 탐험가로 태평양의 많은 섬들의 위치를 파악해 현재와 비슷한 태평양 지도를 만들어 낸 인물이다. 이 외에도 호주를 영국 영토로 선언하고, 남극 탐험을 통해 육지가 더 이상 존재하지 않음을 확인하기도 했다. 캡틴 쿡의 오두막은 그가 살던 오두막으로 가재도구와 당시 사람들의 생활상을 살펴볼 수 있다.

Access **전화** +61 (0)3 9419 4677 **시간** 09:00~17:00
요금 (성인) A$ 6.50 / (학생) A$ 5 / (5~15세) A$ 3.50 / (가족, 성인 2명+아동 2명) A$ 18

MAPECODE 07406

세인트 패트릭 대성당 St. Patrick's Cathedral

▶ 호주 최대의 천주교 성당

1858년부터 1939년까지 80여 년의 세월에 걸쳐 건축된 호주 최대 규모의 천주교 성당이다. 고딕 양식의 높은 첨탑과 아름다운 스테인리스 장식이 인상적이다. 천주교 신자가 아니더라도 여행 중 미사에 참석해 보는 것도 좋은 경험이 될 수 있다. 단, 실내에서는 정숙하고 사진 촬영 시에는 플래시를 터트리지 않도록 주의하자.

Access

위치 시티 서클 트램 정류장(앨버트 스트리트와 니콜슨 스트리트 교차점 또는 콜린스 스트리트와 스프링 스트리트 교차점)에서 도보 5분.
전화 +61 (0)3 9662 2233
홈페이지 www.melbourne.catholic.org.au/cathedral/index.html
미사 시간 일 8:00, 9:30, 11:00, 18:30/ 월 7:00.

Fun Point
1. 성당 내부를 돌아본다.
2. 미사에 참여한다.

MAPECODE 07407

멜버른 박물관 Melbourne Museum

▶ 여러 주제의 전시물을 한곳에서 본다!

칼튼 가든(Carlton Garden) 내에 2000년 10월에 개관한 호주 최대의 박물관이다. 호주 사회와 애버리진 문화, 인간의 몸과 마음, 자연 과학, 식물, 생물학 등 다양한 테마를 주제로 전시하고 있다. 특히 인체의 신비를 연상케 하는 인간의 몸과 마음(Mind & Body Gallery, 2층), 최신 테크놀로지를 즐길 수 있는 버추얼 룸(The Virtual Room, 1층)에 관광객이 가장 많다. 박물관 중앙에 위치한 숲 전시관(Forest Gallery, 1층)에서는 호주의 식물을 관람하며 휴식을 취하기 좋다. 칼튼 가든 내에는 아이맥스(IMAX) 영화관과 호주에서 최초로 유네스코 세계 문화유산으로 지정된 왕립 박물관 건물(Royal Exhibition Buildeing)도 있다.

Access **위치** 시티 서클 트램 정류장(앨버트 스트리트와 니콜슨 스트리트 교차점 또는 니콜슨 스트리트와 빅토리아 퍼레이드 교차점)에서 도보 8분.
전화 +61 (0)3 8341 7777
홈페이지 melbourne.museum.vic.gov.au
요금 성인 A$ 14 / 16세 미만 무료.
시간 10:00~17:00(크리스마스와 굿 프라이데이 폐관)

Fun point
1. 들어가 본다.
2. 아이맥스 영화관에서 3D 영화를 관람한다.
3. 왕립 박물관 외관을 구경한다.

퀸 빅토리아 마켓 Queen Victoria Market

멜버른의 재래시장

우리나라 재래시장과 비슷한 이곳은, 1878년부터 이어진 서민들의 시장으로 현재 멜버른을 대표하는 관광지가 되었다. 작은 상점들이 빼곡히 밀집해 있으며 야채, 과일 및 육류 외에도 의류, 화장품, 액세서리, 수공예품, 잡화 등 다양한 물건을 판매하고 있다. 저렴하게 간단한 기념품을 살 수 있으니 들러 보자.

Access 위치 시티 서클 트램 정류장(퀸 스트리트와라 트로브 스트리트 교차점)에서 도보 10분.
전화 +61 (0)3 9320 5822
홈페이지 www.qvm.com.au
시간 화~목 06:00~14:00 / 금 06:00~17:00 / 토 06:00~15:00 / 일 09:00~16:00(매주 월, 수요일 및 굿 프라이데이, 안작데이, 멜버른컵 데이, 크리스마스, 복싱 데이, 새해 첫날 휴무)

Fun point
1. 기념품을 저렴하게 구입한다.
2. 길거리 음식을 먹으며 아이쇼핑 한다.

도크랜드 Docklands

새롭게 떠오르는 관광지

도크랜드는 부둣가로, 장거리 열차의 서던 크로스 역, 오지 풋볼 구장인 텔스트라 돔이 있는 곳이다. 현재 이곳에는 대규모 재개발이 진행되면서 아름다운 야경을 보며 식사를 즐길 수 있는 레스토랑이 차례로 오픈되고 최신 설비와 아름다운 외관을 자랑하는 주상 복합 건물이 완공되어 화제가 되고 있다.

Access 위치 시티 서클 트램 하버 에스플러네이드의 정류장 세 곳 중 어느 곳에 내려도 상관 없음.

Fun point 시간을 맞춰 야경을 보며 저녁을 먹자.

멜버른 스타 대관람차 Melbourne Star Wheel

▶ 남반구 최대의 대관람차

도크랜드 지역에 2008년에 완공된 대관람차이다. 높이 120m로 남반구에서 가장 큰 대관람차이며, 브리즈번의 대관람차와 비교해도 약 2배의 크기를 자랑한다. 한 번 회전하는 데 30분 정도가 소요되며 멜번 시내는 물론 멀리 포트 필립까지도 보인다. 로맨틱한 분위기 연출을 위한 프라이빗 캐빈도 운영하고 있다. 식사와 음료, 와인 등이 제공되며 1회전, 2회전에 따라 요금이 달라진다. 낮과 밤의 다른 풍경을 모두 보고 싶은 여행객을 위해 Day&Night 티켓도 판매하고 있다.

1. 낮과 밤의 다른 풍경!
2. 로맨틱한 분위기에 빠져 보자.

Access 위치 도크랜드에 위치.
전화 +61 (0)3 8688 9688
홈페이지 www.melbournestar.com
시간 10:00~22:00(21:30까지 탑승)
요금 1회 티켓 성인 A$ 36, 어린이 A$ 22 / Day&Night 티켓 성인 A$ 46, 어린이 A$ 32 / 프라이빗 캐빈 1인 A$ 350(1회전), A$ 400(2회전), A$ 425(3회전)

멜버른 아쿠아리움 Melbourne Aquarium

▶ 각양각색의 어종을 직접 느낀다

야라 강변에 위치한 수족관으로 약 300종의 다양한 해양 생물을 전시하고 있다. 지상 2층, 지하 2층으로 시드니 수족관보다는 작지만, 건물의 외관이나 내부의 디자인이 깔끔하고 아기자기하다. 다양한 특별전이 수시로 개최되며 레스토랑, 다이빙 스쿨 등의 시설도 완비되어 있어 다양한 활동이 가능하다. 그중에서도 상어 수조 안에서 즐기는 스쿠버다이빙(A$ 150~349)이 으뜸이다.

상어와 함께하는 다이빙을 체험해 보자.

Access 위치 시티 서클 트램 정류장(킹 스트리트와 플린더스 스트리트 교차점)에서 도보 3분.
전화 +61 (0)3 9620 0999   시간 09:30~18:00
홈페이지 www.melbourneaquarium.com.au
요금 성인 A$ 42(온라인 A$ 33.20) / 어린이(4~15세) A$ 28(온라인 A$ 20.80)

멜버른 시내 야라 강 남쪽
Melbourn City(Southside of Yarra River)

호주 문화와 예술의 중심지

옛 모습을 그대로 간직한 클래식한 건물들과 현대적인 건물들이 조화롭게 어우러져 있는 북쪽 지역과는 달리 멜버른 남쪽 지역은 넓은 녹지대가 있어서 여유로움을 즐기기에 좋다.
로열 보타닉 가든은 도시에 푸르름을 더하고, 세인트 킬다의 야자수 길을 따라 즐비한 노천카페와 레스토랑은 낭만적인 분위기를 자아낸다.
플린더스 스트리트 역에서 야라 강을 건너면 바로 보이는 아트 센터는 극장과 콘서트 홀의 기능을 수행하는 복합 단지로, 오페라, 뮤지컬, 발레, 콘서트 등 다양한 공연이 일 년 내내 이어진다. 뒤쪽으로 보이는 첨탑마저도 발레리나의 옷에서 영감을 받아 디자인한 만큼 호주 문화와 예술의 중심지로 알려져 있다.
멜버른 시내 북쪽에서 정리된 고전적 도시의 아름다움에 취해 보고, 남쪽에서는 자연과 어우러진 문화와 낭만을 만끽하며, 아름다운 야경을 감상해 보자.

Travel point

레스토랑	★★★★★
쇼핑	★★★★☆
볼거리	★★★★★
레포츠	★☆☆☆☆

MAPECODE 07412

아트 센터 The Arts Centre

▶ 문화 복합 단지

플린더스 스트리트 역에서 프린세스 브리지를 건너 오른편에 있는 아트 센터(구 빅토리안 아트 센터)는 극장과 콘서트 홀의 기능을 수행하는 복합 단지로, 오페라, 뮤지컬, 발레, 콘서트 등 다양한 공연이 일 년 내내 이어진다. 아트 센터 건물 뒤로 보이는 첨탑은 멜버른의 랜드마크로, 발레리나가 입는 짧은 스커트인 튀튀(Tutu)와 파리의 에펠탑에서 영감을 얻었다고 한다.

유료 투어는 건물의 디자인, 인테리어와 다양한 전시품을 소개하는데 일요일 투어와 평일 투어로 구분된다.

일요일에는 가이드 투어 대신, 공연장 무대 뒤 숨겨진 모습을 볼 수 있는 백스테이지 투어(Backstage Tour)가 진행된다. 개인적으로 공연을 관람하고 싶다면, 아트 센터의 티켓 구입은 박스 오피스(월~토요일 09:00~21:00)에서, 온라인 티켓 판매는 공식 지정 업체인 ticketmaster.com.au에서 가능하다.

가이드 투어 시간 월~토 11:00, 일요일 12:15
가이드 투어 요금 A$ 20
백스테이지 투어 요금 A$ 20

Access

위치 시티 서클 트램의 멜버른 시티 정류장(스완스톤 스트리트와 플린더스 스트리트 교차점)에서 도보 8분.
전화 +61 (0)3 9281 8000
홈페이지 www.artscentremelbourne.com.au

Fun point
1. 외관을 본다.
2. 가이드 투어에 참가한다.
3. 개인적으로 공연을 관람한다.

MAPECODE 07413

빅토리아 국립 미술관 NGV International

호주 색의 예술품을 눈에 담다!

1861년 설립된 호주에서 가장 오래되고 가장 큰 규모의 미술관이다. 2003년에 호주의 예술 작품을 전시하는 이안포터 센터(Ian Potter Centre, 연방 광장에 위치)와 외국의 예술 작품을 전시하는 빅토리아 국립 미술관(NGV International, 아트 센터 옆)으로 나뉘었다. 빅토리아 국립 미술관에는 애버리지널 아트, 아시아계 작가 및 램브란트, 피카소의 작품 등 약 7만여 점을 소장하고 있다.

무료로 개방하니 미술에 관심이 없는 사람이라도 시간이 있다면 부담없이 방문해 본다.

Fun Point

Access
위치 시티 서클 트램 멜버른 시티 정류장(스완스톤 스트리트와 플린더스 스트리트 교차점)에서 도보 8분.
전화 +61 (0)3 8620 2222
홈페이지 www.ngv.vic.gov.au
시간 10:00~17:00 (화요일 폐관, 화요일이 공휴일인 경우는 개관)
요금 무료

MAPECODE 07414

로열 보타닉 가든 Royal Botanic Garden

정원의 도시 멜버른의 핵심

12,000종의 식물과 50종의 야생 조류가 살고 있는 도심의 휴식처인 로열 보타닉 가든은 킹스 도메인, 퀸 빅토리아 가든, 알렉산드라 가든과 연결되어 있다. 정원의 도시 멜버른의 진수를 느끼기에 부족함이 없는 곳이며, 총독 관저 등의 볼거리가 있어 산책을 더욱 즐겁게 해 준다.

Access **위치** 시티 서클 트램의 멜버른 시티 정류장(스완스톤 스트리트와 플린더스 스트리트 교차점)에서 도보 15분.
전화 +61 (0)3 9252 2429
홈페이지 www.rbg.vic.gov.au
시간 (11월~3월) 07:30~20:30 (4월, 9월, 10월) 07:30~18:00 (5~8월) 07:30~17:30

1. 산책로를 따라 산책한다.
2. 조류를 구경한다.

Fun Point

MAPECODE 07415

유레카 스카이덱 88 전망대 Eureka Skydeck 88

▶ 스릴 최고! 전망도 최고!

2006년 완공된 유레카 타워의 285m 지점에 위치한 전망대로 호주에서 최고 높이를 자랑한다. '최고 높이'를 상정하는 기준은 건물의 높이를 측정하는 방법에 따라 다소 차이가 있다. 유레카 타워는 지붕의 높이(297.3m) 또는 주거용 층이 있는 곳의 최고 높이를 기준으로 할 때 가장 높은 건물이고, 골드코스트의 Q1 타워는 첨탑을 기준으로 했을 때 가장 높다.
유레카 스카이덱에는 더 엣지(The Edge)라는, 건물 외부로 돌출된 부분이 있다. 이곳은 바닥까지 유리로 되어 있어 공중에 떠 있는 듯한 스릴을 느낄 수 있다.

Access **위치** 시티 서클 트램의 멜버른 시티 정류장(스완스톤 스트리트와 플린더스 스트리트 교차점)에서 도보 10분.
전화 +61 (0)3 9693 8888 **시간** 10:00~22:00
홈페이지 www.eurekaskydeck.com.au
요금 성인 A$ 20(더 엣지 이용 시 A$ 12 추가) / 어린이 A$ 11.50(더 엣지 이용 시 A$ 8 추가)

Fun point
1. 새로 생긴 전망대로 최고 높이를 자랑한다.
2. 더 엣지에서 스릴을 느껴 본다.

MAPECODE 07416

크라운 카지노 Crown Casino

▶ 호주 최대 규모의 카지노

1994년 문을 연 호주에서 가장 큰 카지노로 매일 거의 20만 명이 방문한다.
크라운 카지노(Crown Casino)는 크라운 엔터테인먼트 콤플렉스(Crown Entertainment Complex) 안에 위치한다. 크라운 엔터테인먼트는 2개의 호텔 타워와 나이트클럽, 빌리지 영화관, 다양한 레스토랑, 컴퓨터 게임장, 볼링장을 포함하고 있으며 6개의 메인 게임인 블랙잭, 크랩, 파이고우(Pai Gow), 포커, 바카라 그리고 룰렛 게임이 가능하다.
해가 질 때쯤에는 불꽃 타워에서 불기둥을 볼 수 있다. 멤버십 카드를 이용해 무료 음료를 제공 받을 수 있으며, 카지노 이용객에 대한 음식 할인 프로모션을 이용하며 고급 식당에서 저렴하게 한 끼를 해결할 수 있다.

Access 위치 시내에서 마켓 스트리트를 따라 내려와서 야라 강에서 퀸스 브리지를 건너 바로 앞.
전화 +1800 801 098
홈페이지 www.crowncasino.com.au

멤버십 카드

Fun point
1. 게임에 참여해 본다.
2. 멤버십 서비스를 이용한다.
3. 할인 메뉴를 이용하여, 정찬을 맛본다.

카지노 앞 분수 쇼

MAPECODE 07417

세인트 킬다 St.Kilda

▶ 누구나 드라마의 주인공이 될 수 있는 곳

트램을 타고 야자수 길을 가다 보면, 드라마〈미안하다 사랑한다〉에서 무혁이 하염없이 바라보던 바다 세인트 킬다를 만나게 된다. 이곳엔 요트와 보트가 정박해 있어 이국적인 분위기를 자아낸다.

Fun point
1. 음식과 레스토랑을 즐긴다.
2. 해가 지는 세인트 킬다를 감상한다.
3. 주말 마켓을 이용한다.

오래된 듯한 분위기의 상점과 음반 가게, 레스토랑, 기념품점들이 늘어서 있고 해안가엔 시원한 바람과 파란 바다, 하얀 모래를 즐기는 사람들로 즐비하다. 특히 노천카페와 레스토랑의 낭만적인 분위기가 일품이다. 멜버른 시내에서 가까운 해안으로 여름이면 연인과 관광객들에게 인기가 높은 곳이다. 일요일에는 세인트 킬다의 아름다운 해변이 보이는 에스플러네이드(Esplanade st.)에서 매주 오전 10시부터 오후 5시까지 주말 마켓이 열린다. 수공예품과 회화 등을 많이 판매하니 맘껏 구경해 보자.

Access 위치 버크 스트리트(Bourke St.)에서 96번 트램, 스완스톤 스트리트(Swanston St.)에서 16번 트램, 콜린스 스트리트(Collins St.)에서 112번 트램 이용. 약 20~25분 소요.

하루는 꼬박 써야지~ 당일 투어

짧은 일정으로 여행한다면, 근교 지역의 관광은 당일 투어를 이용하는 것이 효과적이다. 당일 투어의 예약은 출국 전 우리나라에서 여행사를 통해 할 수 있으며, 호주 도착 후에는 현지의 인포메이션 센터, 호텔 또는 백패커스 등의 숙소와 한국인 여행사, 유학원을 통해서 가능하다. 최근 투어 예약은 오프라인 채널을 통한 것보다 온라인으로 예약하는 것이 저렴하고, 다양한 혜택이 있다. 멜버른에서 가장 추천하는 당일 투어 예약 방법은 '하늘 투어'를 이용하는 것이다. 자체적으로 운영하는 투어도 있으며, AAT King's의 투어도 직접 예약하는 것보다 저렴하게 예약할 수 있다. 우리나라에도 사무실이 있고, 멜버른 지역뿐만 아니라 호주 전국의 투어를 예약할 수 있다.

멜버른 하늘 투어
주소 503/55 Swanston St, Melbourne
전화 (613) 9663 7114
시간 평일 09:00~18:00
홈페이지 hanultravel.com

멜버른 지역의 당일 투어 추천 회사

호주 최대의 당일 투어 여행사
AAT King's : www.aatkings.co.kr

멜버른 저가 당일 투어 여행사
Go West : gowest.au

호주 뉴질랜드 전문 여행사
하늘 투어 : hanultravel.com

인조이 호주 독자 투어 할인

하늘 투어에서 온라인 예약 시 인조이 호주 독자 할인 요청 메시지를 남기면, 1만 원 할인된 금액으로 결제 요금이 수정된다. 투어 참가 시 〈인조이 호주〉 책자를 가져가 보여 주면 된다.

할인 금액 투어당 1만 원
대상 투어 하늘 투어에서 직접 운영하는 투어(그레이트 오션 로드, 퍼핑 빌리, 필립 섬)
할인 기간 2017년 11월 1일~2018년 12월 31일

그레이트 오션 로드 Great Ocean Road

그레이트 오션 로드는 멜버른 남쪽의 토키(Torquay)에서 와남불(Warnambool)에 이르는 약 214km의 해안 도로로, 시드니의 하버 브리지, 브리즈번의 스토리 브리지와 함께 제1차 대전 이후 대공황을 극복하기 위한 국책 사업으로 만들어진 도로다.
렌터카를 이용하면 보다 아름다운 도로를 즐길 수 있지만, 왕복 5시간의 장거리로 피곤할 뿐 아니라, 급커브가 많아 사고의 위험도 상당히 크기 때문에 당일 투어를 이용해서 다녀오는 것이 가장 좋다.

당일 투어 요금

하늘 투어 : A$ 85(식사 포함)
AAT King's : A$ 165
Go West : A$ 130

그레이트 오션 로드의 하이라이트는 12 사도상(Twelve Apostles), 런던 아치(London Arch), 로크 아드 협곡(Loch Ard Gorge) 등 바람과 파도가 만들어 낸 자연의 예술품이다.
12 사도상, 런던 아치, 로크 아드 협곡은 각각 버스로 약 10분 거리에 모여 있기 때문에 일정이 매우 단순하다. 이동 중 벨 비치(Bell Beach), 아폴로 베이(Apollo Bay) 등 경치가 아름다운 곳에서 휴식을 취하거나 점심 식사를 하는 게 좋다.
그레이트 오션 로드에는 코알라가 좋아하는 유칼리 나무가 많아 야생 코알라를 볼 수 있는 확률이 높다. 야생 코알라가 보이면 차량을 세워 잠시 사진 찍을 시간을 주기도 한다.

⊙ 12 사도(Twelve Apostles)
수만 년간의 풍화와 침식 작용이 만들어 낸 자연의 예술품인 그레이트 오션 로드의 하이라이트 12 사도상은 지금도 조금씩 변화하고 있다. 최근의 가장 큰 변화는 2005년 7월 전망대에서 가장 가까운 50m 높이의 사도가 무너진 것이다. 아쉽다면 무너지기 전의 모습을 찾아보자.

⊙ 런던 브리지(London Bridge)
내륙과 연결되어 마치 바다를 향해 뻗은 다리를 연상케 해 런던 브리지(London Bridge)라는 이름을 갖게 되었다. 1990년 1월 내륙과 연결된 상판부가 무너지면서 현재의 모습을 갖게 되었고 이름도 런던 아치(London Arch)로 변경되었지만 일반적으로 런던 브리지로 불린다.

⊙ 로크 아드 협곡(Loch Ard Gorge)
그레이트 오션 로드는 기상의 변화가 심한 지역으로 유명하다. 이러한 환경 때문인지 과거에는 난파 해안(Shipwreck Coast)이라 불릴 정도로 많은 선박이 좌초되었다. 로크 아드 협곡은 이곳에서 난파된 로크 아드 호의 이름을 딴 것으로, 보물섬이 숨겨져 있을 듯한 모습을 하고 있다.

소버린 힐 Sovereign Hill

당일 투어 요금

하늘 투어 :
A$ 125(소버린 힐 + 동물원)

AAT King's :
A$ 165(소버린 힐 + 동물원)

소버린 힐은 1850년대 멜버른의 골드러시 시대를 재현한 민속촌과 같은 곳이다. 그 당시의 옷을 입고 생활을 재현하는 스태프들과 거리를 달리는 말과 마차의 모습이 인상적이다. 이 외에도 강가에서 사금을 채취하는 모습, 탄광 등 세심한 부분까지 모두 재현해 두었다. 사금 채취하기, 전통 의상 입기, 마차 타기 등은 직접 체험해 볼 수 있다.
투어는 소버린 힐만 보는 것과 소버린 힐과 동물원을 함께 보는 것, 2가지가 준비되어 있다. 동물원에는 캥거루, 코알라, 웜뱃 등 다양한 호주의 동물이 기다리고 있다.

필립 섬 Phillip Island

멜버른 시내에서 약 130km 거리에 위치해 있다. 필립 섬에서는 세상에서 가장 작은 페어리 펭귄(Fairy Penguin)이 저녁에 잠자리를 찾아 바다에서 섬으로 돌아오는 모습(펭귄 퍼레이드)을 볼 수 있어, 어린이를 동반한 가족 여행객에게 특히 인기가 많다.

당일 투어에는 펭귄 퍼레이드만을 보는 투어, 오후 1시에 멜버른을 출발해 호주의 농장을 방문하고 캥거루를 비롯한 다양한 동물을 본 펭귄을 보는 투어, 오전에 단데농 산맥의 퍼핑 빌리 열차를 탄 후 목장 및 펭귄을 보는 투어 등 다양한 상품이 있다.

야간에는 플래시 섬광으로부터 펭귄을 보호하기 위해 사진 찍는 것을 금하고 있다. 그러나, 고감도 촬영(ISO 1600 이상)이 가능한 카메라와 조리개 수치가 낮은 렌즈를 소유하고 있다면 플래시를 사용하지 않고도 야간에 움직이고 있는 펭귄의 모습을 카메라에 담을 수 있다.

당일 투어 요금

하늘 투어 :
A$ 80(펭귄)
A$ 160(그레이트 오션 로드 + 펭귄)
Go West :
A$ 99(농장+펭귄)
AAT King's :
A$ 99(펭귄)
A$ 125(농장+펭귄)
A$ 219(퍼핑 빌리+농장+펭귄)

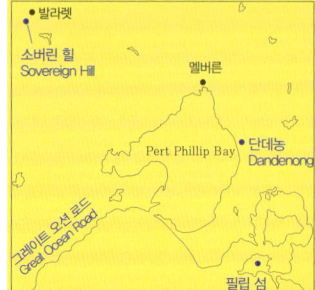

단데농 산맥

멜버른 시내에서 40분 거리에 있는 단데농 산맥은 도심에 자리한 숲이라는 것이 놀라울 만큼 울창하다. 오전에 진행되는 투어이기 때문에 상쾌한 산림욕으로 하루의 일정을 시작할 수 있고, 오후에는 시내 관광이나 필립 섬 등의 투어와 연계할 수 있다.

투어의 하이라이트는 호주에서 가장 오래된 증기 기관차 퍼핑 빌리(Puffing Billy)에 탑승하는 것으로, 대부분의 객차가 창문이 없는 개방형이라 더 상쾌하다.

일정은 산림욕과 퍼핑 빌리 탑승을 하는 투어와 퍼핑 빌리 탑승 후 필립 섬이나 야라 밸리의 와이너리에 가는 투어로 나뉜다.

당일 투어 요금

하늘 투어 :
A$ 55(단데농 산맥 퍼핑 빌리)
A$ 135(그레이트 오션 로드+단데농)
AAT King's :
A$ 76(단데농 산맥 퍼핑 빌리)
A$ 219(퍼핑 빌리+농장+펭귄)
A$ 158(퍼핑 빌리+와이너리)

쇼핑 센터

멜버른은 호주에서 쇼핑과 패션의 수도라 불릴 만큼 저렴한 잡화점에서 고급의 패션 브랜드 숍에 이르기까지 다양한 쇼핑을 즐길 수 있는 곳이다.

플린더스 역을 기준으로 위로 길게 뻗은 엘리자베스 스트리트와 스완스톤 스트리트가 쇼핑의 축이 되고 있다. 나란한 두 길을 블록별로 가로로 연결하는 콜린스 스트리트, 버크 스트리트, 라트로브 스트리트가 멜버른의 쇼핑 번화가이다.

이곳엔 멜버른에서 가장 큰 백화점인 마이어(Myer)와 최고급 상품과 우아한 분위기를 지닌 데이비드 존스(David Jones)가 위치해 있다. 이 외에도 옛 우체국(General Post Office)의 건물을 이용해 클래식한 외관이 눈에 띄는 멜버른 GPO(Melbourne GPO), 멜버른 센트럴(Melbourne Central), 퀸 빅토리아 마켓(Queen Victoria Market)을 둘러볼 수 있다. 쇼핑을 좋아하는 사람이라면 멜버른 근교에 디자이너 숍이 즐비한, 호주를 대표하는 패션 거리 채플 스트리트를 추천한다.

이곳엔 쇼핑 거리를 둘러보는 쇼핑 버스가 운행되고 있다. 요금이 A$20~80정도로 다양하나 굳이 추천하진 않는다.

멜버른 센트럴(Melbourne Central) `07418`
주소 Lonsdale and La Trobe Streets, Melbourne
전화 +61 (0)3 9922 1100
시간 월~수, 토, 일 10:00~19:00 / 목, 금 10:00~21:00
홈페이지 www.melbournecentral.com.au

QV `07419`
주소 Corner Swanston and Lonsdale Streets, Melbourne Australia
전화 +61 (0)3 9658 0100
시간 월~목 10:00~19:00 / 금 10:00~21:00 / 토 10:00~18:00 / 일 10:00~17:00
홈페이지 www.qv.com.au

멜버른 GPO(Melbourne GPO) `07420`
주소 Melbourne, Victoria, Australia on the corner of Elizabeth Street and Bourke Street, Melbourne Australia
전화 +61 (0)3 9663 0066
시간 일~수 09:30~19:00 / 목, 금 09:30~21:00 / 토 09:30~20:00
홈페이지 www.melbournesgpo.com

시장과 주말 마켓

멜버른의 삶을 보다 가까이 느끼고 싶다면, 시장이나 주말 마켓을 이용해 보자!

대표적인 멜버른의 정규 시장은 퀸 빅토리아 마켓이며, 일요일에 열리는 주말 마켓에는 콜린즈 플레이스, 빅토리아 아트 센터를 들 수 있다. 빅토리아 아트 센터와 세인트 킬다 해안가에서는 예술품과 수공예품을 판매한다.

세인트 킬다 에스플러네이드 마켓 `07421`
(St Kilda Esplanade)
주소 The Esplanade, St Kilda, between Cavell & Fitzroy Streets, Melway Reference 57 K10
시간 매주 일요일 10:00~17:00

퀸 빅토리아 마켓 `07422`
(Queen Victoria Market)
주소 Elizabeth and Victoria Street, Melbourne
전화 +61 (0)3 9320 5822
시간 화·목 06:00~14:00 / 금 06:00~17:00 / 토 06:00~15:00 / 일 09:00~16:00
홈페이지 www.qvm.com.au/home.php

배낭 여행자를 위한 생필품

생필품 구입은 콜스와 울월스에서!

급히 필요한 생필품이나 백패커스에서 직접 요리를 하고자 할 때에는 호주를 대표하는 대형 슈퍼마켓 콜스(Coles)와 울월스(Woolworth)에 가 보자. 스테이크용 쇠고기, 소시지, 샐러드, 음료는 물론 아침 식사를 위한 1회 식사분의 시리얼 외에도 아시안푸드 코너에서는 우리나라의 신라면, 새우깡 등도 구입할 수 있다.

위치 울월스 : 론스데일 스트리트(Lonsdale St)와 스완스톤 스트리트(Swanston St)의 코너.
콜스 : 센트럴 역 플린더스 스트리트(Flinders St)와 엘리자베스 스트리트(Elizabeth St)의 코너, 론스데일 스트리트(Lonsdale St)와 엘리자베스 스트리트의 코너, 서던 크로스 기차역이 있는 스펜서 스트리트(Spencer St)에 위치.

한국 식료품 구입하기
한국의 식료품을 구입하고자 한다면, 러셀 스트리트(Russell St.)와 버크 스트리트(Bourke St.)의 교차점과 퀸 빅토리아 마켓 오른쪽에 있는 한국인이 운영하는 슈퍼에 가 보자. 고추장, 참기름, 라면, 과자, 음료수, 통조림 등 없는 것이 없다. 또한 우리나라로 전화를 걸 때 가장 저렴하게 이용할 수 있는 국제 전화 카드, 콘센트, 화투 등도 구입할 수 있다.

배낭 여행자를 위한 알찬 식사

Jesters 07423

제스터스는 호주와 뉴질랜드까지 약 60개의 체인점을 가지고 있는 파이 전문점이다. 플린더스 스트리스 역과 스완스톤 스트리트 근처에 있다.

주소 55 Swanston St.
전화 +61 (0)3 9639 1334
시간 (월~토)10:00~18:00
예산 A$ 3~4
홈페이지 www.jesters.com.au

서울 하우스 레스토랑 07424
(Seoul House Restaurant)

가격이 저렴한 한국 음식점이며, 인심이 후하다.

주소 234 Russell St, Melbourne 3000
전화 +61 (0)3 9663 8883
시간 점심 11:30~14:30 / 저녁 17:30~22:30
예산 A$ 15~50

Kings' Buffet 07425

크라운 카지노 내에 있는 뷔페로 저렴하게 이용할 수 있다.

주소 Crown Entertainment Complex 8 Whiteman St Southbank 3006 VIC
전화 +61 (0)3 9292 5255
시간 매일 11:30~14:00, 17:30~21:00
예산 점심 : 월~일요일 A$22.90(시푸드 +A$ 14) / 디너 : 월~일요일 A$29.90(시푸드 +A$ 14)
홈페이지 www.crowncasino.com.au

Max Brenner 07426

세계적으로 손꼽히는 맛 좋은 초콜릿을 만나 볼 수 있는 초콜릿 전문점이다. 일반적인 초콜릿은 물론 맥스 브레너의 독특한 컵에 담겨 나오는 핫초코, 모카치노 등의 음료, 초콜릿 퐁듀, 생과일이 곁들여진 와플 등을 판매하고 있다. 그리고 식사 메뉴도 준비되어 있다.

주소 25-27 Red Cape Lane, Level 2 QV Square, 210 Lonsdale St. **전화** +61 (0)3 9663 6000 **시간** 월~목요일 08:30~22:30 / 금요일 08:00~23:30 / 토요일 09:00~23:30 / 일요일 09:00~20:30 **예산** A$ 4~20
홈페이지 maxbrenner.com

분위기 있는 레스토랑에서의 식사

Colonial Tramcar Restaurant `07427`

1927년 전차를 개조하여 식사를 할 수 있도록 만든 곳이다. 멜버른 거리를 달리면서 최상의 서비스와 고급 요리, 최고급 와인을 음미할 수 있다. 호주 관광청에서 주는 상을 4번이나 수상했을 정도로 손님들이 만족하는 곳이니, 여유가 있다면 꼭 들러 보자. 다만, 안전상의 이유로 만 5세 이상부터 입장이 가능하고, 인기가 많은 곳인 만큼 예약은 필수다.

주소 Cnr Clarendon St, Normanby Rd, South Melbourne VIC 3205
전화 +61 (0)3 9696 4000
시간 런치(4코스) 13:00~15:00 / 이른 저녁(3코스) 17:45~19:15 / 저녁(일~목, 5코스) 20:35~23:30 / 저녁(금~토, 5코스) 20:35~23:30
예산 런치(4코스) A$ 90 / 이른 저녁(3코스) A$ 85 / 저녁(5코스, 일~목) A$ 130 / 저녁(5코스, 금~토) A$ 145
홈페이지 www.tramrestaurant.com.au

백패커스

멜버른의 백패커스는 플린더스 스트리트 역(Flinders Street Station)을 중심으로 많이 모여 있다. 퀸 빅토리아 마켓(Queen Victoria Market) 주변에도 비교적 저렴하면서도 깔끔한 시설의 백패커스들이 있다. 두 곳 모두 무료 트램인 시티 서클 역에서 가깝기 때문에 어느 쪽을 선택해도 무방하나 나이트 라이프에 중심을 두는 여행객이라면 플린더스 스트리트 역 쪽에 숙소를 정하는 것이 좋다.

Greenhouse Backpacker `07428`

플린더스 스트리트 역에서 도보 5분 거리에 위치한 곳으로, 편리한 교통과 깔끔한 시설로 인기가 많은 곳이다. 객실의 수가 많지 않아 예약하는 데 약간의 어려움이 있다.

주소 Level 6, 228 Flinders Lane, Melbourne
전화 +61 (0)3 9639 6400
요금 4~6 Dorm : A$ 27 / 더블·트윈 : A$ 70 / 싱글 : A$ 65
홈페이지 www.friendlygroup.com.au

Nomads Melbourne Backpackers Hostel `07429`

퀸 빅토리아 마켓의 입구에 있는 백패커스로, 시설이 깨끗하다. 저렴한 요금과 옥상에 마련된 휴식처(Roof Top Sun Deck), 무료로 제공되는 저녁 식사로 많은 인기를 얻고 있다.

주소 198 A'Beckett Street, Melbourne
전화 +61 (0)3 9328 4383
요금 10 Dorm : A$ 26 / 6~8 Dorm : A$ 28 / 4 Dorm : A$ 32 / 더블 : A$ 85
홈페이지 nomadsworld.com

United Backpackers `07430`

플린더스 스트리트 역에서 도보 5분 거리로 편리한 교통을 자랑한다. 요금이 저렴한 만큼 시설은 다소 오래된 느낌이 난다.

주소 250 Flinders Street, Melbourne
전화 +61 (0)3 9654 2616
요금 4 Dorm : A$ 22
더블 : A$ 55
홈페이지 unitedbackpackers.com.au

> **특별 행사 기간의 숙소 예약**
> 멜버른에는 백패커스부터 고급의 호텔까지 다양하고 많은 숙박 시설이 있다. 하지만 멜버른 컵, 호주 오픈, F-1 경기 기간에는 한달 전에 이미 예약이 완료되는 경우가 많고, 요금도 약 20~50% 이상 인상된다.

중급 호텔

Great Southern Hotel Melbourne ★★★ `07431`

멜버른 시내 관광을 위한 저렴한 호텔로 인기가 있는 곳이다. 멜버른 도심의 스펜서 스트리트에 위치하고 있어, 도크랜드, 멜버른 전시장, 크라운 카지노에 걸어갈 수 있다. 스펜서 스트리트 역과 정거장이 호텔 앞에 위치해 있어 다른 곳으로 이동도 편리하다.
뿐만 아니라 저렴한 가격에 비해 시설이 고급스럽고 깔끔해 인기가 좋은 곳이니 이용해 보자.

주소 44 Spencer Street, Melbourne Victoria 3000
전화 +61 (0)3 9629 6991
요금 Standard : A$ 99 / Superior : A$ 149
홈페이지 www.hotelenterprise.com.au

Batman's Hill Hotel ★★★ `07432`

스펜서 스트리트 기차역(Spencer Street Railway Station), 공항간 직통 버스 터미널, 전시관(Exhibition), 컨벤션 센터(Convention Centre) 등이 근처에 있으며, 스카이 버스 정류장이 걸어서 5분 거리에 위치해 있어 접근성이 매우 좋은 호텔이다. 3급 도심 호텔로, 시설이 고급스럽지는 않지만 깔끔해 이용객이 많다.

주소 623 Collins Street, Melbourne Victoria 3000
전화 +61 (0)3 9614 6344
요금 Standard : A$ 175 / Club Disabled : A$ 220
홈페이지 www.batmanshill.com.au

고급 호텔

Crown Towers ★★★★★   07433

크라운 타워는 멋진 전망, 스파 욕조가 완비된 대형 욕실, 별도의 드레싱룸, 객실 내 팩스 장치 등을 갖춘 484개의 고급 객실을 갖고 있다. 호텔 내에는 크라운 카지노(Crown Casino), 컨벤션 회의 시설, 크라운 스파(Crown Spa), 40개의 레스토랑과 바, 35개의 디자이너 매장 등

이 있어 호주 최고의 호텔로 인정받고 있다.

주소 8 Whiteman Street, Southbank Melbourne Vic 3006
전화 +61 (0)3 9292 6666
요금 Deluxe : A$ 950 / Deluxe : A$ 1005 / Crystal Club : A$ 1080 / Suite : A$ 1580
홈페이지 www.crowntowers.com.au

Adina APT Hotel Melbourne ★★★★★   07434

퀸 스트리트, 부룩 스트리트 사이 시내 중심에 위치하며, 버스 정류장 앞에 바로 있어 찾기가 매우 쉽다. 도시적인 느낌을 주는 호텔이며, 실내 수영장을 갖추고 있다.

주소 189 Queen Street, Melbourne Victoria 3000
전화 +61 (0)3 9934 0000
요금 Deluxe Studio Room : A$ 280 / Deluxe One Bedroom Apt, Premier One Bedroom Apt. : A$ 390 / One Bedroom Penthouse : A$ 500
홈페이지 www.tfehotels.com/brands/adina-apartment-hotels

Windsor ★★★★★   07435

도심에 위치해 이동하기에 매우 편리하다. 팔러먼트(Parliament) 지하철역에서 도보로 2분이 소요된다. 호주에서 빅토리아 식민지풍의 건축양식을 간직한 유일한 호텔이다. 현대적인 호텔과는 다른 느낌을 받고자 하는 사람이라면 선택해 보자.

주소 103 Spring Street, Melbourne Vic 3000
전화 +61 (0)3 9633 6000
요금 Traditional Queen Room : A$ 470 / Superior Room : A$ 570
홈페이지 www.thewindsor.com.au

Langham ★★★★★   07436

멜버른 국제 공항에서 자동차로 30분 거리인 사우스뱅크에 위치한다. 아트 센터와 국립 미술관과 가깝고, 야라 강이 보이는 야경이 매우 인상적인 곳이다. 객실은 크고 현대적으로 꾸며져 있다.

주소 1 Southgate Avenue Southbank Melbourne Vic 3006
전화 +61 (0)3 8696 8888
요금 Classic : A$ 520 / River : A$ 560 / Club Classic : A$ 600 / Marvellous : A$ 660 / Club Spa Suite : A$ 1800
홈페이지 www.langhamhotels.com/en/the-langham/melbourne

멜버른 추천 코스
Melbourne

무료 버스인
투어리스트 셔틀로 3분,
도보 10분

1 로열 보타닉 가든
정원의 도시 멜버른을 느끼며 아침을 시작하자.

2 아트 센터
멜버른 문화의 중심지. 아트 센터를 둘러보고 바로 옆 빅토리아 국립 미술관에서 호주풍의 예술을 감상한다.

도보 3분

3 사우스뱅크
주말에는 마켓이 열리고, 평일에도 수많은 관광객을 볼 수 있는 곳.

도보 3분

4 유레카 스카이덱
호주 최고 높이의 전망대에 올라 보자.

도보 3분

5 크라운 카지노
남반구 최대의 카지노에서 멤버십 카드를 발급 받고 A$ 10 무료 게임을 즐기자.

단기간으로 멜버른 여행하기

단기간으로 멜버른을 여행한다면 그레이트 오션 로드, 소버린 힐즈, 필립 섬 펭귄 투어 등 당일 투어를 이용해 근교를 여행하는 게 일반적이다. 시내 관광은 투어가 끝난 저녁 시간이나 야간에 진행되는 필립 섬 펭귄 투어에 참가하기 전 시간을 이용하는 게 좋다.

무료 트램인 시티 서클 이용 7분

6 페더레이션 스퀘어
활기가 넘치는 복합 문화 센터 앞의 광장. 광장 앞에는 비지터 센터가 있다.

7 빅토리아 주 의사당

도보 10분

도보 5분

8 세인트 패트릭 대성당
호주 최대 규모의 천주교 성당. 야외 웨딩 촬영 장소로도 인기 있다.

도보 5분

9 피츠로이 가든
세인트 패트릭 대성당 바로 앞의 넓은 정원. 빠듯한 일정으로 지쳤다면 이곳에서 잠시 쉬어 가자.

10 스완스톤 스트리트
멜버른에서 가장 번화한 거리. 쇼핑, 식사 등을 하기에 가장 좋은 곳이다.

도보 10분

애들레이드

영국을 담고 있는 도시

애들레이드는 호주를 처음 찾는 사람들보다는 호주의 문화와 색, 멋을 찾기 시작한 여행자에게 좀 더 알맞은 여행지다.

호주의 다른 도시가 유형 식민지로 죄수들에 의해 시작된 것과는 달리, 애들레이드는 1836년 영국에서 신천지의 꿈을 갖고 온 자유 이민자들에 의해 시작되었다. 따라서 다른 호주 지역과는 다르게 가장 영국적인 느낌을 풍기는 곳이다. 19세기에 정비되었다는 게 믿기지 않을 만큼 반듯하게 디자인된 시내에는 멋스러운 건물들이 즐비하며, 다른 대도시에 비해 고층 빌딩이 적어 더욱 아름다움을 발산한다. 시내를 흐르는 토렌스 강 건너편의 노스 애들레이드 지역에는 한가로운 공원과 여유를 즐기

기 좋은 카페가 많다. 시내에서 근교로 나가면, 독일인 마을 한돌프에서 호주 속의 유럽을 만날 수 있으며, 글레넬그 해변에서 휴식도 취할 수 있다.

3개의 강이 만나 비옥한 토지를 자랑하는 애들레이드는 호주 최대의 와인 산지인 바롯사 밸리로 잘 알려져 있을 뿐만 아니라, 호주 최대의 자연 보호 구역인 캥거루 섬, 울루루로 대표되는 아웃백으로의 관문이기도 하다.

Dress code
지나친 캐주얼보다는 정돈된 느낌의 옷이 분위기와 잘 맞고, 활동하는 데도 무리가 없다.

Travel point
레스토랑	★★★★☆
쇼핑	★★★★☆
볼거리	★★★★☆
레포츠	★☆☆☆☆

애들레이드로 이동하기

우리나라에서 가기
우리나라에서 애들레이드까지는 직항편이 없기 때문에 외국 항공사의 경유 항공을 이용해야 한다. 경유 항공편을 이용하면 스톱 오버(Stop Over)로 경유지 관광을 할 수 있다. 애들레이드로 취항하고 있는 경유편 항공사는 아래의 표를 참고하자.

항공사	경유지	소요 시간	경유 시간	스톱 오버	기타
말레이시아 항공(MH)	쿠알라룸푸르	약 13시간 50분	약 5시간	가능	월·수·금·토
싱가포르 항공(SQ)	싱가포르	약 13시간 30분	약 2시간	가능	매일 취항
콴타스(QF)	도쿄	약 14시간 30분	약 9시간	가능	매일 취항
캐세이패시픽(CX)	홍콩	약 12시간 40분	약 1시간	리턴 시 1회 무료	매일 취항

호주의 다른 도시에서 가기
콴타스 항공, 버진 오스트레일리아로 대표되는 호주의 국내선 항공사들이 호주의 거의 모든 도시로 운항하고 있다. 가장 수요가 많은 시드니와 멜버른 구간은 하루 약 30편~40편 이상 운항하기 때문에 원하는 시간 언제든지 이동할 수 있다.

	시드니	멜버른	브리즈번	케언스	퍼스	에어즈 록
비행 소요 시간	2시간 10분	1시간 20분	2시간 20분	2시간 55분	3시간 20분	-
버스 이동 거리(km)	1,545	790	2,735	4,625	2,980	1,570

애들레이드 공항에서 시내까지
애들레이드 공항은 국제선, 국내선 터미널이 함께 있으며, 시내에서 서쪽으로 7km 거리에 있다. 가까운 거리에 있는 만큼 택시를 타는 것도 부담스럽지 않다.

택시 도착 로비 출구 앞에 승차장이 있으며 시내까지는 약 10분이 소요되고, 요금은 A$ 16~20이다. 3명 이상이라면 택시를 이용하는 것이 유리하다.

버스 공항에서 시내까지만 운행하는 J1x(Jet Express)와 시내와 근교 지역을 연결하는 J1, J2, 162 버스가 있다. J1x는 1시간, 나머지 버스는 10~15분 간격으로 운행한다. 요금은 싱글 트립 메트로 티켓(Singletrip Metro Ticket) A$ 5.40이며, 인터피크(피크 타임이 아닌 시간, 월~금 09:01~15:00, 일요일과 공휴일) 기간에는 A$ 3.50이다. 참고로 싱글트립 메트로 티켓은 2시간 동안 시내 구간에서 무제한 이용할 수 있다. 버스 이용 시 소요 시간은 약 20~30분이다.

장거리 버스 또는 열차로 도착 후
장거리 버스는 시내 프랭클린 스트리트(Franklin Street)의 센트럴 버스 스테이션(Central Bus Station)에 도착하므로 대부분의 숙소까지 도보로 이동이 가능하다. 도시를 연결하는 장거리 열차는 시내의 애들레이드 역으로 도착하지 않고 시내에서 약 2.5km 거리에 위치한 케스윅(Keswick) 역에 도착한다. 케스윅 역에서 시내까지는 열차 또는 버스로 이동할 수 있다. 시내까지 3km 이내이기 때문에 2 섹션 메트로 티켓(2 Section Metro Ticket)을 이용할 수 있으며 요금은 A$ 3.20, 인터피크 A$ 2.40이다. 2 섹션 메트로 티켓은 1회용 티켓으로 환승할 수 없다.

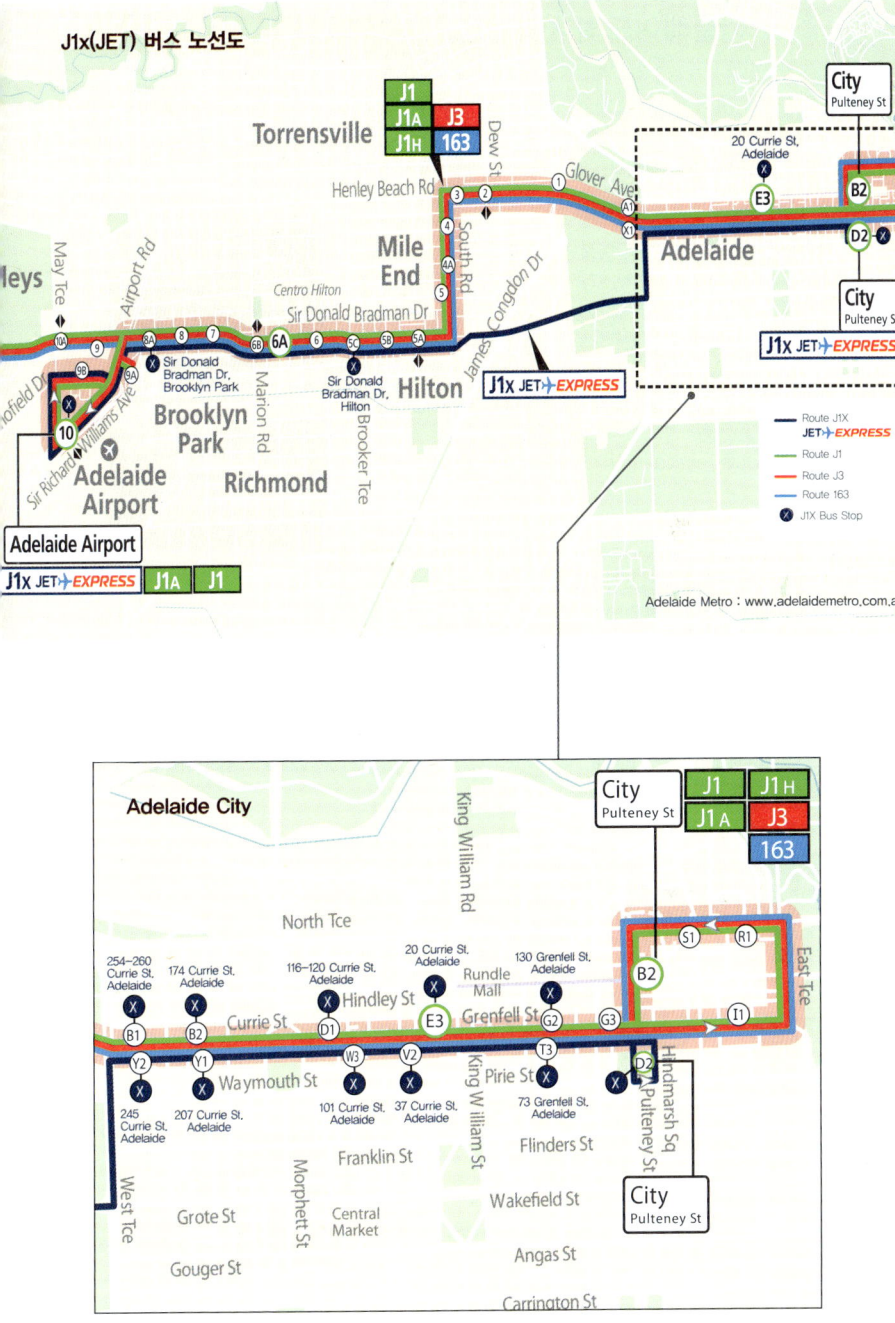

애들레이드의 시내 교통

애들레이드 시내 대중교통은 무료 교통과 유료 교통으로 나뉜다. 시내를 순환하는 무료 버스와 트램만으로도 애들레이드 시내 유명 관광지를 모두 이용할 수 있기 때문에 시내 관광을 생각한다면 교통비는 신경을 쓰지 않아도 된다.

◎ 무료 교통

무료 버스 토렌스 강을 중심으로 남쪽에 있는 시내에는 99A, 99C 버스가 15분 간격으로 양방향 순환 운행을 하고 있으며, 강의 북쪽과 남쪽을 모두 운행하는 98A, 98C 버스는 양방향 30분 간격으로 운행하고 있다.

무료 트램 Free Terrace 무료 버스뿐 아니라 시내 중심의 엔터테인먼트 센터(Entertainment Centre)와 사우스 테라(South Terrace) 사이의 트램은 무료로 이용할 수 있다.

◎ 유료 교통 – 애들레이드 메트로(Adelaide Metro)

버스와 트램, 열차는 '애들레이드 메트로(Adelaide Metro)'라는 이름으로 주정부에서 운영하고 있다. 시내 구간에서 교통편을 이용하는 경우는 많지 않기 때문에 공항에서 시내까지 이동하고 2시간 무제한 탑승이 가능한 '싱글트립 메트로 티켓', 3km 이하의 구간을 1회만 이용할 수 있는 '2 섹션 메트로 티켓' 정도만 알고 있으면 된다. 싱글트립 메트로 티켓과 2 섹션 메트로 티켓을 이용할 때는 피크타임과 인터피크(월~금 09:01~15:00, 일요일과 공휴일)의 요금이 다른 것에도 주의하자. 참고로 '1일권(Daytrip Metro Ticket, A$ 9.90)', '3일 비지터 패스(3 Day Visitor Pass)'도 있지만 활용도는 높지 않다.

트램 Tram 애들레이드 역에서 시내 중심의 킹 윌리엄 스트리트를 따라 빅토리아 스퀘어를 지나 근교로 빠지는 한 개의 노선이 있다. 글레넬그로 이동할 때 이용한다.

요금 싱글트립 메트로 티켓 또는 2 섹션 티켓 이용
운행 시간 월~금 05:57~23:50, 토요일 07:32~23:55, 일요일 08:50~23:55 **배차 간격** 15~30분

버스 Bus 시내에서는 무료 버스와 무료 트램 서비스를 이용하기 때문에 일반 버스를 이용하는 일은 거의 없다. 시내에서 근교로 이동을 할 때 이용하며 여행객들은 한돌프에 갈 때 정도만 이용한다.

요금 싱글트립 메트로 티켓 또는 2 섹션 티켓 이용

버스 티켓

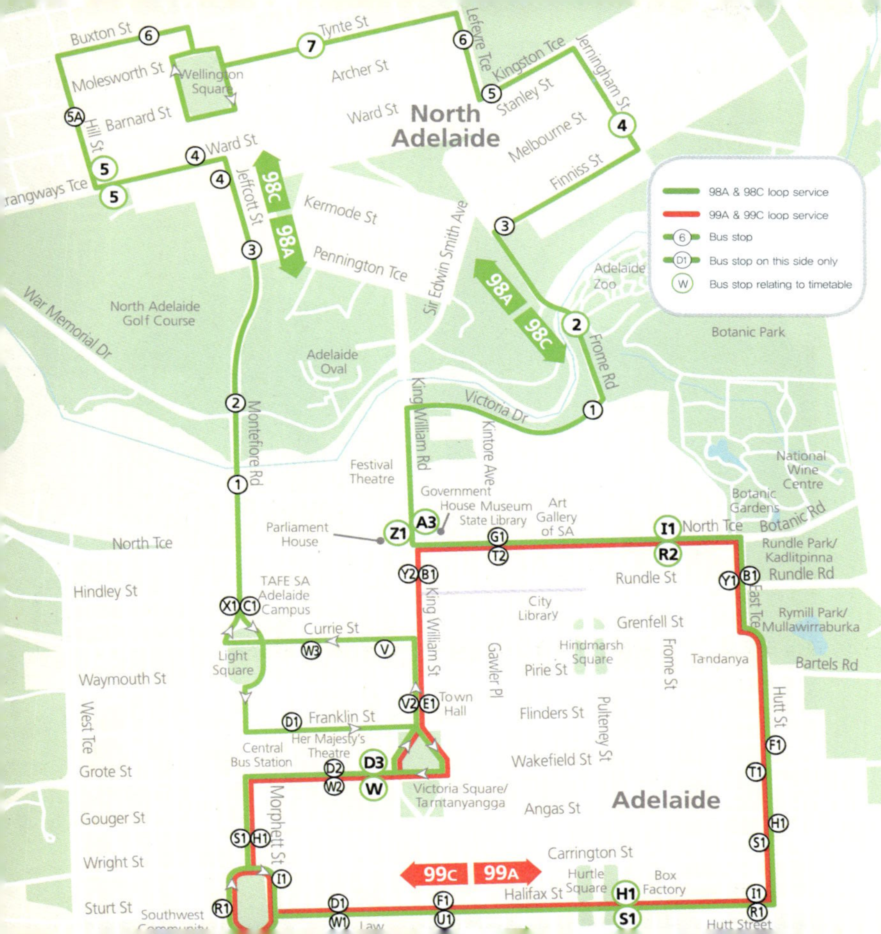

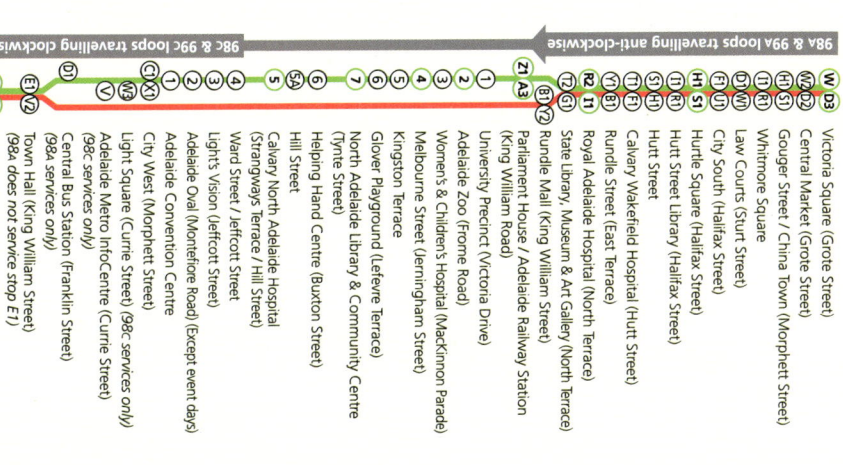

애들레이드 시내
Adelaide City

아기자기한 즐거움이 가득한 곳

애들레이드는 달콤한 초콜릿으로 유명하다. 달콤한 초콜릿만큼이나 애들레이드의 시내는 아기자기한 즐거움으로 가득하다. 정적이지만 동적이고, 열정적이면서도 여유를 아는 멋이 있다.

Travel point	
레스토랑	★★★★★
쇼핑	★★★★★
볼거리	★★★★☆
레포츠	★☆☆☆☆

도심 광장은 유쾌한 에너지로 가득하다. 140년 된 오래된 시장의 상인들은 자신의 터전인 시장의 역사에 대해 자부심을 느끼고, 그들의 열정으로 시장을 훈훈하게 데울 줄 안다. 쇼핑 숍이 즐비한 거리에는 돼지 형제의 조형물이 눈길을 끈다. 길을 지나는 사람들은 이에 화답하듯 돼지 형제 조형물에 의미를 부여하고, 별명을 지어 주며 형제처럼 지낸다.

이들의 열정은 애들레이드 페스티벌에서도 찾을 수 있다. 1960년대부터 2년마다 열리는 대규모 페스티벌은 비록 호주의 아이콘은 아니지만, 충분한 가치를 가진 공연과 콘서트를 제공한다. 작은 재미로 가득 찬 애들레이드 시내를 구석구석 살펴보자.

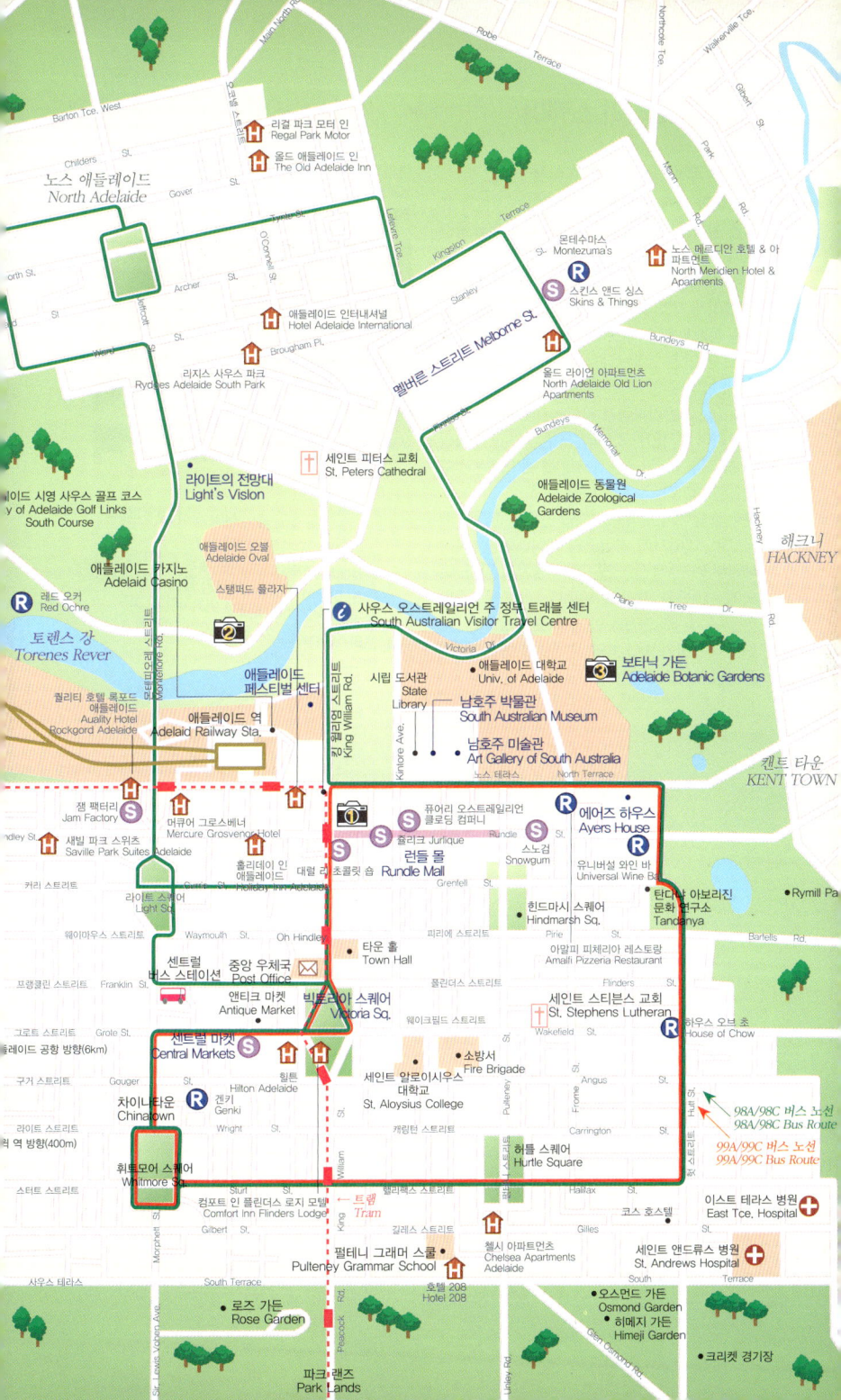

MAPECODE 07501

빅토리아 스퀘어 Victoria Square

애들레이드의 도심 속 휴식처

빅토리아 스퀘어는 약속을 기다리는 사람과 휴식을 취하는 사람들로 붐비는 도심 속 휴식 공간이다. 의회 광장으로 불리던 이곳에 1901년 빅토리아 여왕상이 세워지면서 빅토리아 스퀘어로 불리게 되었다. 광장 중앙에 위치한 빅토리아 여왕 동상과 분수대에서 사진을 찍고, 휴식을 취해 보자. 이 분수대는 애들레이드로 유입하는 대표적인 3대 강인 머레이 강(Murray), 토렌스 강(Torrens), 온카파링가 강(Ongaparinga)을 형상화하여 디자인한 것이다. 호주 남부 모든 거리의 참조점이 되고 있는 표지판을 찾아보는 것도 쏠쏠한 재미다.

분수대 앞에서 보이는 시계탑 건물은 중앙 우체국으로, 미야자키 하야오의 애니메이션 〈마녀 배달부 키키〉에 등장한 곳이니 놓치지 말자. 이 외에도 대법원, 재판소, 재무부, 대성당 등 중요한 공공 기관과 인접해 있어, 버스, 무료 버스, 트램을 이용하기 좋다. 따라서 이곳을 애들레이드 관광의 시작으로 삼는 것이 좋다.

Access 위치 시내 중심, 킹 윌리엄 스트리트와 그로트 스트리트, 웨이크필드 스트리트가 만나는 곳.
전화 +61 (0)8 8463 4500(남호주의 관광 안내)

Fun point

1. 이곳에서 애들레이드 여정을 시작한다.
2. 광장 중앙의 빅토리아 여왕 동상 앞 그리고 분수대에서 사진을 찍는다.
3. 광장에서 시계탑이 보이는 중앙 우체국을 찾는다. 이곳에서 애들레이드의 중심 위치 표지를 확인한다. 마녀 배달부 키키처럼 한 컷!
4. 크리스마스라면 24.5m 높이의 트리를 감상한다.

MAPECODE 07502

센트럴 마켓 Central Market

▶ 빨간 벽돌이 인상적인 시장

1870년에 오픈해 약 140여 년의 역사를 갖고 있으며, 남부 호주에서 방문객이 가장 많은 곳이다. 시장의 영업시간이 제한적이지만, 여느 시장과 마찬가지로 과일, 채소, 육류 등의 식료품 외에 다양한 물건을 판매하는 일반 상점, 푸드코트 등이 즐비하고, 한국인이 운영하는 식당도 있다. 이곳에서 특히 유명한 것은 커피 상점이니 한번쯤 둘러봐도 좋을 것 같다.

시장을 다양한 주제로 경험할 수 있는 와인 투어, 치즈 투어, 초콜릿 투어, 쿠킹 스쿨 등 다양한 프로그램이 준비되어 있으니, 관심 있다면 참여해 보자.

투어 홈페이지
www.centralmarkettour.com.au
www.topfoodandwinetours.com.au

Access 위치 빅토리아 스퀘어의 분수대에서 빅토리아 여왕의 동상을 바라보며 오른쪽 그로트 스트리트를 따라 도보 5분, 왼편에 시장의 입구가 있음.
전화 +61 (0)8 8203 7203
홈페이지 www.adelaidecentralmarket.com.au
시간 (화) 07:00~17:30 (수~목) 09:00~17:30 (금) 07:00~21:00 (토) 07:00~15:00
휴무 일~월요일

Fun point
1. 둘러본다.
2. 투어를 이용한다.

MAPECODE 07503

런들 몰 Rundle Mall

▶ 애들레이드의 대표적인 쇼핑 지역

1976년 호주 최초의 보행자 전용 도로로 지정된 런들 몰은, 애들레이드의 대표적인 쇼핑 지역으로 여러 백화점과 슈퍼마켓 등이 즐비하다.

이곳의 특이한 점은 보행자 전용 도로에 설치된 조각 작품이다. 마치 살아 있는 듯한 네 마리의 돼지 동상과 두 개의 스테인레스 구체가 쌓여 있는 몰의 볼(Mall's Ball), 작고 예스러운 분수가 그것이다. 이러한 조각품은 사진을 찍는 포인트 중의 하나다.

Access 위치 빅토리아 스퀘어의 분수대에서 시내 방향 (빅토리아 여왕의 동상을 등지고)의 킹 윌리엄 스트리트를 따라 올라가다 하이그 초콜릿 상점에서 우회전. 빅토리아 스퀘어에서 도보 약 10분.
홈페이지 rundlemall.com
주말 마켓 일요일 08:00~15:00

Fun point
1. 쇼핑한다.
2. 잊지 말고 돼지 형제와 사진을 찍는다.

MAPECODE 07504

남호주 박물관 South Australia Museum

자연·문화사 박물관

1856년 6월에 문을 연 남호주 박물관은 노스테라스에 위치한 자연·문화사 박물관이다. 호주 원주민의 문화와 초기 태평양 문화를 이해할 수 있는 곳으로, 남호주의 역사, 지질학, 인류학과 관련된 물품을 소장하고 있다.

남호주 박물관은 발 모양의 로고가 매우 인상적이다. 이것은 사람이 움직이고, 연주하고, 싸우고, 발견하고, 개발하고, 공존하여 여기에 서 있다는 것을 의미한다. 주중에는 11시, 주말 14시와 15시에 무료로 가이드 안내를 받을 수 있다.

Access **위치** 빅토리아 스퀘어의 분수대에서 시내 방향(빅토리아 여왕의 동상을 등지고)의 킹 윌리엄 스트리트를 따라 올라가다 런들 몰을 지나 노스 테라스 도로에서 우회전. 빅토리아 스퀘어에서 도보 약 15분. / 런들 몰에서 도보 5분. **전화** +61 (0)8 8207 7500
홈페이지 www.samuseum.sa.gov.au
시간 10:00~17:00 / 크리스마스, 굿 프라이데이 휴무

Fun point 무료 가이드의 안내를 받아 보자.

MAPECODE 07505

남호주 미술관 Art Gallery of South Australia

미술품도 감상하고 레스토랑도 즐긴다!

남호주 미술관은 1900년 초에 처음 모습을 들어낸 후 1936년, 1962년, 1996년 확장 공사를 거쳐 현재의 모습을 갖추었다. 호주와 유럽, 북아메리카와 아시아의 다양한 회화, 조각품, 인쇄, 그림, 사진, 직물, 세라믹, 유리, 금속 세공품 보석 등을 다양하게 전시하고 있다.

이곳의 레스토랑은 3회 연속 최고의 레스토랑으로 선정되기도 했다. 미술관의 테라스와 잔디가 내려다보여 쾌적한 느낌을 주며, 호주식 계절 요리를 선보인다. 예산은 전체 요리, 메인 요리, 디저트를 포함해서 A$ 60 정도로 다소 비싸다.

Access **위치** 남호주 박물관 바로 옆
전화 +61 (0)8 8207 7000
홈페이지 www.artgallery.sa.gov.au
시간 10:00~17:00 / 크리스마스, 굿 프라이데이 휴무

Fun point
1. 무료 가이드 투어를 이용한다.
2. 레스토랑을 이용한다.

MAPECODE 07506

애들레이드 페스티벌 센터 Adelaide Festival Centre

2년마다 열리는 축제의 열기 속으로

애들레이드 페스티벌은 1960년대부터 2년마다 열리는 대규모 페스티벌이다. 이 페스티벌의 중심에 애들레이드 페스티벌 센터가 있다.

1970년 4월부터 건설을 시작해 서서히 모습을 갖춘 애들레이드 페스티벌 센터는 시드니 오페라 하우스와 같은 국제적인 아이콘은 아니지만, 시설 규모에서는 오페라 하우스를 능가하고, 음향 시설도 아주 대단하다. 2,000명을 수용할 수 있는 거대한 시설로 공연장, 스페이스 극장, 시각 예술 갤러리 아트 스페이스, 야외 콘서트 홀 등이 있다. 이곳의 공연과 행사는 홈페이지를 통해서 미리 확인할 수 있다. 패키지 상품도 있어 더욱 알뜰하게 즐길 수 있다.

Access **위치** 남호주 박물관에서 킹 윌리엄 스트리트를 건너면 바로. / 빅토리아 스퀘어에서 도보 15분.
전화 +61 (0)8 8216 8600
홈페이지 www.adelaidefestivalcentre.com.au

Fun point
1. 1960년대부터 짝수 해 3월에 열리는 애들레이드 페스티벌!
2. 음악, 연극 등 공연을 감상한다.

MAPECODE 07507

에어즈 하우스 Ayers House

19세기 생활 모습을 엿본다

1920년대 지어진 건물로, 남호주의 수상이던 헨리 에어즈 경이 살던 집이다. 19세기의 생활 모습을 엿볼 수 있는 박물관으로, 일반적인 전시 박물관과는 달리 19세기에 직접 누군가의 집을 방문한 듯한 기분이 든다. 아기자기한 소품과 멋진 인테리어가 매우 멋스럽다. 자연스럽게 사진 촬영이 가능하기 때문에 사진 찍기에도 좋은 곳이다. 결혼식이나 특별한 날의 이벤트, 식사도 가능하다.

Access
위치 무료 버스 시티 루프 10번, 28번 정류장에서 도보 2분. / 보타닉 가든에서 도보 5분.
전화 +61 (0)8 8223 1234
홈페이지 www.ayershousemuseum.org.au
시간 (화~금요일) 10:00~16:00 (주말 및 공휴일) 13:00~16:00 (월요일, 크리스마스, 굿 프라이데이) 휴무
요금 성인 A$ 10 / 13~16세 A$ 10 / 12세 이하 무료

Fun point
1. 사진을 찍는다.
2. 이곳에서 먹는 밥은 더 맛있다.

MAPECODE 07508

보타닉 가든 Botanic Gardens

바이센테니얼 온실 Bicentennial Conservatory

호주 200년 기념제(1988년)를 축하하기 위해 지은 건물이다. 온실 안에는 북호주, 파푸아뉴기니, 인도네시아 근처의 멸종 위기 열대 식물을 전시한다.

Access 위치 보타닉 가든 내
시간 10:00~16:00 / 서머타임 기간(12월~3월) 10:00~17:00
요금 무료

유럽의 향기를 느끼고 싶다면!

1857년 문을 연 애들레이드 보타닉 가든은 유럽의 영향을 많이 받아 유럽풍의 분위기를 느낄 수 있는 곳이다. 넓고 아름다운 정원은 산책이나 휴식을 취하기 좋으며 특히, 바이센테니얼 온실에선 다양한 열대 식물을 볼 수 있다.
매년 2월 말~3월 초에는 보타닉 가든 전체가 뮤직 페스티벌인 움애들레이드의 열기로 가득찬다.

Access 위치 무료 버스 시티 루프 11번, 29번 정류장에서 도보 5분 **전화** +61 (0)8 8222 9311
홈페이지 www.environment.sa.gov.au/botanicgardens/index.html
개장 시간 (평일) 07:15 (주말) 09:00
폐장 시간 (12월, 1월) 19:00 (2월, 3월, 10월, 11월) 18:30 (4월, 9월) 18:00 (5월, 8월) 17:30 (6월, 7월) 17:00

Fun Point
1. 맘껏 산책한다. 어느 순간 기분이 좋아질 것이다.
2. 보타닉 가든 안에 있는 식물원을 이용한다.
3. 홀수 해 2월 하순에 방문한다면 움애들레이드(Womadelaide)를 즐길 수 있다.

MAPECODE 07509

라이트의 전망대 Light's Vision

올라가는 길이 더 수려한 곳

빅토리아 여왕의 명을 받고 애들레이드 건설을 지휘한 윌리엄 라이트(William Light)의 동상이 있는 라이트의 전망대는 올라가는 길이 너무도 좋은 곳이다. 나무와 건물 때문에 시야가 시원하게 확보되지는 않지만, 이곳에서 보는 광경은 아름답다.

Access **위치** 시내에서 킹 윌리엄 스트리트 따라 강을 건너 직진하다 세인트 피터스 교회에서 패닝턴 테라스 도로를 따라 좌회전 후 직진함. 다리를 건넌 후 약 15분 소요.

Fun point
1. 산책하는 기분으로 전망대까지 오른다.
2. 휴식을 취한다.

MAPECODE 07510

멜버른 스트리트 Melbourne Street

멜버른 스트리트는 애들레이드에서 두 번째로 큰 상업 지역이다. 카페와 레스토랑, 소매점과 식민지 시대의 건물이 즐비하다. 잘 알려진 건물로 올드 라이언(Old Lion)과 버팔로 카티지(Buffalo Cottage)가 있다.

Access **위치** 시내에서 킹 윌리엄 스트리트를 따라 강을 건너 직진하다 세인트 피터스 교회에서 우회전 후 공원이 나오면 좌회전해서 직진. 다리를 건넌 후 약 15분 소요.

Fun point
1. 맘껏 쇼핑한다.
2. 카페를 즐긴다.

애들레이드 근교
Around Adelaide

호주 최대의 와인 산지와 독일인 마을을 찾아서

애들레이드 시내에서 대중교통을 이용해서 다녀올 수 있는 근교 관광지 중 가장 잘 알려진 곳은 아름다운 해변이 있는 글레넬그(Glenelg)와 독일인 마을 한돌프(Hahndorf)다. 한돌프는 독일인 이주민들에 의해 형성된 마을로, 유럽의 문화를 호주에서 간접적으로 접할 수 있는 곳이고, 글레넬그는 애들레이드 역사가 시작된 곳으로, 해변가에 위치한 리조트 같은 느낌을 주는 곳이다. 글레넬그를 방문하지 않고 애들레이드 관광을 마칠 수 없다는 말이 있을 만큼 많은 관광객이 찾는 곳이다.

하지만 호주를 대표할 만한 해변도, 특별한 어트랙션도 없는 곳인 만큼 호주를 처음 접하거나 일정이 짧은 여행객보다는 여유 있는 호주색을 느끼면서 그 안의 새로운 문화를 보고자 하는 사람들에게 추천한다.

Travel point

레스토랑	★★★☆☆
쇼핑	★★★★☆
볼거리	★★★★☆
레포츠	★☆☆☆☆

글레넬그와 한돌프 저렴하게 둘러보기

글레넬그와 한돌프는 시내에서 가까이에 있고, 볼거리가 아주 많은 것이 아니기 때문에 오전 일찍 일정을 시작하면 두 곳을 하루에 다녀오는 것도 가능하다. 이러한 경우는 출발할 때 애들레이드 메트로의 '1일권(Daytrip Metro Ticket A$ 9.90)'을 구입하는 것이 경제적이다.

MAPECODE 07511

한돌프 Handorf

호주 속 독일인 마을

한돌프는 애들레이드 시내에서 남동쪽으로 28km 떨어진 언덕에 위치한다. 1838년 독일인 이주민들에 의해 형성된 이곳은 현재 많은 관광객이 찾는 애들레이드의 명소 중 한 곳으로, 거리에는 독일의 맥주를 비롯해 다양한 음식을 맛볼 수 있다. 또한 유럽에서만 볼 수 있을 것 같은 수공예품과 인형 등의 다양한 소품과 액세서리 상점을 만날 수 있다.

당일 투어로 오전에 한돌프와 동물원을 방문하고 오후에 바롯사 밸리의 와이너리를 방문하는 것이 효과적이다. 하지만 한돌프에서의 체류 시간이 약 1시간 30분 정도로, 이곳의 일정이 짧아 다소 아쉽다(당일 투어 내용은 p.252 참고).

Access 위치 커리 스트리트(Currie St.)의 D1 버스 정류장(Adelaide TAFE) 앞에서 864번 버스를 타면 54번 버스 정류장(Mt Barker Rd - West Side)까지 약 45분 소요.

Fun point
1. 독일 맥주를 맛본다.
2. 수공예품을 구경한다.
3. 당일 투어를 이용해서 캥거루 동물원에 가 본다.

864번 버스 출발 시간

시내에서 출발 Adelaide TAFE (Bus Stop D1) ~ Mt Barker Rd (Bus Stop 54)	평일	06:28~19:28까지 매시간 28분, 58분 (시간당 2대) 20:30~23:30까지 매시간 30분 (시간당 1대)
	토요일	06:30~18:30까지 매시간 00분, 30분 (시간당 2대) 19:30~23:30까지 매시간 30분 (시간당 1대)
	일요일·공휴일	08:30~23:30까지 매시간 30분 (시간당 1대)
한돌프에서 출발 Mt Barker Rd (Bus Stop 55) ~ Currie Street (Bus Stop W3)	평일	06:02~18:32까지 매시간 02분, 32분 (시간당 2대) 19:32~22:32까지 매시간 32분 (시간당 1대)
	토요일	06:32~18:32까지 매시간 02분, 32분 (시간당 2대) 19:32~22:32까지 매시간 32분 (시간당 1대)
	일요일·공휴일	07:32~10:32까지 매시간 02분, 32분 (시간당 2대) 11:32~22:32까지 매시간 32분 (시간당 1대)

MAPECODE 07512

글레넬그 Glenelg

애들레이드의 역사가 시작한 곳

거꾸로 읽어도 글레넬그(Glenelg)라는 재밌는 이름을 가진 이곳은 애들레이드에서 가장 찾아가기 쉬운 해변이다. 이곳을 방문해 보지 않고 애들레이드 관광을 마칠 수 없다는 말이 있을 만큼 많은 관광객들이 찾는 곳이다.

서호주를 개척하려 한 이민자들이 처음 정박한 곳으로, 애들레이드의 역사가 시작한 곳이라 해도 무방하다. 1936년 이곳에 처음 도착한 범선 버팔로 호(HMS Buffalo)는 아델피 테라스(Adelphi Terrace, 도로명)에 재현되어 레스토랑으로 이용되고 있다.

하얀 해변과 번화가인 제티 로드(Jetty Road)에는 많은 카페와 레스토랑, 호텔이 있어 마치 리조트에 온 듯한 기분이 든다. 트램에서 내리면 바로 보이는, 바다로 길게 이어진 나무 부두(Jetty, 215m)는 해 질 녘에 가장 아름다운 자태를 뽐낸다.

Access **위치** 퀸 빅토리아 스퀘어에서 트램으로 35분(매일 07:00~24:00까지 시간당 3~4대 운행).

Fun point
1. 해변을 둘러본다.
2. 레스토랑에서 버팔로 호를 감상한다.

하루는 꼬박 써야지~ 당일 투어

짧은 일정으로 여행한다면 근교 지역의 관광은 당일 투어를 이용하는 게 효과적이다. 당일 투어는 출국 전 여행사를 통해 예약할 수 있으며, 호주 도착 후에는 현지의 인포메이션 센터, 호텔 또는 백패커스 등의 숙소와 한국인 여행사, 유학원을 통해서 가능하다.

당일 투어를 예약할 때는 식사 및 현지 입장료, 숙소까지 차량이 제공되는지 등의 기본적인 내용과 정확한 출발 시간, 장소를 확인해야 한다.

애들레이드 지역의 당일 투어 추천 회사

- 고품격 당일 투어 여행사
  Adelaide Sightseeing:
  www.adelaidesightseeing.com.au
- 저가의 당일 투어 여행사
  Groovy Grape:
  www.groovygrape.com.au

바롯사 밸리 와이너리 투어 Barossa Valley Winery Tour

애들레이드 시내에서 북동쪽으로 약 60km에 위치한다. 호주 와인 생산량의 60%를 차지하는 호주에서 가장 크고 유명한 와인 산지로, 애들레이드에서 출발하는 당일 투어 중 가장 인기가 많다.

시내에서 비교적 가까운 곳이지만 대중교통은 하루 한 대뿐인 버스가 전부라, 이용하는 데 제약이 따른다. 60개의 와이너리가 지역 곳곳에 위치해, 대중교통보다는 와이너리 견학과 와인 시음 등이 모두 포함되어 있는 당일 투어를 이용해 방문하는 것이 효율적이다.

당일 투어는 바롯사 밸리 지역의 와이너리만 3~4곳을 방문하는 와인 위주의 투어와 오전에는 독일인 마을인 한돌프와 코알라, 캥거루를 볼 수 있는 동물원을 방문한 후 바롯사 밸리의 와이너리를 방문하는 투어 등 다양한 일정으로 진행된다.

와인에 대한 관심이 많지 않고 여행 일정이 길지 않다면, 하루에 와이너리는 물론 한돌프 마을, 동물원 등 많은 것을 볼 수 있는 투어가 더 낫다. 와이너리 견학 및 다양한 와인 시음을 원한다면 와인 위주의 투어가 좋다.

당일 투어 요금

- **Adelaide Sightseeing**:
  A$ 135(바롯사 밸리 푸드+와인)
  A$ 135(바롯사 밸리+한돌프)
- **Groovy Grape**:
  A$ 99(당일)

캥거루 섬 Kangaroo Island

제주도 면적의 두 배가 조금 넘는 캥거루 섬은 호주에서 세 번째로 큰 섬이다. 아름다운 모습과 수많은 야생 동물이 서식하고 있어 호주 자연의 축소판이라 불린다.

이곳에선 캥거루, 코알라, 왈라비 등 호주에서만 볼 수 있는 동물들을 야생의 모습 그대로 볼 수 있다. 특히 실 베이 자연 보호 구역의 야생 바다표범은 캥거루 섬에서 놓쳐서는 안 될 볼거리다.

캥거루 아이랜드는 애들레이드에서 남서쪽으로 약 150km 거리에 위치한 케이프 저비스(Cape Jervis)에서 페리로 45분 정도 걸린다. 대중교통을 이용해도 되지만 실 베이 자연 보호 구역(Conservation Park)은 가이드 투어만 허용되기 때문에 애들레이드에서 투어를 이용해 방문하는 것이 훨씬 편리하다.

투어는 오전 7시경 출발, 저녁 11시경에 도착하는 당일 투어와 1박 2일, 2박 3일 등의 투어가 있다. 당일 투어만으로도 캥거루 섬의 하이라이트인 실 베이와 플린더스 체이스 국립공원의 리마커블 록스, 코알라 보호 구역 등은 모두 방문할 수 있다. 1박 2일, 2박 3일 투어를 이용하는 경우는 숙박하는 곳의 조건에 따라 요금에 차이가 있다.

⊙ 실 베이 자연 보호 구역(Seal Bay Conservation Park)

세계 최대의 바다표범 서식지로 바다표범이 물결을 이루는 장관을 볼 수 있다. 단, 바다표범의 안전을 위해 일정 거리 이상의 간격을 유지해야 한다.

이곳에선 가이드 투어만을 허용한다. 투어는 비지터 센터에서 출발하며 세 가지 종류로 나뉜다. 보드워크 투어(Boardwalk Tour)와 해변까지 들어가는 비치 투어(Seal Bay Experience), 해 질 녘을 만끽하는 선셋 투어(Twilight Beach Tour)가 그것이다. 보드워크 투어는 나무 바닥으로 된 길을 이용해 전망대로 가는 코스이며, 비치 투어는 바다표범을 보다 가까이에서 볼 수 있어 호응이 좋다. 선셋 투어는 여름에만 운영하는데, 사진 찍기를 좋아하고 조용히 자연을 관찰하고 싶은 사람들에게 최적의 코스다.

비치 투어	보드워크 투어	선셋 투어
어른 A$ 33 어린이 A$ 19	어른 A$ 16 어린이 A$ 10	어른 A$ 60 어린이 A$ 38

홈페이지 www.environment.sa.gov.au/sealbay/home

⊙ 플린더스 체이스 국립공원(Flinders Chase National Park)

캥거루 섬의 서쪽 끝 보호 구역에 위치한다. 1919년 국립공원으로 지정된 이래, 코알라와 오리너구리처럼 멸종 위기에 처한 동식물을 보호하고 있다. 화강암 꼭대기에 특이한 모양으로 자리한 거대한 암석 리마커블 록스(Remarkerble Rocks)와 아름다운 풍광을 느낄 수 있다. 다소 특이한 냄새가 나는 어드미럴 아치(Admirals Arch)도 유명하다.

당일 투어 요금

- **Adelaide Sightseeing**:
  A$ 269(당일)
  A$ 436(1박 2일)
- **Sealink Kangaroo Island**:
  A$ 157~(당일, 출발일 및 프로그램에 따라 요금 변동)
- **Groovy Grape**:
  A$ 425(1박 2일)

쇼핑 센터

애들레이드에서 쇼핑 센터를 꼽는다면 단연 런들 몰이다. 대형 마이어와 울월스가 자리하고 있으며, 약 600개의 상점이 밀집해 있다. 런들 몰은 특히 쇼핑의 중심이 되는 곳으로, 대부분의 대형 브랜드를 구입할 수 있다.

또한 주변의 런들 스트리트(Rundle Street)도 함께 구경할 만하다. 아케이드로 연결되어 있으며, 아케이드에도 다양한 숍들이 즐비하게 늘어서 있다.

이곳의 세일 기간은 시드니나 멜버른보다 1일 정도 늦은 12월 27일부터라는 점을 잊지 말자. 이 기간에는 30~80%를 세일하는데, 마이어(Myer), 데이비드 존스(David Jones)의 백화점 브랜드 상품에 주목하자.

애들레이드 시내에서 15분 떨어진 공항 근처의 하버 타운(Harbourtown)은 애들레이드의 대형 할인 아울렛이다. 인기 있는 브랜드의 상품을 항상 60% 이상 세일해 판매하니 관심이 있다면 들러 보자.

런들 몰(Rundle Mall) 07513

주소 4 Rundle Mall Adelaide, SA, 5000
시간 월~목 09:00~17:30 / 금요일 09:00~17:00 / 토요일 11:00~17:00
홈페이지 rundlemall.com

시장과 주말 마켓

가장 유명한 곳은 센트럴 마켓이다. 다양한 식자재와 한국 음식을 판매한다. 쇼핑을 하고 싶지만 세일 기간을 빗겨 이곳에 도착했다면, 이스트엔드 마켓(East End Markets)을 이용하자. 런들 스트리트에서 매주 토요일에 열리는 장으로 질 좋은 디자이너의 옷과 신발, 액세서리 등을 싸게 구입할 수 있다. 이 외에도 애들레이드 근교의 오래된 옷을 판매하는 오리지널 오픈 마켓, 앤티크한 물건이나 오래된 빈티지 장난감, 장신구를 파는 앤티크 마켓 등이 있으니 관심사에 따라 방문해 보자.

센트럴 마켓(Central Market) 07514

주소 Adelaide Central Market Gouger St, Adelaide
전화 +61 (0)8 8203 7211
시간 화 07:00~17:30, 목 09:00~17:30, 금 07:00~21:00, 토 07:00~15:00, 일·월·수 영업 안 함
홈페이지 www.adelaidecentralmarket.com.au

앤티크 마켓(Antique Market) 07515

주소 32 Grote Street, Adelaide, South Australia 5000
전화 +61 (0)8 8212 6421
시간 월~목 10:00~17:00 / 금 10:00~17:30 / 토 10:00~14:00
홈페이지 www.antiquemarket.com.au

배낭여행자를 위한 생필품

콜스(Coles)와 울월스(Woolworth)

호주 사람들의 일상을 느껴 보고 싶다면 대형 슈퍼마켓 콜스(Coles)와 울월스(Woolworth)를 방문해 보자. 갖가지 생필품부터 식재료까지 한곳에서 구입할 수 있다. 특히 스테이크용 쇠고기, 소시지, 샐러드, 음료는 물론 아침 식사를 위한 1회 식사분의 시리얼 외에도 아시안 푸드 코너에서 우리나라의 신라면, 새우깡 등도 찾아볼 수 있다.

위치 울월스 : 런들 몰, 콜스 : 센트럴 마켓과 연결

배낭여행자를 위한 알찬식사

Jerusalem Sheshkabab House `07516`

중동 음식과 아프리카 음식의 중간 정도의 메뉴를 선보이는 곳으로, 작고 고급스러운 인테리어는 아니지만 중동의 느낌을 그대로 느낄 수 있다. 양배추롤, 요구르트와 마늘 소스를 곁들인 양고기가 인기 메뉴다. 이국적인 향신료를 맛보고 싶다면 들러 볼 만하다.

주소 131b Hindley Street Adelaide
전화 +61 (0)8 8212 6185
시간 월~토 12:00~24:00 / 일 16:00~23:00
예산 A$ 10

Ying Chow `07517`

과거 중국의 한 도시 이름을 딴 중국 음식 전문점으로, 싸고 맛이 좋다. 들어가자마자 보이는 중국 특유의 붉은색만으로도 충분히 중국적인 분위기를 느낄 수 있다. 우리나라의 중국집과는 사뭇 다르며 만두와 닭고기가 특히 인기 있다.

주소 114 Gouger Street Adelaide, SA 5000 Australia
전화 +61 (0)8 8211 7998
시간 매일 저녁 17:00~01:00 / 금요일 점심 12:00~15:00
예산 A$ 10

Cocolat `07518`

런들 스트리트에 자리한 이곳은 달콤함을 위한 가게라고 해도 과언이 아니다. 케이크와 초콜릿, 초콜릿 공예품, 아이스크림 등을 판매한다. 애들레이드는 초콜릿이 유명하니, 한 끼쯤은 달콤하게 카페에서 해결해도 좋을 것이다.

주소 218-283 Rundle Street, Adelaide 5000, Australia
전화 +61 (0)8 8232 6133
시간 월~일 10:00부터
예산 A$ 1~9
홈페이지 www.cocolat.com.au

분위기 있는 레스토랑에서의 식사

Haigh's Chocolates `07519`

1915년 런들 몰에 문을 연 초콜릿 가게로 애들레이드, 멜버른, 시드니에 지점이 있다. 250개 이상의 제품을 생산하는, 호주에서 초콜릿으로 가장 유명한 상점이다. 초콜릿 만드는 것을 직접 보고 싶다면, 예약을 하자. 토요일 오전 11시 20분, 월요일 오후 1시와 2시에 투어가 진행된다.

주소 2 Rundle Mall , Adelaide, South Australia, 5000
전화 +61 (0)8 8231 2844
시간 월~금 08:30~18:00(금 ~21:00) / 토·일 09:00~17:30(일 10:30~)
홈페이지 haighschocolates.com.au

Jolleys Boathouse `07520`

1920년대 분위기를 자아내는 이곳에선 토렌스 강변의 아늑한 경관을 바라보며 편한 마음으로 호주식 저녁을 즐길 수 있다. 시내의 화려한 강변과는 사뭇 다른 일몰 풍경은 마치 작은 보석을 바라보는 느낌이다. 훈제 오리와 샐러드가 인기 메뉴!

주소 Jolleys Lane & Victoria Drive Adelaide
전화 +61 (0)8 8223 2891
시간 매일 점심 12:00~14:00 / 월~토 저녁 18:30~00:30 **예산** A$ 35
홈페이지 www.jolleysboathouse.com

Amalfi Pizzeria Restaurant `07521`

1981년 처음 문을 연 이래, 20년이 넘게 이어져 오고 있다. 피자와 파스타가 주요 메뉴이며, 해산물 요리가 주를 이룬다. 추천하고 싶은 요리는 마늘 피자!

주소 29 Frome Street Adelaide
전화 +61 (0)8 8223 1948
시간 월~토 11:30~23:00 / 월~목 17:30~23:00
예산 A$ 20

Graduates Restaurant `07522`

가격 대비 만족도가 높은 곳으로, 지중해풍 음식을 판다. 메인 요리로 파스타, 소고기 훈제, 오리고기, 디저트류가 있다. 패키지 요금을 사용하면 메인 요리에 따라 코스로 제공되는 할인 요금으로 A$ 5 정도 절약할 수 있다.

주소 Corner Days Road & Regency Road Adelaide
전화 +61 (0)8 8348 4348
시간 수~토 18:00~00:30 **예산** A$ 30

Regattas Bistro `07523`

애들레이드 컨벤션 센터 안에 위치한다. 실내와 실외에서 모두 식사가 가능하며, 토렌스 강 경치를 감상할 수 있어 인기가 좋다. 음식과 서비스에 비하면 가격은 저렴한 편이다.
아침, 점심, 저녁, 브런치에 따라 제공하는 메뉴가 다른데, 주로 아침에는 시리얼과 토스트류, 브런치는 샐러드와 몇몇의 주요리, 점심과 저녁은 코스 요리로 튀김 요리와 육류를 주문할 수 있다.

주소 Adelaide Convention Centre North Terrace, Adelaide, SA 5000, Australia
전화 +61 (0)8 8210 6785
시간 월~일 아침 08:00~11:00 / 점심 12:00~15:00 / 저녁·늦은 저녁 18:00~ / 브런치(토·일에만 제공) 11:00~16:00
예산 아침 A$ 30 / 점심·저녁 A$ 80 / 브런치 A$ 40
홈페이지 www.adelaidecc.com.au

백패커스

애들레이드는 도시 규모에 비해 백패커스의 숫자가 상대적으로 적은 곳이다. 한곳에 모여 있다기보다는 도시 전체적으로 분산되어 있는 편이다.

Backpack Oz & The Guest House `07524`

시내 중심에서 약간 떨어져 있지만 열차역이나 버스터미널까지 무료 픽업 버스를 운행한다. 저렴하게 맥주를 마실 수 있는 펍이 있어 젊은 여행객들에게 인기가 많다.

주소 144 Wakefield Street, Adelaide
전화 +61 (0)8 8223 3551
요금 8~12 Dorm : A$ 22 / 4~6 Dorm : A$ 25 / 트윈 : A$ 65
홈페이지 www.backpackoz.com.au

Blue Galah `07525`

시내 중심이라고 할 수 있는 킹 윌리엄 스트리트에 위치해, 접근성은 좋지만 시설이 다소 낙후된 편이다.

주소 62 King William Street, Adelaide
전화 +61 (0)8 8231 9295
요금 4~10 Dorm : A$ 24 / 더블·트윈·싱글 : A$ 70
홈페이지 www.bluegalah.com.au

Adelaide Central YHA `07526`

애들레이드에서 가장 큰 규모이면서 가장 깔끔한 백패커스다. YHA 계열답게 남자와 여자의 객실이 구분되어 있다. 2층 식당에 있는 휴게 시설 외에도 각 층에 휴게실이 따로 마련되어 있다.

주소 135 Waymouth Street, Adelaide
전화 +61 (0)8 8414 3010
요금 6 Dorm : A$ 25 / 더블·트윈 : A$ 75
홈페이지 www.yha.com.au

중급 호텔

Paringa ★★★   07527

시내 중심 런들 몰 근처에 위치해 있어 교통이 편리하다. 센트럴 마켓이나 보타닉 가든, 애들레이드 컨벤션 센터도 걸어서 갈 수 있어 위치적인 면에서는 단연 추천할 만하다. 다소 낡았지만, 저렴한 가격에 비해 시설이 깔끔한 편이며, 무선 인터넷, 스파 등을 이용할 수 있다.

주소 15 Hindley Street North Adelaide South Australia 5000
전화 +61 (0)8 8231 1000
요금 Standard Twin : A$ 160 / Standard Queen : A$ 160 / Corporate/Government : A$ 160 / Spa Room Queen : A$ 190 / Mystery Room : A$ 190 / Spa Family room : A$ 200 / Romance Package : A$ 270
홈페이지 www.adelaideparinga.com.au

North Meridien Hotel & Apartments ★★★   07528

노스 애들레이드에 위치한 4성급 호텔 겸 아파트먼트이다. 유명 카페와 레스토랑들이 있는 멜버른 스트리트에 자리하고 있어 로컬 감성을 물씬 느낄 수 있다. 원, 투베드 아파트먼트와 버젯 룸 등 다양한 타입과 금액의 숙소를 제공한다. 야외 수영장과 스파, 무료 주차장, 무료 인터넷 등을 제공해 비교적 만족도가 높은 편이다.

주소 21-39 Melbourne Street North Adelaide South Australia 5006
전화 +61 (0)8 8267 3033
요금 Standard Room A$ 124, One bedroom Apartment A$ 144, Two bedroom Apartment A$ 184, Executive Studio A$ 154, Executive Spa Room A$ 184
홈페이지 www.adelaidemeridien.com.au

고급 호텔

Peppers Waymouth Hotel ★★★★★   07529

애들레이드 중심지에 위치하여 쉽게 찾을 수 있으며, 도보로 컨벤션 센터, 카지노, 페스티벌 센터, 런들 몰으로의 이동이 가능하다.
5성 호텔인 만큼 인테리어나 시설이 훌륭하다. 무엇보다 스파와 리셉션이 만족할 만하다.

주소 55 Waymouth Street Adelaide South Australia 5000
전화 +61 (0)8 8115 8888
요금 Deluxe Twin Room : A$ 400 / Deluxe King Room : A$ 400 / Superior King Room : A$ 475 / Executive Spa Suite : A$ 550
홈페이지 www.peppers.com.au/waymouth

Stamford Plaza ★★★★★   07530

애들레이드의 비즈니스 구역에 위치하여, 애들레이드 컨벤션 센터, 애들레이드 카지노, 페스티벌 센터까지 도보 10분이면 이동이 가능하다. 시내 주요 쇼핑 센터, 식당, 카페들과도 가깝다. 객실도 넓고 깔끔하며, 5성급 호텔 기준으로 가격이 저렴하다.

주소 150 North Terrace Adelaide South Australia 5000
전화 +61 (0)8 8461 1111
요금 Superior City View : A$ 450 / Superior Park View : A$ 475 / Deluxe City View : A$ 480 / Romance & Seduction : A$ 505 / Deluxe Park View : A$ 505 / Executive Room-City : A$ 585 / Executive Room-Park : A$ 615 / Junior Spa Suite : A$ 635 / Lazy Daze-Jnr Spa : A$ 938
홈페이지 www.stamford.com.au

애들레이드 추천 코스
Adelaide

1 차이나타운 & 센트럴 마켓
차이나타운을 구경하며 재래시장 센트럴 마켓을 둘러보자. 신선한 과일과 간단한 기념품을 저렴한 가격에 구입할 수 있다.

도보 5분

2 빅토리아 스퀘어
아름다운 분수를 보며 지나가자.

도보 10분

3 런들 몰
애들레이드에서 가장 번화한 곳. 쇼핑몰 곳곳에 설치되어 있는 조형물이 볼거리. 쓰레기통을 뒤지는 돼지 형제가 가장 재미있다.

도보 10분

4 보타닉 가든
유리 온실인 바이센테니얼 온실을 보는 것을 잊지 말자. 이곳의 하이라이트다!

애들레이드는 하루 코스

남호주의 주도 애들레이드. 교육과 문화의 도시라는 별명에서 쉽게 알 수 있듯이 도서관, 미술관, 박물관이 시내의 중간에 위치하고 있다. 시내를 둘러보는 데는 하루 정도면 충분하다.

도보 3분

5 에어즈 하우스
1920년 남호주의 수상이던 에어즈의 집. 현재는 박물관으로 사용되고 있다.

6 남호주 미술관
다양한 전시회가 펼쳐지는 곳! 들어가 보지 않더라도 박물관, 도서관을 배경으로 사진을 찍자.

도보 5분

토렌스 강을 건너 도보 10분

무료 트램인 시티 서쿨 이용 7분

7 페스티벌 센터
애들레이드판 오페라 하우스! 이곳을 기점으로 토렌스 강에서 휴식을 취하자.

8 라이트의 전망대
애들레이드 시내를 한눈에 볼 수 있는 전망대. 찾아가는 길이 어둡기 때문에 밤보단 낮에 가는 것이 좋다.

9 멜버른 스트리트
애들레이드에서 가장 여유로운 길

도보 3분

퍼스

세련미 넘치는 서호주의 주도

호주 전 국토의 약 3분의 1을 차지하는 서호주의 수도이자 기점인 퍼스는 시드니에서 4,300km나 떨어져 비행기로 4시간이나 걸리는 곳이다. 그래서 길지 않은 여정으로 시드니나 골드코스트를 찾는 대부분의 호주 여행객에게는 소외될 수 있지만, 여행 일정이 길거나 호주를 두세 번 방문했던 사람들은 선호하는 지역이다.

정비가 잘되어 있어 걷고 싶은 마음이 절로 들게 만드는 킹스 파크에서는 자연을 가까이에서 만끽할 수 있다. 스완벨 타워는 퍼스에서 가장 인기 있는 곳이다. 물 위에 떠 있는 듯한 아름다운 모습만으로도 매력적이지만, 종소리를 직접 들으면 더욱 황

홀한 기분이 든다.

세련된 느낌의 퍼스를 시작으로 호주 3대 와이너리의 하나인 마가렛 리버에서 향을 더하고, 사막의 거친 모래바람이 바위 틈 사이를 부드럽게 흐르는 피너클스와 웨이브 록까지. 멋과 향에 자연의 거친 듯 부드러운 손길까지 만끽할 수 있는 퍼스에서 여유 있는 여행을 시작해 보자!

Dress code

이곳에선 다양한 활동을 즐길 수 있어, 무엇을 할 것인가에 따라 의상을 선택해야 한다. 특별히 화려한 색보다는 깔끔한 느낌의 색이 무난하다. 퍼스의 평균 기온은 10도~22도 정도이나 온도가 높더라도 습도가 낮아 덥지 않다. 따라서 얇은 긴팔 옷으로 멋을 내는 것도 좋다.

*Travel point

레스토랑	★★★★★
쇼핑	★★★★☆
볼거리	★★★☆☆
레포츠	★☆☆☆☆

✈ 퍼스로 이동하기

우리나라에서 가기

우리나라에서 퍼스까지는 직항편이 없다. 따라서, 외국 항공사의 경유편 항공을 이용해야 한다. 경유편이라고 심한 거부감은 갖지 말자. 스톱 오버(Stop Over)를 통해 경유지 관광을 할 수 있으니 일석이조로 여행할 수 있다. 퍼스로 취항하고 있는 경유편 항공사는 아래와 같다.

항공사	경유지	소요 시간	경유 시간	스톱 오버	기타
말레이시아(MH)	쿠알라룸푸르	약 12시간	당일 연결 안됨	가능	매일 취항
싱가포르 항공(SQ)	싱가포르	약 12시간	1시간 30분	가능	매일 취항
캐세이패시픽(CX)	홍콩	약 11시간 40분	2시간	리턴시 1회 무료	월·수·금·토·일
가루다항공(GA)	발리	약 9시간 30분	8시간	1회 무료 2회 2만원	매일 취항
타이항공(TG)	방콕	약 14시간	4시간	가능	주 3회
콴타스(QF)	도쿄	약 17시간	7시간	가능	월·수·토

호주의 다른 도시에서 가기

퍼스는 호주 동부 지역과 시차가 4월~9월은 2시간이며, 10월~3월은 3시간이나 날 정도로 호주의 서쪽 끝에 자리 잡고 있다. 열차나 버스를 이용해서 갈 수도 있기는 하지만, 소요 시간뿐 아니라 가격도 항공편에 비해 비싸기 때문에 대부분의 경우 호주 국내선을 이용한다.

	시드니	멜버른	애들레이드	브리즈번	케언스
비행 소요 시간	4시간 50분	3시간 30분	3시간 20분	5시간 15분	4시간 20분
차량 이동 거리(km)	약 3,900km	약 3,460km	약 2,700km	약 4,350km	약 5,250km

5개의 터미널이 있는 퍼스 공항

퍼스 공항은 4개의 국내선 터미널과 1개의 국제선 터미널이 있다. 국제선, 국내선이 함께 있는 T1과 T2에서 T3, T4로 이동하는 데는 약 10분이 소요되며, 택시를 탈 경우 A$ 20 정도가 나오니 시내에서 공항으로 이동할 때 미리 정확한 터미널을 확인하는 것이 좋다. 터미널 간에는 무료 셔틀이 20~30분 간격으로 24시간 운행되고 있다.

T1 International : 모든 국제선 항공
T1 Domestic : 버진 오스트레일리아(VA)
T2 : 얼라이언스 에어라인(QQ), 타이거 에어, 버진 오스트레일리아(VA)
T3 : 젯스타(국내선, JQ), 콴타스(QF)
T4 : 콴타스(QF)

공항에서 시내까지

공항과 시내를 연결하는 대중교통은 공항에서 운영하는 에어포트 셔틀(Perth Airport Shuttle)과 노선버스인 37, 40, 380번 버스가 있다. 에어포트 셔틀은 T3, T4에서만 출발하며 요금은 1인 A$ 15이다. 380번 버스는 T1, T2에서만, 37, 40번 버스는 T3, T4에서만 출발하며 노선버스의 요금은 1인 A$ 4.50이다. 에어포트 셔틀과 노선버스는 약 30~40분 정도 소요되지만 이용하는 항공사별로 다른 터미널에 도착하는 경우 터미널 간 무료 셔틀버스를 추가로 이용해야 하기 때문에 15~20분 정도 더 걸릴 수 있다. 터미널이 복잡하고 공항에서 시내까지 비교적 가깝기 때문에 택시를 이용하는 것이 편할 수도 있다. 택시 요금은 시내 중심에서 A$ 41로 정액 요금으로 운행한다.

> **국내선 공항에서 보다 저렴하게 시내로 가기**
>
> 국내선 공항에서 시내를 경유, 킹스 파크까지 운행하는 일반 버스(37번)를 이용해 보자. 국제선 청사에 도착했지만 비용 문제로 37번 버스를 이용하고 싶다면 셔틀버스(A$ 8)를 타고 국내선 청사로 이동하면 된다. 콴타스 항공 이용자는 셔틀버스 티켓이 무료다.

퍼스의 시내 교통

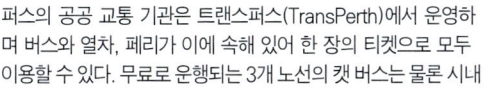

퍼스의 공공 교통 기관은 트랜스퍼스(TransPerth)에서 운영하며 버스와 열차, 페리가 이에 속해 있어 한 장의 티켓으로 모두 이용할 수 있다. 무료로 운행되는 3개 노선의 캣 버스는 물론 시내 중심 지역(Free Transit Zone)의 모든 버스는 무료로 운행되고 있다.
무료 구간 이외 노선 요금은 거리와 시간에 따라 구분된 존(Zone)에 따라 적용된다. 1~4존은 티켓 구입 후 2시간, 5~8존은 구입 후 3시간 동안 지정된 존 내에서 버스, 열차, 페리를 모두 무제한 이용할 수 있다.
대부분의 여행객은 대중교통 이용이 많지 않기 때문에 현금으로 티켓을 구입(Cash Fare)하는 것이 좋지만, 여행 일정이 길거나 대중교통 이용이 많다면 트랜스퍼스의 교통카드인 스마트 라이더(Smart Rider)를 구입하는 것도 좋다. 스마트 라이더 교통카드의 가격은 A$10이고 최소 A$10 이상을 충전해야 하며, 현금 요금에서 15% 할인이 적용된다.

홈페이지 www.transperth.wa.gov.au

> **짧은 여행 기간 중 교통비 절약하기**
> 트랜스퍼스는 0~8존으로 구분되어 있다. 1~8존은 요금이 필요하지만, 퍼스 시내 중심 0존은 요금이 필요하지 않다. 즉, 무료 순환 버스인 캣 버스 이외의 열차, 버스 등의 시내 대중교통은 모두 무료다.
> 또한 존 티켓을 구입하면 지정된 시간 동안 무제한으로 타고 내릴 수 있기 때문에 이를 잘 이용하면 알뜰하게 여행할 수 있다. 주말에 퍼스 근교 프리맨틀로 간다면 잠시 내려서 수비아코를 둘러보고 프리맨틀로 이동해도 교통비는 똑같다. 단, 시간에 주의할 것!

캣 버스(Cat Bus)

퍼스 시내를 순환하는 무료의 캣 버스는 4가지 종류의 노선이 운행된다. 각 노선은 레드 캣(Red Cat), 옐로 캣(Yellow Cat), 블루 캣(Blue), 그린 캣(Green Cat)으로 구분되는데, 운행 편수가 많고 정류장도 찾기 쉬워 이용하기가 편리하다.
시내 중심을 지나며, 동서를 순환하는 레드 캣은 킹스 파크에 갈 때나 시내 쇼핑 지역을 다닐 때 편리하다. 남북을 가로지르는 시내 중심과 노스 브리지 지역, 스완 강변을 순환하는 블루 캣은 금, 토요일 늦게까지 운행하여 관광객의 이용이 가장 많다. 그린 캣은 퍼스 서쪽에서 중심부로 들어오는 노선으로 리더빌 스테이션에서 엘리자베스 키 버스 스테이션을 왕복 운행한다.

버스 종류		운행 시간(배차 간격)
레드캣	월~목	06:00~18:45(5분)
	금	06:00~19:00(5분), 19:10~20:00(10~15분)
	토~일, 공휴일	08:30~18:00(10분)
블루캣	월~목	06:52~18:52(8분)
	금	06:52~18:52(8분), 19:00~24:15(15분)
	토	08:36~19:06(10분), 19:21~23:51(15분)
	일, 공휴일	08:36~18:26(10분)
옐로우캣	월~목	06:00~06:30(15분), 06:37~18:38(8분)
	금	06:00~06:30(15분), 06:37~19:00(8분), 19:15~20:00(15분)
	토~일, 공휴일	08:30~18:00(10분)
그린캣	1번 정류장 출발	월~금 06:00~06:40(10~15분), 06:48~19:04(8분)
	11번 정류장 출발	월~금 06:00~06:28(15분), 06:36~19:00(8분)

* 레드캣, 블루캣, 옐로우캣 : 크리스마스, 굿 프라이데이, 안작데이에는 운행 안 함.

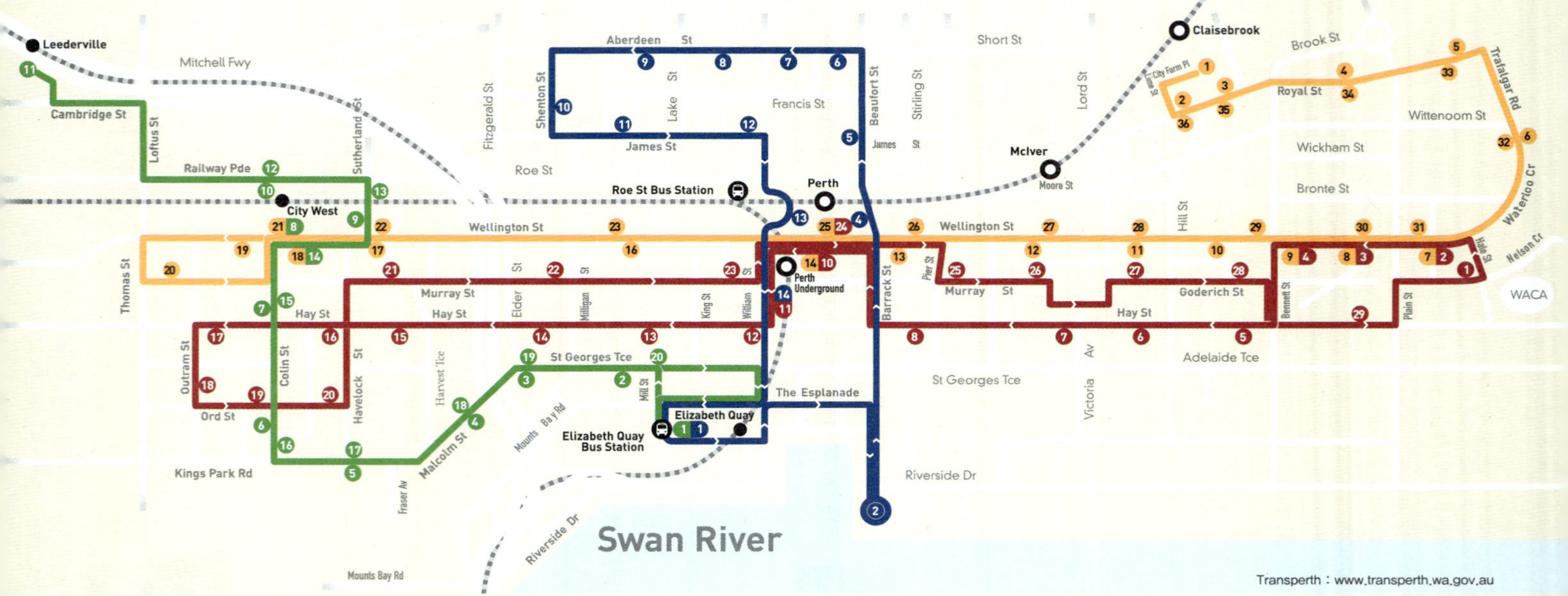

트랜스퍼스 존 (Transperth Zone)

퍼스 시내
Perth City

자연과 함께 숨 쉬는 쾌적한 도시

정비가 잘되어 있는 세련된 도시로서 깨끗하고 쾌적한 느낌을 발산한다. 도시를 걷다 보면 마치 중세에 와 있는 것 같은 런던 코트를 만나고, 매년 4만 명이 찾는다는 세계의 거장 피카소, 르누아르, 고흐의 작품을 볼 수 있는 서호주 미술관에 다다른다. 아름다운 스완벨 타워를 감상하다 보면, 스완벨 타워의 종에서 울리는 종소리가 물결을 따라 흐르는 파동마저 느낄 수 있다. 도심 속 숲인 킹스 파크에서는 과거 공룡의 발자취부터 현재 피어 있는 작은 야생화까지 찾아볼 수 있다. 이곳의 유리 다리를 거닐며 자연과 호흡하면 어느새 자연과 하나가 된 듯한 기분이 든다.

과거와 현재, 자연과 운명이 자연스레 호흡하고, 문화가 도시 속에 녹아 흐르는 퍼스. 이곳에 치열한 현실의 무게를 잠시 내려놓고, 여행이 주는 달콤한 일탈을 마음껏 누려 보자.

Travel point

레스토랑	★★★★★
쇼핑	★★★★☆
볼거리	★★★☆☆
레포츠	★★★☆☆

MAPECODE 07601

킹스 파크 King's Park

여유롭게 걷고 싶은 도심 숲 속 공원

킹스 파크는 매년 수백 명의 사람들이 찾는 거대한 공원으로, 퍼스 시내 중심의 크기와 거의 비슷하다. 총 면적 약 120만 평의 이곳을 모두 둘러보려면 반나절 이상은 필요하다.

일반적으로 킹스 파크에 방문하는 관광객이 찾는 곳은 킹스 파크의 보타닉 가든(Botanic Garden)이다. 보타닉 가든에서 빼놓지 말아야 할 곳은 전쟁 기념비(War Memorial)로, 그 뒤로 퍼스 시내의 풍경이 넓게 펼쳐져 사진 찍기에도 좋다.

가로등이 별로 없기 때문에 밤에는 다소 위험할 수 있다. 야경을 보고자 한다면 사람들이 많이 다니는 곳으로 다니자.

Access 위치 트랜스퍼스 버스 37번, 39번 버스가 시내에서 세인트 조지스 테라스(St. George's Tce)를 경유해 보타닉 가든까지 무료로 운영됨. 약 10분 소요(요금 무료) / 퍼스 시내에서 도보 약 30분. / 그린 캣 5번 정류장에서 도보 15분. **홈페이지** www.bgpa.wa.gov.au

Fun point
1. 오전 일찍 아름다운 시내를 내려다보며 산책하고 멋진 풍경 사진을 찍어 본다.
2. 현지인들의 인기 조깅 코스인 클리프 스트리트의 계단을 올라 본다.

MAPECODE 07602

스완벨 타워 Swan Bells

호주 탄생 200주년 기념 종

세계에서 가장 큰 악기라고 불리는 스완벨 타워는 물 위에 떠 있는 듯한 종 모양의 건축물로, 측면에서 보면 얼굴을 숨긴 듯 수줍은 모습이다. 1988년 호주 탄생 200년을 축하하기 위해 런던의 마틴 교회에서 기증한 이 스완벨은 영국 필드 처치에 있는 고대 종을 본떠서 만든 것이다. 18개가 한 세트로 16개의 종이 울리며, 2개는 여분으로 마련되었다.

내부에는 종의 여러 기록들이 전시되어 있다. 직접 종을 울려 볼 수 있으며, 방 안에 설치된 화면을 통해 울리는 종 모양을 확인할 수 있다. 체험이 끝난 뒤엔 확인서를 적어 준다.

올라가는 길에 전망대에서 퍼스 시내 경관을 내려다보자. 그리 높은 곳은 아니지만, 위에서 내려다보면 도시의 색다른 모습을 만날 수 있다.

Access 위치 퍼스 역에서 배럭 스트리트를 따라 직진, 도보 10분.
전화 +61 (0)8 6210 0444 **시간** 10:00~16:00(안작데이 12:00~) / 시즌에 따라 운영 시간은 달라질 수 있음. 굿 프라이데이·크리스마스 휴무
홈페이지 thebelltower.com.au **요금** 입장료 (성인) A$ 9 (어린이) A$ 7 / The Bell Tower Experience (성인) A$ 18 (어린이) A$ 9

Fun point
1. 물 위에 떠 있는 스완벨 타워의 외관을 살펴본다.
2. 전망대에서 시내 전경을 감상한다.
3. 종을 울리고, 체험 확인서를 받는다.

MAPECODE 07603

런던 코트 London Court

중세 시대를 걷는 듯한 기분!

1937년 문을 연 런던 코트는 마치 중세의 성과 같은 모습을 하고 있다. 헤이 스트리트와 세인트 조지스 테라스를 연결한 짧은 거리엔 골동품, 패션, 헤어, 뷰티 상점과 선물점, 음식점, 보석, 레저용품 등을 파는 상점들이 즐비해 마음껏 쇼핑을 할 수 있다.

Access **위치** 퍼스 역에서 배럭 스트리트를 따라 직진하다 헤이 스트리트에서 우회전하면 왼편에 보임(입구가 작기 때문에 고풍스러운 하얀색 입구를 잘 봐야 함). 도보 8분 **홈페이지** www.londoncourt.com.au

Fun point
1. 골동품을 쇼핑한다.
2. 멋진 사진을 남긴다.

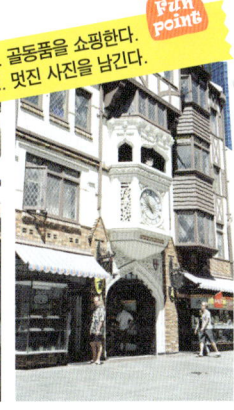

MAPECODE 07604

퍼스 조폐국 Perth Mint

호주에서 가장 오래된 조폐국

1899년 설립된 이래, 골드러시 시대부터 쉬지 않고 금을 만들고 있다. 가이드 투어를 이용하면 금에 대한 다양한 이야기를 들을 수 있고, 직접 금을 가공하는 광경을 볼 수 있다. 다양한 금제품 전시는 물론, 골드 숍에서는 호주의 상징적인 이미지를 이용한 금화를 판매한다. 관광객은 여권과 항공권을 제시하면 면세 받을 수 있다.

Access **위치** 퍼스 역에서 배럭 스트리트를 따라 직진하다 헤이 스트리트에서 좌회전 후 직진. 도보 약 12분.
전화 +61 (0)8 9421 7410
홈페이지 www.perthmint.com.au
시간 09:00~17:00(안작데이 12:00~) / 새해 첫날, 굿 프라이데이, 크리스마스, 박싱데이 휴무
가이드 투어 시간(금 전시 및 가공 포함) 09:30, 10:30, 11:30, 12:30, 13:30, 14:30, 15:30
요금 성인 A$ 19 / 어린이(4세~15세) A$ 8

Fun point
1. 가이드 투어를 한다.
2. 금 가공 모습을 구경한다.
3. 금 제품을 구입한다.

MAPECODE 07605

서호주 미술관 The Art Gallery of Western Australia

퍼스의 문화 중심

1979년 문을 연 이래, 서호주 미술관은 퍼스의 문화 중심으로 자리하고 있다. 서호주에서 가장 크며, 2층으로 이루어진 서호주 박물관은 매년 4만여 명의 관람객이 방문하고 있다. 미술관 내부에는 호주 고유의 예술인 애버리진 예술과 20세기 유럽과 미국의 조각품과 19, 20세기의 미술품 등을 전시한다.

뿐만 아니라, 우리가 잘 알고 있는 로댕, 피카소, 르누아르, 고흐, 모네의 작품도 전시하고 있다. 일요일엔 노점상에서 특이한 물품을 판매하니, 일정을 짤 때 참고하자.

Access 위치 퍼스 역에서 로 스트리트 바로 건너편, 도보 1분. **전화** +61 (0)8 9492 6622
홈페이지 www.artgallery.wa.gov.au
시간 수~월 10:00~17:00 / 화요일, 안작데이, 굿 프라이데이, 크리스마스 휴무
요금 무료

Fun point
1. 애버리진 예술품을 관람한다.
2. 세계적으로 유명한 작가의 작품을 감상한다.
3. 일요일이라면 미술관 앞 노점상에서 특이한 물품을 쇼핑한다.

MAPECODE 07606

서호주 박물관 Western Australian Museum

초기 호주의 역사, 생태를 한자리에서

1891년 설립된 서호주 박물관은 호주 초기의 역사와 환경, 생태 등을 전시하고 있는 곳이다. 바닷속 환경을 전시한 해양 갤러리, 애버리진의 생활을 보여 주는 애버리진 갤러리, 새들의 생태를 알려 주는 버드 갤러리, 식민지 시대를 그린 퍼스 전시실이 인기가 좋다. 이 외에 기념품 가게인 올드 골(Old Goal)과 상설 갤러리가 있다. ※2020년 퍼스 컬처 센터에 새로운 박물관이 오픈할 예정으로, 이곳은 운영을 중단하였다. 현재는 비정기적으로 전시를 진행하고 있다.

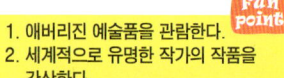

Access 위치 퍼스 역에서 뷰포트 스트리트를 따라 올라가다 프란시스 스트리트에서 좌회전, 도보 약 5분.
전화 +61 (0)8 9212 3700
홈페이지 www.museum.wa.gov.au

영화 '오스트레일리아(Australia)'로 본 호주

영화 오스트레일리아(Australia, 2008)는 호주에서 가장 민감한 대화 주제인 호주의 원주민, 애버리진에 대한 내용을 다루고 있다. 아름다운 호주의 자연과 함께 이 영화를 통해 호주의 문화, 생활 등을 알아보자.

도둑맞은 세대
영화에서는 애버리진과 백인의 혼혈 아동에 대한 문제를 집중적으로 조명한다. 1869년부터 1969년까지 100년의 세월 동안 호주 정부와 선교회에서는 혼혈 아동들을 백인 사회에 동화시킨다는 명목 아래 강제로 격리해 수용하거나 백인 가정에 입양시켰다. 본래의 목적과는 달리 이 아이들은 노동, 구타, 성폭행에 시달리는 경우가 많았다. 이 기간 동안의 혼혈 아이들을 '도둑맞은 세대 또는 도둑맞은 어린이(Stolen Generation or Children)'라 한다. 1997년부터 '집으로 데려오기(Bring Them Home)'라는 구호 아래 이들의 가족을 찾아 주려는 활동이 펼쳐졌으며, 2008년 수상인 존 러드는 연방 의회에서 이 문제에 대해 공식적으로 사과를 했다. 하지만 아직도 일부 보수 백인 단체에서는 이 문제에 대해 극구 부인하고 있다. 우리나라의 과거사 청산 문제와 마찬가지로 호주에서도 아직까지 애버리진에 대한 탄압과 차별 정책에 대한 후속 조치가 중요한 정치·사회적인 숙제로 남아 있다.

백인 남성 전용 펍
영화 초반과 마지막 부분에 등장하는 펍에서는 여성과 애버리진에게 술을 팔지 않는다. 애버리진뿐만 아니라 여성에 대한 차별도 심했다는 것을 알 수 있다.
애버리진에 대한 차별은 이루 말할 수도 없다. 음주, 백인과의 성관계, 결혼 등도 제한을 받았으며 선거권도 1967년에서야 받을 수 있었다. 이 사실을 알고 영화를 본다면 영화의 마지막 부분, 펍에서 여자와 애버리진에게 술잔을 주는 장면이 보다 감동적일 것이다.

애버리진의 성인식과 생활 방식
영화의 마지막 부분에서 주인공 꼬마는 성인식을 떠난다. 이를 워크 어바웃(Walk about)이라 하는데, 몇 달간 대지를 돌아다니며 자연을 느끼는 것으로, 살아가는 과정에서 여러 번 반복되며 한 번 시작하면 최소한 몇 달간을 돌아오지 않는다.
또한 이들은 넓은 자연에 자신의 몸을 맡기고 싶어하는 성향이 있는데 애버리진을 가장 많이 볼 수 있는 앨리스 스프링스(울루루 옆)에 가 보면 잔디밭, 벤치 곳곳에 아무 하릴없이 광합성을 즐기는 이들의 모습을 볼 수 있다.
이러한 문화 때문에 애버리진들은 토지와 집을 소유하고자 하는 욕구가 없다. 정부에서 애버리진들을 돕기 위해 집을 주더라도 그 집에서 사는 경우보다 그곳을 다른 사람과 함께 살거나, 누군가에게 주고 어디론가 떠나 버리는 경우가 더 많다고 한다.

애버리진의 예술
애버리진들은 주로 자신의 몸, 동굴, 바위, 나무 등에 회화를 그렸다. 애버리진의 회화는 점묘 기법과 X-레이 사진처럼 동물의 뼈까지 표현하는 독특한 기법이 눈에 띈다.
영화에서는 등장하지 않지만 전통 음악은 디저리두라는 속이 빈 나무를 이용한 악기로 대표되며 이 악기는 베이스의 저음과 비슷한 느낌인데 기념품으로 구입할 수 있다. 최근에는 드럼, 신시사이저 등과 결합해 마치 트랜스 음악과 같은 느낌의 CD도 판매하고 있다.

퍼스 근교
Around Perth

인도양의 에메랄드빛 바다가 시작되는 곳

퍼스는 시내 관광보다는 근교 관광을 추천한다. 그중에서도 특히 로트네스트 섬과 프리맨틀에 들러 보자. 인도양의 바다가 만나는 곳에 위치한 프리맨틀은 세련된 퍼스와 대조적으로, 마치 옛 모습을 간직한 낡고 오래된 헌책방 같은 느낌이 난다. 특히 프리맨틀 마켓은 서호주에서도 가장 오래된 시장으로, 다양한 상점들이 고스란히 세월을 담고 있다.

라운드 하우스(감옥)에서 죄수의 그림을 보면서 자신을 돌아보기도 하고, 여행 중 떠오르는 여러 가지 생각과 잊고 싶지 않은 기억들은 카푸치노 거리에서 차 한잔을 마시며 다이어리 속에 담아 보자.

로트네스트 섬은 프리맨틀에서 페리로 이동할 수 있다. 인도양의 에메랄드빛 바다가 넘실대는 이곳에선 다양한 해양 스포츠를 즐길 수 있다. 시간이 있다면 아름다운 해안 도로에서 자전거 하이킹을 하며, 잊지 못할 추억을 만들어 보자.

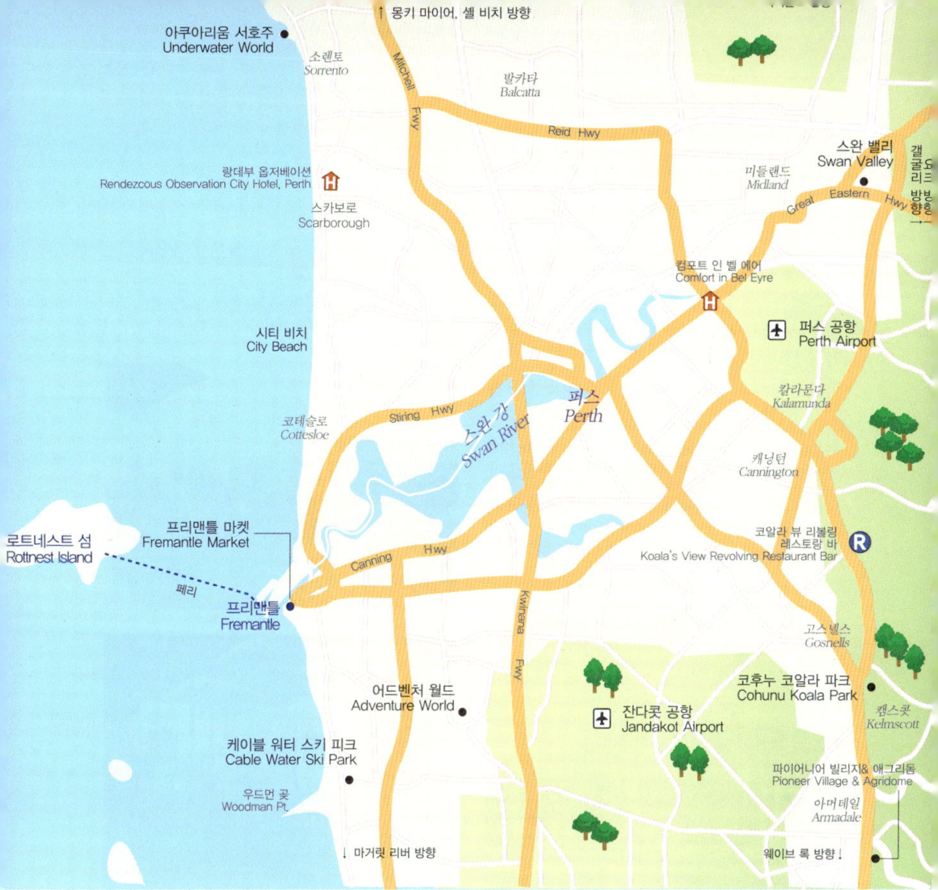

277

MAPECODE 07607

프리맨틀 Fremantle

옛 정취를 담고 있는 항구 도시

스완 강과 인도양의 바다가 만나는 곳에 위치한 프리맨틀은 옛 모습을 간직하고 있는 항구 도시이며, 아름다운 로트네스트 섬으로 가는 관문이다. 퍼스에서 프리맨틀로 이동할 땐 버스, 열차, 페리를 이용할 수 있는데, 열차를 타고 가는 것이 가장 편리하다. 이곳에선 라운드 하우스, 해양 박물관 등의 볼거리도 좋지만, 카푸치노 스트립에서 여유로운 시간을 보내는 것을 추천한다.
퍼스와 마찬가지로 프리맨틀 캣(Fremantle Cat)이란 무료 버스가 시내를 순환하므로, 이 버스를 이용해 프리맨틀을 둘러보고, 마음에 드는 곳으로 이동하자.

Access
위치 퍼스 역에서 프리맨틀 역까지 열차로 약 30분. / 2존(편도 A$ 4.50)
퍼스 배럭 스퀘어 제티에서 프리맨틀항구까지 페리로 약 1시간. / 2존(편도 A$ 4.50)
홈페이지 www.fremantlewa.com.au

Fun Point
1. 프리맨틀 마켓에 간다.
2. 라운드 하우스를 구경한다.

프리맨틀 마켓 Fremantle Markets

1897년 문을 연 프리맨틀 마켓은 서호주에서 가장 오래된 시장이다. 초기 정착민들이 이용하던 곳으로, 150개의 흥미로운 상점과 매점이 즐비해 늘 많은 사람으로 북적인다. 여기저기 둘러보면 특이한 물품을 만날 수 있어, 공예품과 선물을 사기에도 좋다. 맛있는 음식이 가득한 건 두말할 필요도 없다.
프리맨틀 역으로 돌아가는 길에 카푸치노 스트립(카푸치노 거리)에서 차 한잔을 즐기는 여유도 가져 보자.

Access
위치 프리맨틀 역에서 도보 10분.
전화 +61 (0)8 9335 2515
홈페이지 www.fremantlemarkets.com.au
시간 금 09:00~20:00, 토~일 09:00~18:00 / 크리스마스, 박싱데이 휴무

Fun Point
1. 다양한 상점을 구경한다.
2. 맛있는 음식을 양껏 먹는다.
3. 카푸치노 거리에서 차 한잔을 하는 여유를 발휘한다.

프리맨틀 감옥 Fremantle Prison

죄수들을 동원하여 1855년 세운 건물로, 19세기 건축물의 양식이 잘 남아 있다. 1991년까지는 최고의 경비망을 구축한 감옥으로 이용되었다. 수용소의 내부를 둘러볼 수 있으며, 내부에는 애버리진 문양 벽화나 죄수들이 자유를 갈망하며 그린 나무와 풀 그림이 남아 있다.

이곳에는 가이드를 동반하는 프리즌 투어, 수·금요일 저녁에 열리는 야간 촛불 투어, 터널 투어 등이 준비되어 있다. 여행자의 만족도가 높으니 관심이 있다면 참여해 보자. 색다른 경험이 될 것이다.

투어 종류	성인	아동
프리즌 투어 (컨빅트 투어 / 비하인드 바 / 트루 크라임 중 한 가지 선택)	A$ 22	A$ 12
프리즌 투어 패키지 (투어 세 개 중 2가지 선택)	A$ 32	A$ 22
터널 투어	A$ 65	A$ 45
야간 촛불 투어(도치라이트 투어) ※보통 수,금 18:30 출발. 예약 필수.	A$ 28	A$ 18

* 투어들은 한국어 오디오 가이드도 가능하기 때문에 언어 문제로 고민이 되더라도 문제없이 투어를 예약할 수 있다.

Access 위치 프리맨틀 마켓에서 뒤편의 타원형의 크리켓 경기장을 따라 왼쪽으로 가다 약간 올라가는 길로 올라가 직진하면 정면에 있음. 프리맨틀 마켓에서 도보 7분.
전화 +61 (0)8 9336 9200
홈페이지 www.fremantleprison.com
시간 09:00~17:00 / 굿 프라이데이, 크리스마스 휴무

Fun point
1. 19세기 건물이 가장 잘 보존되어 있는 구역이다. 눈으로 분위기를 즐긴다.
2. 투어에 참여한다. (프리즌 투어, 터널 투어, 야간 촛불 투어)

라운드 하우스 Round House

1830년에 건축된 서호주에서 가장 오래된 건물인 라운드 하우스는 1950년부터 1991년까지 형무소로 이용되었다. 현재는 일반인에게 공개해 박물관처럼 운영하고 있다.

이곳에 들어서면 간수 복장을 한 사람이 내부를 안내한다. 두꺼운 철문은 이곳이 형무소였다는 것을 새삼 느끼게 하며, 간간이 벽에 그려진 그림은 외로워 보인다.

이곳에는 최초의 선적 해변인 배터스비와 연결되는 터널이 있기도 하다. 이는 1837년 고래잡이를 위해 뚫어 놓았다고 한다.

라운드 하우스 관람을 마쳤다면, 마지막으로 뒤쪽 전망대에서 넓게 펼쳐진 인도양을 감상하는 일도 잊지 말자.

Access
위치 프리맨틀 역 앞의 필모어 스트리트를 따라 오른쪽으로 직진. 도보 10분.
전화 +61 (0)8 430 7531
시간 10:00~16:00

Fun point
1. 감옥 안에 들어가 본다.
2. 뒤쪽 전망대에서 인도양을 감상한다.

로트네스트 섬 Rottnest Island

에메랄드빛 바다, 저 바다에 누워!

퍼스 근교의 관광지 중 가장 인기가 많은 곳으로, 동부 해안의 그레이트 배리어 리프에 뒤지지 않는 에메랄드빛 바다를 볼 수 있다. 프리맨틀 또는 퍼스에서 섬으로 도착하는 톰슨 베이(Thomson Bay)에서는 스노클링, 스쿠버 다이빙, 카약 등의 다양한 해양 스포츠를 즐길 수 있다. 자전거를 빌려서 해변을 달리다가 맘에 드는 장소에서 해수욕을 즐기며, 여유를 만끽하자.

그러나 시간이 없다면, 버스 패스를 구입해 초스피드로 하이라이트 지역만 둘러보는 것도 가능하다. 톰슨 베이에서 해양 스포츠를 즐기고, 톰슨 베이에서 도보 10분 거리에 있는 바신(The Basin)에 들르는 것이 일반적인 코스다. 바신은 순환 버스의 맨 마지막 정류장이므로, 걸어서 가는 편이 시간을 절약할 수 있다.

`Access` **위치** 프리맨틀항에서 페리로 약 30분, 왕복 A$51 / 퍼스 배럭 스퀘어 제티에서 약 1시간 30분, 왕복 A$65

홈페이지 www.rottnestisland.com

Fun Point
1. 해수욕을 한다.
2. 버스로 하이라이트 지역만 둘러본다.
3. 해양 스포츠를 즐긴다.

하루는 꼬박 써야지~ 당일 투어

당일 투어는 출국 전, 여행사를 통해 예약할 수 있으며, 호주 도착 후에는 현지의 인포메이션 센터, 호텔 또는 백패커스 등의 숙소와 한국인 여행사, 유학원을 통해서 가능하다.
당일 투어를 예약할 때는 식사 및 현지 입장료, 숙소까지 차량이 제공되는지 등의 기본적인 내용과 정확한 출발 시간, 장소를 확인해야 한다.

퍼스 지역의 당일 투어 추천 회사

- 호주 최대의 당일 투어 여행사
  AAT King's : www.aatkings.co.kr
- 호주 전역의 투어 진행
  Grayline : www.grayline.com.au

피너클스 & 웨이브 록 Pinnacles & Wave Rock

피너클스와 웨이브 록은 풍화와 침식에 의해 만들어진 기암괴석으로 퍼스를 대표하는 당일 투어다. 하지만 서로 멀리 있기 때문에 하루에 두 곳을 방문할 수는 없다.
피너클스는 퍼스에서 북서쪽으로 약 160km 거리의 남붕 국립공원(Namboong National Park) 내에 있으며, 타조와 비슷한 야생의 에뮤와 캥거루를 볼 수 있는 것으로 잘 알려져 있다.
투어의 진행은 회사에 따라 다소 차이가 있지만 캥거루, 코알라 등을 볼 수 있는 동물원 투어와 사막 언덕에서 샌드보드 타기 등이 기본적으로 포함된다. 계절에 따라 바다에서 수영을 하거나 야생화를 관람하는 것 등이 포함되기도 한다.
웨이브 록은 퍼스에서 동쪽으로 약 330km 거리에 위치한 하이든(Hyden) 지역에 있는 바위다. 풍화와 침식 작용에 의해 만들어진 높이 15m, 길이 100m의 거대한 바위는 이름 그대로 파도 모양을 하고 있다.
투어 진행은 캥거루, 코알라 등을 볼 수 있는 동물원, 웨이브 록과 하마가 하품을 하는 모양의 바위(The Hippo's Yawn), 애버리진 마을 문화 체험으로 이뤄진다.

피너클스 투어 요금

- AAT King's : A$ 215(4WD 피너클 어드벤처, 당일)

웨이브 록 투어 요금

- AAT King's : A$ 215(웨이브 락과 애버리지 문화, 당일)
- Aussie Perth Tours (www.aussieperthtours.com.au/tour) : A$ 185(당일)
- Pinnacle Tours (www.adamspinnacletours.com.au) : A$ 215 (당일), A$ 568(1박 2일)

마가렛 리버 Magaret River

마가렛 리버는 애들레이드의 바롯사 밸리, 시드니의 헌터 밸리와 함께 호주의 3대 와인 생산지 중 하나이다. 퍼스에서 마가렛 리버에 가는 300km는 다양한 볼거리로 가득하다. 특히 돌고래를 볼 수 있는 번버리, 나무 부두(Jetty)가 바다로 길게 이어진 모습이 인상적인 버셀톤이 호응이 좋다.
퍼스에서 버스로 약 4시간이 소요되는 곳이기 때문에 실제 와이너리의 방문은 한 곳 정도에 불과하다. 따라서 와인에 관심이 많다면 5~7곳의 와이너리를 방문하는 1박 2일 투어를 추천한다.

투어 요금

- Aussie Perth Tours (www.aussieperthtours.com.au/tour) : A$ 185(당일)
- Pinnacle Tours (www.adamspinnacletours.com.au) : A$ 215(당일), A$ 748(1박 2일)

쇼핑 센터

시내의 쇼핑 구역은 포레스트 플레이스 해이, 머레이 스트리트를 중심으로 형성되어 있다. 다양한 상점과 할인점, 부티크, 옷가게, 기념품점, 면세점 등이 있으며, 유명 화장품과 의류로 유명한 고급 백화점 어헨즈와 마이어가 입점해 있다. 영국의 정취가 남아 있는 보석이나 기념품 쇼핑을 원한다면 런던 코트가 적당하다. 유서 깊은 킹스 스트리트 서쪽 끝에는 아름답게 복원된 화랑과 부티크가 있어, 유명 패션 제품과 호주 원주민의 예술 작품이 조화를 이룬다.

Carillon City Arcade 07608
주소 Murray and Hay Street Malls
전화 +61 (0)8 9476 5888
시간 월~목 08:30~18:00, 금 08:30~21:00, 토 09:00~17:00, 일 11:00~17:00
홈페이지 www.carilloncity.com.au

시장과 주말마켓

정기 시장 프리맨틀과 주말 마켓인 수비아코가 있다. 프리맨틀 마켓은 많은 상점과 카푸치노 거리(카푸치노 스트립)로 유명한 곳이며, 수비아코는 골동품, 기념품, 패션 액세서리가 많고 세계 각국의 요리를 저렴하게 먹을 수 있어 인기가 있다.

Subi Farmers Market 07610
주소 271 Bagot Rd, Subiaco WA 6008
시간 토 08:00~12:00
홈페이지 subifarmersmarket.com.au

프리맨틀 마켓(Fremantle Market) 07609
주소 84 South Terrace, Fremantle, Australia
전화 +61 (0)8 9335 2515
시간 금 09:00~20:00, 토~일 09:00~18:00

배낭여행자를 위한 생필품

퍼스 시내의 울월스와 콜스는 머레이 스트리트를 중심으로 한 보행자 전용 구역에 있다.

한국의 식료품을 구입하고자 한다면 피어 스트리트(Pier St.)와 헤이 스트리트(Hay St.)의 교차점에 있는 한국인이 운영하는 슈퍼를 추천한다. 고추장, 참기름, 라면, 과자, 음료수, 통조림 등 없는 것이 없다. 또한 우리나라로 전화를 걸 때 가장 저렴하게 할 수 있는 국제 전화 카드, 콘센트, 화투 등도 구입할 수 있다.

배낭여행자를 위한 알찬 식사

Bar 138 on Barrack　　07611

커피와 음료, 간단한 샐러드와 피자를 판매한다. 때에 따라서 A$ 12에 피자와 맥주를 판매하는 등의 특별 행사를 진행하기도 한다. 저렴한 가격에 감각적인 인테리어로 젊은이들이 많이 찾는다.

주소 138 Barrack Street Perth WA 6000
예산 A$ 20~30
홈페이지 www.bar138.com.au

Lush Cafe　　07612

롤과 샐러드, 커피와 케이크를 판매한다. 주 메뉴는 커피와 케이크이며, 특히 라떼가 맛있다. 호주인들의 휴식 공간에서 라떼 한잔의 여유를 가져 보자.

주소 Perth, WA 6000 Australia
전화 +61 (0)8 9202 1200
예산 A$ 15

Sayers Sister　　07613

빈티지한 느낌의 브런치 카페이다. 호주에서 인기가 많아 사람들이 언제나 북적인다. 음료만 간단하게 마시기에도 좋고, 넉넉한 아침을 하기에도 손색이 없는 곳이다.

주소 236 Lake St, Perth WA 6000
전화 +61 (0)8 9227 7506
시간 04:00~16:00
예산 A$ 25
홈페이지 www.sayerssister.com.au

Dome　　07614

프리맨틀 지역에서 인기 있는 식당으로 목조 마루와 벽면의 그림 타일이 편안한 느낌을 준다. 커피와 기본적인 스낵이 주요 음식이지만, 스파게티와 리조또도 판매한다. 스파게티와 리조또는 가격이 저렴하고 맛도 좋아 배낭족의 한 끼 식사로 좋다. 추천 메뉴는 토마토, 올리브오일 스파게티, 버섯 리조또이다.

주소 13 South Terrace Perth WA 6061 Australia
전화 +61 (0)8 9336 3040
시간 07:00~24:00　**예산** A$ 15

분위기 있는 레스토랑에서의 식사

The Ball & Chain　　07615

프리맨틀 지역에서 유명한 펍이다. 맥 앤 치즈나 치킨 등과 함께 음료를 마실 수 있으며 간단히 휴식을 취하기에 좋다.

주소 46-54 Marine Terrace &, Collie St, Fremantle WA 6160
전화 +61 (0)8 9435 1896
시간 화~토 11:00~24:00, 일 11:00~22:00 / 월 휴무
예산 A$ 15~25
홈페이지 www.hotelesplanadefremantle.com/ball-and-chain

Gusti Bar and Restaurant　　07616

지중해 스타일의 요리를 제공하는 레스토랑으로 가리비와 마늘 드레싱 샐러드, 흑돼지 수제 파이가 대표 메뉴이다. 공원과 스완 강 풍경을 감상할 수 있는 데크 자리가 가장 인기가 좋다.

주소 54 Terrace Rd Perth WA 6000
전화 +61 (0)8 9270 4222
예산 A$ 60

Joe's Oriental Diner　　07617

호주식 동양 레스토랑의 느낌으로, 인도, 태국, 일본 요리를 맛볼 수 있다. 여행 중 롤과 매운 소스의 양념이 그립다면 이곳을 방문하자.

주소 99 Adelaide Terrace Perth WA 6000
전화 +61 (0)8 9225 1268
시간 점심(월~금) 12:00~14:30 / 저녁(월~토) 18:00~22:00
예산 A$ 50, 하얏트 회원은 50% 할인
홈페이지 perth.regency.hyatt.com

C Restaurant　　07618

마틴 타워 33층에 위치한 라운지에서 맛보는 정찬은 멋진 분위기를 자아낸다. 바닥이 회전하여 주위의 경관을 살피면서 식사할 수 있는 것이 가장 큰 자랑이다.

주소 Level 33 44 St Georges Terrace Perth WA 6000
전화 +61 (0)8 9220 8333
시간 월~금 11:00~늦은 저녁 / 토 17:00~늦은 저녁 / 일 12:00~늦은 저녁　**예산** 점심 A$ 60, 저녁 A$ 80
홈페이지 www.crestaurant.com.au

백패커스

퍼스의 백패커스는 대부분이 퍼스 역을 중심으로 형성되어 있다. 크게 차이는 없지만 나이트라이프를 즐기고자 한다면 퍼스 역 북쪽 지역(North Bridge)의 백패커스를 선택하는 게 좋다.

Perth City YHA　07619

2007년 서호주의 투어리스트 어워즈(Tourism Awards) 백패커스 부문 대상을 차지한 숙소로, 가격은 다소 높은 편이지만 그만큼의 가치가 있다. 시내 중심에 있으면서 북쪽 지역(North Bridge)으로의 이동도 편리하다. 깔끔한 실내는 물론 수영장도 마련되어 있다.

주소 300 Wellington Street, Perth
전화 +61 (0)8 9287 3333
요금 6인실 A$ 25, 4인실 A$ 27, 더블·트윈 A$ 89, 4인 패밀리 룸 A$ 120
홈페이지 www.yha.com.au

Globe Backpackers　07620

저렴하면서도 접근성이 좋은 곳에 위치한 숙소다. 수영장이 있지만 매우 작기 때문에 수영은 기대하지 않는 것이 좋다. 수영장 이외의 객실, 주방 등의 시설은 가격 대비 만족도가 높다.

주소 561 Wellington Street, Perth
전화 +61 (0)8 9321 4080
요금 8인실 A$ 24, 6인실 A$ 26, 4인실 A$ 29
홈페이지 www.globebackpackers.com.au

Billabong Backpackers Resort　07621

노스 브리지에서도 약간 위쪽에 위치해, 시내 중심으로의 이동이 다소 불편하다. 하지만 공항과 퍼스 시내 중심에서 무료 셔틀버스를 운행한다. 비교적 넓은 부지에 수영장, 바비큐 시설이 있어, 휴식을 취하기 좋다.

주소 381 Beaufort Street, Northbridge
전화 +61 (0)8 9328 7720
요금 8인실 A$ 24, 6인실 A$ 26, 4인실 A$ 28, 더블·트윈 A$ 75
홈페이지 www.billabongresort.com.au

Britannia on William Backpackers　07622

윌리엄(William) 스트리트에 위치한 이 호스텔은 2006년도에 새로이 모든 시설을 깔끔하게 재정비해, 여행객들로부터 아주 좋은 평판을 얻고 있다. 특히, 각 방마다 침대와 매트리스를 새 것으로 교체해

잠자리가 편안하다. 욕실 또한 깨끗하고, 줄을 서서 기다릴 필요가 없어, 산뜻하게 이용할 수 있다. 노트북이 있는 여행자들은 무료로 제공되는 무선 인터넷 서비스도 이용할 수 있다.

주소 253 William Street, Northbridge
전화 +61 (0)8 9227 6000
요금 8인실 A$ 20, 6인실·4인실 A$22, 3인실 A$ 25
홈페이지 www.perthbritannia.com

중급 호텔

Ibis Hotel Perth ★★★　07623

호텔에서 5분 정도면 버스 정류장에 도착할 수 있으며, 스완 강과 프리맨틀과 가까운 곳에 위치하고 있다. 머레이 스트리트도 300m 정도 떨어져 있어 도보로 10분 정도면 갈 수 있다.

주소 334 Murray Street, Perth Australia
전화 +61 (0)8 9322 2844
요금 Standard Room : A$ 259
홈페이지 www.ibishotels.com.au

Criterion ★★★

07624

퍼스의 중심부에 있어, 메인 쇼핑몰과 근접하다. 현관 앞에서 시내 중심까지 걸어서 2분 정도 걸리고, 시내 중심에서 버스를 무료로 탈 수 있다. 객실은 전통적인 스타일을 하고 있으며, 야외 카페와 지하에 선술집인 터번(Tavern)이 인기가 있다.

주소 560 Hay Street Perth Western Australia 6000
전화 +61 (0)8 9325 5155
요금 Single Room : A$ 132 / Single & Breakfast : A$ 132 / Double・Twin Room : A$ 176 / Double・Twin Brkfst : A$ 176 / Budget Room : A$ 176 / Triple Room : A$ 264 / Quad Room : A$ 369
홈페이지 www.criterion-hotel-perth.com.au

Pensione Hotel ★★★★

07625

퍼스 시내에 위치하고 있는 버젯 부티크 호텔이다. 가격 대비 좋은 시설로 만족도가 매우 높다. 부티크 호텔인 만큼 시설은 모던하고 깔끔하지만, 금액은 저렴한 편이라 만족스러운 투숙이 가능할 것이다. 24시간 리셉션과 무료 와이파이를 제공한다.

주소 70 Pier Street/cnr Murray Perth WA 6000
전화 +61 (0)8 9325 2133
요금 쁘띠 퀸/킹 룸 A$ 124~, 쁘띠 트윈 룸 A$ 109~, 디럭스 킹 룸 A$ 149~, 프리미엄 킹 룸 A$ 169~
홈페이지 www.8hotels.com/pensione-perth

고급 호텔

Adina Apartment Hotel Perth Barrack Plaza ★★★★

07626

시내 중심부에 위치해 머레이 스트리트 몰 등의 쇼핑가나 레스토랑까지 도보로 5분 정도 걸린다. 호텔을 찾기도 쉬우며, 공항까지 셔틀버스를 이용하면 쉽게 갈 수 있다.

주소 138 Barrack Street Perth WA 6000
전화 +61 (0)8 9267 0000
요금 Studio Room : A$ 277 / 1 Bedroom Apartment : A$ 308 / 1 Bedroom Premier Apt : A$ 332 / Weekend Package : A$ 348 / 2 Bedroom Apt : A$ 363 / 2 Bedroom Executive Apt : A$ 406
홈페이지 www.adinahotels.com

Duxton ★★★★★

07627

퍼스 시내의 주요 관광 지역, 엔터테인먼트 지역, 레스토랑 센터와 킹스 파크에 도보로 접근이 가능하다. 대부분의 객실은 스완 강이 보이는 아주 빼어난 경관을 제공하며, 가구 설비가 매우 잘 되어 있다.

주소 1 St Georges Terrace 6000 Perth
전화 +61 (0)8 9261 8000
요금 Duxton Specials : A$ 485 / Deluxe Twin room : A$ 485 / Deluxe King Room : A$ 485 / Superior Room : A$ 537 / Club Room : A$ 578 / Suite : A$ 623 / Suite Deal : A$ 802 / Pres Suite : A$ 1618
홈페이지 www.duxton.com

Adina Apartment Hotel Perth ★★★★★

07628

도심에 위치해 쇼핑지와 주요 관광지를 도보로 10분 이내에 갈 수 있다. 스타일리시한 현대식 가구로 꾸민 인테리어가 돋보인다.

주소 Mounts Bay Road Perth Western Australia 6000
전화 +61 (0)8 9217 8000
요금 Premier Studio : A$ 309 / Premier One Bedroom : A$ 348 / One Bedroom-Special : A$ 348 / Premier Grand One Bedroom : A$ 422
홈페이지 www.adinahotels.com

퍼스 추천 코스
Perth

① 킹스 파크
야경이 아름답지만 밤이 되면 가는 길이 어둡기 때문에 오전에 보는 것이 좋다. 아침 식사로 샌드위치 등을 싸 가는 것도 추천!

시내 중심에서 도보 약 20분
무료 버스인 캣 버스로 10분

② 헤이 스트리트 몰
백화점, 레스토랑이 즐비한 퍼스에서 가장 번화한 곳.

도보 3분

③ 런던 코트
중세의 성을 연상케 하는 쇼핑몰이다.

반나절이면 퍼스를 뚝딱 구경한다!

퍼스 시내를 둘러보는 데는 반나절이면 충분하다. 근교의 프리맨틀과 함께 보거나 피너클스, 웨이브 록 투어를 다녀온 후 시내를 구경하는 것이 일반적인 여행 코스다.

❹ 퍼스 민트
금에 관심이 있다면 이곳에서 금을 가공하는 모습을 볼 수 있으며, 금을 이용해 만든 기념품을 구입할 수 있다.

❺ 스완벨 타워
세계에서 가장 큰 악기라고 불리는 건물이다. 바다를 배경으로 아름다운 외관과 함께 전망대에서는 퍼스 시내를 둘러볼 수 있다.

도보 3분

도보 3분

❻ 노스 브리지
미술관과 박물관이 있는 노스 브리지 지역은 저녁에 분위기 있게 식사를 하기 좋은 곳이다.

도보 15분
무료 버스인
캣 버스로 10분

울루루

세상의 중심, 울루루

아웃백(Outback)이라 불리는 호주의 내륙부! 아웃백의 최대 볼거리는 단연 울루루다. 울루루는 세계에서 가장 큰 바위(둘레 9.4km, 높이 335m)로, 유네스코 세계 문화유산으로 등록되어 있다.

'울루루'는 백인이 발견하기 전부터 이 바위를 성지로 여겼던 애버리진이 부르던 이름으로, 울루루가 공식 명칭으로 변경된 것은 불과 몇 년이 되지 않았다. 울루루를 방문하는 사람 중 울루루 등반을 하려는 사람이 많다. 하지만 이것은 위험할 뿐만 아니라 울루루는 애버리진의 성지이므로 등반은 자제하고 주변을 산책하는 것이 좋다. 바람의 계곡으로 불리는 카타추타(Kata Tjuta)는 울루루보다 덜 유명하지만 울루

루에 뒤지지 않는 자연의 경이로움을 느낄 수 있는 곳이며, 울루루에서 차로 약 30분 거리에 위치해 있다. 카타추타도 울루루와 마찬가지로 두 가지 이름이 있는데, 영국식 이름은 올가산(Mt. Olga)이다.

> **울루루의 공식 명칭 변천사**
> 1873년부터 에어즈 록(Ayers Rock)
> 1903년부터 에어즈 록(Ayers Rock) 또는 울루루(Uluru) / 대부분 에어즈 록으로 인식
> 1993년부터 에어즈 록 / 울루루(Ayers Rock/Uluru)
> 2003년부터 울루루 / 에어즈 록(Uluru/Ayers Rock)

 **Dress code**
주로 3일~7일 정도의 일정이므로, 7일 동안 입을 충분한 양의 옷이 필요하다. 장소에 따라서 탐험가 분위기를 연출해 보는 것도 재미있다.

Travel point
레스토랑	★★☆☆☆
쇼핑	★★☆☆☆
볼거리	★★★★★
레포츠	★★☆☆☆

✈ 울루루로 이동하기

울루루 관광은 에어즈 록 리조트(Ayers Rock Resort)에서 시작한다. 에어즈 록 리조트까지는 버스, 기차, 항공편 등 다양한 교통수단을 이용해서 갈 수 있지만, 이곳은 아웃백 사막 한가운데 있어 찾아가는 게 쉽지 않다.

비행기 케언스나 시드니에서 울루루로 오는 것은 콴타스 항공에서 가장 많은 비행편을 운항하고 있다. 에어즈 록 공항(Connellan Airport)에 도착 후, 에어즈 록 리조트까지는 공항 도착장소에서 무료로 운행되는 AAT King's 픽업 버스를 이용한다.

시드니, 에어즈 록 리조트 간 국내선 항공권

※ 울루루의 공항 이름은 아직까지 에어즈 록 공항(AYQ, Connellan Airport)이다.
※ 항공 요금은 편도 약 A$ 250~350

	편명	출발 시간	도착 시간	비고		편명	출발 시간	도착 시간	비고
케언스에서 에어즈 록	QF 1851	06:25	08:40	일요일	에어즈 록에서 케언스	QF 1854	14:35	17:35	일~수
	QF 1851	06:45	09:10	월~토		QF 1854	15:20	18:20	목~토
시드니에서 에어즈 록	JQ 660	10:30	12:30	월~금, 일	에어즈 록에서 시드니	JQ 661	13:00	17:30	일~금
멜버른에서 에어즈 록	JQ 664	09:00	10:30	토~일, 화~목	에어즈 록에서 멜버른	JQ 665	11:00	15:10	화~목, 토~일

기차 애들레이드에서 다윈까지 연결되어 대륙을 종단하는 고급 열차, 더 간(The Ghan)을 이용하면 특별한 열차 여행을 경험할 수 있다. 특히 열차에서 바라보는 아웃백의 일몰과 일출은 잊지 못할 추억이 된다. 열차는 에어즈 록 리조트까지 바로 가는 것이 아니기 때문에 앨리스 스프링스(Alice Springs)에서 버스나 투어를 이용해야 한다.

	출발 요일/ 시간	도착 요일/ 시간
애들레이드에서 앨리스 스프링스	일요일 / 12:15	월요일 / 13:45
앨리스 스프링스에서 애들레이드	목요일 / 09:10	금요일 / 13:00

기차 편도 요금

준성수기 (성수기 제외 / 4월 7~29일, 9월 1일~11월 25일)

	프리미엄 서비스	골드 서비스	
		트윈 객실	싱글 객실
애들레이드에서 앨리스 스프링스	A$ 2,749	A$ 1,479	A$ 1,319

성수기 (5월 5일~8월 28일)

	프리미엄 서비스	골드 서비스	
		트윈 객실	싱글 객실
애들레이드에서 앨리스 스프링스	A$ 2,889	A$ 1,629	A$ 1,529

버스 앨리스 스프링스에서 에어즈 록 리조트까지는 버스로 약 6시간이 걸린다. 장거리 버스 회사인 그레이하운드 버스는 매주 월·수·금요일 총 3회에 걸쳐 운행하고, 투어 회사인 AAT King's의 버스는 매일 운행한다.

※ 앨리스 스프링스-에어즈 록 리조트의 AAT King's 버스는 투어로 진행되는 것이 아니라 단순히 수송의 역할만 한다.
※ 버스 요금은 편도 약 A$ 100~130

		출발 시간	도착 시간
앨리스 스프링스에서 울루루	그레이하운드(월·수·금)	07:30	13:00
	AAT King's(매일)	07:30	13:00
울루루에서 앨리스 스프링스	그레이하운드(월·수·금)	13:45	19:30
	AAT King's(매일)	13:10	18:30

※ 교통수단별 시간과 요금 등의 정보는 상황에 따라 달라질 수 있음.

캠핑 투어

▶ 아웃백에 몸을 던지다

모험심이 많은 사람들에게 추천하는 투어다. 케언스나 애들레이드에서 캠핑 투어를 이용해 아웃백을 체험하고 아웃백의 중심지 울루루로 간다. 이곳에선 전 세계 각국에서 온 관광객과 함께 캠핑을 하기 때문에 다양한 외국인 친구를 만날 수 있다.

케언스, 애들레이드에서 출발하는 장기간의 상품이 부담스러우면 3일 정도 비교적 짧은 일정으로 앨리스 스프링스에서 출발하는 투어를 이용하는 것도 가능하다. 단, 에어즈 록 리조트에서의 일정이 하루나 이틀 정도이기 때문에 기상 등의 이유로 울루루 관광에 제약이 생겼을 경우라도 정해진 일정에 따라 다른 곳으로 이동해야 하는 단점이 있다.

더 락 투어(The Rock Tour)

앨리스 스프링스에서 출발하거나 울루루로 이동하거나 혹은 울루루에서 시작하여 앨리스 스프링스에서 투어가 끝나는 2박 3일 캠핑 투어를 즐길 수 있다. 투어 도중 킹스 캐년과 카타추타, 울루루 선셋과 선라이즈 모두를 즐길 수 있다. 국립 공원 입장료까지 포함하여 A$ 375이다.

조금 더 일정이 긴 것을 원한다면 케언스에서 앨리스 스프링스로 이동하는 4박 5일 투어도 있다. 한 명당 A$ 746이며 YHA Hostel 2박과 전일정 식사, 캠핑 2박이 포함되어 있다.

홈페이지 www.therocktour.com.au

어드벤처 투어(Adventure Tours Australia)

호주 전 지역에서 다양한 투어를 진행하는 어드벤처 투어는 매주 토요일 06:30 케언스를 출발해 앨리스 스프링스를 경유하여 울루루 및 킹스 캐니언을 둘러보는 캠핑 투어다. 일정에 맞게 울루루에 시간을 할애하므로, 울루루 여행에 중점을 둔다면 다소 답답하게 느껴질 수 있다.

투어 기간 7일
투어 비용 A$ 1,390
홈페이지 www.adventuretours.com.au

그루비 그레이프(Groovy Grape)

앨리스 스프링스에서 매주 화요일 12:00에 출발해 킹스캐니언을 거쳐 울루루에서 캠핑을 하고, 화성을 연상케 하는 쿠버 피디(Coober Pedy)의 명물 지하 성당과 오팔 광산을 방문하는 일정으로 진행되는 투어다.

투어 기간 6일
투어 비용 A$ 915
홈페이지 www.groovygrape.com.au

 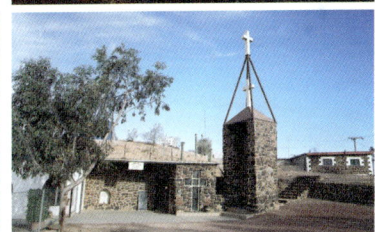

에어즈 록 리조트 Ayers Rock Resort

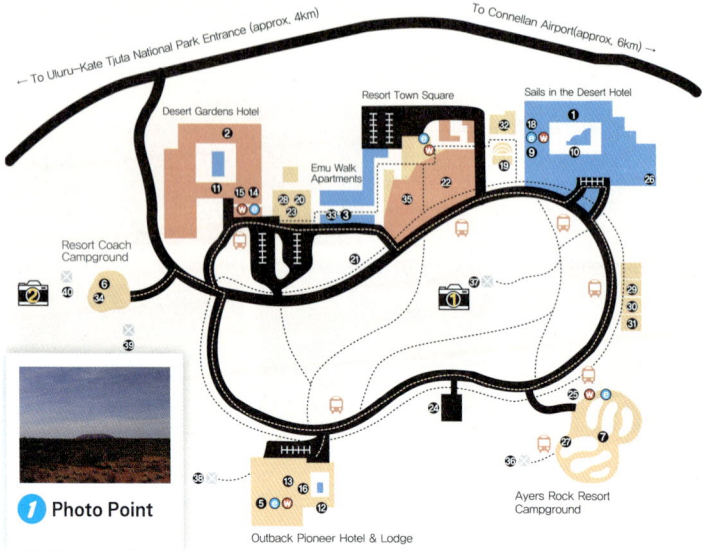

① Photo Point

ACCOMMODATION
① Sails in the Desert Hotel
② Desert Gardens Hotel
③ Emu Walk Apartments
⑤ Outback Pioneer Hotel & Lodge
⑥ Resort Coach Campground
⑦ Ayers Rock Resort Campground

RESTAURANTS
⑨ Grab&Go Coffee cart
⑩ Rockpool
⑪ White Gums
⑪ Arnguli Grill
⑫ Bough House
⑬ Outback Pioneer BBQ
⑮ Bunya Bar
⑯ Outback Pioneer Kitchen
㉟ Gecko's Cafe
Ayers Wok Takeaway

BARS
⑬ Outback Pioneer BBQ Bar
⑮ Bunya Bar

LIVE ENTERTAINMENT
⑬ Outback Pioneer BBQ Bar
   Entertainment nightly

SERVICES AND FACILITIES
⑬ Outback Pioneer Bottle Shop
⑭ Mingkiri Arts
⑱ Red Ochre Spa
⑲ Amphitheatre
⑳ Auditorium
㉒ Circle of Sand
㉓ Visitors Information Centre
㉔ Petrol Station
㉕ Campground Kiosk
㉖ Tennis Courts
㉗ Playground & Giant Chess
㉘ Administaration Centre
㉙ Health Centre/ Doctor
㉚ Police Station
㉛ Fire Station
㉜ Uluru Meeting Place
㉝ Desert Oak Studio
㉞ Uluru Camel Tours

RESORT TOWN SQUARE
㉟ Supermarket
㊱ Tour and Information Centre
㊲ ANZ Bank
㊳ Newsagency & Photo Processing
㊴ Australia Post Office
㊵ Hair Salon
㊶ Gecko's Cafe
㊷ Red Rock Deli
㊸ Ayers Wok Takeaway
㊹ The Resort Store
㊺ T–Shirt Shop
㊻ Craftworks

LOOKOUTS
㊱ Naninga
㊲ Imalung
㊳ Pioneer
㊴ Uluru
㊵ Ewing

KEY
🚌 셔틀버스(Shuttle stop)
⋯ 셔틀 노선 (Shuttle route)
⋯⋯ 보행자 도로 (Pedestrian track)
✕ 전망대(Lookout)
▬ 주차장(Car park)
Ⓦ 무선 인터넷 가능 지역 (Wireless Internet)
Ⓘ 인터넷 카페 (Internet Kiosk)

② Photo Point

다양한 부대시설과 투어 상품을 이용하자!

앨리스 스프링스 또는 다른 도시에서 캠핑 투어를 이용해 방문하는 경우가 아니라면 에어즈 록 리조트에서 숙박을 하면서 울루루와 카타추타를 관광하게 된다. 대형 슈퍼마켓, 바, 레스토랑, 카페, 기념품 가게 등의 부대시설을 잘 갖추고 있으며, 비지터스 인포메이션 센터와 각 숙소마다 투어 예약 데스크도 운영하고 있다.

리조트에서 다양한 투어를 이용해 울루루와 카타추타를 관광할 수 있으며, 헬기 투어, 오토바이 투어, 낙타 사파리 등의 독특한 투어도 진행하고 있다.

기본적인 울루루와 카타추타만을 보는 투어를 이용할 때는 호주 최대의 투어 회사인 AAT King's와 울루루 익스프레스(Uluru Express), 이 두 가지 회사를 비교하면 된다. AAT King's는 가이드의 자세한 설명을 들으면서 45인승의 고급 버스를 이용하는데, 요금이 다소 비싼 편이다. 따라서, 영어를 알아듣지 못하거나 가이드 자체가 필요 없다면, 울루루와 카타추타까지 단순 픽업만 제공하는 울루루 익스프레스를 이용하는 것이 낫다.

울루루 홉 온 홉 오프(Uluru Hop on Hop off) 이용하기

저렴한 요금으로 울루루와 카타추타까지의 송영 버스만을 제공한다. 가이드가 없이 정해진 시간에 맞추어 차를 타고 이동만 하면 되기 때문에 본인의 일정에 맞게 구경을 다녀올 수 있어서 편리하다. 울루루 왕복, 카타추타 왕복, 1일권, 2일권, 3일권까지 총 다섯 종류의 티켓을 판매하고 있다. 국립공원 입장권(성인 A$ 25, 아동(5~15세) A$ 12.5)은 포함되어 있지 않으므로 사전에 온라인으로 구매해야 한다. 한 번 구매 시 3일간 유효하다. ※운행 시간은 매달 다르므로 홈페이지 참조할 것

주소 118 Kali Ccrt Yulara NT 0872
전화 +61 8 8956 2019
홈페이지 uluruhoponhopoff.com.au
국립 공원 입장권 구매 사이트 book.parksaustralia.gov.au/passes/uluru
픽업 장소 데저트 가든 호텔, 세일즈 인 더 데저트, 캠프 그라운드 그리고 아웃백 피오니어
하차 장소 울루루 : 무티추루 워터홀(Mutitjulu Waterhole), 쿠니야 피티, 말라 주차장, 컬처 센터 / 카타추타 : 일출과 왈파 고지, 일출과 밸리 오브 더 윈드
요금

패스 종류	성인	아동
울루루 왕복 트랜스퍼	A$ 49	A$ 15
카타추타 왕복 트랜스퍼	A$ 95	A$ 40
1일권 홉 온 홉 오프 패스	A$ 120	A$ 40
2일권 홉 온 홉 오프 패스	A$ 160	A$ 60
3일권 홉 온 홉 오프 패스	A$ 210	A$ 100

AAT 킹스(AAT King's) 이용하기

호주 최대의 투어 회사로 역사 및 자연에 대해 설명하는 가이드 투어를 진행한다. 단, 영어와 일어로만 진행한다는 사실!

홈페이지 www.aatkings.com.au

투어 이름	요금	투어 내용 및 시간	
Uluru Sunrise & Base Tour or Uluru Sunrise & Climb Tour	성인 A$ 145 어린이 A$ 73	1. 울루루 일출 2. 울루루 등반 or 베이스 워킹	
		시간	일몰 전 90분 ~ 10:00 or 10:30
Uluru Base & Sunset Tour	성인 A$ 135 어린이 A$ 68	1. 울루루 베이스 워킹 2. 애버리진 문화 센터 3. 울루루 일몰	
		시간	14:45 or 15:30 ~ 일몰 후 30분
Kata Tjuta & Uluru Sunset Tour	성인 A$ 136 어린이 A$ 68	1. 카타추타 베이스 워킹 2. 울루루 일몰	
		시간	14:30 or 15:30 ~ 일몰 후 30분

AAT King's의 투어에도 2일 패스, 3일 패스가 있으며, 패스의 종류(AAT King's Rock Pass)에 따라 옵션으로 포함시킬 수 있는 투어가 다르므로 신중하게 투어 일정을 선택하자.

울루루 선라이즈

카타추타의 아침

에어즈 록 리조트의 숙소

울루루에서 20km, 카타추타에서 53km 거리에 위치한 에어즈 록 리조트는 울루루를 관광하는 모든 사람들이 이용할 수밖에 없는 숙소다. 5성급의 호텔에서 백패커스에 이르기까지 여섯 가지의 숙박 시설이 있다.

1. Sails in the Desert
사막 한가운데 위치한 5성급의 특급 리조트다. 세 곳의 레스토랑과 바, 테니스 코트, 수영장 등의 부대시설을 잘 갖추고 있다. 특히 수영장의 흰 천막은 '사막의 돛'이라는 숙소의 이름을 실감나게 해 준다.

2. Desert Garden
모든 숙소에 투어 예약 데스크가 있지만, 이곳의 바로 옆에는 비지터 인포메이션 센터가 있어 투어 외에도 다양한 정보를 쉽게 접할 수 있다. 레스토랑이 한곳밖에 없다는 게 아쉽다. 하지만 수영장을 갖추었으며 무엇보다 붉은 아웃백을 바라볼 수 있는 객실이 많다.

3. Outback Pioneer Hotel & Lodge(YHA)
일반 백패커스와 비슷한 남녀 공동의 4인실, 더블, 트윈 등 다양한 객실 타입을 갖추고 있다. 다른 지역의 백패커스보다 비싼 편이지만 저렴하게 여행을 하고자 하는 사람들에게 가장 적합하다.

4. Emu Walk Apartment
Desert Garden(4.5성급)보다 숙소의 등급은 낮지만 아파트먼트 형식의 객실에는 최대 6인까지 숙박이 가능하다. 또한 주방 시설도 있어 직접 음식을 할 수 있다. 식재료는 바로 옆 리조트 쇼핑 센터의 대형 마트에서 쉽게 구입할 수 있다.

5. Campground
리조트 내에는 Resort Coach Campground와 Ayers Rock Resort Campground, 두 곳의 캠프 그라운드(Campground)가 있다.
샤워 시설 및 주방 등은 물론 바비큐와 캠프파이어 시설도 갖추고 있다. 대부분 투어 회사에서 이용하고 있으며 침낭 등의 캠핑 장비 또한 개인이 준비해야 하기 때문에 개별 이용은 상당히 제한적이다.
두 곳 중에는 울루루와 카타추타를 함께 볼 수 있는 에윙(Ewing) 전망대가 있는 Resort Coach Campground가 더 인기가 많다.

울루루와 카타추타 최고의 사진 포인트

우리가 사진으로 보던 울루루는 대부분 멀리서 본 모습이다. 투어에 참가해서 울루루의 사진을 찍으려 하면 사진 찍는 거리가 너무 가까워 광각 렌즈를 이용해도 무언가 아쉽다. 책이나 사진에서 보던 울루루의 모습을 보기 위해서는 울루루 투어가 아닌 카타추타 투어 상품이나 에어즈 록 리조트의 무료 전망대를 이용해야 한다.
먼저, 카타추타 투어는 새벽녘 카타추타의 모습과 울루루의 모습을 함께 볼 수 있도록 구성되어 있다. 울루루 익스프레스와 AAT King's, 두 회사에서 운영한다.
그리고 무료 전망대는 에어즈 록 리조트 여섯 곳의 전망대 중에, 울루루와 카타추타를 한번에 볼 수 있는 캠핑장(Resort Coach Campground) 옆의 전망대(Ewing Lookout)와 리조트 중심에 있는 전망대(Imalung Lookout)를 추천한다. 수려한 경치를 사진에 맘껏 담을 수 있다.

Ewing Lookout

Imalung Lookout

테마 여행

- 호주의 맥주
- 호주의 애니메이션 촬영지
- 호주의 영화 촬영지
- 호주의 크리스마스
- 호주의 레포츠
- 호주에서 기념품 사기

호주의 맥주

매년 세계 맥주 소비량 5위권 내에 랭크되는 호주를 여행하면서 맥주 한잔 마시지 않는 것은 어딘지 모를 아쉬움이 남는다. 여행 중 과음으로 인해 일정에 차질을 줄 수 있기 때문에 많이 마시는 것은 권하지 않지만 조금을 마시더라도 호주의 맥주에 대해 알고 마신다면 색다른 즐거움이 될 수 있을 것이다.

우리나라의 맥주 전문점에서도 쉽게 찾아볼 수 있는 포스터(Foster's)를 호주의 대표 맥주라고 생각하는 경우가 많다. 하지만 이는 수출용 맥주로, 호주에서는 쉽게 찾아볼 수 없다. 심지어 포스터 맥주를 모르는 호주인도 있을 정도다.

우리나라의 소주가 그러하듯 호주의 맥주도 각 지역별로 다양한 맥주가 있으며 브랜드만 약 20여 가지 이상이 있다.

:: **뉴사우스웨일즈 주** NSW**의 맥주**

순록의 로고가 인상적인 투이스(Tooheys) 맥주가 대표적인 NSW 주의 맥주 브랜드다. 호주의 표준 라거(Lager) 맥주라고 불리는 Tooheys NEW와 쓴 맛이 강한 Tooheys Extra Dry가 가장 대표적인 상품이며, 흑맥주(Dark Ale)인 Tooheys OLD도 꾸준한 사랑을 받고 있다.

영국 스타일의 맥주라 할 수 있는 투이스와 함께 NSW 주에서 인기가 높은 맥주인 한(Hahn)은 독일 스타일의 라거 맥주다. 아직까지 큰 인기를 얻고 있지는 못하지만 2006년 브랜드 런칭 후 힐튼 호텔의 상속녀 패리스 힐튼이 프로모션에 참가해 주목을 받았던 본다이 브론데(Bondi Bronde)도 NSW 주의 맥주다.

::빅토리아 주 VIC의 맥주

뭉툭한 디자인의 병과 강한 쓴맛으로 호주 맥주 시장의 30% 이상을 점유하고 있는 빅토리아 비터(Victoria Bitter)는 호주 어느 주에서든 쉽게 구입할 수 있으며 우리나라의 대형 할인 마트에서도 찾아볼 수 있다. 대부분 비비(VB)라고 발음하기 때문에 소음이 심한 펍, 나이트클럽에서 주문할 때 편하다는 것도 인기 비결이다. 따라해 보자. '원 비비 플리즈(One VB please)~'

수출용 맥주인 포스터(Foster's)를 제조하는 포스터스 그룹의 호주 국내 판매용인 칼튼 드래프트는 광고, 마케팅에 관심이 있는 사람이라면 한번쯤 들어 봤을 것이다. 2006년 깐느 광고제 금상을 차지한 Big AD란 제목의 TV 광고는 바이럴 마케팅의 진수라 평가받고 있다. 2008년 깐느 광고제 동상에 빛나는 'Skytroop'이란 제목의 TV 광고도 큰 반향을 일으키고 있다. 외국뿐 아니라 국내의 포털 사이트에서도 Big AD, Skytroop로 검색하면 동영상을 쉽게 찾아볼 수 있다.

::퀸즐랜드 주 QLD의 맥주

노란색 바탕에 빨간색 XXXX가 적혀 있는 강한 인상의 라벨을 달고 있는 포엑스(XXXX)는 비비(VB)에 이어 호주 전체 판매량 2위를 차지하는 맥주다. 알콜 3.5도의 약한 맛의 XXXX GOLD, 비비(VB)에 강한 도전을 하고 있는 XXXX Bitter가 주력 상품이며, XXXX Draught, XXXX Light Bitter, XXXX DL(Diet Lager) 등의 다양한 상품군이 있다.

참고로, 영국인이 호주에 도착한 후 원주민인 애버리진에게 맥주를 선물하고, 그 맛에 반한 그들이 영국인들만 보면 땅에 맥주병을 그리고 병 가운데 XXXX를 표시한 것이 맥주 이름의 기원이다.

::서호주 WA의 맥주

서호주를 상징하는 블랙 스완을 로고로 하고 있는 스완 비터(Swan Bitter)와 넓은 아웃백에 살고 있는 에뮤를 로고로 하는 에뮤 엑스포트(Emu Export) 맥주가 서호주를 대표하는 맥주다. 두 개의 인기 맥주 모두 조류를 로고로 이용하고 있다는 것이 독특한 점이다.

::남호주 SA의 맥주

서호주를 대표하는 맥주 회사 쿠퍼스에서는 알콜 도수 7.5의 Extra Strong Vintage Ale, 알콜 도수 6.8의 Special Old Stout 등 비교적 도수가 높은 맥주를 비롯해 약 10여 개의 맥주를 판매하고 있다. 이 중 심플한 녹색 라벨의 Original Ale(알콜 도수 4.5)은 우리나라의 대형 할인 마트에서도 판매하는 등 외국에서도 많은 사랑을 받고 있다.

1. 각 주별로 주류에 관한 법이 조금씩 다르지만 공원 등의 공공장소나 야외에서 술을 마실 때는 술병이 보이지 않게 종이 등에 감싸서 먹는 것이 일반적이다. 이를 어길 시는 A$ 300 이하의 벌금을 물게 된다.
2. 편의점, 슈퍼 등지에서는 주류를 판매하지 않는다. 보틀 숍(Bottle Shop)에서만 구입할 수 있다.
3. 호주인들은 우리나라를 포함한 동양인을 어리게 보는 경우가 많기 때문에 보틀 숍에 가거나 펍에 갈 때는 여권 등의 신분증을 지참하는 것이 좋다.
4. 더프 맥주(Duff Beer)는 애니메이션 심슨 가족(The Simpsons)에 나오는 가상의 맥주 브랜드였다. 1990년대 호주의 애들레이드에서 같은 이름으로 맥주가 판매되었다가 심슨 가족의 저작권을 가지고 있는 20세기 폭스사의 소송에 걸려 모든 맥주가 폐기되었다. 현재는 수집가들 사이에서 한 캔에 A$ 10,000를 호가하는 엄청난 가격에 거래되고 있다.

호주의 애니메이션 촬영지

니모를 찾아서 Finding Nemo

2003년 개봉과 동시에 픽사의 애니메이션 중 최고의 흥행 성적을 기록한 〈니모를 찾아서〉. 이 애니메이션의 배경이 호주라는 것은 마지막 장면에 나오는 시드니의 오페라 하우스를 보면 쉽게 알 수 있다. 그럼 애니메이션 초반에 등장하는 푸른 산호초가 있는 바다는 어디일까? 정확한 언급은 없지만 브리즈번 북부에서 케언스에 이르는 약 2,000km에 걸쳐 형성된 그레이트 배리어 리프일 것이다. 스쿠버 다이버가 등장하는 것을 볼 때 해양 스포츠가 발달한 케언스가 가장 유력한 로케이션 장소다.

케언스에서 스쿠버 다이빙을 하면 니모의 주인공 크라운 피시(Clownfish)를 비롯한 바다 거북, 해파리 등을 쉽게 볼 수 있지만 상어를 만나거나 하는 일은 거의 없다.

미야자키 하야오 감독의 애니메이션

〈미래소년 코난〉, 〈천공의 성 라퓨타〉, 〈이웃의 토토로〉, 〈하울의 움직이는 성〉 등 우리나라에서도 큰 인기를 얻고 있는 일본 애니메이션의 거장 미야자키 하야오 감독. 그는 젊은 시절 호주 여행을 하면서 많은 영감을 받아 그의 애니메이션에서 심심치 않게 호주의 풍경을 찾아볼 수 있다. 그의 발자취를 따라 여행을 해 보자.

:: **바람 계곡의 나우시카** 風の谷のナウシカ

영화 시작부터 끝까지 배경으로 나오는 황량한 사막은 호주의 아웃백을 표현한 것이다. 나우시카가 사는 곳, 즉 바람의 계곡은 울루루와 함께 국립공원으로 지정된 카타추타(Kata Tjuta)이다. 카타추타는 나우시카가 개봉되기 전부터 바람의 계곡이라 불리던 곳이다.

:: 천공의 성 라퓨타 天空の城ラピュタ

케언스 근교 여행지인 파로넬라 파크는 천공의 성 라퓨타의 모토가 된 곳이다. 여러 번의 홍수와 화재로 손실된 부분을 재건이 아닌 보전에 중점을 두어 관리했다. 그래서인지 오랫동안 버려진 듯한 느낌이 애니메이션의 성과 비슷하다. 또한 애니메이션에서 성을 지탱하고 있는 나무는 잔 줄기가 엉크러진 피그트리를 연상시킨다.

:: 붉은 돼지 紅の豚

애니메이션은 제1차 세계 대전이 끝난 후 이탈리아를 배경으로 하고 있지만, 호주의 유명 관광지가 애니메이션에 등장한다. 멜버른 최대의 당일 투어 인기 장소인 그레이트 오션 로드에 있는 로크 아드 협곡(Loch Ard Gorge)은 붉은 돼지의 비밀 기지를 연상케 한다. 대부분의 그레이트 오션 로드 투어가 12사도, 로크 아드 협곡, 런던 브리지를 방문하기 때문에 투어를 이용해서 쉽게 찾아볼 수 있다.

이 밖에도 마녀배달부 키키(魔女の宅急便)에 나오는 시계탑은 애들레이드의 빅토리아 스퀘어 옆에 있는 우체국 건물이며, 미래소년 코난(未來少年 コナン)에는 퍼스의 근교 여행지인 피너클스가 등장한다. 원령공주(もののけ姫)에서 큰 개가 사는 바위가 있는 곳도 빅토리아 주의 국립공원이다.

미야자키 하야오는 호주의 전국 방방곳곳을 다닌 것이 틀림없으며, 어쩌면 워킹홀리데이로 호주에서 방황 좀 했을지도 모르겠다.

호주의 영화 촬영지

호주는 CF, 드라마의 촬영지로 많은 사랑을 받고 있다. 아름다운 자연은 물론, 우리나라에서 유럽보다 가깝고 시차가 없어 비교적 편리하게 유럽의 분위기를 담을 수 있기 때문이다. 시드니에서 촬영된 대표적인 CF만 해도 Odyssey(마틴 플레이스), 스카이 휠 휴대폰(마틴 플레이스), 대우건설 푸르지오(센테니얼 파크), 베스킨라빈스(하이드 파크), GM대우의 토스카, 젠트라, 현대자동차의 에쿠스 3.3 등이 있으니 브리즈번, 멜버른까지 합치면 30편 이상의 CF가 호주에서 촬영되었다.

'미안하다 사랑한다'의 콘셉트로 사진 찰칵!

호주에서 촬영된 드라마 장소 중 우리에게 단연 인기 있는 곳은 소지섭 주연의 〈미안하다 사랑한다〉를 찍은 멜버른으로, 시내 곳곳에서 그 흔적들을 찾아볼 수 있다. 페더레이션 스퀘어 옆의 작은 골목길은 소지섭과 임수정이 흑인들에게 쫓기던 곳으로 스산한 분위기의 그라피티가 그려져 있다. 콘셉트 사진을 찍기 좋은 곳이므로 연인이나 친구와 여행을 갔다면 기억에 남는 사진을 찍어 보자.

우리나라의 드라마, CF에서는 대부분 유럽 느낌이 나는 시내를 콘셉트로 잡는 경우가 많지만, 서구권에서는 호주에서 촬영지를 선택할 때 아름다운 자연에 주목하고 있다.

:: 빠삐용 (1973)

오랜 시간을 두고 끊임없이 많은 사람들에게 회자되는 명작 〈빠삐용〉. 이 영화에 나오는 악마의 섬(Devil's Island)은 남미에 있으며, 당시 프랑스령에 속하던 기아나(Guiana) 감옥이다. 하지만 영화의 촬영은 대부분 호주에서 이루어졌다. 특히 영화의 최고 명장면인 라스트신은 시드니 시내에서 버스로 40분 거리에 있는 왓슨 베이(Watsons Bay)의 갭팍(Gap Park)에서 촬영되어, 지금까지도 많은 사람들이 찾고 있다.

찾아가기 서큘러 키에서 324번, 325번, 380번 버스로 약 40분.

∷ **세상의 중심에서 사랑을 외치다** (2004)
영화 제목에서 쉽게 알 수 있듯이 세상의 중심이라 불리는 울루루가 영화에 나온다. 영화에 울루루가 나오는 시간은 매우 짧지만 영화 전체의 줄거리에서 빠질 수 없는 부분이다. 우리나라에서도 상당히 흥행에 성공해 연인, 신혼부부에게 인기 높은 여행지가 되었다. 울루루를 배경으로 콘셉트 사진을 찍기 좋은 곳은 울루루의 모습이 너무 크지 않게 앵글에 잡히는 에어즈 록 리조트의 전망대이다.

찾아가기 울루루 참고

∷ **미션 임파서블 2** (2000)
미션 임파서블도 상당 부분의 촬영이 시드니에서 이루어졌다. 특히 영화 끝 부분에 나오는 요새 같은 바이러스 공장은 시드니 지역에서 유명한 스쿠버다이빙 포인트가 있는 베어 아일랜드(Bare Island)에서 촬영되었다.

찾아가기 오페라 하우스가 있는 서큘러 키에서 394번 버스로 La Peouse까지 약 50분

∷ **매드맥스** (1979)
맬 깁슨을 최고의 인기 스타로 만들며 할리우드까지 진출시킨 호주 최고의 영화로 평가받는 매드맥스의 촬영은 애들레이드와 울루루의 중간쯤에 있는 쿠버피디(Coober Pedy)에서 이루어졌다. 아웃백의 중심에 있는 쿠버피디는 지하 호텔, 지하 성당 등의 독특한 볼거리가 있는 곳이다. 세계 최대의 오팔(Opal) 산지 중 하나이며, 오팔 광산에서 파 올린 흙과 굴삭기의 모습이 마치 외계 행성을 연상케 한다. 2000년에 개봉한 호주 영화 〈에어리언 2020: Pitch Blackk〉도 이곳에서 촬영되었으며, 마을의 한쪽에는 영화 촬영 시 사용된 불시착 우주선이 전시되어 있다.

찾아가기 대중교통으로 이곳을 찾아가는 것은 포기하는 게 좋다. 차량을 렌트해서 가거나 애들레이드에서 울루루로 가는 1박 2일 또는 2박 3일 투어를 이용해 이동하는 것이 가장 좋다.

호주의 크리스마스

호주에서 즐기는
Summer Christmas

우리나라와 계절이 반대라는 것은 호주 여행만의 매력이다. 여름에는 녹을 듯한 더위를 피해 겨울을 찾아서, 겨울에는 시린 바람을 등지고 뜨거운 태양이 내리쬐는 여름으로 떠날 수 있다. 가장 즐거운 때는 역시 여름의 더위가 최고조에 달하는 크리스마스와 연말연시다. 산타 모자를 쓰고 빨간 비키니를 입은 산타걸의 모습은 서머 크리스마스를 실감하게 한다.

크리스마스 때 가장 화려한 곳은 역시 시드니라는 것을 부인할 수는 없지만 멜버른, 브리즈번 등의 도시도 볼거리는 충분하다. 각 도시별로 음악회, 거리 행진, 불꽃놀이 등의 행사는 12월 중순에 시작해 크리스마스와 12월 31일을 정점으로 끝이 나지만 거리에 설치되어 있는 장식들은 12월 초부터 1월 중순까지는 볼 수 있다.

시드니 달링 하버

시드니 마틴 플레이스

NSW 도서관

시드니 오페라 하우스 불꽃놀이

시드니 타운 홀

:: 시드니

마틴 플레이스에 크리스마스 트리가 설치되는 것을 시작으로 시내 곳곳에 크리스마스의 분위기가 흐르기 시작한다. 시내 곳곳의 고풍스러운 건물에 화려한 조명을 입히는 것도 빼놓을 수 없는 볼거리다. 시드니 타워가 있는 피트 스트리트 몰에도 크리스마스를 상징하는 별들이 장식된다.

12월 31일 23시 59분에는 호주에서 가장 화려한 불꽃놀이 New Year's Day Firework가 실시된다. 약 30분 이상 진행되는 이 불꽃놀이는 오페라 하우스와 하버 브리지가 함께 보이는 보타닉 가든의 맥쿼리 포인트에서 보는 것이 최고다.

12월 31일 21시에 달링 하버에서도 불꽃놀이가 열린다. 이것을 보고 오페라 하우스가 있는 서큘러 키 지역으로 이동하면 좋은 자리 잡는 것은 포기해야 한다.

멜버른 페더레이션 스퀘어   멜버른 스완스톤 스트리트

:: 멜버른

시드니 마틴 플레이스의 트리에 뒤지지 않을 만큼 크고 화려한 트리가 페더레이션 스퀘어에도 설치된다. 도시 대부분의 도로에 노면 전차가 다니고 있는 멜버른의 크리스마스가 인상적인 것은 이 노면 전차에 전기를 공급하는 전선에 꾸며 놓은 장식품 덕분이다. 노면 전차 위의 전선에 장식을 한 것도 모자라 무료 트램인 시티 서클의 내부도 크리스마스 장식으로 꾸며 놓는다.

12월 31일 21시에는 도크랜드에서, 1월 1일 00시에는 야라 강에서, 화려한 불꽃놀이가 펼쳐진다. 빅토리아 아트 센터와 사우스뱅크를 배경으로 하는 야라 강의 불꽃놀이가 단연 압권이다.

:: 브리즈번

유동 인구가 가장 많은 앤 스트리트 몰에 크리스마스 장식이 꾸며지고 앤 스트리트 몰의 끝에 있는 트레저리 카지노 앞의 광장에 대형 크리스마스 트리가 장식된다. 선샤인 시티라는 별명에 걸맞게 가장 햇살 좋은 이곳의 크리스마스는 더욱더 눈부시다.
12월 31일 펼쳐지는 브리즈번의 불꽃놀이는 무료 수영장인 사우스뱅크와 스토리 브리지를 배경으로 하는 이글 스트리트 피어 등지에서 볼 수 있다.

:: 케언스

호주의 손꼽히는 관광 도시인 케언스의 크리스마스는 다소 조용한 편이다. 시내에 크리스마스 장식이 많이 설치되지 않고, 마이어 백화점과 이곳에서 연결되는 쇼핑몰인 케언스 센트럴에 트리가 장식되는 정도다. 대신 시내 중심의 펍과 클럽에서는 젊은 여행객들의 뜨거운 열기가 더욱 고조된다.
케언스 쇼(Cairns Show)에서도 큰 불꽃놀이가 열리지만 내륙에서 열리는 케언스 쇼의 불꽃놀이와 달리 12월 31일에는 무료 수영장인 라군에 비쳐 더 아름답게 보이는 불꽃놀이를 즐길 수 있다. 바다에 설치된 바지선에서 쏘아 올리는 불꽃놀이는 약 20분~30분간 케언스의 하늘과 라군을 화려하게 물들인다.

브리즈번 앤 스트리트 몰

케언스 센트럴

케언스 라군의 불꽃놀이

시드니 센트럴 역

:: 기타

각 도시별로 크리스마스의 분위기를 느낄 수 있게 장식된 곳은 크리스마스 특수를 노린 쇼핑몰이다. 마이어, 데이비드 존스 등의 백화점은 물론 중소 규모의 쇼핑몰과 각 소매점에는 11월 초순부터 크리스마스 분위기를 느낄 수 있도록 장식하고 대목을 노린다. 고급 백화점으로 갈수록 장식은 화려해지고 관광객의 눈을 즐겁게 해 준다. 또한 도시의 현관인 공항, 열차역, 버스터미널에서도 쉽게 크리스마스 장식들을 찾아볼 수 있다.

호주에서만 사는 동물들로 만든 크리스마스 구유 | 애들레이드의 쇼핑몰인 런들 몰의 거대 산타 할아버지

연말연시에만 살 수 있는 캥거루, 코알라 스페셜 아이템 | 애들레이드 공항

호주의 레포츠

:: 서핑

골드코스트에서 가장 번화한 곳은 '서핑을 즐기는 사람들의 천국'이라는 뜻의 서퍼스 파라다이스(Surfers Paradise)이다. 지명에도 서핑이 들어갈 만큼 이곳에서의 서핑은 특별한 재미를 준다. 엄청난 규모의 백사장에 높은 파도가 있어 서핑을 즐기기에 최고의 장소다.

골드코스트와 더불어 서핑을 즐기기 좋은 곳은 시드니 시내에서 30분 거리에 위치한 본다이 비치와 맨리 비치다. 골드코스트와 시드니의 해변에 가면 서핑을 배우는 코스가 있다. 처음 배우는 순간부터 보드 위에서 타는 것은 상당한 운동 신경이 필요하지만 일어서지 않고 엎드려 타는 것으로도 충분한 재미를 느낄 수 있다.

드림월드의 플로 라이드는 서핑을 체험해 볼 수 있는 시설로 바다에서 하는 서핑과는 다른 재미를 느낄 수 있으며, 보다 안전하기 때문에 초심자라면 도전해 볼 만하다.

:: 래프팅

케언스의 바론 강과 털리 강이 래프팅을 즐길 수 있는 곳이다. 비교적 완만한 코스인 바론 강은 아이를 동반한 가족단위 여행객을 위한 곳이며, 박진감 넘치는 코스를 원하는 사람은 털리 강 래프팅에 참가하면 된다.

동강, 한탄강 등지에서 경험을 쌓은 래프팅 강사들이 이곳으로 와서 경험을 쌓고 있다. 운이 좋으면 한국인 강사들의 친절한 안내를 받으며 래프팅을 즐길 수 있다.

:: 스노클링

스쿠버 다이빙과 비슷하지만 산소통을 메고 깊은 바다로 들어가는 것이 아니라 수면 위에서 헤엄을 치며 바닷속을 보는 것이다. 빨대를 통해 숨을 쉬고 구명조끼를 입고 할 수 있기 때문에 수영을 못 하거나 깊은 물속이 두려워도 아름다운 호주의 바닷속을 볼 수 있다.
수영을 할 줄 알고 물에 대한 두려움이 없다면 구명조끼 없이 스노클링을 즐기며 다소 깊은 곳으로 잠수해서 들어가 볼 수도 있다.
케언스에서 그레이트 배리어 리프 세일링 투어에 참가하면 대부분 스노클링 장비 대여는 투어 비용에 포함되어 있으니 겁내지 말고 참가해 보자.

:: 스카이다이빙

자유 낙하의 짜릿함을 느낄 수 있는 스카이다이빙은 실제로 낙하산을 메는 것이 아니라 숙련된 강사가 낙하산을 메고, 함께 뛰는 탠덤 점프(Tandem Jump)의 형식으로 진행되기 때문에 매우 안전하다.
호주 대부분의 도시에서 스카이다이빙을 실시하고 있지만 그레이트 배리어 리프를 바라보며 뛰어내릴 수 있는 케언스와 오페라 하우스, 하버 브리지를 배경으로 하는 시드니에서의 스카이다이빙이 최고라 할 수 있다.

:: 스쿠버 다이빙

산소통을 메고 잠수해서 바닷속으로 들어가는 것이다. 케언스의 그레이트 배리어 리프 세일링 투어에 참가하면서 A$ 80~100 정도의 추가 요금으로 체험할 수 있다. 초심자의 경우는 안전 교육과 기본 교육을 받고 입수할 수 있는데, 자격증 소지자에 비해 A$ 10~20 가량 비싸다. 경험자나 자격증 소지자는 증명서를 지참하도록 하자. 대부분의 투어가 1~2회 정도 스쿠버 다이빙을 즐길 수 있는 시간을 주며, 2회 모두 스쿠버 다이빙을 하면 1회 비용은 요금의 50% 정도만 지불하면 된다.
스쿠버 다이빙이 겁난다면 스노클링을 통해 아름다운 바닷속을 볼 수 있다.

호주에서 기념품 사기

여행에서 쇼핑은 빼놓을 수 없는 즐거움이다. 호주에서는 무엇을 사는 것이 좋을까?
호주에는 호주에서만 판매하는 독특한 제품들이 많다. 또한 호주 제품(Australian Made)이라는 품질관리 프로그램이 있어 이 로고가 있는 제품을 구입하면 품질을 믿고 살수 있다.

Australian Made 로고가 붙어 있는 상품

각종 건강 식품들

건강 식품
부모님을 위한 선물로 가장 인기가 많은 것이 건강식품이다. 간기능 개선, 피로회복에 좋은 스쿠알렌(Squalene), 골다공증, 칼슘 보충을 위한 상어연골(Shark Cartilage), 관절염 예방을 위한 초록홍합(Green Lipped Mussel), 생리불순, 갱년기 여성을 위한 달맞이꽃 오일(Evening Primrose Oil) 등 수많은 건강 식품이 있다.

면세점에서도 구입할 수 있지만 시중에 비해서 다소 비싼 편이다. 대부분의 도시에는 한국인 기념품 가게에서도 판매를 하고 있기 때문에 자세한 설명을 듣고 구입할 수 있다.

스쿠알렌

금가루 콜라겐 에센스

양태반 크림

미용용품
피부 보호에 좋은 비타민, 미네랄 등을 함유하고 있어 피부에 탄력성을 더하며, 기미, 주근깨, 피부 노화를 방지할 수 있는 양태반을 이용한 크림은 부담스럽지 않은 가격으로 주변 친구들에게 선물할 수 있는 기념품이다. 일반적인 양태반 크림에 금가루(Gold Flake)가 포함된 고급의 에센스와 콜라겐에 금가루가 섞인 에센스 등도 큰 인기를 얻고 있다.

기타 등등 재미있는 기념품들

:: 호주 최고의 발명품 스터비 쿨러
맥주를 사랑하는 호주인들이 호주 최고의 발명품으로 꼽는 스터비 쿨러(Stuby Cooler)는 맥주의 시원함을 오랫동안 간직해 주는 것으로 용기에 호주의 대표적인 이미지들이 그려져 있다.

:: 부메랑, 디저리두 등
애버리진 관련 제품들
점묘화와 비슷한 느낌의 애버리진의 전통 문양이 그려져 있는 각종 소품들도 쉽게 구할 수 있는 기념품이다. 기념품으로 파는 부메랑은 실제로 던져서 돌아오지 않는 것이 많으니 우리나라에 돌아와서 굳이 던져 볼 필요는 없다. 부피가 크고 무거운 디저리두는 다소 꺼려지는 기념품이긴 하지만 공항에서 별도 수화물로 부칠 수 있고 집안 한 구석에 세워 두면 훌륭한 인테리어 소품이 된다.

파리 쫓는 신기한 모자

도로의 캥거루 표지판

표지판 기념품

:: 아웃백을 기념할 수 있는 제품들
넓은 아웃백을 뛰어다니는 캥거루를 보호하기 위해 아웃백의 도로 곳곳에는 캥거루를 주의하라는 표지판들이 있다. 이러한 표지판도 기념품으로 판매하고 있다. 실제 표지판 크기로 된 철제도 있지만 조금 작은 크기의 플라스틱 제품이 가져오기 편하다. 또한 엄청나게 많은 파리 때문에 생긴 발명품인 파리 쫓는 모자도 재미있는 기념품이다.

:: 서핑용품
세계적인 패션 브랜드는 없지만 세계적인 서핑용품 브랜드는 호주가 가장 많을 것이다. 우리나라에서 서핑용품이라기보다는 일반 패션 브랜드로 인식되고 있는 '퀵실버(Quiksilver)'도 호주의 브랜드다. 호주 현지에서 가장 인기 높은 서핑, 수영복 브랜드는 '빌라봉(billa bong)'이다.

:: 먹을거리
일반 슈퍼마켓에서도 쉽게 구입할 수 있는 '팀탐'은 호주를 대표하는 과자다. 엄청나게 달기 때문에 처음에는 맛을 느끼기 어렵지만 몇 번 먹다 보면 중독될 만큼의 매력 있는 과자다. 그 중독성으로 여자 유학생 들의 적이라고 불리기도 한다.
팀탐과 더불어 호주의 독특한 먹을거리로 알려진 것으로는 '베지마이트'라는 빵에 발라 먹는 잼과 비슷한 것이다. 영양 만점으로 호주인들의 입맛에는 맞을지 모르지만 우리나라 사람들이 먹기에는 조금 부담스럽다.

팀탐   베지마이트

여행 정보

- 여행 준비
- 출입국 수속
- 호주 기초 정보
- 호주의 교통수단

여행 준비

여권

▶ 여권을 만들어야 여행을 시작할 수 있다

여권은 외국을 여행하고자 하는 국민에게 정부가 발급해 주는 일종의 신분 증명서이다. 여권이 없으면 어떠한 경우에도 외국을 출입할 수 없으며 여권을 분실하였을 경우에는 본인이 신고하여 재발급을 받아야 한다. 대한민국의 경우 2008년 6월 이후로 전자 여권을 발급하고 있는데 이는 기존 여권과 마찬가지로 종이 재질의 책자 형태로 제작된다. 다만, 앞표지에 국제민간항공기구(ICAO)의 표준을 준수하는 전자 여권임을 나타내는 로고가 삽입돼 있으며, 뒤표지에는 칩과 안테나가 내장되어 있다. 반드시 본인이 직접 방문 신청해야 발급이 가능하다. 종류는 종전과 마찬가지로 5년 또는 10년간 사용할 수 있는 복수 여권과 1년간 단 1회만 사용 가능한 단수 여권이 있다. 복수 여권의 경우 여권 발급 비용은 유효 기간 5년의 경우 45,000원, 5년 초과 10년 이내의 경우 53,000원이고, 단수 여권은 20,000원이다. 여권 발급은 외교부가 허가한 구청 혹은 도청에서 가능하고, 인구 밀도에 따라 별도의 발급 장소를 두고 있다. 여권 발급에 소요되는 시간은 지역에 따라 차이는 있지만 보통 5일 정도가 소요된다. (단, 6~8월과 11~1월은 여행객들의 신규 접수가 많아 약 10일 정도 소요된다.)

외교부 여권 안내 홈페이지 www.passport.go.kr

▶ 신청 장소

발급처	주소/ 전화번호
외교부 여권과	03151 서울시 종로구 종로5길 68 코리안리빌딩 4층
	02-733-2114
종로구청 민원여권과	03153 서울특별시 종로구 삼봉로 43 (수송동 146-2)
	02-2148-1953~5
노원구청 민원여권과	01689 서울특별시 노원구 노해로 437 (상계동)
	02-2116-3283
서초구청 OK민원센터	06750 서울특별시 서초구 남부순환로 2584 (서초동)
	02-2155-6340, 6349~50
영등포구청 민원여권과	07260 서울특별시 영등포구 당산로 123 (당산동 3가, 영등포 구청)
	02-2670-3145~8
동대문구청 민원여권과	02565 서울특별시 동대문구 천호대로 145 (용두동)
	02-2127-4685, 90
강남구청 민원여권과	06090 서울특별시 강남구 학동로 426 (삼성동 16-1)
	02-3423-5401~6
구로구청 민원여권과	08284 서울특별시 구로구 가마산로 245 (구로동 435)
	02-860-2681, 2684
송파구청 민원여권과	05552 서울특별시 송파구 올림픽로 326 (신천동 29-5) 송파구청 2층
	02-2147-2290
마포구청 민원여권과	03937 서울특별시 마포구 월드컵로 212 (성산동 370)
	02-3153-8481~4
성동구청 민원여권과	04750 서울 성동구 고산자로 270 (행당동 7)
	02-2286-5243

강서구청 민원여권과	07658 서울 강서구 화곡로 302 (화곡동)		전라북도 전북도청 자치행정과	54968 전라북도 전주시 완산구 효자로 225 (효자동 3가 1)
	02-2600-6301~2			063-280-2209
부산광역시 부산시청 통합민원 담당관실	47545 부산광역시 연제구 중앙대로 1001 (연산동 1000)		전라남도 전남도청 도민소통실	28515 전라남도 무안군 삼향읍 오룡길 1 (남악리 1000)
	051-888-5333			061-286-2334~8
대구광역시 대구시청 행복민원과	41911 대구광역시 중구 공평로 88 (동인동1가 2-1)		경상북도 경북도청 새마을봉사과	36759 경북 안동시 풍천면 도청대로 455
				1522-0120
	053-803-2855		경상남도 경남도청 대민봉사과	51154 경상남도 창원시 의창구 중앙대로 300 (사림동 1)
인천광역시 인천시청 시민봉사과	21554 인천광역시 남동구 정각로 29 (구월동 1138)			055-211-7800
	032-120 032-440-2477~9		제주도 제주도청 자치행정과	690-700 제주특별자치도 제주시 문연로 6 (연동 312-1)
광주광역시 광주시청 자치행정과	61945 광주광역시 서구 내방로 111 (치평동)			064-710-2171, 2173, 2176
	062-613-2966~8 062-613-2971			
대전광역시 대전시청 시민봉사과	35242 대전광역시 서구 향촌길 70 (둔산동 1420)			
	042-270-4183~9			
울산광역시 울산시청 자치행정과	44675 울산광역시 남구 중앙로 201 (신정동)			
	052-229-2592, 2594, 2528			
경기도본청 언제나민원실	16444 경기도 수원시 팔달구 효원로 1			
	031-120			
경기도 북부청사 행정관리 담당관실	11780 경기도 의정부시 청사로 1 (신곡동)			
	031-120			
강원도 강원도청 총무행정관	24266 강원도 춘천시 중앙로 1 (봉의동 15)			
	033-249-2562			
충청북도 충북도청 자치행정과	28515 충청북도 청주시 상당구 상당로 82 (문화동 89)			
	043-220-2733			
충청남도 충남도청 도민협력 새마을과	32255 충청남도 홍성군 홍북면 충남대로 21			
	041-635-3581~2			

◎ **일반 여권 발급을 위한 준비 사항**

1) 여권 발급 신청서 1통(여권과 비치)
2) 여권용 사진(3.5×4.5cm, 6개월 내 촬영분) 1매
3) 신분증(주민등록증, 운전면허증, 공무원증, 군인신분증)
4) 수수료 : 복수여권(5년 초과 10년 이내) 53,000원, 단수여권(1년 이내) 20,000원

※ 병역 미필자: 국외 여행 허가서
※ 일반 여권 외 관용 여권, 외교관 여권, 거주자 여권(영주권 소지자) 등에 대한 준비 사항은 외교부나 각 여권 발급처 홈페이지 참고

여행 중 여권 보관과 재발급

해외여행 시 여권을 분실하면 여행을 즐기기도 전에 여행을 망치게 되니 여권 보관에 주의해야 한다. 여권은 번거롭지만 복대에 넣는 것이 가장 안전하다. 분실을 대비해 여분의 여권 사진과 여권 복사본을 여행 가방과 손가방 등에 분산해 보관하자.
호주에서 여권을 분실했을 경우, 먼저 호주 관할 경찰서에 가서 분실 신고를 하고 경찰 사건 리포트 번호를 받는다. 그 후 총영사관을 방문한다.

영사관 홈페이지 aus-sydney.mofa.go.kr
주소 Consulate General of Republic Of Korea, G.P.O Box 1601, Sydney NSW 2001 Australia

E-mail consyd@mofat.go.kr
우편 접수할 경우에는 구비서류와 여권을 반송 받을 수 있는 빈 등기우편 봉투에 본인의 주소를 기재해 총영사관(Consulate General of Republic of Korea)을 수취인으로 하는, 수수료 해당액의 우편환(money order, 호주 우체국에서 발급 가능)을 총영사관에 송부해야 한다. 우편 송부 시에는 본인의 연락 가능한 전화번호를 정확히 기재한다.

항공권 준비

항공권 구입은 충분한 여유 시간을 가지고 예약해야 한다. 여행객들이 많이 몰리는 성수기(주말 및 공휴일, 6월 20일~8월 20일, 12월 20일~2월 20일)에는 1개월 정도 전에 예약하는 것이 좋다. 항공권을 구입할 때에는 할인 항공권을 취급하는 여행사의 요금을 비교해 보고 구입한다. 또한 각 여행사마다 왕복 항공권과 숙박을 묶은 배낭 여행 상품들이 있으므로 가격을 잘 비교해 구입하자. 단, 항공권의 유효기간에 따라 제약 조건이 있으므로 관련 사항을 꼭 확인한다. (ex. 지정 좌석, 출발일 변경 불가능, 리턴 날짜 변경 불가능 등)
각 항공사의 홈페이지를 통해서도 항공권을 구입할 수 있다. 하지만 항공 요금은 여행사를 통해서 구입하는 것과 차이가 없기 때문에, 비자 신청까지 함께 할 수 있는 여행사를 이용하는 것이 좋다.

할인 항공권 취급 여행사
- (주) 참좋은여행 www.verygoodtour.com
  Tel : 02)2185-2684
- (주) 인터파크 fly.interpark.com
  Tel : 02)3479-4399
- (주) 온라인투어 www.onlinetour.co.kr
  Tel : 1544-3663
- (주) 하나투어 hanatour.com
  Tel : 1577-1233

VISA 확인하기

호주는 우리나라와 무비자 협정국이 아니기에 비자를 발급받아야 한다. 단, 전산 비자(ETA, Electonic Travel Authority)이기 때문에 발급 절차가 까다롭지 않다. 예전에는 항공사와 여행사를 통해 항공권을 구입하면서 발급받을 수 있었지만, 최근 항공사에서는 전산 비자 신청을 대행해 주지 않는다. 만약, 항공사에서 항공권을 구입 후 비자에 대해 알았다면 개인이 직접 호주 이민성 사이트(www.homeaffairs.gov.au)를 통해 발급받을 수도 있으며, 발급 수수료는 A$20이다.

환전

여행을 어떠한 스타일로 할 것인가, 항공권 외에도 출발 전 우리나라에서 숙소와 투어 예약으로 어느 정도 비용을 지불했는가에 따라 여행 시 필요한 금액이 달라진다. 따라서 본인의 일정에 맞게 예산을 정한 후에 환전하는 게 좋다.
환전은 외화 환전, 여행자수표, 신용카드, 송금으로 구분할 수 있다. 작은 금액이라면 외화 환전을, 금액이 크고 여행 기간이 길다면 여행자수표를 이용하는 게 낫다. 신용카드는 비상금으로 휴대하는 것이 좋다. 송금은 여행 기간이 매우 길거나 비상시 이용하자.

외화 현금	편리하나 도난에 대한 대비가 없고, 환전 수수료가 높다.
여행자수표	도난에 대비할 수 있으며(수표 번호 기재) 현금처럼 사용 가능하나, 점포에 따른 수취 거부와 여권 소지의 불편함이 있다.
신용카드	편리하게 이용 가능하나, 해외 카드 복제나 환율 변동에 대한 환차손이 발생할 수 있다.
송금	여행자 거래 은행에 송금 후에 현지에서 이용하는 방법으로, 계좌를 만들어야 하므로 여러 가지 준비가 필요하다.

여행자 보험

여행자 보험은 보험 회사별로 다양한 상품이 준비되어 있다. 대개 보험 금액에 따라 보장의 내용이 다르므로 사고에 대비한 보험을 선택하는 게 좋다. 동일한 1억 원의 보상이더라도 보험금에 따라 상해, 질병, 분실 시에 대한 보장의 폭이 다르기 때문이다.
여행 기간과 여행 활동에 따라 특약을 조정하고, 자유 여행이라면, 여행 기간보다 1~2일 정도의 여유를 두고 보험을 계약하자. 부득이한 경우로 여행이 지연되는 경우를 대비해서 여행 중 사고에 미리 대비하는 센스를 발휘하자.
스카이다이빙, 스쿠버 다이빙 등의 위험도가 있는 액티비티는 보험 혜택을 받을 수 없는 경우가 있다. 액티비티를 할 예정이라면 보험 가입 시 담당자에게 반드시 확인해야 한다.

짐 싸기

짐을 쌀 때 처음으로 준비하는 것은 대부분 의류이다. 충분한 여행을 위해서는 정장 한 벌쯤 준비해 가는 것이 좋다. 그 지역의 레스토랑에서 정찬을 먹거나 파티에 참가할 수 있기 때문이다. 블랙 계열의 세련된 의상으로 준비하고, 특히 여성의 경우 원피스를 준비해 멋과 효율성 모두를 챙기자.
호텔이나 리조트, 해변 이용에 수영복은 필수다! 작열하는 태양과 멋진 비치를 충분히 만끽하자.
비상 약품과 여권 번호, 항공권 번호를 미리 메모해 두는 것도 사고를 대비하는 방법이니 명심하자. 카메라, 핸드폰 로밍 등은 개인의 취향에 맞게 준비한다.
음식은 굳이 원한다면, 햇반과 고추장, 김, 라면, 소주 정도로 충분하다. 현지 음식을 경험하는 것도 여행이 주는 즐거움 중의 하나이기 때문이다.

패키지 여행 VS 자유 여행

본인이 얼마의 금액과 시간을 투자할 수 있는가를 먼저 고려해야 한다. 자유에는 책임이 따른다는 것을 잊지 말자. 자유 여행을 선택하면 그만큼 여행에 대한 정보 수집에 시간과 공을 들여야 한다.

▶ 패키지 여행이란

여행사 주최 상품으로 항공·열차·음식점을 사전에 대량으로 예약하여 여행객을 모집하는 형태다. 보통 10인 이상이 한 팀으로 여행이 진행된다.

▶ 자유 여행이란

개인 주최 상품이라고 생각하면 쉽다. 본인의 취향에 따라 여행 일정을 작성하고 이에 따라 스스로 여정을 진행한다.
사전 정보 수집을 통해 본인의 요구를 파악하여 일정을 결정하며, 이때 여행 정보나 일정 협의를 여행사의 서비스로 편리하게 이용할 수 있다.

구분	패키지 여행		자유 여행				
	A	B	C	D	E	F	G
서비스 제공 인원	상품기획자+여행상담자+T/C+가이드+기사	상품기획자+여행상담자+가이드+기사	상품기획자+여행상담자+T/C+가이드+기사	상품기획자+여행상담자+가이드+기사	상품기획자+여행상담자+가이드	여행상담자+에어텔 or 배낭	나 홀로
일정 & 구성원	일정 고정 본인들만의 여행 동반자 외에 여행 상품을 구입한 사람과의 동행	일정 고정 본인들만의 여행 동반자 외에 여행 상품을 구입한 사람과의 동행	일정 자유 본인이 구성한 여행 구성원끼리의 여행	일정 자유 본인이 구성한 여행 구성원끼리의 여행	일정 자유 본인이 구성한 여행 구성원끼리의 여행	일정 자유 본인이 구성한 여행 구성원끼리의 여행	일정 자유 본인이 구성한 여행 구성원끼리의 여행
제공 서비스	여행 중 발생하는 모든 어려움을 도와줌. 가이드와의 관계 조절.	가이드에게 모든 서비스 제공이 달려 있음.	본인이 생각한 여행을 할 수 있도록 도와주는 가이드, 예약 대행, 정보 수집 제공, 비용 계산, 이동 편리 서비스 제공 생각한 대로 즐기기만 하면 됨.	비행기 내 서비스, 수행 인원에 관한 문제, 가이드와의 협의 내용 등을 받지 못함.	현지에서 가이드와 이동과 활동을 하는 경우. (소인원)	일정 지역에 대한 방문지에 따라 저렴한 항공권과 호텔을 엮어서 구매 대행 서비스 제공.	본인이 호텔과 항공을 직접 예약하고(홈페이지나 저렴한 사이트) 그 예약에 대한 책임을 지는 경우.

구분	패키지 여행			자유 여행				
	A	B	C	D	E	F	G
비용	동일 여행지 기준 동일 식단, 동일 숙박, 동일 일정 B, F, G의 차이는 동일 일정이라는 기준으로 하지만 동급 호텔 기준으로 G의 경우 국내 여행사 거래 호텔 외에도 다양한 호텔을 이용할 수 있고, 에어텔 상품은 경우에 따라서 B상품의 질과 포함 내용에 따라 가다가 더 비쌀 수도 있다.							
	4	5	1	2	3	5	5
장점	일정이나 정보에 대한 서비스 제공이 단체라는 측면에서 할인된 가격으로 제공받는다. 편리하고 대중적이다.		금전적으로 여유가 있다면, 최고의 서비스를 제공받을 수 있는 여행 패턴이다.			여행지에 대한 정보, 언어 소통이 충분하다면 C, D, E의 전문가 도움 없이 폭넓게 취향대로 즐길 수 있다.	
단점	정해진 범위 내에서 개인의 취향에 맞는 일정을 결정해야 한다. 동반자에 대한 불만이 있을 수 있다.		많은 서비스를 제공받으므로 그만큼 비용이 많이 든다.			시간과 투자를 많이 해야 하며, 정보 수집에 대한 어려움이 있다. 여행 일정 중 사고가 발생했을 때, 스스로 해결해야 한다.	

패키지 여행 상품 비교하기

패키지 여행 상품은 일정표를 통해 알 수 있다. 일정표에는 출발일, 기간, 일정, 시각, 교통편, 숙박 시설, 쇼핑 관광에 대한 부분이 모두 포함되어 있어야 하므로, 이 부분에 대한 확인이 없을 시 정보를 요구할 수 있다. 일정표는 여행 계약에서 중요한 부분이니, 미리미리 확인하자.

▶ 항공사 확인

패키지 여행 상품의 대부분이 직항편이 있는 대한 항공과 아시아나 항공을 이용한다. 두 항공사의 일정은 거의 동일하다. 저녁에 출발하여 기내에서 1박을 하고 귀국할 때는 오전 일찍 출발해 저녁에 인천 공항에 도착한다. 즉, 7일짜리 여행 상품이더라도 실제 관광은 5일인 셈이다. 중장거리 구간으로 마일리지 적립 폭이 비교적 크며 두 항공사 간 요금의 차이도 없으니 마일리지 카드가 있는 항공사의 상품을 이용하자.

▶ 호텔 확인

호텔의 등급과 호텔의 시설, 만족도는 인터넷 검색을 통해 미리 알 수 있다. 가격이나 시설을 미리 확인하자.

▶ 식사 확인

식사가 한식, 호텔식, 현지식으로만 명시되고, 이에 대한 구체적 설명이 없는 경우, 어떠한 음식을 먹는지 미리 확인하자. 변동이 있을 수 있다는 것을 명시하긴 하지만, 제공 음식의 가격이 제각각 다르기 때문이다. 미리 여행 상품에 포함된 음식을 확인하여, 본인의 비용에 대한 합당한 식단인지 확인할 필요가 있다.

▶ 관광지별 체류 시간 확인

실제 관광 목적지에서 체류하는 시간을 확인해야 한다. 같은 코스를 진행하더라도, 저렴한 상품의 경우 관광 시간을 줄이고, 쇼핑 센터 방문으로 시간을 채우기 때문이다. 따라서 충분히 관광지를 둘러볼 수 있는 시간을 주는 상품인지 확인하자.

▶ 포함 내용 미리 확인

유류세, 가이드 · 기사 팁 등에 따라 여행 금액 외에 지출해야 할 기본 비용이 발생하는 경우를 미리 인지해야 한다.
현지 여행사의 이익 차이에 따라 가이드와 기사의 고객 접대가 달라질 수 있다는 것을 명심하자. 만약 여행 상품에 가이드 · 기사 팁이 포함되고 가격이 저렴하다면, 많은 쇼핑과 옵션을 요구할 수도 있으므로, 가이드 · 기사 팁의 정도를 여행사와 협의하고, 여행이 끝난 후 본인이 직접 지불하도록 하자.

자유 여행 추천 여행사

(주) 젊은여행사블루 (australia.bluetravel.co.kr)
Tel : 02) 514-0585

(주) 참좋은여행 (www.verygoodtour.com)
Tel : 02) 2188-4160

출입국 수속

우리나라 출국·호주 입국

◐ 공항 도착

서울에서 인천 공항으로의 이동은 공항버스를 이용하거나, 자가용을 이용할 수 있다. 공항 고속 전철이 개통되어 김포 공항이나 서울역에서 공항 고속 전철을 이용할 수도 있다. 김포 공항에서 인천 공항까지는 약 30분 정도 소요된다. 서울역을 기준으로 인천 공항까지는 공항버스로 약 1시간이 소요되지만 서울 시내의 교통 사정을 감안하여 미리 서둘러야 한다.

◐ 탑승권 발급

출발 2시간 전에 공항에 도착하여 해당 항공 카운터에 가서 탑승권을 발급받도록 하자. 2018년 1월 18일부터 제2여객터미널이 신설되어 제1청사는 아시아나 항공와 제주항공을 비롯한 저비용 항공사와 외항사(델타 항공, KLM, 에어프랑스 제외)가 이용하고, 제2청사는 대한 항공, 델타 항공, KLM, 에어프랑스 항공사를 비롯한 총 11개의 항공사가 이용을 한다. 아시아나 항공의 경우 제1청사 L, M에서, 대한 항공의 경우 제2청사 3층에서 탑승권 발급이 가능하다.

> **스루 보딩(Through Boarding)**
> 스루 보딩이란 경유지에서 다시 탑승권 발급 수속을 할 필요 없이 처음 이용하는 구간에서 환승할 항공기의 탑승권까지 모두 받는 것을 말한다. 예를 들어 일본 항공으로 시드니를 갈 때 인천 공항에서 스루 보딩을 하면 인천-나리타의 탑승권 1매와 나리타-시드니의 탑승권 1매를 받게 된다. 수화물도 스루로 신청이 가능하다.

◐ 출국장

인천공항 제1청사는 3층에 4개의 출국장이 있고, 제2청사는 3층에 2개의 출국장이 있으며 어느 곳으로 들어가도 무방하다. 출국장에는 출국할 여행객만 입장이 가능하며 입장을 할 때 항공권과 여권, 그리고 기내 반입 수화물(10kg)을 확인한다. 또한 출국장에 들어오자마자 양옆으로 세관 신고를 하는 곳이 있는데 사용하고 있는 고가의 물건을 외국으로 들고 나가는 경우 미리 이곳에서 세관 신고를 해야만 입국 시 고가 물건에 대한 불이익을 받지 않는다.

◐ 보안 심사

보안 심사를 받기 전 우선 운동화는 준비된 슬리퍼로 갈아 신어야 하며, 여권과 탑승권을 제외하고 소지품은 모두 검사를 받게 된다. 칼과 가위 같은 날카로운 물건이나 스프레이, 라이터, 가스처럼 인화성 물질은 기내 반입이 안 되므로 기내 수화물 준비 시 미리 체크한다.

◐ 출국 심사

출국 심사는 항공권과 여권을 검사하게 된다. 이때 여권에 있는 사진과 지금 현재의 모습이 현저하게 다를 경우(성형이나 사고에 의한) 출국을 거부당할 수 있다. 2006년 8월부터 출국 신고서가 폐지되었으므로, 출국 심사관에게 제출할 서류는 따로 없다. 출국 심사를 통과하면 면세점이 있는데 입국할 때에는 공항 면세점을 이용할 수 없으므로 출국 전에 이용하도록 한다.
또한 시내 면세점에서 물건을 구입한 경우는 28번 게이트 앞에 물건을 찾을 수 있는 인도장이 있다.
외국계 항공사를 이용하는 경우, 탑승동까지 무인 열차로 이동하게 되는데 한 번 이동한 후에는 다시 돌아올 수 없기 때문에 찾아야 할 면세품이 있다면 반드시 탑승동으로 이동하기 전에 면세품 인도장에 가야 한다.

◐ 비행기 탑승

출국편 항공 해당 게이트에서 출국 20분 전에 탑승이 가능하므로 이 시간을 꼭 지키도록 하자. 항공 탑승권에 보면 보딩 타임(Boarding Time) 밑에 시간이 적혀 있다. 이 시간이 탑승 시간이므로 늦지 않도록 주의하자.

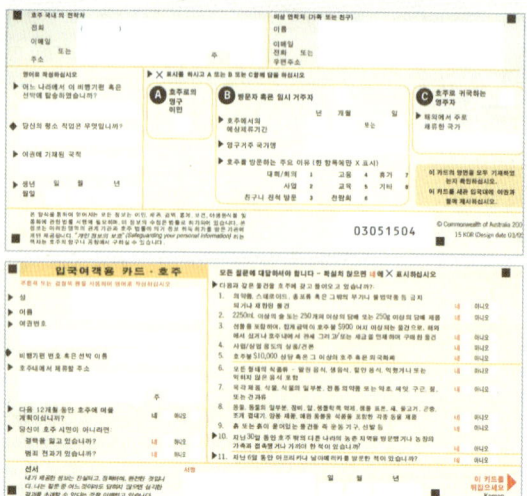

입국 신고서

이륙

항공기가 이륙한 후 정상 고도에 오르면 기내식과 음료가 제공된다. 최근 대부분 항공사의 장거리 구간 항공기에는 개인용 화면이 설치되어 있어 장시간의 이동 중에 영화를 보거나 게임을 할 수 있다. 좌석마다 비치되어 있는 호주 입국 신고서 작성을 잊지 말자.

입국 심사

비행기가 착륙한 후 지정된 방향으로 따라가면 입국 심사대에 도착한다. 이곳에서 외국인(Foreigner)에 줄을 선 후 순서가 되면 미리 작성해 둔 입국 신고서와 여권을 제시한다. 질문을 하는 경우는 많지 않으며, 질문을 하더라도 간단한 영어로 답하면 된다.
2018년 말 입국 신고서는 폐지될 예정이며, 한국 여권 소지자의 경우 자동 입국 심사가 가능해 더 편하게 이용할 수 있다.

짐 찾기

입국 심사를 통과하면 수화물로 붙인 짐을 찾을 수 있다. 도착 편명에 따라 수화물 수취대가 다르므로 수취대 위에 써 있는 편명과 자신이 타고 온 편명을 확인해 수화물을 찾는다.
이때 자신의 가방과 비슷한 타인의 가방이 있을 수 있으므로 수화물을 찾을 때에는 짐표의 일련 번호를 꼭 확인하도록 하자.

세관 검사

수화물을 찾은 후 세관 검사를 받게 된다. 입국 심사와 마찬가지로 여권과 입국 카드를 제시한다. 호주의 세관, 검역 심사는 까다롭게 진행되므로 반입 금지 품목은 절대 가져가지 않도록 한다.

호주 출국·우리나라 입국

공항 도착

여행 일정을 마치고 다시 공항으로 돌아갈 때에는 입국하여 시내로 나왔던 교통편을 거꾸로 이용하면 된다. 이때 주의할 점은 시드니, 브리즈번 등과 같이 국내선 청사(Domestic Terminal)와 국제선 청사(International Terminal)의 거리가 먼 공항에서의 이동이다. 반드시 국제선 청사로 이동해야 한다는 것에 주의하자.

탑승권 발급

최근 전 세계적으로 항공 이동의 보안 검색이 까다로워졌다. 늦어도 출발 2시간 전에 공항에 도착해 해당 항공 카운터에 가서 탑승권을 받도록 하자.

보안 심사

우리나라에서의 출국과 마찬가지로 보안 검사를 받는다. 여권과 탑승권을 제외한 모든 물품을 검사받는다.

◉ 출국 심사

보안 심사 후 바로 출국 심사대가 나온다. 입국 심사와 마찬가지로 대부분 어떠한 질문도 없이 통과하게 된다. 출국 신고서는 폐지되었으므로 작성하지 않아도 된다.

◉ 세금 환급

TRS(Tourist Refund Scheme)라는 세금 환급 체계는 외국인 관광객이 호주 출국 30일 전에 한 상점에서 A$ 300 이상의 물품을 구입했을 때 10% 의 금액을 환불해 주는 것을 말한다.

TRS 로고

세금 환급 받을 것이 있다면 출국 심사 후 TRS 사무소에 가도록 하자. 이때 반드시 여권과 영수증, 구입한 물품이 있어야 한다. 구입한 물품을 수화물로 보냈을 경우에는 환급을 받을 수 없다. 서류 및 물품 확인 후 신용카드가 있으면 카드를 통해 자동으로 환급을 받게 되며, 신용카드가 없는 경우에는 우편물로 수령 후 은행에서 현금화할 수 있다.

◉ 비행기 탑승

항공기가 이륙한 후 정상 고도에 오르면 기내식과 음료가 제공된다. 최근 대부분 항공사의 장거리 구간 항공기에는 개인용 화면이 설치되어 있어 장시간의 이동 중에 영화를 보거나 게임을 할 수 있다.

◉ 입국 심사

여권만 제시하면 되고, 우리나라로의 입국이기 때문에 크게 문제될 사항이 없다.

◉ 짐 찾기

입국 심사를 통과하면 수화물로 붙인 짐을 찾을 수 있다. 도착 편명에 따라 수화물 수취대가 다르므로 수취대 위에 써 있는 편명과 자신이 타고 온 편명을 확인하고 수화물을 찾는다. 이때 자신의 가방과 비슷한 타인의 가방이 있을 수 있으므로 수화물을 찾을 때에는 자신의 짐표의 일련 번호를 꼭 확인하자.

◉ 세관 검사

기내에서 작성한 세관 신고서를 제출해야 하며 세관 신고를 할 관광객은 자진 신고가 표시되어 있는 곳으로 간다. 만약 면세 이상의 물건을 가지고 세관 검사장을 나가다 세관 심사관에게 면세 이상의 물건이 발각되는 경우에는 추가 세금을 내야 하는 경우가 생길 수도 있다.

◉ 입국

세관 검사가 끝나면 입국장으로 나온다.
이제 집으로!

호주 기초 정보

호주의 정확한 국가 명칭은 Commonwealth of Australia이다. 호주는 연방 국가로, 뉴사우스웨일즈, 퀸즐랜드, 빅토리아, 사우스 오스트레일리아, 태즈메이니아의 6개 주와 캐피털 테리토리, 노던 테리토리의 2개의 특별자치 구역으로 이루어져 있다.

7,741,220Km²의 넓은 대륙에 약 2천만 명 정도가 생활하고 있다. 전체의 2%만이 원주민이고, 주로 영국계 사람이다. 영어를 공통어로 사용하며, 종교는 기독교이다.

❯ 대통령이 없는 나라 호주

영국식 내각 책임제에 미국식 연방제를 도입한 자유 민주주의 국가이다. 형식상 입헌 군주제의 영국 여왕을 수장으로 하고 있으나 실질적으로 연방 정부는 연방 총독이, 6개 주정부는 총독이 대표하고 있다. 따라서 호주에는 대통령이 없다. 현재 호주의 최고 통치자인 총리(Prime Minister)는 자유당의 스콧 모리슨(Scott Morrison)이다.

❯ 영국 국기를 사용하는 호주

호주의 국기는 호주가 영국의 연방국임을 나타내고 있다. 유니언 잭(영국의 국기) 아래의 7각 별은 '연방의 별'이라고 불린다. 이는 독립 이전의 7개 지역이 오스트레일리아 연방으로 통일되었음을 나타낸다. 국가의 공식 깃발(Australian National Flag) 외에 원주민은 별도의 깃발(Australian Aboriginal Flag)을 사용하고 있으며, 각 주별로 각기 다른 깃발을 가지고 있다.

호주의 국기

노던 테리토리의 깃발과 호주의 국기

❯ 호주의 수도 캔버라

전 세계에 공모한 20세기 도시 계획 콘테스트의 결과물이다. 시카고 출신 월터 그리핀의 작품을 바탕으로 1913년 착공하여 1927년 멜버른에서 캔버라로 수도를 옮겼다.

❯ 먼 나라 호주

우리나라에서 약 10시간이나 날아가야 하는 나라, 호주! 그만큼 이국적인 느낌이 더하지만, 비행기에서는 다소 지루하고, 힘들 수 있으니 편한 복장으로 탑승하자.

콴타스 항공

🔴 화폐와 환전

지폐는 A$ 100, A$ 50, A$ 20, A$ 10, A$ 5의 5가지, 주화는 A$ 2, A$ 1, 50¢, 20¢, 10¢, 5¢, 1¢의 7가지가 있다. 물가가 비싸 생수 한 병에 A$ 3 정도를 지불해야 하니, 지폐로만 바꿔도 무관하다. 특히, 담배와 술, 필름 등은 우리나라와 비교하여 2배 이상 비싸니 미리 준비해 가자.

언제 갈까? (When to Go?)

🔴 날씨(Climate)

우리나라와 반대의 계절을 보이지만, 광활한 대륙이라 지역에 따라 날씨가 다르다. 여행하기에 가장 좋은 시기는 호주의 봄과 가을이지만, 기본적으로 계절별로 기온차가 작고, 건조하여 사계절 모두 여행하기에 무리가 없다.

① 시드니, 멜버른, 애들레이드, 퍼스, 태즈메이니아 : 온대성 기후

이곳은 4계절이 구분되는 곳으로 여름(12월~2월)은 26도~30도 정도로 무덥고 뜨거운 햇살이 내리쬐지만 건조한 기후 덕으로 그늘에 있으면 더위를 피할 수 있다. 한겨울의 날씨는 우리나라의 늦가을, 초겨울의 날씨와 비슷하다.

② 브리즈번, 골드코스트, 케언스 : 아열대성 기후 / 열대성 기후

활동하기에 최적지로, 가장 기온이 낮은 겨울(6~8월)에도 낮 20도, 밤 10도 정도이며, 연중 280일 이상이 청정하다. 우기인 여름(12월~2월)에도 하루 종일 비가 내리는 경우는 거의 없다. 일시적 집중 호우인 스콜이 발생하는데, 경험하는 것도 나쁘지 않다.

③ 에어즈 록 : 사막성 기후

언제나 뜨거운 에어즈 록! 사막성 기후로 낮과 밤의 일교차가 10도 이상이며, 여름(12월~2월) 기온이 32도 밑으로 내려가는 일이 없을 만큼 더운 곳이다. 연중 강수량이 거의 없어 건조하다.

🔴 휴일·이벤트(Holiday·Event)

호주에는 전국 공통의 휴일과 각 주별 휴일이 있다. 그래서 휴일이 일정하지 않고, 지역에 따라 다양하다. 휴일에도 대부분의 상점은 영업을 하지만 일부 상점은 영업을 하지 않거나 영업 시간을 단축하기 때문에 주의해야 한다.

호주의 가장 큰 이벤트는 크리스마스를 전후로 한 약 30일 정도다. 12월 초부터 1월 중순까지 한여름의 크리스마스를 연출한다. 이 기간 중 새해 첫날(New Years Day)은 화려한 불꽃놀이(Fireworks)가 장관을 이룬다.

여름의 크리스마스 풍경

이외에도 다양한 축제와 이벤트가 준비되어 있다. 특히 매년 2월 시드니에서 개최되는 동성애 축제 마디그라(Mardi Gras Parade)가 눈길을 끈다. 그리고 F-1 자동차 경주, 멜버른 컵 경마, 호주 오픈 테니스를 호주의 3대 스포츠 이벤트로 꼽는다.

마디그라 축제

시드니 로열 이스터 쇼

이와 같은 축제와 이벤트 기간에 여행을 할 때 가장 중요한 것은 숙소 예약이다. 이 시기에는 호주 전국과 전 세계 각국에서 몰려드는 관광객들로 인산인해를 이루기 때문에 수개월 전에 숙소 예약을 하더라도 금액이 많이 비싸거나 예약을 아예 단체만 받는 경우도 많다. 사전 예약 필수!

각 지역별 휴일과 이벤트 (2019년 기준)

	1	2	3	4	5
시드니 (최고/최저/강수량)	25/18/103	25/18/117	24/17/131	22/14/127	19/11/124
브리즈번	29/20/159	29/20/158	28/19/140	26/16/92	23/13/73
케언스	31/23/386	31/23/453	30/23/420	29/21/197	27/19/93
멜버른	25/14/48	25/14/47	23/13/50	20/10/57	16/8/56
퍼스	29/17/8	30/18/13	28/16/19	24/14/45	21/12/123
애들레이드	29/17/20	29/17/14	26/15/26	22/12/38	19/10/62
울루루	36/21/38	34/20/44	32/17/32	28/12/17	23/8/20
호주 휴일	1일 뉴이어즈 데이 (New Year's Day) 26일 건국기념일 (Australia Day) 28일 건국기념일 대체 공휴일			19일 굿 프라이데이 (Good Friday) 22일 이스터 먼데이 (Easter Monday) 25일 안작데이 (ANZAC Day)	
주별 휴일			4일(WA) 노동절 (Labour Day) 11일(VIC, TAS, SA) 노동절 (Labour Day) 11일(ACT) 캔버라 데이 (Canberra Day)		6일(NT, QLD) 노동절 (Labour Day)
이벤트	14일~27일 멜버른 오픈 테니스 (Melbourne Open Tennis)	15일~3월 3일 시드니 게이 축제 (Mardi Gras)	11일 아들레이드 컵(경마) (Adelaide Cup) 14일~17일 F-1 호주 그랑프리 멜버른 (F-1 Grand Prix Melbourne)		25일~26일 맨리(시드니) 음식 축제 (Taste of Manly)

※ ACT: 캔버라/NSW: 시드니/QLD: 브리즈번, 케언스, 골드코스트/SA: 애들레이드/WA: 퍼스/NT: 에어즈록, 앨리스 스프링스/TAS: 태즈메이니아
※ 굿 프라이데이, 이스터, 각 주의 노동절, 여왕의 생일 등은 매년 변경됨
※ 날씨 정보 출처: Bureau of Meteorology

6	7	8	9	10	11	12
16/9/128	16/8/98	17/9/81	20/11/68	22/13/76	23/15/83	25/17/78
20/10/67	20/9/56	21/10/45	24/12/45	26/15/75	27/18/97	29/19/133
25/17/46	25/17/28	26/17/28	28/18/34	29/20/39	30/22/94	31/23/180
14/7/49	13/6/47	14/6/50	17/7/58	19/9/66	21/11/59	24/12/59
18/10/182	17/9/172	18/9/134	19/10/80	21/11/54	24/14/21	27/16/14
16/8/83	15/7/78	16/8/68	19/9/63	21/11/48	24/13/29	27/15/27
20/5/14	19/4/14	22/6/10	27/10/8	30/14/21	33/17/27	35/20/39
						25일 크리스마스 (Christmas) 26일 박싱데이 (Boxing Day)
3일(WA) 서호주의 날 (WA Day) 10일(QLD, WA 제외) 여왕 생일 (Queen's B'day)		5일(NT) 피크닉 데이 (Picnic Day) 14일(QLD) 에카 수요일 (Ekka Wednesday)	30일(WA) 여왕 생일 (Queen's B'day)	7일(ACT, NSW, SA) 노동절 (Labour Day) 7일(QLD) 여왕 생일 (Queen's B'day)	4일(TAS) 레크리에이션 데이 (Recreation Day) 5일(VIC) 멜버른 컵 데이 (Melbourn Cup Day)	
	17일~19일 케언즈 쇼 (Carins Show)	9일~18일 로얄 브리즈번 쇼 (Royal Brisbane Show)			5일 멜버른 컵(경마) (Melbourne Cup)	12월 초 각 도시별 크리스마스 트리 장식(1월 10일 전후까지) 31일 각 도시 새해맞이 불꽃놀이 (New Year's Fireworks)

어디로 갈까? (Where to Go?)

호주 여행을 준비하면서 가장 먼저 생각해야 할 것은 여행의 목적에 맞는 관광지를 선택하는 것이다. 관광지에 따라 할 수 있는 활동의 종류가 달라지기 때문이다. 호주는 대륙이 넓어 본래 계획했던 곳에서 동선을 계획하지 않고 이동하면 비행기로는 1시간, 버스로는 12시간 이상이 소요되는 경우도 발생하기 때문에 시간적, 금전적으로 많은 손해를 볼 수 있다.

여행 출발 전 확실한 계획을 세워 할 것과 볼 것을 바탕으로 관광지를 선택하고, 동선을 결정해야 즐겁고 알차게 여행을 할 수 있다.

● 시드니(Sydney)

시드니를 빼고 호주를 말할 수 없을 만큼, 시드니는 호주의 랜드마크다. 호주에서 처음으로 개척된 지역으로, 고급 레스토랑과 쇼핑몰 등이 즐비하고, 세계 3대 미항으로 꼽힐 만큼 경관이 빼어나다. 또한 본다이 비치나 맨리 비치에서 수상 레포츠를 하는 것도 가능하다. 누구나 자기 색깔로 시드니를 여행할 수 있어 모든 연령대에서 인기가 높다.

- 오페라 하우스
- 본다이 비치, 맨리 비치 해변에서 서핑 즐기기
- 호주 최대의 도시, 고급 레스토랑, 쇼핑몰 등 다양한 볼거리
- 호주 3대 와인 산지인 헌터 밸리

● 브리즈번 & 골드코스트(Brisbane & Gold Coast)

호주 제3의 도시! 모든 연령대에서 주목받는 데는 여러 이유가 있지만 대략 3가지 정도를 꼽을 수 있다.

첫째는 테마파크! 시월드, 무비월드, 드림월드 3개의 테마파크가 이곳에 있고 각 테마파크마다 활동에 차이가 있어, 모든 연령대의 사람이 자신의 취향에 맞게 이용할 수 있다.

둘째는 아름다운 황금빛 해안 골드코스트! 이곳은 수상 레포츠뿐만 아니라 해변을 중심으로 멋진 시내가 형성되어 즐길거리가 풍부하다. 특히 해안가에 고품격 리조트가 즐비해 신혼 여행객에게 인기가 좋다.

셋째는 서부 산악 지역이 근교에 있어 트래킹 등의 산악형 관광까지 가능하다는 점이다.

또한, 이 두 개의 도시 모두 여행 일정이 촉박한 관광객들에게 프레이저 섬 사파리 투어로 가는 관문 역할을 한다. 모래로 만들어진 지상 최대 규모의 프레이저 섬에 꼭 가고 싶지만 일정이 여의치 않은 관광객이라면 브리즈번과 골드코스트로 가자. 1석 2조의 장점을 느낄 수 있을 것이다.

- 시내의 무료 야외 수영장(사우스뱅크)
- 시월드, 무비월드, 드림월드의 3개 테마파크
- 서핑을 즐길 수 있는 해변을 중심으로 시내가 형성된 곳
- 다양한 해양 레포츠
- 베르사체 호텔 등 다양한 고품격 리조트 호텔
- 프레이저 섬 캠핑 사파리

케언스(Cairns)

세계 문화유산인 데인트리 열대우림과 다양한 레포츠를 즐길 수 있는 곳이다. 영국 BBC 방송국이 발표한 '죽기 전에 꼭 가 봐야 할 곳 Best 50'에서 2위를 차지할 만큼 아름답고 활력이 넘치는 도시다. 수상 활동, 모험 활동, 육상 활동을 즐길 수 있어, 젊은 층에게 인기가 높다.

- 래프팅, 번지 점프, 세일링, 스쿠버 다이빙, 스카이다이빙, 스노클링 등 다양한 레포츠
- 원주민 쇼 등 애버리진의 문화 체험 및 부시 워킹(정글 트래킹)
- 시내의 무료 야외 수영장(라군, Lagoon)

멜버른(Melbourne)

남반구의 런던이라 불릴 만큼 호주에서 가장 유럽색이 짙은 곳이다. 드라마 '미안하다 사랑한다'의 촬영지로 우리에게 익숙해졌다.
다소 보수적인 느낌이 강한 도시지만, 자동차, 경마, 테니스의 3대 스포츠 이벤트가 이곳에서 벌어진다. 어디서나 쉽게 접할 수 있는 트램(지상 전동차)을 타고 도시 곳곳에 숨겨진 작은 공원을 찾아보는 것도 재미가 쏠쏠하다.

- 파도와 바람이 만든 기암절벽인 12 사도상까지 이어지는 아름다운 드라이브 코스, 그레이트 오션 로드
- 필립 섬
- '미안하다 사랑한다' 촬영지
- F-1 자동차 경주(Australian F1 Grand Prix), 호주 오픈 테니스 경기(Australian Open), 멜버른 컵 경마(Melbourne Cup)의 3대 스포츠 이벤트

에어즈 록, 울루루(Ayer's Rock, Uluru)

세상의 중심이자, 때 묻지 않은 호주의 상징. 높은 기온과 일교차로 여행하는 데 다소 불편할 수 있으나, 모험심이 강한 사람들에게 인기가 높다. 세상의 중심, 아웃백을 경험할 수 있는 곳이다.

- 지구상에서 가장 큰 단일 암석으로 세상의 중심이라고 불리는 곳
- 세일즈 인 더 데저트(Sails In The Desert, 사막의 돛대)란 아웃백 유일의 고품격 리조트 호텔
- 사막파는 또 다른 느낌의 아웃백

영국 BBC 방송국에서 시청자를 대상으로 〈죽기 전에 꼭 봐야 할 장소〉를 설문조사했다. 결과 50곳이 선정되었는데, 1위가 미국의 그랜드캐니언, 2위가 케언스 부근의 그레이트 배리어 리프였다. 이 밖에도 시드니는 8위, 울루루(에어즈 록)는 12위를 차지했다.
전 세계 해안가 중 〈Best Five Beaches〉를 묻는 조사에서는 케언스를 통해서 에얼리 비치 방문 후에 가 볼 수 있는 화이트 헤븐 비치(Whitehaven Beach)가 1위를 차지했다.
호주 여행이나 워킹홀리데이를 한다면 죽기 전에 꼭 가 봐야 할 곳 중 최상의 코스를 단번에 4곳이나 경험할 수 있는 멋진 기회가 될 것이다.

호주 최대의 볼거리 (Best of Australia)

▶ 호주의 세계 유산

문화

① 왕립 전시관과 칼튼 가든(Royal Exhibition Building and Carlton Gardens) (2004)
1880년대 국제 박람회를 치르기 위해 조성되었다. 멜버른에 위치하며, 현재는 산업 궁전의 홀인 왕립 전시관과 칼튼 가든을 볼 수 있다.

② 시드니 오페라 하우스 (Sydney Opera House) (2007)
돛을 형상화한 오페라 하우스는 시드니의 상징이며, 세계에서 가장 아름다운 건축물 중에 하나다.

자연

③ 오스트레일리아 포유류 화석 보존지구 (Australian Fossil Mammal Sites) (Riversleigh/ Naracoorte) (1994)
리버즐리와 나라쿠트 지역은 세계 10대 화석 유원지 중 하나로 호주 식물의 진화 단계를 보여 준다. 아름다운 동굴과 선사 이전의 동물을 탐험할 수 있다.

④ 프레이저 섬(Fraser Island) (1992)
호주의 원주민은 이곳을 낙원이라 불렀지만, 유럽인은 제임스 프라이저 선장 부부의 이름을 따 프레이저 섬이라고 이름 지었다. 세계에서 가장 크며, 100% 모래로 이루어졌지만 아열대 식물이 무성하게 우거져 있는 곳이다. 240여 종의 야생 조류와 들개, 뱀, 주머니쥐, 거북이, 박쥐 등이 서식하며, 카우리 소나무, 후프 소나무, 캘리포니아산 삼나무 등이 많다. 이 섬의 사파리 투어에 참가할 수 있는 도시는 크게 하비 베이, 레인보우 비치, 누사, 브리즈번, 골드코스트다.

▶ 애들레이드(Adelaide)

정적인 듯 웅장한 애들레이드는 거대 도시에 비해 찾는 이는 적지만, 호주를 보다 직접적으로 체험할 수 있는 곳이다.

한돌프, 싱그러운 와인, 고래, 캥거루, 환상적인 원시림의 장관을 품은 오지 공원 플린더즈 산맥(Flinders Ranges)을 탐방할 수 있다.

- 호주의 다양한 동식물이 한곳에 모여 있는 캥거루 섬
- 호주 3대 와인 산지 중 최대 규모의 바롯사 밸리
- 독일인 정착민이 모여 살고 있는 호주 속의 작은 독일 한돌프

▶ 퍼스(Perth)

CF에 자주 등장하는 피너클스, 거대한 파도로 유명한 웨이브 록! 쏟아지는 햇빛과 아름다운 해변이 있어 해양 레포츠를 즐기기에 좋은 곳이다.

- 연중 일조량이 가장 많은 곳으로 다양한 해양 레포츠를 즐길 수 있음.
- 아웃백의 기암피석인 웨이브 록, 피너클스
- 호주 3대 와인 산지인 마가렛 리버

▶ 태즈메이니아(Tasmania)

금광으로 유명하던 퀸스타운과 영국의 시골 마을처럼 한가로운 정취를 감상할 수 있는 호바트가 있는 곳이 태즈메이니아다.

- 아름다운 산파 호수가 어우러진 호주에서 가장 큰 섬

⑤ 중동부 열대우림지대(Gondwana Rainforests of Australia) (1986)
호주 동부 해안가에 위치한 중동부 열대우림지역은 호주 본토에서 가장 먼저 해가 뜨는 마운트 워닝, 호주에서 가장 높은 엘런 버러 폭포, 야생 동물로 가득한 배링턴 톱스와 50개가 넘는 국립공원을 모두 포함한 지역이다.

⑥ 그레이트 배리어 리프(Great Barrier Reef) (1981)
달에서도 보이는 산호섬으로 면적이 20만 7,000km²에 달한다. 환상적인 아름다움으로, 영국 BBC 방송에서 죽기 전에 가고 싶은 곳 중에 2위로 선정된 바 있다. 타 지역의 호주 사람들조차 '죽기 전에 꼭 한 번은 가 봐야 할 호주의 보석'으로 부르는 곳이기도 하다.

⑦ 블루 마운틴 산악 지역 (Greater Blue Mountains Area) (2000)
유칼리 나무에서 증발된 유액 사이로 햇빛이 통과하면서 푸른빛을 반사하는 신비스러운 산! 세 자매봉으로 알려진 에코 포인트에서 탁트인 블루 마운틴을 볼 수 있으며, 블루 마운틴 산악 지역 내에는 가파른 계곡과 아름다운 폭포를 감상할 수 있다. 기네스 기록을 가지고 있는 가파른 지역 열차인 석탄 궤도 열차도 놓치지 말자. 블루 마운틴은 시드니에서 차로 약 1시간 반 거리에 위치한다.

⑧ 맥도널드 섬 (Heard and McDonald Islands) (1997)
남극 주변에서 유일하게 화산 활동이 진행 중인 곳이다. 원시 생태계가 잘 보존되어 있고, 많은 수의 바다표범(Seal)과 바다새가 서식한다.

⑨ 로드하우 섬(Lord Howe Island Group) (1982)
천혜의 아름다움과 한가로움을 즐길 수 있는 곳! 자전거를 이용해 섬을 돌아보며, 희귀한 조류와 해양 생물, 산호초로 둘러싸인 섬을 만끽할 수 있다. 스노클링과 트래킹, 산호초 탐험, 다이빙을 즐길 수 있다.

⑩ 맥쿼리 섬(Macquarie Island) (1997)
6.5km 깊이의 바다에서 나타나는 맨틀이 해수면 위로 나타나는 신기한 곳이지만 지질학적으로 우수한 것을 빼면, 일 년 중 305일 동안 비가 내리고, 편서풍의 영향으로 일 년에 3일 정도만 해를 볼 수 있는 곳이라 찾는 사람이 많지 않다.

⑪ 푸눌루루 국립공원(Purnululu National Park) (2003)
푸눌루루 국립공원은 벙글벙글 레인지(Bungle Bungle Range)가 가장 유명하다. 벙글벙글 레인지는 사암과 역암이 오랜 세월 풍화 작용을 통해 만든 벌집 모양의 바위산으로 항공 사진으로 보는 것이 매우 멋지다.

⑫ 샤크 베이 (Shark Bay, Western Australia) (1991)
이곳에서 상어를 많이 볼 수 있다 하여 샤크 베이라는 이름이 생겼다. 이곳엔 멸종 위기에 처한 5종류의 포유류가 생활하고 있으며, 샤크 베이 쥐 등의 설치류와 가마우지·물수리 등의 조류가 분포해 있다. 바다 밑에는 세계 최대의 해조 숲이 있으며, 현재는 고래잡이와 진주조개 채취 기지로 쓰인다.

⑬ 퀸즐랜드 열대습윤 지역(Wet Tropics of Queensland) (1988)
빽빽하게 우거진 삼림 지역으로 열대식물의 보고다. 나무 800종, 대형 식물 1,160종 등이 자라고 있으며, 유대류·파충류·조류 등의 동물들도 다양하게 서식한다.

문화 & 자연

⑭ 카카두 국립공원(Kakadu National Park) (1981)

호주 최대의 국립공원이며, 세계에서도 3번째로 규모가 크다. 호주 원주민 보호 구역, 앨리게이터 강 야생 동물 보호구가 국립공원에 편입되어 있다. 1981년과 1987년, 1992년 3차례에 걸쳐 유네스코 세계복합유산으로 등록되었다. 공원 안에 있는 구릉지대는 열대우림의 밀림이나 사바나로 이루어져 있으며, 멸절의 위기에서 벗어난 많은 희귀종·고유종의 동물과 식물이 서식하고 있다. 이 외에도 역사적 가치가 높은 원주민의 유적들도 많이 남아 있다.

⑮ 태즈메이니아 야생 지대 (Tasmanian Wilderness) (1982)

4개 국립공원의 아름다운 경치와 미지의 자연 생태계가 고스란히 간직되어 있다. 3만 1000년~1만 2000년 사이의 인류 흔적이 발굴된 곳이고, 저즈·발라와인 동굴에 1만 년 전에 그려진 스텐실 기법의 바위 그림이 유명하다. 이 외에도 왈라비의 뼈로 만든 골각기인 화살촉·톱·칼과 소뼈로 만든 카누의 조각도 발굴되었다.

⑯ 울루루 카타추타 국립공원 (Uluru-Kata Tjuta National Park) (1987)

'세상의 중심', 혹은 '호주의 붉은 심장'이라고도 하는 울루루는 사막 한가운데 있는 세계 최대의 단일 암석이다. 과거에는 원주민 부족의 주술사(呪術師)만이 올라갈 수 있었던 애버리진의 성지였다. 바위는 7가지의 모습을 지니는데, 짙붉은 갈색이 유명하다. 바위 표면에는 캥거루나 에뮤의 발자국, 식물, 인간의 모습 등이 그려져 있으며, 원주민들의 문화를 엿볼 수 있는 문화 센터가 있다.

⑰ 윌랜드라 호수 지역(Willandra Lakes Region) (1981)

4만 년 전부터 인류가 살던 곳이며, 인류 진화 연구의 중요한 자료가 되는 곳이다. 1968년 가장 오래된 인골과 석기류가 발견되면서 유명해졌다. 2만 4천 년 전 신생대에는 호수였으나, 1만 5000년 전 마지막 빙하기가 끝나고 오세아니아 대륙의 온난화가 시작되면서 호수 주변이 건조해져 지금의 모습을 지니게 되었다.

▶ 호주만의 동물

캥거루·왈라비
캥거루는 그 종류가 다양한데, 캥거루, 왈라루, 왈라비가 대표 선수다. 그중에서도 몸집이 작은 왈라비는 유난히도 겁이 많다.

코알라
에너지 효율을 위해 20시간이나 자는 코알라는 물도 마시지 않고 오로지 유칼리 나뭇잎만 먹는 편식 대장이다.

에뮤
타조 같기도 한 모습을 하고 있는 에뮤는 날지 못하는 새다.

페어리 팽귄
20~30cm의 단신! 전설에 나오는 요정만큼 작아서 페어리(요정) 펭귄이라 불린다.

딩고
호주의 야생 들개. 거친 호주 대륙 환경에 적응해 공격적 성향이 강하다.

웜뱃
100cm 미니곰 같은 웜뱃! 귀여운 외모만큼이나 성격이 온순하고 상냥하다.

오리너구리
현생 포유류 중에 가장 원시적인 동물로, 젖을 먹여 키우는 개성 만점의 포유류다.

◈ 호주의 레포츠

자연을 직접 피부로 느끼며 다양한 레포츠 활동이 가능한 곳이 바로 호주다.

세일링, 크루즈
호주에서 단연 돋보이는 세일링과 크루즈! 바람을 맞으며, 투명한 바다를 경험해 보자. 케언스, 에얼리 비치 추천!

스쿠버 다이빙, 스노클링
하늘빛을 담은 호주의 바다를 유유히 헤엄쳐 보자. 어디라도 좋지만 넓은 그레이트 배리어 리프, 케언스와 에얼리 비치가 최적이다.

부시 워킹, 트래킹
간단한 등산 정도로 이해하자, 호주의 오염되지 않은 숲을 경험하는 가장 쉬운 방법! 케언스 추천!

번지 점프
남태평양 팬타코트 섬에서 성년식으로 진행되던 번지 점프! 호주에서 즐기는 스릴 만점의 레포츠다. 케언스에서 즐길 수 있다.

스카이다이빙
각 지역마다 준비되어 있으니, 어디라도 좋다. 뛰어내릴 때 바라보는 풍경은 정신을 잃을 만큼 아름답다. 절대 잊지 못할 기억을 남겨 보자. 케언스, 하비 베이, 브리즈번, 골드코스트, 바이런 베이, 시드니 추천!

레프팅
케언스의 털리 강, 바론 강에서 체험할 수 있다. 털리 강이 스릴 있는 코스!

애버리진 문화체험 (부메랑 던지기, 디저리두 연주)
세계에서 제일 오래된 문화적 역사를 가지고 있는 호주 원주민 애버리진의 대표적인 고유 악기 디저리두 연주와 부메랑 던지기를 체험해 보자. 케언스 추천!

호주의 건축 및 조경

오페라 하우스
파란 바다 위 바람이 가득 찬 돛대를 활짝 펴고 있는 형상이다. 대표적인 호주의 상징!

하버 브리지
낡은 옷걸이(Old Coathanger)라는 별명을 지닌 시드니를 상징하는 다리다. 오페라 하우스와 함께 보면 금상첨화!

사우스뱅크
1988년 국제 엑스포 행사장을 재구성한 공원의 일종으로 정원도 멋지지만 인공 해변과 꽃으로 된 아치 터널이 더 유명하다.

라군(Lagoon) 수영장
바다와 만나는 아름다운 수영장! 관광객에게 볼거리, 즐길거리를 제공하기 위해 케언스 시청에서 전략적으로 설립했다. 야외 수영장인 이곳엔 언제나 일광욕과 수영을 즐기는 세계 각국의 젊은이들로 가득하다.

재미있는 호주 이야기 (Enjoy Australia)

호주의 S 이야기

호주를 대표하는 도시 시드니(Sydney), 맑은 공기만큼이나 파란 하늘(Sky), 그레이트 배리어 리프가 있어 더 아름다운 호주의 바다(Sea), 호주는 신기하게도 S로 시작하는 매력적인 것들이 많다.
그렇지만 한 가지, 태양(Sun)만은 주의하자. 호주는 오존층 파괴가 심각해 피부암(Skin Cancer)의 발병률이 높다. 따라서, 자외선 차단 지수가 15(SPF +15) 이상인 자외선 차단제를 꼭 준비하자.

재미있는 호주 영어

영어에 자신이 있다 해도 호주에 가면 고개를 갸우뚱한다. 미국식 영어 발음에 익숙한 우리나라 사람들에게 영국식 영어 발음에 가까운 호주식

발음은 낯설기만 하다. Center를 Centre로 표기하는 철자 차이가 있고, 캥거루는 '몰라요', 코알라는 '물을 마시지 않는 동물'과 같이 애버리진의 단어가 그대로 고유명사화된 경우도 있기 때문이다.
그래서 호주에서는 투데이(Today)가 투다이(To Die)로 들려 웃지 못할 해프닝이 벌어지기도 하고, 호주의 모든 도시에 지점이 있는 할인 항공권 판매 여행사 '플라잇 센터'의 간판(Flight Centre)을 보고 자기의 눈을 의심하는 일도 발생한다.

호주의 맥주

세계에서도 손꼽히는 맥주 소비국인 호주에는 각 지역별로 대표 맥주가 있다. 퀸즐랜드 주의 포엑스와 비비, 뉴사우스웨일즈의 투이스(Toohey's), 태즈메이니아의 캐스케이드(Cascade), 서호주의 스완비터(Swan Bitter) 등이 그것이다. 단, 우리나라에서 판매되는 호주 맥주 중에 포스터(Foaster)는 수출용 맥주로 호주에선 찾아보기 어렵다는 걸 알아 두자.

> **스터비쿨러**
> 애주가에게 호주 최대의 발명품이라 불리는 스터비(Stubbie)는 맥주캔에 씌우는 일종의 보냉 장치다. 처음에는 의구심이 들지만 그 효과를 알면 스터비 쿨러를 발명한 사람이 누구인지 궁금해지고, 하나 가지고 싶어진다. 호주 전국 어디서나 쉽게 구입할 수 있고 가격도 저렴해 기념품으로 좋다.

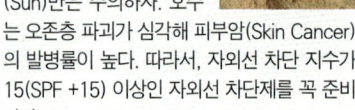

◐ 호주 속의 작은 한국

80년대 중반, 한국의 이민자들이 정착하기 시작하면서 조성된 코리아타운에는 교회, 식당, 슈퍼는 물론 당구장, 노래방, PC방 심지어 단란주점까지 모두 있다.

여행 중 언어 장벽으로 도움이 필요하다면 시드니의 스트라스필드와 피트 스트리트의 월드타워 주변, 퍼스의 울월스 슈퍼마켓 앞, 케언스의 오키드 플라자 주변, 멜버른의 퀸 빅토리아 마켓 앞, 브리즈번의 퀸 스트리트 몰로 가 보자. 한국인을 쉽게 만날 수 있다.

한인 슈퍼

한국 식품점

◐ 아웃백과 아웃백 스테이크 하우스

1980년대 미국에서 영화 〈크로커다일 던디〉가 성공하면서 미국에서 호주에 대한 관심이 커졌다. 이러한 관심을 바탕으로 호주를 콘셉트로 한 미국 프랜차이즈 회사가 등장했는데, 그것이 바로 국내에도 많은 체인점을 보유한 아웃백 스테이크 하우스이다.

호주를 콘셉트로 한 인테리어뿐만 아니라 메뉴의 이름도 호주와 관계된 것이다. 예를 들면 실내 조명은 빨강·주황·노랑으로 햇빛에 따라 색이 변한다는 에어즈 록 돌을, 세상에서 가장 큰 울루루는 가장 큰 스테이크 이름으로 변신했다. 이외에도 아웃백 하우스에서 호주를 찾아보자.

◐ 각 도시의 무료 교통

멜버른 시티 서클

퍼스 캣 버스

호주 대부분의 도시는 열차, 버스, 트램 등을 하나의 티켓으로 이용할 수 있는 통합적인 교통 시스템에 의해 운영되고 있다. 또한 이 교통 시스템 중에는 무료로 이용할 수 있는 교통수단이 있어, 관광객은 물론 일반 시민들에게 많은 편의를 제공한다.

시드니의 555번 무료 버스(555 CBD Shuttle), 멜버른의 시티 서클 트램(City Circle), 브리즈번의 프리 루프 버스(Free Loop Bus), 애들레이드의 시티 루프(City Loop)와 퍼스의 캣 버스(Red, Bule, Yellow, Green)가 바로 그것이다. 관광객이 많이 찾는 도시인 케언스, 골드코스트는 무료 교통수단은 없으나 휴양지로 해양 스포츠, 레포츠 중심의 여행이므로 교통수단을 이용할 일이 거의 없어 불편하지 않다.

◐ 여성 천국 호주

남편이 일주일에 하루도 외식을 안 시켜 줬다거나, 7시 이후에 집에 들어오는 것이 이혼 사유가 된다는 호주! 이혼을 할 때도, 남성이 불리하다. 이혼을 하게 되면, 남편이 이혼 상대자에게 아동에 대한 양육비뿐만 아니라 적지 않은 금액의 생활비를 지불해야 한다. 따라서 소득이 발생해도 이혼한 남자에게 남는 돈은 매우 적다. 이러한 이유로 일부러 일을 하지 않고 국가에서 주는 연금으로 생활하는 이혼남도 있다는 이야기를 할 정도다.

호주의 교통수단

▶ 투어의 천국

피너클스 사막 투어, 웨이브 록 투어, 울루루 일출 일몰 투어, 시드니 헌터 밸리, 애들레이드의 바롯사 밸리, 퍼스의 마가렛 리버 등의 와이너리 투어 등 호주에서는 다양한 종류의 투어를 체험할 수 있다.

대륙이 넓고, 관광지가 곳곳에 흩어져 있어 대중교통으로는 이동하기 어렵고, 자가운전을 하더라도 3~4시간 정도의 장거리 구간이 많아 투어가 더 효율적이기 때문이다.

우리나라의 투어는 예약이 많지 않을 경우 예약을 해 두었더라도 취소될 수 있는 위험 요소가 있지만, 호주의 투어는 참여자가 많아 거의 100% 출발을 하기 때문에 출발 여부를 걱정할 필요가 없다. 투어를 이용해서 보다 효율적으로 여행을 즐기자.

항공

구입 시기에 따라 요금의 차이가 있지만 장거리 버스, 장거리 열차에 비해 요금이 저렴하며 대부분의 공항이 시내와 가깝기 때문에 호주의 국내 도시를 이동하는 방법 중 가장 효율적이다.

항공권은 외국에서 사용 가능한 신용카드가 있으면 인터넷을 통해 구입이 가능하다. 신용카드가 없는 경우엔 플라이트 센터(Flight Centre) 등의 현지 여행사를 통해 현금으로 구입할 수 있다. 현지의 여행사에서 구입하는 것과 인터넷을 통해 예약하는 것의 요금 차이는 크게 없지만 인터넷을 통해 예약하는 것이 A$ 5~10 정도 저렴하다. 호주의 국내선은 예약과 동시에 결제가 이루어져야 하며, 결제 후 취소할 경우 수수료가 많이 나오기 때문에 정확한 일정을 정하는 것이 중요하다. 또한 예약 시점에 따라 요금의 차이가 크기 때문에 여행 계획을 일찍 정할수록 저렴하다.

투어버스

▶ 까칠한 입국 심사

다른 나라와 큰 차이는 없지만, 호주는 생태계를 보호하기 위해 엄격하게 세관 검사를 진행한다. 누락된 항목이 있을 경우 물건을 압수하거나 벌금을 부과하고, 심한 경우 입국을 거부당하는 상황도 발생한다. 따라서 세관 신고 시 자신이 소지한 물품에 대해서 자세히 입국 카드에 기재하는 것이 좋다.

버진 오스트레일리아

콴타스

재미있는 호주 국내선 항공 이야기

1. 콴타스 항공의 경우 2~3시간 장거리 구간은 기내식과 음료가 제공되지만 버진 오스트레일리아(VA), 젯스타는 기내식이 제공되지 않는다.
2. 버진 오스트레일리아(VA)와 젯스타는 음료, 맥주, 간단한 샌드위치 등을 판매하고 있다. (좌석 앞의 포켓에 메뉴판이 준비되어 있다.)

젯스타의 메뉴판

3. 비용 절감을 위해 보딩패스도 간단하다. 단순한 슈퍼의 영수증처럼 나오기도 한다.

각 항공사별 보딩 패스

🔹 인터넷으로 항공권 예약 및 구입하기

호주의 국내선 항공사는 콴타스, 버진 오스트레일리아, 젯스타가 대표적이다.
위의 세 항공사 모두 메인 화면에 항공 좌석을 조회하는 메뉴가 있다. 조회할 때는 아래와 같은 조건을 입력한다.

1. 편도(One Way), 왕복(Return) 선택하기
2. 출발 공항(From or Origin), 도착 공항(To or Destination)
3. 출발 날짜(Deparing Date or Depart) 선택
4. 왕복(Return)일 경우 도착 날짜(Return Date or Return)
5. 성인(만 12세 이상), 어린이(만 2~12세 미만), 유아(만 2세 미만)

항공사별 홈페이지

콴타스(QF, Qantas) : www.qantas.com.au
버진 오스트레일리아(DJ, Virgin Australia) : www.virginaustralia.com
젯스타(JQ, Jet Star) : www.jetstar.com

조회 조건 입력 내용

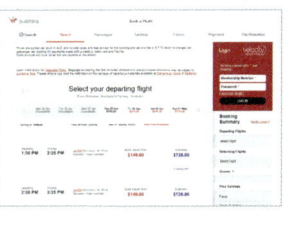
조회 결과

위의 조건을 입력하면 스케줄과 구입 가능한 항공권의 요금이 나온다. 구입하고자 하는 요금을 선택하고 판매 규정(Fare Rulesand Conditions of Carriage)에 동의를 하고, 다음과 같은 사항을 입력한다.

1. 타이틀(Title) : MR은 남자, MS는 여자, MSTR은 남자 어린이, MISS는 여자 어린이
2. 성(Last Name or Family Name), 이름(First Name) : 반드시 여권과 동일해야 함.
3. 주소 및 전화번호: 호주의 전화번호는 없어도 무방함.
4. 이메일 주소 입력 : 항공권은 전자 티켓이므로 정확한 이메일 주소를 입력해야 함.

위의 정보를 입력하면 결제 화면이 나온다. 신용카드 정보를 입력하면 예약 번호(알파벳과 숫자 5~6자)와 전자 티켓이 발급된다.

국내선 항공권

🔹 국내선 공항 이용하는 방법

국내선 항공으로 이동할 때에는 출발 1시간 정도 전에 공항에 도착하도록 하자. 체크인 카운터에서 혹은 셀프 체크인 기계에서 좌석을 배정받는다. 보딩 패스가 나오면 데스크에 수화물을 맡기고, 수화물이 없는 경우 바로 탑승구로 이동한다.

셀프 체크인 기계

도착장

장거리 버스

장기간의 배낭 여행자들에게 적합한 국내 이동 방법은 장거리 버스를 이용하는 것이다. 장거리 열차에 비해 훨씬 많은 노선과 편수가 있어 이용하기가 쉽다.
또한 지정된 거리만큼 이용할 수 있는 킬로미터 패스(Kilometer Pass)와 지정된 루트만 이용이 가능한 오지 패스(Ozzie Pass)를 이용하면 보다 저렴하게 여행할 수 있다.
버스 티켓은 인터넷 또는 버스터미널, 현지 여행사 등에서 구입할 수 있다.

🔹 인터넷으로 장거리 버스 예약 및 구입하기

그레이하운드의 홈페이지(www.greyhound.com.au) 메인 화면에 버스 좌석을 조회하는 메뉴가 있다. 조회할 때는 아래와 같은 조건을 입력한다.

1. 편도(One Way), 왕복(Return) 선택하기
2. 출발 도시(Origin), 도착 정류장(Destination)
3. 출발 날짜(Depart) 선택
4. 왕복(Return)일 경우 도착 날짜(Return)
5. 성인(만 12세 이상), 어린이(만 2~12세 미만), 유아(만 2세 미만)

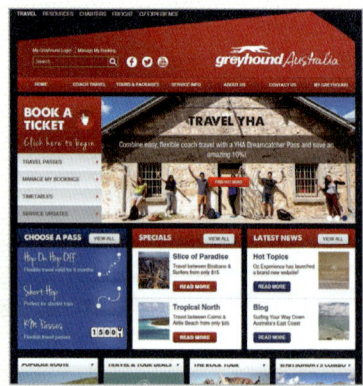

조회 조건 입력 내용

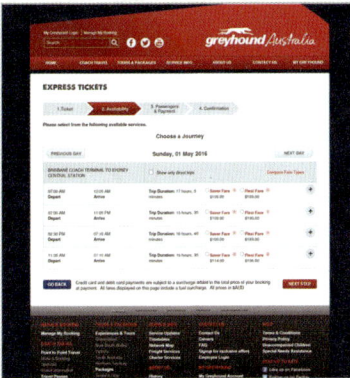

조회 결과

위의 조건을 입력하면 스케줄 및 구입 가능한 버스의 요금이 나온다. 구입하고자 하는 요금을 선택하고 판매 규정(Fare Rulesand Conditions of Carriage)에 동의하고 다음과 같은 사항을 입력한다.

1. 타이틀(Title) : MR은 남자, MS는 여자, MSTR은 남자 어린이, MISS는 여자 어린이
2. 성(Last Name or Family Name), 이름(First Name) : 반드시 여권과 동일해야 함.
3. 주소 및 전화번호 : 호주의 전화번호는 없어도 무방함.
4. 이메일 주소 입력 : 전자 티켓이므로 정확한 이메일 주소를 입력해야 함.

위의 정보를 입력하면 결제 화면이 나오며 신용카드 정보를 입력하면, 예약 번호(알파벳과 숫자 5~6자)와 전자 티켓이 발급된다.

> 오지 패스 예약을 하는 것이 현실적으로는 어려움이 많은 것이 사실이다. 이때, 호주 정보나무 커뮤니티(cafe.daum.net/infotree)에 문의하면 전문적이고 친절하게 여행 일정과 버스 패스 예약 등의 도움을 받을 수 있다.

재미있는 호주 장거리 버스 이야기

1. 일부 대도시의 버스 터미널에서는 체크인 카운터에 수화물을 맡기고 좌석을 배정받는, 비행기를 탈 때와 같은 체크인 수속이 있다. 수속은 출발 30분 전부터 가능하다.

시드니 버스 체크인 카운터

2. 멜버른, 브리즈번, 시드니 등의 대도시를 제외한 나머지 도시는 제대로 된 버스 정류장이 없이 공용 주차장을 이용하기도 한다.

바이런 베이 버스 정류장

3. 장거리 버스는 고속도로(Highway)를 달리는데, 호주의 고속도로는 대부분이 2차선이다.

4. 대표적인 장거리 버스 회사인 그레이하운드(Greyhound)와 맥카퍼티(McCafferty's)가 그레이하운드로 통합되었지만 맥카퍼티의 차량을 현재까지도 그대로 운행하고 있다.

그레이하운드와 맥카퍼티가 서 있는 시드니 센트럴 역

패스 이용하기

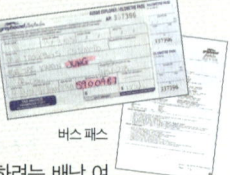
버스 패스

저가 항공이 발달하면서 버스의 이용이 점차 줄어들고 있지만, 최대한 저렴한 비용으로 여행하려는 배낭 여행자를 대상으로 꾸준히 이용되고 있다. 예년에 비해 버스 패스의 규모가 줄어들었지만, 여행 일정 및 동선에 맞는 버스 패스를 이용한다면 보다 효율적인 여행을 할 수 있다.
버스 패스는 시즌별로 이벤트 요금이 있는 경우도 있고, 요금과 패스 활용 범위 등의 변경이 잦기 때문에 그레이하운드 홈페이지를 통해 실시간으로 확인하는 것이 좋다.

• Hop on Hop off Pass

도시 간 이동 시 그 중간에 있는 도시들에서 내렸다가 다시 탑승할 수 있는 패스로, 구입 후 6개월간 유효하며 여행을 시작하고 나서는 3개월 안에 여행을 완료해야 한다.
앨리스 스프링스 – 케언스(A$ 375), 브리즈번 – 케언스(A$ 335), 멜버른 – 케언스(A$ 519), 시드니 – 케언스(A$ 425) 구간에서 사용이 가능하다.
A$ 30의 추가 요금을 내고 티켓을 업그레이드하면 패스 사용을 3개월 더 연장하여 총 6개월 동안 사용이 가능해진다.

• Short Hop Pass

이동 구간이 Hop on Hop off보다 짧은 구간에서 사용할 수 있는 패스이다. 애들레이드 – 앨리스 스프링스(A$ 215), 다윈 – 앨리스 스프링스(A$ 209), 시드니 – 브리즈번(A$ 135), 시드니 – 멜버른(A$ 99), 브리즈번 – 멜버른(A$ 219) 구간에서 탑승할 수 있다.

• KM Pass

거리에 따라 사용할 수 있는 패스로 1년간 사용이 가능하다. 1,000km(A$ 189), 2,500km(A$ 415), 5,000km(A$ 785), 7,500km(A$ 1,125), 10,000Km(A$ 1,435), 15,000km(A$ 1,965), 20,000km(A$ 2,375), 25,000km(A$ 2,675)이다.
호주 도시 간 거리는 그레이하운드 홈페이지에서 거리표를 찾아보면 된다.

• Commuter Pass

일반 여행자들에게는 그다지 유용하지 않은 패스다. 10회, 20회 탑승할 수 있는 패스로, 같은 구간을 많이 탑승할 일이 있는 현지 로컬들을 위한 티켓이다.

장거리 버스 이용 시 주의사항

• 대도시가 아닌 경우 공용 주차장 또는 일반 시내 버스 정류장을 이용하는 경우도 많기 때문에 예약 시 반드시 정확한 출발 장소를 확인해야 하며, 출발 30분 전에 도착해야 한다.

• 장거리 버스는 보통 2~3시간에 1회씩 휴게소에 정차한다. 우리나라의 고속도로 휴게소와 달리 매우 한적하다. 하지만 실수로 버스를 잘못 타게 된다면 전혀 다른 곳으로 끝없이 이동할 수

있으므로 주의해야 한다.
또한 약 15분간의 짧은 휴식을 위한 정차(Rest Stop)와 약 30분~1시간의 식사를 위한 정차(Meal Stop)가 있으므로 출발 시간도 반드시 확인하자.

• 야간 버스를 이용할 때 강한 냉방 장치 때문에 추위에 떨 수 있으므로 두꺼운 겉옷이나 담요, 베개로 쓸 수 있는 것을 준비하는 게 좋다.

장거리 열차

장거리 열차는 성수기에는 하루 2~3편, 비수기에는 일주일에 한 편 정도로 운행 횟수가 많지 않고, 요금도 장거리 버스나 국내선 항공에 비해 비싸다. 따라서 일반적인 도시 간 이동 수단으로는 적합하지 않다.
하지만 쾌적한 주거 공간이 설치되어 있는 호화 열차가 많기 때문에 여유로운 철도 여행을 즐기기에는 좋다.
브리즈번에서 케언즈까지 연결하는 호화 열차 퀸즈랜더 클래스(Queenslander Class), 시드니와 브리즈번 사이를 최대 속도 시속 160km로 달리는 XPT(Express Passenger Train), 브리즈번에서 출발해 롱그리치까지 운행하는 스프릿 오브 아웃백(Sprit of the Outback) 등 다양한 장거리 열차가 운행되고 있다. 호주를 대표하는 인기 장거리 열차는 인디안 퍼시픽(Indian Pacific)과 더 간(The Ghan)이다.

◉ 인디안 퍼시픽 (Indian Pacific)

시드니에서 멜버른, 애들레이드 등을 경유해서 퍼스까지 총 4,352km를 달리는 대륙 횡단 열차다. 호화로운 설비와 내장, 서비스는 달리는 5성급 호텔이라 불릴 정도이며, 세계적으로도 유명하다.
열차의 객차 등급은 골드 캥거루(Gold Kangaroo), 레드 캥거루(Red Kangaroo), 데이나이터 시트(Daynighter Seat)로 구분된다. 골드 캥거루는 전용의 식당차와 라운지가 있으며 레드 캥거루와 데이나이터 시트는 같은 식당칸과 라운지를 이용한다.

◉ 더 간 (The Ghan)

애들레이드에서 출발해 호주의 중심 아웃백(Outback)을 가로질러 앨리스 스프링스, 다윈의 2,975km를 연결하는 대륙 종단 열차다. 내부 시설 및 객차의 등급 구분은 인디안 퍼시픽과 동일하다.
울루루를 가기 위한 관문 도시인 앨리스 스프링스를 지나기 때문에 가장 인기 있는 장거리 열차다.

워킹홀리데이

● 워킹홀리데이 in 호주

워킹홀리데이 in 호주

워킹홀리데이 비자란 노동력이 부족한 나라에서 외국 젊은이들에게 1년간의 특별 비자로 합법적인 노동과 관광을 할 수 있게 하는 제도다. 현재 우리나라는 일본, 캐나다, 호주, 뉴질랜드와 이 협정을 맺고 있다.

호주로의 워킹홀리데이가 무엇보다 매력적인 것은 만 18세 이상 30세 이하의 나이에 호주 비자법에 따른 결격 사유가 없으면 비자 발급이 가능하고, 모집 시기나 인원에 제한이 없어 타국가에 비해 지원이 용이하기 때문이다.(인터넷 신청, 결제 후 신체검사) 2005년 11월 1일 이민법의 개정으로 호주의 지정된 농장에서 3개월 이상 일을 할 경우 평생 1회, 유효기간 1년 조건인 워킹홀리데이 비자를 유효기간 2년으로 연장할 수 있다.

워킹 비자 이것이 다르다

워킹홀리데이는 기간이 길고, 비교적 활동이 자유로운 것이 특징이다. 대학생이며, 방학 중에 어학연수를 생각한다면, 관광 비자로도 충분하다. 워킹홀리데이 비자로 학원을 옮기면서 어학연수를 한다면 12개월 동안 워킹홀리데이 비자로 어학연수가 가능하지만 원칙적으로는 불법이다.

워킹홀리데이 비자

기 간	1년(조건 충족 시 추가 연장 가능)
기간 연장	농장 등 정부에서 지정된 곳에서 3개월 이상 작업 기록 증명 및 지정 병원에서 신체검사 후 1년 추가 연장 가능
발급 방법	인터넷으로 비자 신청 후 지정된 병원에서 신체검사 후 전자 비자 발급(약 2~3주 소요)
발급 비용	A$ 440 + 신체검사비(5만 원 또는 15만 원)
어학 연수	가능(한 학원에서 최대 4개월까지만)
어학 연수 중 휴식	비자 기간 내 가능
경제 활동	가능(시간 제한 없음 / 한 곳에서 최대 6개월간)

관광 비자

기 간	90일
기간 연장	최대 6개월까지 가능하나 비자 연장 서류(통장 잔고, 여행 계획서 등)가 복잡하며, 서류 심사에서 연장이 되지 않는 경우도 있다.
발급 방법	항공권 또는 여행 상품 구입 시 여행사에서 전자 비자를 신청해 준다.
발급 비용	무료
어학 연수	가능
어학 연수 중 휴식	비자 기간 내 가능
경제 활동	불가능

학생 비자

기 간	학원 등록 기간 + 1개월
기간 연장	추가 학원 등록 시 연장 가능(출석률 80% 미만 시 연장 불가)
발급 방법	유학원을 통해 학원의 입학 허가를 받은 후 신청 가능(약 3~4주 소요)
발급 비용	약 50~60만 원(신체검사비, 서류 번역비 등 포함) + 학원 등록비 전액
어학 연수	가능(한 학원에서 최대 4개월까지만)
어학 연수 중 휴식	비자 기간 내 가능
경제 활동	이민성 허가(Work Permit) 후 가능(주당 최대 20시간)

워킹홀리데이 어렵지 않다 실수 zero 도전 워킹홀리데이!

▶ **출국 전 준비사항**

① 여권 신청
여행 준비 여권 신청 부분을 참고하자.

② 비자 신청
호주 이민성의 홈페이지(www.homeaffairs.gov.au)에서 신청한다. 비자 신청을 위해서는 여권과 해외 결제가 가능한 신용카드(Master, Visa, Amex 등)가 필요하다.

신용카드 결제 후 나오는 TRN(Transaction Reference Number)은 비자 신청 후 진행을 확인하기 위해 필요하므로(일종의 예약 번호) 반드시 메모해 두어야 한다.(TRN을 메모해 두는 것으로 걱정이 된다면 전 과정을 화면 캡쳐하면서 진행하는 것도 좋다.)

비자 접수를 마치면 이어서 신체검사 신청서(Health Form)가 나온다.

워킹 비자

※ 비자 발급 후 이메일로 내용이 오기 때문에 메일 주소를 입력할 때 틀리지 않도록 해야 하며 스팸 메일함도 자주 체크해야 한다.

③ 신체검사

지정된 병원에서만 워킹홀리데이 비자를 위한 신체검사를 받을 수 있으며, 지정 병원은 예약을 하고 가는 것이 좋다. 병원에 따라 90,000원에서 95,000원을 내고 신체검사를 하며, 소요 시간은 약 1~2시간 정도다.

신체검사는 키, 몸무게, 혈압 검사, 소변 검사, 시력 검사, 흉부 촬영, 질병에 대한 간단한 질문을 하는 인터뷰로 진행된다. 결과는 보통 10일 후에 나오며, 재검을 받으라고 연락이 오지 않으면 결과가 이민성으로 전달된 것이다. 따라서 온라인을 통해 비자 상황을 확인해야 한다.

지정 병원
신촌 연세 세브란스 병원(02-2228-5808)
강남 세브란스 병원(02-2019-1209)
삼성서울병원(02-3410-0227)
삼육서울병원(02-2249-3511)
부산 인제대학교 해운대 백병원(051-797-0369)

④ 비자 발급 후 항공 발권

비자 신청 전에 항공권을 발권할 수도 있지만 예상보다 비자가 늦게 나오는 경우 취소를 하거나 변경 수수료가 발생할 수 있으니, 주의해야 한다. 우선 항공권을 예약만 해 두고 비자 발급 후 항공권을 발권해야 한다. 단, 항공권 예약 후 발권 시한(Time Limit)이 지나면 자동 취소되니 발권 시한을 반드시 확인하자. 워킹홀리데이 비자 소지자 및 유학생을 위한 유효기간 1년의 항공권은 단기 여행을 위한 항공권(유효기간 15일~3개월)에 비해 조금 더 비싸다. 항공사별 조건 및 경유 도시 등을 감안하여 선택하도록 하자.

⑤ 출국

워킹홀리데이 비자 발급일로부터 1년 이내에 호주에 입국해야 한다. 발급일로부터 1년 이후 비자는 자동적으로 만료되며 다시 받을 수 없다.

항공사별 장단점

콴타스 항공(QF)
- 장점 : 호주 전 지역에 취항하고 있으며 아시아나 항공과 공동 운항편을 이용하면 비교적 저렴한 요금으로 시드니까지 직항편을 이용할 수 있다.
- 단점 : 공동 운항편 외의 항공권은 일본 또는 홍콩, 상해 등을 경유하는데, 경유편의 좌석 확보가 어렵다.

일본 항공(JL)
- 장점 : 가격이 저렴하고 일본에서 스톱 오버 할 수 있으며 인천과 부산에서 출발할 수 있다.
- 단점 : 귀국 시에는 일본에서 우리나라까지 당일 연결이 되지 않기 때문에 숙박을 해야 한다. 숙박은 항공사에서 제공(LOPK - Layover Package)한다. 단, 항공권 예약 또는 변경 예약이 있을 경우 호텔까지 확약을 받지 않으면 이용할 수 없다.
- LOPK(무료 제공 호텔)을 이용하는 경우, 호텔 비용은 항공사가 부담하지만 항공 운임에는 포함되지 않는다. 따라서 호텔을 이용하지 못한 경우에도 환불은 되지 않고, 현지에 도착하기 전 호텔이 확약되지 않으면 호텔을 이용할 수 없다.

타이 항공(TG)
- 장점 : 아시아나 항공의 마일리지를 적립할 수 있으며, 방콕에서 스톱 오버가 가능하다.
- 단점 : 경유지 평균 대기 시간이 긴 편이다.

캐세이패시픽(CX)
- 장점 : 콴타스 다음으로 취항 노선이 많은 항공사로, 홍콩 스톱 오버가 가능하다.
- 단점 : 원월드 마일리지 회원사로 가입되었지만, 국내 활용도가 적다.

싱가포르 항공(SQ)
- 장점 : 비교적 저렴하며 2명 이상이 함께 출발할 경우 추가적으로 할인 받을 수 있는 요금이 있다.
- 단점 : 항공 좌석 확보가 쉽지 않다.

항공권을 구입할 때

입국은 시드니, 출국은 멜버른
입국은 케언스, 출국은 퍼스

호주행 항공권은 대부분 위와 같이 입국 도시와 출국 도시를 다르게 정할 수 있다. 입국 도시와 출국 도시를 바꾸는 것을 추천하는 이유는 아는 사람이 있거나, 영어를 잘 못해도 생활하기 쉬운 도시(시드니, 멜버른), 학원을 다니면서 영어를 공부하기 좋은 도시(케언스, 애들레이드, 퍼스)로 입국을 하고, 비자 기간이 끝나기 전에 여행을 하고 그곳으로 다시 돌아가지 않고 바로 귀국을 하면 여행 경비를 줄일 수 있기 때문이다.

여행을 할 때 짐을 들고 다녀야 하는 단점이 있지만 불필요한 짐은 버리거나 국제 우편으로 미리 우리나라로 보낼 수 있기 때문에 가능한 입출국 도시를 바꾸는 걸 추천한다.

◎ 출국 전 알아 두기

① 어학 공부

호주의 영어는 우리나라에서 배운 미국식 영어가 아닌 영국식 영어다. 따라서 철자와 사용하는 단어는 물론 발음에서도 다소 차이가 난다.

하지만, 잊지 말자! 영어는 언어다. 이것은 사투리 정도의 차이일 뿐 의사소통에는 전혀 지장이 없다. 오히려 호주식 영어는 보다 친근할 수 있다. 어학원 선생님들은 품격이 느껴지는 영국식 영어를 구사하는 경우가 많다.

어학연수에 관심이 없더라도 최소한 영국식 영어가 어떤 것이 있는지는 알고 가는 게 좋다.

영국식 영어가 나오는 영화를 이용하는 것도 좋은 방법이다. 대표적인 영화로는 〈이프 온리(If Only, 2004)〉, 〈러브 액추얼리(Love Actually, 2003)〉, 〈28일 후(28 Days Later, 2002)〉, 〈노팅힐(Notting Hill, 1999)〉, 〈해리포터 시리즈〉 등이 있다.

어학연수를 계획하고 있다면 호주에 가기 전 적어도 문법 공부는 미리 하는 게 좋다. 어학원의 클래스는 첫날 실시되는 레벨 테스트로 결정된다. 테스트는 문법, 작문, 회화(면접)로 진행된다. 학원에 따라 차이는 있지만 상위 클래스로 옮길 수 있는 것은 4~6주에 한 번 정도이기 때문에 처음에 낮은 클래스에서 시작하면 상위 클래스로 가는 데 어느 정도 한계가 있다. 가장 쉽게 점수를 받을 수 있는 문법 공부를 미리 해 두고 가면 처음 시작을 보다 높은 수준의 클래스에서 할 수 있다.

	표기법이 다른 경우			단어 자체가 다른 경우	
	영국/호주식	미국식		영국/호주식	미국식
극장	Thearte	Theater	비행기	Aeroplane	Airplane
센터	Centre	Center	가을	autumn	Fall
좋아하는	Favourite	Favorite	지폐	Note	Bill
색상	Coluur	Color	욕조	Bath	Bathtub
이웃	Neighbour	Neighbor	본넷	Bonnet	Hood
여행자	Traveller	Traveler	감자튀김	Chips	French fries
수표	Cheque	Check	엘리베이터	Lift	Elevator
타이어	Tyre	Tire	영화	Film	Movie
파자마	Pyjamas	Pajamas	깡통	Tin	Can
프로그램	Programme	program	사탕	Sweets	Candy

호주식 영어 / 영국식 영어 어떻게 다를까?

우리나라에서 미국식 영어만을 공부하고 호주에 가면 영국식 영어에 놀라게 된다. 처음에는 약간은 촌스럽게 들릴 수도 있는 너무나 솔직한 발음에 놀라고, 각종 표기에 놀란다. 하지만, 영어를 접할수록 영국식 영어에서 품격이 느껴지는 것은 왜 일까?
호주의 영어는 영국식 영어에 가깝지만 왠지 친근하고 독특하다.
호주 영어를 흔히 오지 영어(Aussie English)라고 하는데, 오지 영어의 대표적인 예는 다음과 같다.

1. **Bush** : 자연 그대로의, 도시에서 떨어진 곳 중 열대우림 지역을 부를 때 쓰는 단어. 당일 투어 브로슈어 등에서 Bush Walking을 쉽게 볼 수 있는데, 이는 우리말로 하자면 삼림욕에 가장 가깝다.
2. **Outback** : Bush와 비슷한 느낌으로 사막 지역을 부를 때 쓴다.
3. **Barbie** : 바비큐를 바비라고 한다. 호주 영어의 특징 중 하나인 축약을 대표적으로 보여 주는 단어다. Brekkie(아침 식사, Breakfast), Maccas(맥도날드), Woolie(Woolworth) 등도 축약된 표현으로 많이 쓰인다.

② 호주 생활에 대한 사전 공부

숙박, 은행 개설, 핸드폰 구입, 생필품 쇼핑 등에 대한 사전 공부를 하면 아는 만큼, 실수를 줄일 수 있고, 몸이 편하다.
호주 생활에 대한 정보를 미리 한번 읽어 보고, 준비하자. 생활에 대한 기초 정보는 호주의 생활 부분을 참고하자.

③ 국제 운전면허증 발급

렌터카를 이용한 여행을 계획한다면 국제 운전면허증을 반드시 준비해야 한다. 필요한 서류는 여권 사본, 여권용 사진 1매, 면허증, 수수료를 지참하고 운전면허 시험장에서 신청하면 당일 발급된다. 단, 유효기간이 발급일로부터 1년이므로 출국 직전에 신청하는 것이 좋다.
국제 운전면허를 신청하지 않고 호주에 갔는데 운전면허가 필요한 경우 또는 국제 운전면허의 유효기간이 지났다면 우리나라에서 1년 이상의 운전면허증 소지자는 공증을 받은 후 필기 시험에 합격하면 바로 완전면허(Silver or Gold License)를 받을 수 있는 시험을 볼 수 있다.
공증비는 A$ 30~500이며, 시험 비용은 최소한의 실기 교습비 포함 약 A$ 200~300이다.

운전면허가 없는 사람이 호주 운전면허 받기

호주의 운전면허, 자동차 등록 등은 RTA(Road & Traffic Authority)에서 모든 업무를 하고 있으며, 각 주

러너 면허증

별 RTA가 있어, 도로법 등이 각양각색이다. 주에 상관없이 호주의 운전면허증 취득은 매우 까다로우며 소요 시간도 완전면허(Silver or Gold License)를 발급 받기까지는 최소 2~3년이 소요되기 때문에 우리나라에서 면허증이 없던 사람이 호주에 워킹홀리데이로 가서 완전면허를 받는 것은 사실상 불가능하다.
단, 완전면허가 아닌 P1, P2 면허증도 운전을 하는 데는 큰 제약을 받지 않기 때문에, 현지에서 운전면허가 필요한 경우라면 다음과 같은 절차를 통해 운전면허를 발급 받을 수 있다. 각 주별로 취득 절차가 다르며, 시드니(뉴사우스웨일즈 주)의 경우는 다음과 같다.

1. **DKT**(필기 시험, 한국어 시험 가능) 합격 시 Leaner Driver License 취득(최소 6개월~36개월 유효, 최고 시속 80km, 실버 면허 이상 소지자 동승 시만 운전 가능)
2. **DART**(도로상의 운전 능력 시험) 합격 시 P1 잠정 면허 취득(최소 12개월 소지, 최고 시속 90km, 동승자 없이 운전 가능)
3. **HPT**(위험 인식 시험) 합격 시 P2 잠정면허 취득 (최소 24개월 소지, 최고 시속 100km, 동승자 없이 운전 가능)
4. **DQT**(운전자 자격 시험) 합격 시 실버 면허(정식 면허증, 최고 시속 110km)

④ 여행자 보험 가입

일반적인 여행자 보험이 아닌 유학생 보험을 가입한다. 소지품 도난 및 분실에 대한 보험 혜택은 없으며, 사망, 장애, 병원 이용 등의 경우에만 보험 혜택을 받을 수 있다. 보험료는 조건에 따라 차이가 있지만 15~25만 원 정도이다.

호주 워킹홀리데이 준비물 체크 리스트

아래의 각 준비 항목에 기표하여 출발 전에 준비물을 잘 챙겨 보자.

구분	준비 항목	
서류	□ 여권	□ 항공권
의복류	□ 점퍼(1) □ 양말(7) □ 긴팔티셔츠(2) □ 긴바지(1) □ 속옷(7) □ 잠옷(1)	□ 운동화/샌들(각1) □ 수영복 □ 반팔티셔츠(5) □ 반바지(3) □ 여름 체육복 상하(1)
학용품	□ 바인더 □ **필기구(샤프심)** □ 노트	□ 책가방 □ 영영사전 □ 다이어리
보건위생용품	□ 칫솔/치약 □ 빗 □ 수건/손수건	□ 선글라스 □ 개인 로션/선 블록 □ 샴푸/비누
의약품	□ 소화제 □ 해열제 □ 알레르기약	□ 의약품 처방전 □ 뱃멀미 약 □ **물파스**
기타	□ 가족사진 □ **비옷(상하의 별도)** □ 사진 앨범(소형)	□ 작은 선물(홈스테이) □ 용돈

위의 물품들은 개인의 취향에 따라 차이가 있을 수는 있지만, 한 가지씩 체크하면서 준비물을 챙기면 도움이 된다.
굵은 글씨로 표기된 준비물은 유의해 꼭 가져오면 좋을 것들이다. 호주에서는 우리나라에서 일반적인 0.5mm의 샤프심을 구하기 매우 어렵다. 호주의 샤프심은 대부분 0.7mm이기 때문에 미리 한국에서 준비해 가면 편리하다. 개인, 가족, 친구 사진을 많이 가지고 입국하면, 홈스테이나 외국인 친구들과 자연스럽게 이야기하기에 매우 좋다.
호주에서는 240V를 사용하며, 한국의 전기용품들을 가져가서 사용할 경우, 별도의 플러그가 필요하다. 모든 물품에 영문 이름을 적어둬 잃어버리지 않도록 하자.

◉ 호주 도착

① 비자 라벨 받기

인터넷으로 신청 후 비자 승인 메일을 받은 것으로 비자 수속이 끝난 것이 아니다. 입국 후 호주의 이민성에서 비자 라벨을 여권에 붙여야 한다. 07:00~11:00 사이에 시드니 공항으로 도착하는 경우, 공항에서 바로 스티커를 받을 수 있다. 그 외의 경우에는 각 지역 호주 이민성에 여권과 승인 메일을 가지고 가서 비자 스티커를 받아야 한다.

비자 라벨 받는 곳
캔버라 Level 3 1 Farrell Place Canberra City ACT 2601
시드니 Ground Floor 26 Lee Street Sydney NSW 2000
브리즈번 Ground Floor 26 Lee Street Sydney NSW 2000
멜버른 Ground Floor Casselden Place 2 Lonsdale Street Melbourne VIC 3000
케언스 19 Aplin Street Cairns QLD 4870
애들레이드 Coommonwealth Centre Building Level 4 55 Currie Street Adelaide SA 5000
퍼스 City Central 411 Wellington Street Perth WA 6000
다윈 Pella House 40 Cavenagh Street Darwin NT 0800

비자 라벨 사진

② 은행 계좌 개설

1년간의 생활을 위한 많은 액수를 현금이나 여행자수표로 보관하는 것은 위험하기 때문에 은행을 이용하는 게 좋다.

호주의 은행은 외국인이 은행 계좌를 개설하는 데 매우 개방적이다. 단, 이는 호주 입국 후 6주가 지나지 않은 관광객에 한해서다.(워킹홀리데이 비자도 관광 비자의 일종)

호주 입국 후 6주가 지나기 전에 계좌를 개설하는 데 필요한 서류는 여권과 우편물을 받을 수 있는 주소뿐이지만 6주가 지난 후에는 여권 이외의 다른 서류(학생증, 도서관 카드, 운전면허증, 신용카드 등)가 필요하며, 경우에 따라 보증인을 요구하는 경우가 있어 상당히 복잡해진다. 반드시 6주 이내에 계좌를 개설하도록 하자.

은행, ATM

계좌 개설 방법

호주의 은행 계좌가 우리나라랑 가장 크게 차이나는 것은 통장이 없다는 것이다. 통장이 없고 ATM 이용이 상당히 많기 때문에 ATM이 가장 많은. 호주의 빅4 은행이라 할 수 있는 Commonwealth Bank, ANZ, Westpac, National Australia Bank 중에서 개설하는 게 좋다.

우리나라 워킹홀리데이 비자 소지자는 ANZ와 커먼웰스에서 개설하는 경우가 가장 많다. 은행 계좌는 Saving Account, Cheque Account 등 계좌의 성격에 따라 여러 개로 구분하는데 워킹홀리데이 비자 소지자가 일반적으로 이용하는 계좌는 Saving Account이다.

계좌 종류를 선택하고 은행 계좌를 신청하면 약 1~2주일 이내에 지정된 주소로 ATM 기계를 이용할 수 있는 현금 카드(Key Card)를 받아 볼 수 있으며 현금 카드를 받으면 은행에 가서 등록을 신청하면 비밀번호(Pin No.)를 부여하고 이후부터 사용할 수 있다.

호주에는 통장이란 개념이 없고, 계좌 번호(Account No.)와 사인(Signature), 신분증만으로 모든 업무를 볼 수 있다. 그리고 매달 계좌명세서(Account Statement)를 우편으로 받아볼 수 있다.

호주의 은행은 계좌 수수료(Bank Fee)란 개념이 있어 매달 A$ 2~5가 계좌에서 차감되며 계좌 수수료가 적거나 통장 잔고가 많지 않은 경우는 ATM의 무료 이용 횟수에 제한(무료 이용 횟수 초과 시 A$ 1~2의 수수료 발생)이 있다. 일반적으로 ATM의 무료 이용 횟수는 5~6회이다. 단, 국제학생증 또는 현지 학교나 학원의 학생증이 있으면 ATM 무료 이용 횟수 제한이 없는 등의 혜택을 받을 수 있다.

입금하기, 수표 환전하기

호주에서의 급여는 대부분 수표(Cheque)로 받는다. 수표를 현금으로 바꾸기 위해서는 은행에 신분증(여권)을 가지고 가서 텔러(Teller)에게 바꾸거나 입금 슬립(Depost Slip)을 작성하고 체크와 함께 은행에 비치된 봉투에 봉인 후 퀵 데포짓 상자에 넣기만 해도 된다. 데포짓 슬립(Deposit Slip)에 작성하는 방법은 입금할 때와 같으며 작성 시 알아 두어야 할 사항 다음과 같다.

1. Branch BSB No. / Account No. : BSB No.는 지점의 번호, Account No.는 계좌 번호이다. 일반적으로 지점 번호와 계좌 번호를 모두 알아야 입금이 가능하다.
2. Dopositer's Name : 입금자 이름
3. For Credit of(Account Name) : 예금주, 입금뿐 아니라 송금도 가능하다.
4. Note : 입금하려는 지폐의 금액
5. Coin : 입금하려는 동전의 금액
6. Cheques : 입금하려는 수표의 금액
7. Cheque Acc. / Savings Acc. / Credit Card : 계좌에 연결된 통장의 종류를 선택, 대부분 Saving Acc.를 체크하면 된다.
8. 수표 입금 시 수표의 상세 내용(발행 은행, 수표 발행자)을 뒷면에 기입한다.

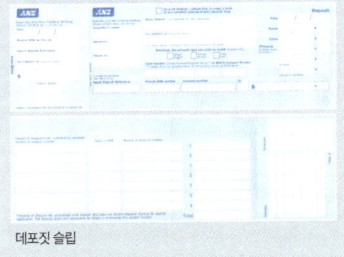
데포짓 슬립

③ 택스 파일 넘버 신청

택스 파일 넘버란 납세자 개개인의 세금 번호를 뜻한다. 호주에서 합법적으로 취업을 하기 위해서는 반드시 택스 파일 넘버가 있어야 한다. 신청은 세

택스 파일 넘버

무서(Taxtation Office) 또는 인터넷(www.ato.gov.au)으로 할 수 있으며, 여권과 은행 계좌(또는 신청서)만 있으면 가능하다.
통상 신청 후 1개월 뒤에 우편으로 발급받게 되는데, 이러한 신청은 대부분의 현지 유학원에서 서비스해 주며, 거주지가 확실하지 않은 경우 주소를 유학원으로 해 두는 것도 가능하다.

호주 생활

호주의 숙소 이용 방법

• **백패커스**

백패커스란 일반 여행객이 이용하는 호주의 대표적인 숙소로, 유스호스텔이라고 생각하면 된다. 백패커스의 가장 큰 특징은 4~8인실의 다인실 객실(Dominory)은 여성 전용 객실이 있고, 전 세계의 다양한 남녀가 한방에서 같이 묵을 수 있는 객실도 있다는 점이다. 또한, 호텔과 같은 수준의 2인실을 호텔 절반 이하의 가격으로 묵을 수 있도록 객실을 재정비하는 호스텔도 많이 늘어나고 있다.
워킹홀리데이로 호주에 입국하면서 쉐어를 구하지 못하는 경우 초기에 약 일주일 정도 백패커스 생활을 하면서 전 세계 다양한 젊은 친구들과 같이 지내는 것도 좋은 경험이다. (단, 귀중품은 항상 몸에 지니고 다니자. 견물생심!)

시설 객실에는 2층 침대와 냉난방 기구, 사물함 정도의 기초적인 설비만 있으며, 화장실, 샤워장, 식당, TV 등이 있는 휴게실은 공동 사용이다. 요즘에는 하루 1~5천 원을 더 내면 객실 내에 욕실, 화장실이 딸려 있는 다인실(En-Suite Room)도 많이 늘어나고 있다.
시내의 백패커스는 펍(Pub)과 함께 운영하기도 하며, 케언스 등의 휴양 도시에 있는 백패커스는 펍(Pub)은 물론 실외 수영장도 갖추고 있다.

요금 다인실 기준 A$ 20~25 정도가 대부분이지만 시설이 좋은 시내의 백패커스 중에는 다인실이 A$ 35를 넘는 곳도 있다. 일주일 이상 숙박 시 장기 투숙자를 위한 별도의 요금 체계가 있다.
또한 백패커스는 크게 노마즈(Nomads) 계열의 백패커스, VIP 계열의 백패커스, YHA 계열의 백패커스로 구분되며 각 계열별 멤버십 카드 소지자에게는 1박당 A$ 1~2 할인 혜택이 주어진다. 그러나 카드 발급비가 각각 약 A$ 30 정도이므로 장기간 여러 도시를 여행하는 경우가 아니라면 굳이 고집할 필요는 없다. 한 달 이상 백패커스에 숙박할 경우는 멤버십 카드를 발급받는 게 좋다. 카드 발급은 각 계열의 백패커스 리셉션에서 가능하다.

백패커스 이용 시 주의점

1. 전화 예약 시 신용카드 번호를 요구(Card Open)한다. 이는 결제를 위한 것이 아니라 예약 후 연락 없이 취소하는 경우의 손실을 대비한 것으로 실제 결제하는 것은 아니다.
2. 체크인 시 A$ 10~20의 보증금(Deposit)을 요구한다. 이는 체크아웃 시 이불 및 베개 커버, 열쇠를 반납하면 돌려준다.
3. 식기(포크, 나이프, 접시, 컵)가 주방에 비치되어 있지 않으며, 보증금(Deposit)을 받고 대여해 주는 백패커스도 있다.
4. 냉장고는 공동으로 이용하며, 콜스, 울월스 등의 대형 슈퍼마켓에서 A$ 1에 판매하는 녹색 쇼핑 가방에 이름을 적어 자기 물건을 표시해 둔다.
5. 공동사용이므로 소지품에는 각별히 유의해야 한다.

> **이렇게도 이용하자!**
> 1. 시내 또는 관광지의 백패커스 리셉션에서는 당일 투어 등의 예약 대행을 부탁하자.
> 2. 농장 일자리 소개를 원한다면, 농장 지역 백패커스 리셉션에서 도움을 받자.
> 3. 백패커스에서 2~3일 이상 숙박 시 공항이나 버스 터미널에서 픽업 버스 서비스를 제공하는 곳도 있으니, 경제적으로 이용하자.

백패커스

쉐어 하우스

• 쉐어 하우스

일반적으로 쉐어(Share)라고 불린다. 우리나라에는 많지 않은 개념으로, 모르는 사람과 집이나 방을 같이 사용하는 것이라고 생각하면 된다. 대부분의 워킹홀리데이 비자 소지자들이 이용하는 숙소다.

시설 쉐어 하우스의 시설은 일반 가정집 수준이다. 시드니, 멜버른 등의 대도시 시내에 있는 아파트에는 헬스장(Gym)과 수영장(Pool)이 있는 곳도 있다. 쉐어 하우스를 구할 때는 시설보다는 몇 명이 함께 사는지, 취사용 쌀을 제공하는지, 주당 쉐어비에 전기세 등의 공과금이 포함되어 있는지 확인하는 것이 중요하다.

요금 어떤 방을 몇 명이 이용하느냐에 따라 천차만별이다. 시내 중심의 2인실 기준으로 1주당 A$ 120~150 정도이며, 1인실의 경우 A$ 200 이상이다. 시내에서의 거리가 떨어져 있는 경우 A$ 20~50까지 저렴한 방을 찾을 수 있다. 도시별로도 쉐어 요금의 차이가 있다. 시드니, 멜버른, 브리즈번이 가장 비싸며, 그 다음으로는 골드코스트, 퍼스, 애들레이드 순이다. 가장 저렴한 지역은 케언스, 다윈이다. 1주당 A$ 20~30 정도의 차이가 있다.

쉐어 하우스 구하기

쉐어 하우스의 정보는 한국인 슈퍼나 백패커스, 사람들이 많이 모이는 장소의 게시판에서 쉽게 찾아볼 수 있다. 최근에는 인터넷에서도 많은 정보를 찾을 수 있다.

유용한 인터넷 사이트
- 호주나라(www.hojunara.com)
- 도메인닷컴(www.domain.com.au) : 외국인 쉐어
- 오수닷컴(www.o-su.com.au) : 일본인 쉐어

마음에 드는 방을 찾은 후 연락을 해 방을 볼 수 있다. 방을 보고 결정을 했다면 보증금을 지불하고 이사 날짜에 맞춰 이사를 오면 된다.

쉐어 하우스 이용 규칙(공동 생활임을 명심하자!)

- 외국인과 쉐어 할 경우 문화적인 부분에서 충돌이 생길 수 있으므로 주의한다.
- 친구를 초대하는 경우 사전에 양해를 구하며 자주 초대하지 않도록 한다. (일부는 친구를 초대하는 것이 금지된 곳도 있음.)
- TV, 음향기기의 음량이 다른 사람에게 피해되지 않도록 한다.
- 청소 등의 임무 분담은 확실히 지켜야 한다.
  - 주방 및 냉장고의 이용은 항상 청결을 유지해야 한다.
  - 냉장고는 지정된 곳만 이용한다.(대부분 한 칸씩 이용)
  - 지정 장소에서 흡연한다.
  - 화장실의 이용은 남에게 피해가 가지 않도록 짧게 한다.

쉐어 하우스 이렇게 구분하자

- 마스터룸(Master Room) : 집에서 가장 큰 방으로 아파트의 경우는 방에 화장실이 있는 경우가 많다.
- 세컨드룸(Second Room) : 일반
- 리빙룸(Living Room) : 거실을 이용하는 것으로 가격이 저렴하지만 커튼 등으로 최소한의 프라이버시만 존중된다.
- 선룸(Sun Room) : 발코니를 이용하는 것으로 시드니, 멜버른 등의 일부 아파트에서만 볼 수 있다. 리빙룸보다 저렴하지만 겨울에 춥고 여름에는 참을 수 없을 만큼 덥다.
- 신발장, 화장실 쉐어 : 과도하게 많은 쉐어를 받아 돈벌이에 급급한 렌트 주인을 비꼬기 위해 등장한 말이다. 실제로는 존재하지 않기를 바란다.
- 각종 빌(Bill) 포함 : 전기세, 수도세 등이 포함되었다는 내용.
- 본드(Bond) : 보증금, 데포짓(Deposit)과 같은 말로 보통 쉐어 비용의 2주치에 해당한다.
- 노티스(Notice) : 사전에 알리지 않고, 쉐어 하우스에서 급하게 나오는 경우 보증금을 받을 수 없다. 보통 2주 노티스(2주 전 알림)
- 풀퍼니시드(Fully Furnished) : 모든 가구 완비

• 홈스테이

외국인 가정에서 하숙을 하는 것으로 영어 공부를 보다 효과적으로 할 수 있는 방법이기도 하다. 시설은 일반 가정집이지만 일정 소득 수준 이상의 가정에서만 홈스테이를 받을 수 있기 때문에 쉐어 하우스에 비해 시설이 좋은 편이다.

요금 각 도시별로 약간의 차이가 있지만 주당 A$ 200~250 정도이며 대부분 저녁 및 아침 식사가 포함된다. 점심의 경우 자기 스스로 도시락을 준비하는 경우가 많다.

홈스테이 구하기

우리나라에서는 유학원을 통하는 방법이 가장 쉽다. 호주에서는 유학원을 통하거나 학원에서 홈스테이를 소개해 준다.

> **홈스테이는 주인과의 관계가 가장 중요!**
> 홈스테이는 한 가정에 하숙을 하는 것이므로 쉐어 하우스와 마찬가지로 기본적인 에티켓과 규정을 지켜야 한다.
> 홈스테이 주인은 영어를 못하는 사람들을 많이 보았기 때문에 그 사람의 수준에 맞는 영어를 사용한다. 따라서 처음에 영어를 배우기에도 아주 좋다. 또한 친해진다면 각종 파티에 함께 가기도 하며 함께 여행을 다녀오는 등 다양한 경험을 할 수 있다.
> 계약한 홈스테이가 끝나기 2~3주 전에는 이사 계획을 미리 알려 줘야 한다. 홈스테이 주인과 관계가 좋다면 식사 등을 빼고 보통의 쉐어로 지내는 것이 가능한 경우도 종종 있다.

• 렌트

부동산을 통해 자기 이름으로 집을 얻는 것이다. 단, 렌트의 경우 최소 6개월~12개월 이상의 계약이기 때문에 워킹홀리데이 비자 소지자가 렌트를 하는 경우는 많지 않다.

장점 1. 자기가 소유주이므로 자유롭게 생활할 수 있다.
2. 쉐어를 준다면 생활비의 부담이 적을 수 있다. 실제 렌트를 해서 쉐어생을 여러 명 받아 생활비가 전혀 들지 않거나 오히려 수익이 생기는 경우도 있다. 하지만 이는 워킹홀리데이 비자 소지자가 하기는 어렵다. 대부분 학생 비자 또는 영주권자 등 호주에서 오랜 기간 있어야 가능하다.

단점 1. 렌트를 하기 위해서는 초기 자본(가구, 주방기구 구입 및 보증금 4~6주치)이 많이 든다. 또 부동산과 계약을 위해서는 각종 서류 작업 및 신용 점수(은행 계좌, 신용카드 유무 등)가 필요하기 때문에 많은 시간과 노력이 든다.
2. 렌트를 하면 불필요하게 신경을 써야 하는 부분이 많다.
3. 쉐어를 통해 생활비 절약을 위해 렌트를 했는데, 쉐어가 들어오지 않으면 오히려 생활비가 많이 들 수 있다.

> **경험담**
> 실제로 필자는 케언스에서 6개월간 렌트를 하면서 쉐어를 받아 생활비를 거의 내지 않고 살았다. 하지만 1개월 정도 집을 알아보기 위해 부동산 아저씨와 이곳저곳을 다니며 가구 및 생활용품을 저렴하게 구입하기 위해 상당히 많은 시간을 소비했다. 또한 부동산 계약 후 전기 회사와의 계약 등 처리해야 할 일도 많았다. 렌트 계약 기간이 끝나기 전에는 구입했던 물건을 팔고, 보증금을 돌려 받기 위해 대청소를 하는 등 역시 적지 않은 수고를 감수해야 했다. 또한 쉐어하는 사람과의 관계도 상당히 신경이 많이 쓰였다. 장단점이 있겠지만 개인적으로는 그다지 추천하고 싶지 않다.

부동산

전기세 영수증, 전기세 보증금

핸드폰 구입 및 이용

호주에서는 핸드폰을 셀룰러폰(Cellular Phone)이라 하지 않고 모바일폰(Mobile Phone)이라 한다. 핸드폰은 일자리를 구하거나 현지의 친구와 교제를 하기 위해서는 거의 필수적이다. 호주의 모바일폰은 모바일폰 자체(Machine)와 기계를 작동시키는 심카드(Sim Card)로 나뉘어 있다. 처음 구입할 때 지정된 업체의 심카드를 함께 구입하고, 후에 서비스 업체를 변경하고자 하면 심카드만 구입하여 교환하면 된다. 단, 각 업체별로 특가로 제공하는 일부의 저렴한 모바일폰은 타사의 심카드로 교체할 수 없으니 주의해야 한다.

호주의 모바일폰 서비스 사업자는 옵터스(Optus), 보다폰(Vodafone), 쓰리(3) 등이 있다. 각 업체별로 다양한 요금 제도가 있으며, 크게 플랜(Plan) 요금과 프리페이드(Pre-Paid)로 구분된다.

1. 플랜 요금
우리나라 핸드폰 요금제와 동일한 개념이다. 워킹홀리데이 및 관광 비자 소지자들이 플랜 요금에 가입하기에는 많은 어려움이 있다. 학생 비자 소지자나 현지인들이 이용하는 요금 제도이다.

2. 프리페이드
선불제 요금 제도로 관광 비자 소지자도 별다른 서류 준비 없이 즉시 개통할 수 있다. 플랜에 비해 일반 전화 요금은 비싸지만 각종 할인이 있어 워킹홀리데이 비자 소지자나 관광 비자 소지자들이 많이 사용한다.
옵터스(Optus)의 경우 옵터스 프리페이드 사용자끼리의 무료 통화(A$ 30 충전 시 300분)가 가능하다. 대부분의 한국인 워킹홀리데이와 비자 소지자가 이용하고 있어 무료 통화의 혜택을 위해서 옵터스에 가입하는 경우가 많다. 단, 유럽 및 일본에서 온 워킹홀리데이 비자 소지자의 경우는 보다폰의 이용이 많아 옵터스 프리페이드를 이용할 경우 통화 요금이 많이 나오는 단점이 있다.
프리페이드의 충전은 편의점, 대형 슈퍼마켓 등 다양한 곳에서 할 수 있다.

국제 전화 및 인터넷

한국으로 저렴하게 전화하기 위해서는 현지의 한인 슈퍼에서 전화 카드를 구입하는 게 좋다. 전화 카드를 구입하기 전 연결 비용의 필요 여부를 반드시 확인하자.

연결 비용이 필요할 경우 공중전화에서는 40센트, 일반 집전화에서는 25~30센트 정도가 소요된다. 연결 비용이 필요한 카드가 연결 비용이 필요 없는 카드에 비해서 더 오래 통화할 수 있다. 하지만 전화 연결이 안 되도 연결 비용은 필요하고, 한 번에 길게 하는 게 아니라 짧게 자주 전화를 하는 경우라면 연결 비용이 없는 카드를 선택하는 것이 좋다.

연결 비용이 필요한 카드 중 많이 이용되는 샘카드(시드니 지역에서만 사용 가능)의 경우 A$ 20 카드 구입 시 A$ 10의 보너스 카드 를 주며, A$ 20 카드는 유선으로 통화 시 약 6시간, 무선으로 통화 시 약 3시간 정도 통화할 수 있다. 연결 비용이 필요한 카드인 온세 카드, 데이콤 카드 등은 A$ 50로, 유선 약 5시간, 무선 약 3시간 정도 통화할 수 있다. 카드에 따라 다 쓴 카드를 모아오면 보너스 카드를 제공하기도 한다.

생필품 쇼핑

호주에서 생필품 쇼핑은 주로 대형 슈퍼마켓을 이용한다. 호주를 대표하는 대형 슈퍼마켓은 콜스(Coles)와 울월스(Woolworth)이다. 스테이크용 쇠고기, 소시지, 샐러드, 음료는 물론 아침 식사를 위한 1회 식사분의 시리얼 등 주류를 제외한 모든 것을 구입할 수 있다. 물론, 국제적인 도시답게 아시안 푸드 코너에서는 우리나라의 신라면과 새우깡 등도 구입할 수 있다.

한국인 슈퍼

일자리 구하기

워킹홀리데이 비자를 소지한 사람이 하게 되는 일은 크게 도시에서 거주하며 하는 일과 농장 등에서 하는 일로 구분한다.

시내에서 일 구하기

• 구인 광고 이용하기

구인 광고를 얻을 수 있는 곳은 기대 이상으로 많다. 우선 영어가 되지 않는다면 한국인 슈퍼의 게시판에서 얻을 수 있고, 각 지역별로 발행되고 있는 다양한 교민 잡지를 통해서도 구인 광고를 찾아볼 수 있다.

영어에 자신이 있다면 매주 발행되는 주간 신문이나 TNT, Aussie Backpacker 등의 잡지를 이용할 수 있다.

한국인 슈퍼의 게시판

• 지인의 소개로 구하기

시내의 일거리 중 수입, 근무 조건이 좋은 일들은 지인을 통해 소개 받는 경우도 많다. 주변의 다른 도시로 이동하거나 귀국 등의 이유로 일을 그만두려고 한다면 소개 받는 것을 제안해 보는 것도 나쁘지 않다. 단, 소개 받고 일을 하는 것이기 때문에 일을 제대로 하지 못할 경우 소개시켜 준 사람에게 폐가 되니 열심히 할 각오가 없다면 소개를 받지 않는 것이 좋다.

• 무작정 이력서 제출하기

구인 광고가 없더라도 무작정 이력서(Resume)를 돌리다 보면 연락이 오는 경우가 있다. 이렇게 일을 구하다 보면 뜻밖에 좋은 조건인 경우가 많고 대부분 현지인과 함께 일하게 되기 때문에 영어 실력 향상에 많은 도움이 된다.

무작정 하루에 이력서 50장을 약 1~2주간 계속 돌리는 경우 한동안은 연락도 없고 무관심한 반응을 보일 수 있다. 하지만 약 100장의 이력서를 돌리면 한두 군데 정도에서 연락이 오기 시작한다. 그렇게 한 곳의 일자리를 구해서 일을 하다 보면 다른 곳에서도 연락이 오는 경우가 많다.

이렇게 투잡 또는 쓰리잡을 구하는 경우를 주위에서 어렵지 않게 찾아볼 수 있다. 물론, 이력서를 돌린 후에도 일하고 싶은 곳에는 정기적으로 방문해 여전히 일자리가 없는지와 일할 사람이 필요하면 꼭 불러 줄 것을 당부하는 식의 관리도 중요하다.

- 이력서(Resume)는 우리나라의 이력서와는 달리 자유 형식이다. 영작에 자신이 있다면 자기 소개에 비중을 많이 두고, 영작에 자신이 없다면 간단한 서술로도 충분하다. 호주 출국 전에 인터넷에서 영문 이력서를 검색해 마음에 드는 것을 컴퓨터 파일로 만들어 놓는 것도 좋은 방법이다.

농장일 구하기

농장을 가려고 준비하다 보면 어디에 가면 얼마를 번다, 어디에서는 일이 없어서 금방 돌아왔다 등의 근거가 확실치 않은 정보에 고민하게 된다. 그중 가장 실패가 많은 경우는 계획 없이 친구나 주위 사람의 말을 듣고 급작스럽게 농장에 갔을 때이다. 예를 들어, 시내에서 일자리를 찾다가 주위 사람으로부터 '여기 농장이 지금 시즌이라 일자리도 많고 돈도 많이 벌 수 있으니 빨리 와라'는 식의 소식을 듣고 가면 이미 늦는 것이 다반사다. 그런 소식은 나뿐만이 아니라 호주 전역에 있는 워홀메이커들에게 순식간에 퍼져 나가면서 많은 일꾼들이 몰려들기 때문이다. 기존에 거주하던 곳의 집이나 짐 등을 정리하고 가면, 수확 시기가 거의 끝나 가는 경우가 많다.

농장도 계획을 세워서 가자

호주 정부에서 운영하는 www.jobsearch.gov.au에는 호주 전역에 걸쳐 지역별로 농장 정보가 잘 정리되어 있다.

농장 계획을 세울 땐 본인이 우선 언제 농장에 갈 것인가에 대한 시기를 확실하게 정해 놓는 것이 중요하다. 그 시기를 기준으로 위 사이트에서 본인이 정한 시기와 각 농장의 지역별 / 작물별 / 수확 시기별 농장 정보를 수집한다. 농장 정보를 수집할 때는 본인이 정해 놓은 '농장 가는 시기'보다 수확 시기가 최소 2~4주 늦은 곳을 목표로 하는 게 좋다.

농장에서는 수확 시기가 다가옴에 따라 보통 수확 시기를 기준으로 1개월쯤 전부터 수확 준비를 하는데 이때 일꾼이 필요하기 때문이다. 이 시기에 먼저 가서 수확 준비도 하고 자리를 잡고 있으면서 농장 주인이나 관리인과 친분을 쌓아 두자. 기회는 준비된 자에게 주어지는 법이다.

농장

일자리 정보를 얻을 수 있는 곳

- 농장이 있는 작은 도시의 백패커스 또는 캐러번 파크 등의 숙소

관광지가 아닌 지역의 백패커스에서는 그곳에서 숙박을 하는 조건으로 일자리를 소개시켜 준다. 리셉션에 일을 찾아 달라고 하면 현지의 농장주와 연결해 준다.

- 농장이 있는 작은 도시 또는 근교 대도시의 직업 안내소(Job Agency)

대부분 작은 도시에 있지만 일부는 대도시에도 있다. 무료인 경우도 있지만 대부분 가입비를 지불해야 하며 일을 찾았을 때는 일정 부분 수수료도 지불해야 한다. 보통 안내소에 등록 후 일주일 이내에 일자리 정보를 주며, 여러 곳에 지점이 있는 안내소의 경우는 이메일 주소를 등록해 두면 주기적으로 일자리가 부족한 곳에 대해 메일을 보내 준다.

퍼스의 직업 안내소

• TNT, Aussie Backpacker 등의 잡지

시내의 일자리를 구하는 것과 비슷하지만 이력서를 준비하는 경우는 거의 없다.

◎ 귀국 전 세금 환급

호주에서 세금을 내면서 합법적으로 일을 하고, 183일 이상 한 지역에 거주했다면 거주자(Resident)로 분류되어 세금을 환급받을 수 있다. 거주자로 분류되는 경우에 소득이 A$ 18,200 미만이면 택스를 하나도 내지 않기 때문에 상당히 많은 금액을 환급받을 수 있다.

하지만 2016년 7월 1일 이후로 워킹홀리데이 비자 소지자를 비거주자(Non-Resident)로 분류한다는 개정이 진행 중이기 때문에 이러한 경우 A$ 1의 소득세 최소 32.5%의 세금을 납부해야 하며, 세금 환급이라 할 수 없을 만큼 환급액이 줄어들 수 있다.

세금 환급은 인터넷을 통해 직접 할 수 있지만, 영어뿐 아니라 세금 관련 법안까지 잘 알아야 하기 때문에 가급적 에이전트를 통하는 것을 추천한다.

세금을 환급받을 때 가장 중요한 서류는 누적 급여 명세표(Payment Summary)이다. 워킹 홀리데이로 일을 하면서 꼭 챙겨야 하며, 이 명세서에는 본인의 이름과 사업자 번호(ABN ; Australia Business Number), 징수된 세금 내역이 있는지 확인해야 한다.

Payment Summary : 세금 환급을 위해 발행되는 것으로 우리나라의 근로소득 원천징수 영수증과 같은 개념으로 생각하면 된다.

Pay Slip : 주급이 일반적인 호주에서는 반드시 급여 명세서를 주게 되어 있다. 이러한 경우는 세금 환급을 받을 때 문제가 발생할 수 있으니 반드시 급여 명세서에 사업자 등록 번호가 적혀 있는지 확인하자.

◎ d2x Tax

세무 사무실을 직접 방문하기 힘든 곳에 있다면 온라인 에이전트를 통해서 신청을 할 수도 있다. 한국인이 운영하는 d2k Tax에서는 세무 관련 업무 및 해외 송금까지도 할 수 있다.

주소 : Level 1, 372 Pitt St. Sydney NSW 2000
전화 : 1300 798 968
홈페이지 : www.d2kclub.com

Pay Slip

환급 증명서

ENJOY MAP

인조이맵
지도 서비스

enjoy.nexusbook.com

'ENJOY MAP'은 인조이 가이드 도서의 부가 서비스로, 스마트폰이나 PC에서 **맵코드만 입력**하면 간편하게 **길 찾기**가 가능한 무료 지도 서비스입니다.

〈러시아〉, 〈다낭·호이안·후에〉, 〈오키나와〉, 〈규슈〉, 〈파리〉, 〈프라하〉, 〈치앙마이〉, 〈홋카이도〉, 〈이탈리아〉, 〈스페인·포르투갈〉, 〈호주〉부터 먼저 만나실 수 있습니다.

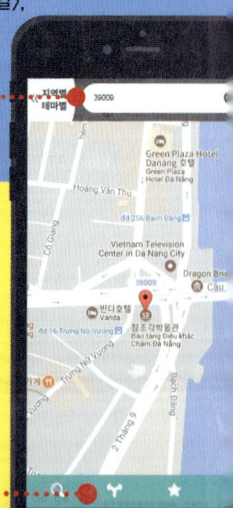

인조이맵 이용 방법

1. QR 코드를 찍거나 주소창에 enjoy.nexusbook.com을 입력하여 접속한다.
2. 간단한 회원 가입 후 인조이맵을 실행한다.
3. 도서 내에 표기된 맵코드를 검색창에 입력하여 길 찾기 서비스를 이용한다.
4. 인조이맵만의 다양한 기능(내 장소 등록, 스폿 검색, 게시판 등)을 활용해 보자.

여행을 즐기는 가장 빠른 방법

인조이
호주
AUSTRALIA

정태관·정양희 지음

휴대용 여행 가이드북

넥서스BOOKS

인조이 **호주**
휴대용 여행 가이드북

넥서스BOOKS

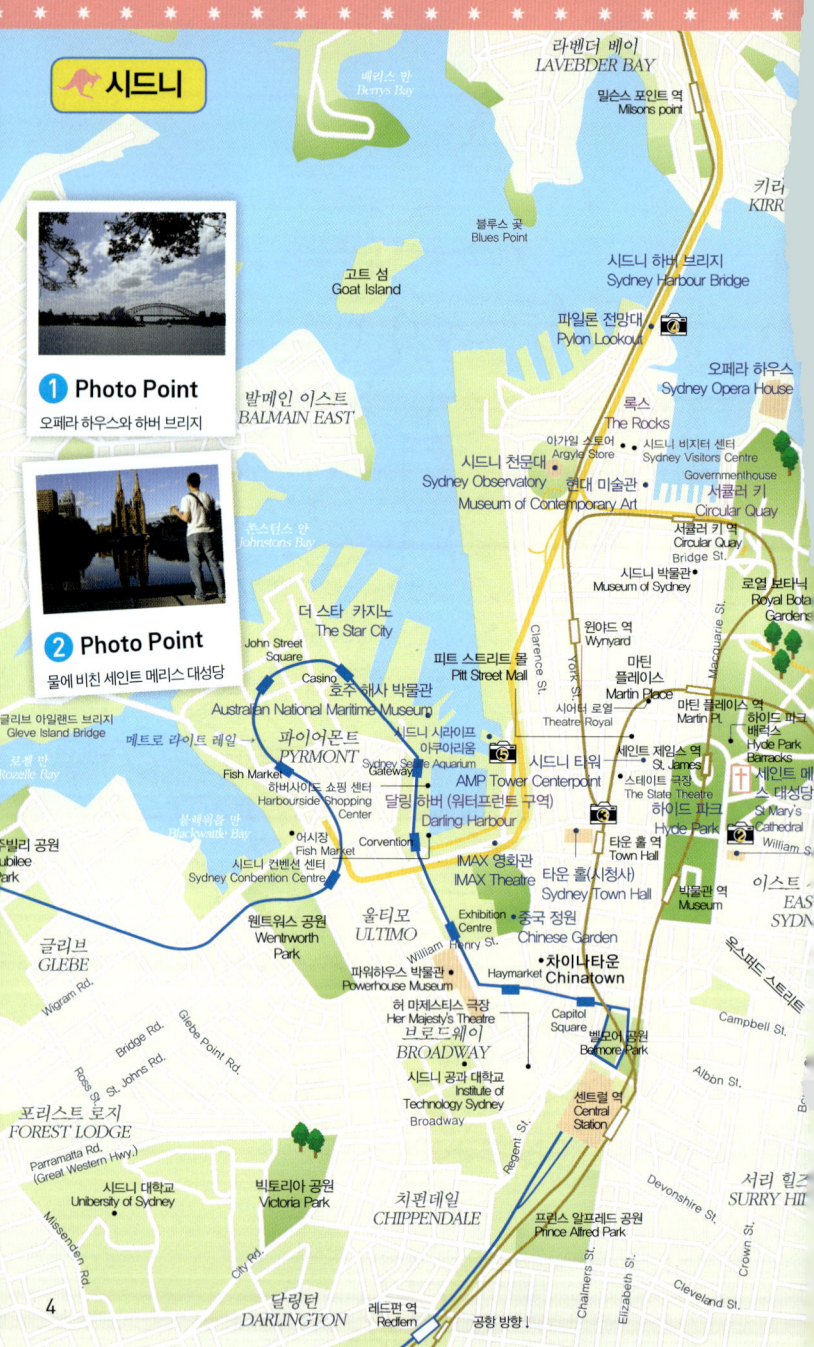

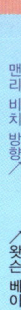

맨리 비치 방향 / 왓슨 베이 방향 / 로슬린 베이 방향 / 본다이 비치 방향

크레몬 포인트
CREMORNE PT.

타롱가 동물원
Taronga Zoo

쿠라바 곶
Kurraba Point

로버트슨스 곶
Robertsons Point

포트 잭슨
Port Jackson

③ Photo Point
퀸 빅토리아 빌딩의 야경

④ Photo Point
파일론 전망대에서 본 시드니항

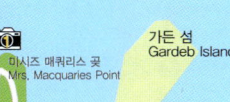
미시즈 매쿼리스 곶
Mrs. Macquaries Point

가든 섬
Gardeb Island

클라크 섬
Clarke Island

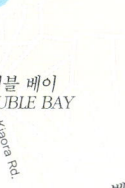
⑤ Photo Point
달링 하버 야경

캡틴 쿡 독
Captain Cook Dock

포츠 포인트
POTTS PT.

달링 포인트
DARLING POINT

포인트 파이퍼
POINT PIPER

엘리자베스 베이
ELIZABETH BAY

엘리자베스 만
Elizabeth Bay

Thornton St.

더블 베이
Double Bay

사우스웨일즈 립 미술관
t Gallery of NSW

엘리자베스 베이 하우스
Elizabeth Bay House

로즈 베이 공원
Ros Bay Park

울루물루
WOOLLOOMOOLOO

GreenKnowe Rd.

킹스 크로스 역 킹스 크로스
Kings Cross Kings Cross

러시커터스 만
Rushcutters Bay

러시커터스 만 공원
Rushcutters Bay Park

New Beach Rd.

박물관
alian Museum

시드니 트레인

Ocean Ave.

Cross St.

더블 베이
DOUBLE BAY

New South Head Rd.

Victoria Rd.

ool St.

유대 박물관
Sydney Jewish Museum

Kiaora Rd.

William St.

벨뷰 힐
BELLEVUE HILL

달링허스트
ARLINGHURST

Glen more Rd.

에지클리프 역
Edgecliff

에지클리프
EDGECLIFF

트럼퍼 공원
Trumper Park

Manning Rd.

Bellevue Rd.

로열 병원
Royal Hospital

Cascade St.

Edgecliff Rd.

Eastern Suburbs Rw.

Oxford St.

빅토리아 배럭스
Victoria Barracks

Ocean St.

쿠퍼 공원
Cooper Park

Moore Park Rd.

패딩턴 마켓
Paddington Market

Jersey Rd.

Queen St.

울라라
WOOLLAHRA

울라라 앤티크스 센터

Parade

무어 공원
Moore Park

Cook Rd.

휴엔덴 부티크 호텔
The Hughenden Boutique Hotel

센테니얼 공원
Centennial Park

York Rd.

Oxford St.

Sydney Einfeld Dr.
본다이 정션 플라자

본다이 정션 역
Bondi Junction

본다이 정션
BONDI JUNCTION

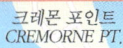

록스 · 서큘러 키

시드니 시내 중심

시드니의 해변

메트로 라이트 레일

시드니 트레인

- North Shore Northern & Western Line
- Airport, Inner West & South Line
- Bankstown Line
- Eastern Suburbs & Illwarra line
- Cumberland Line
- Carlingford Line
- Bankstown Line

w.sydneytrains.info

시드니 페리

* 월~금 19:30 이후, 토·일요일 19:15 이후에는 맨리(Manly)행을 제외한 모든 페리가 Wharf 4에서 출발한다.

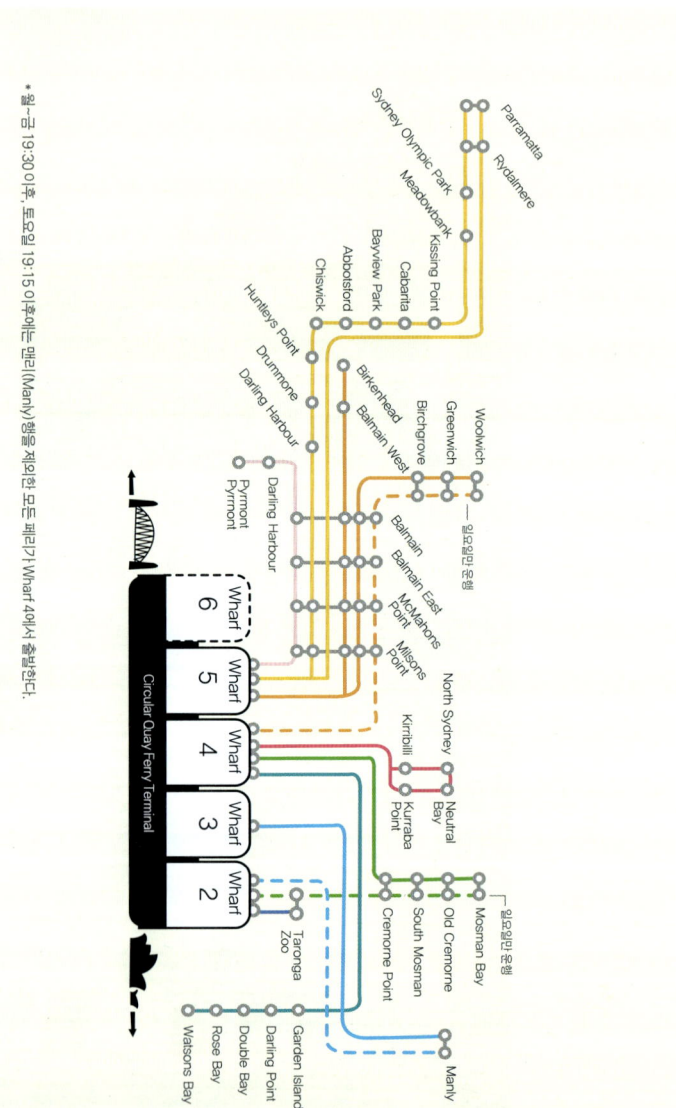

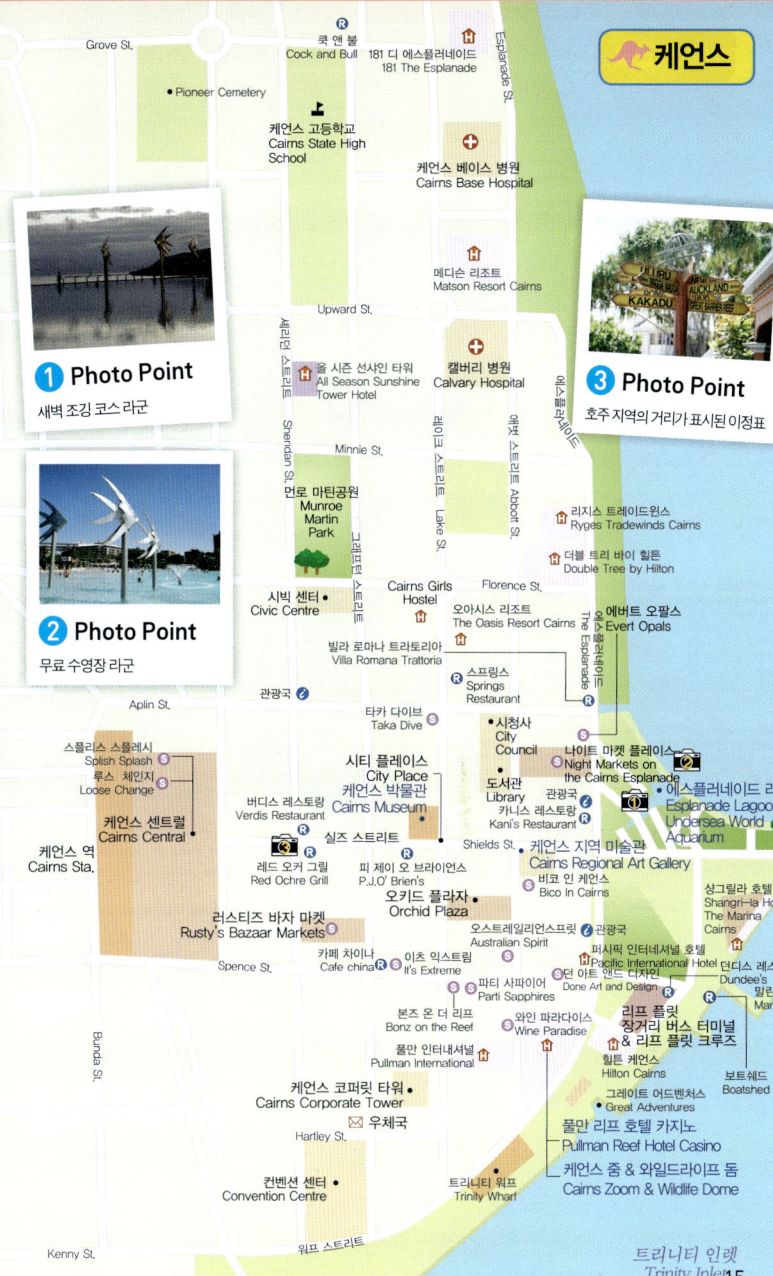

케언스 근교

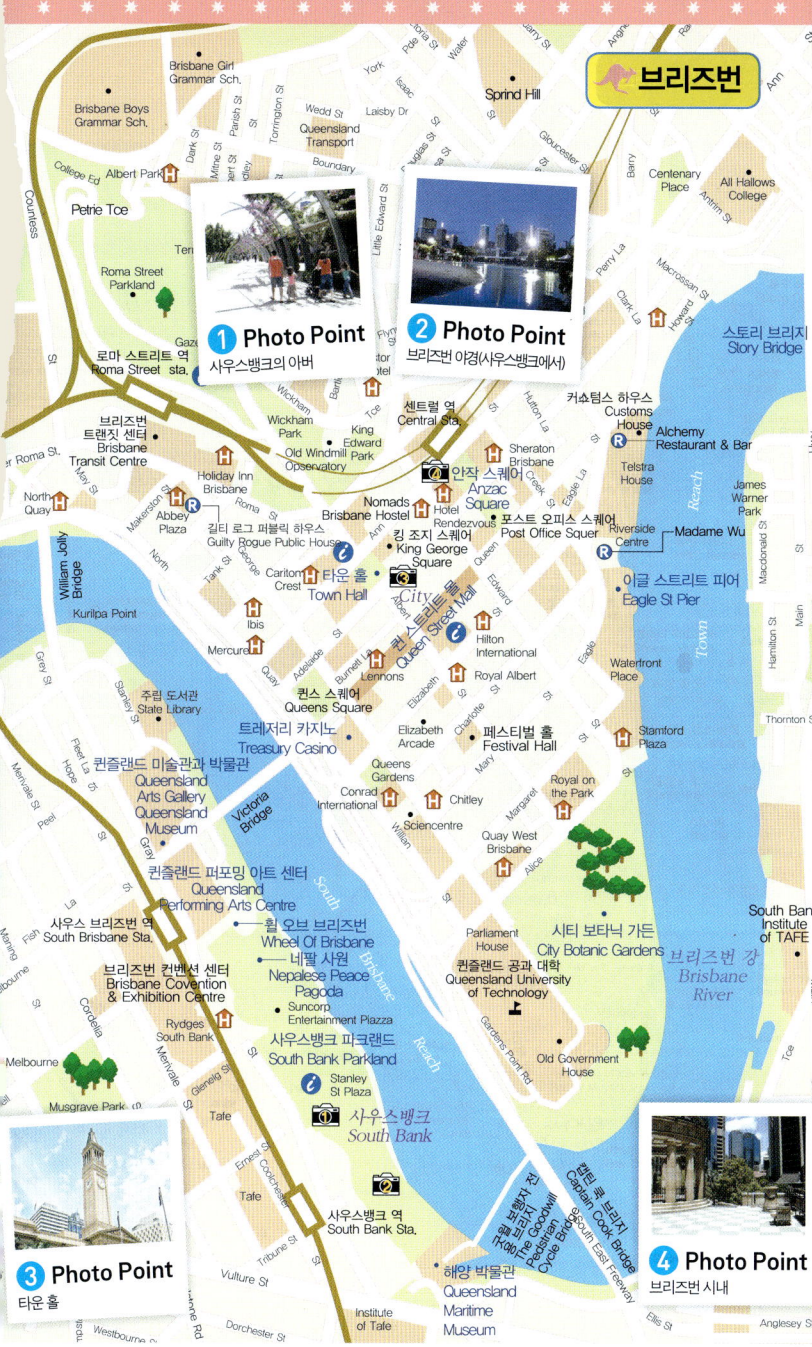

브리즈번 근교

프리 루프 버스

프리 루프 버스 정류장
1. 퀸즐랜드 공과 대학 (Queensland University of Technology, QUT)
2. 국회 의사당 (Government Precinct)
3. 퀸 스트리트 몰 (Queen St. Mall)
4. 시청 (City Hall)
5. 센트럴 역 (Central Station)
6. 와프 스트리트 (Whart St.)
7. 리버사이드 (Riverside)
8. 이글 스트리트 피어 (Eagle St. Pier)
9. 스탬퍼드 플라자 (Stamford Plaza)
10. 보타닉 가든 (Botanic Gardens)
11. 퀸즐랜드 공과 대학 (QUT)

브리즈번 트랜스링크 존

브리즈번 시티 버스 정류장

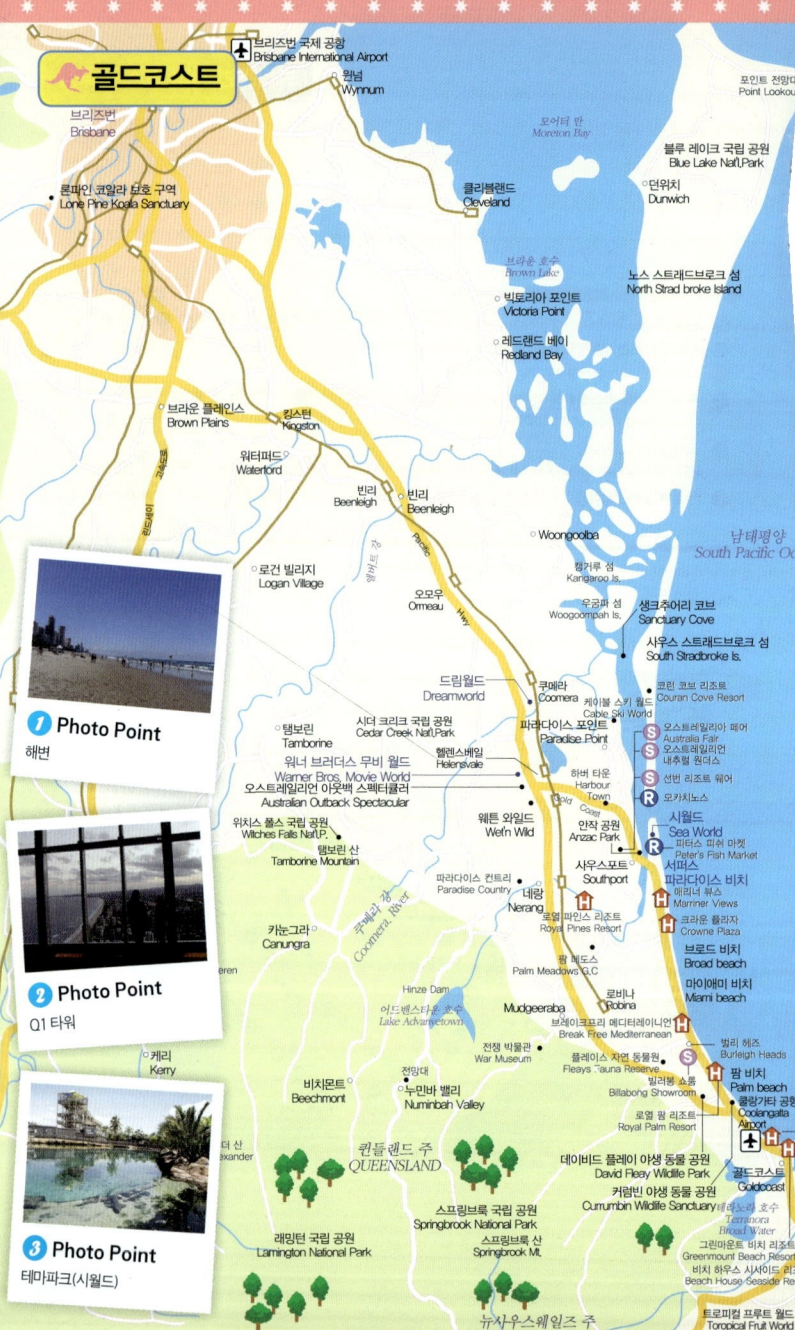

서퍼스 파라다이스 주변

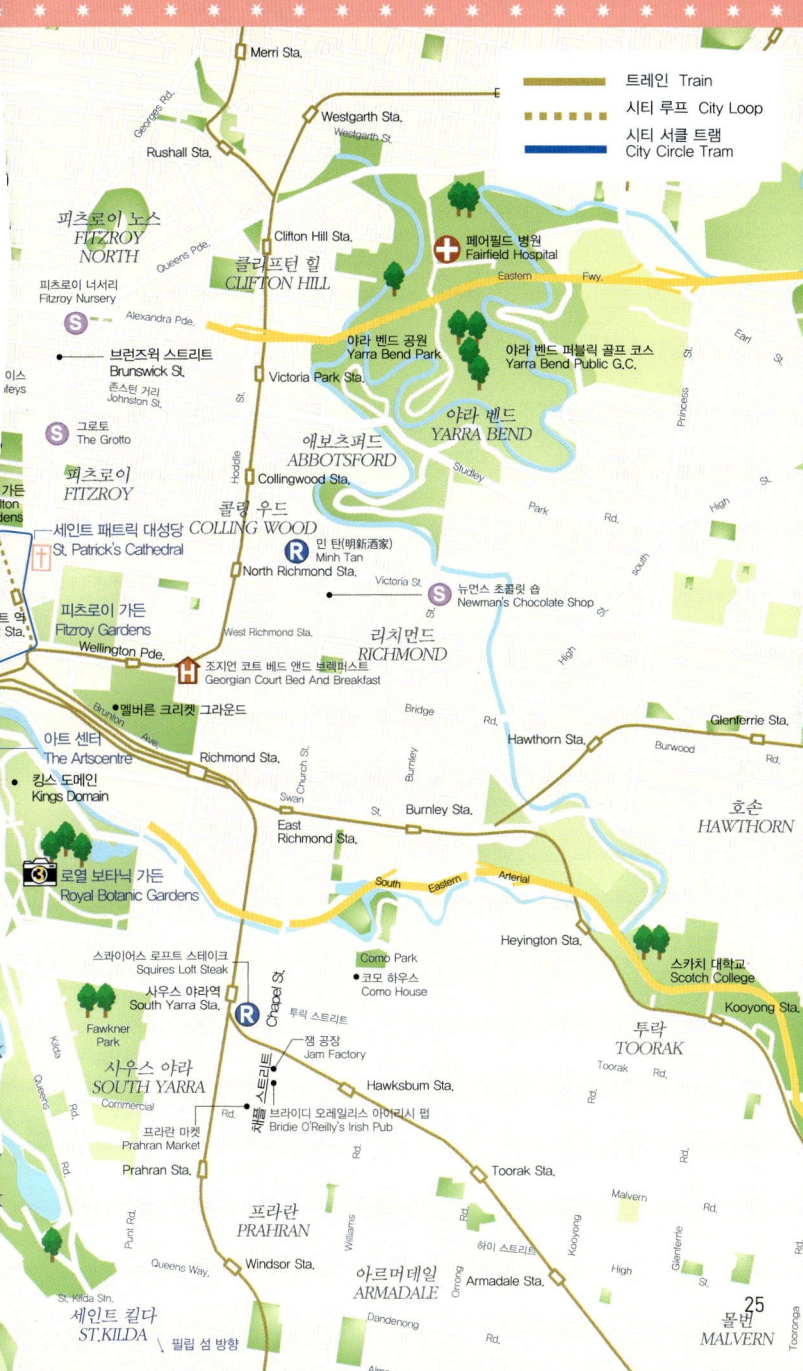

멜버른 시내 야라 강 북쪽

멜버른 프리 트램 존

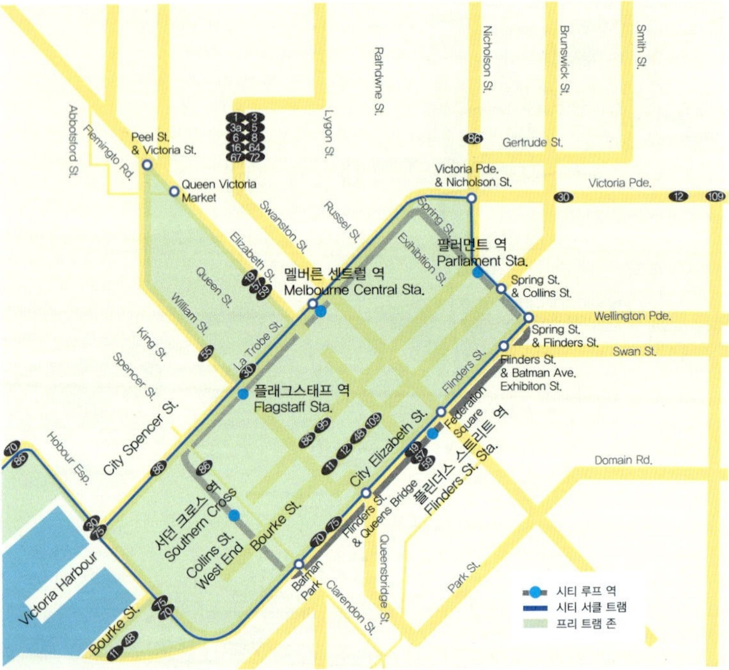

시티 사이트시잉 멜버른

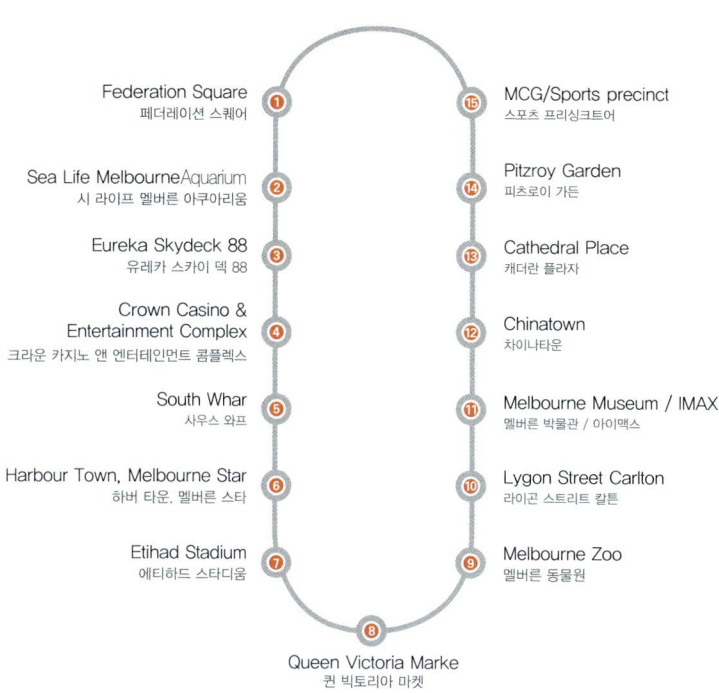

Federation Square
페더레이션 스퀘어

Sea Life Melbourne Aquarium
시 라이프 멜버른 아쿠아리움

Eureka Skydeck 88
유레카 스카이 덱 88

Crown Casino &
Entertainment Complex
크라운 카지노 앤 엔터테인먼트 콤플렉스

South Whar
사우스 와프

Harbour Town, Melbourne Star
하버 타운, 멜버른 스타

Etihad Stadium
에티하드 스타디움

Queen Victoria Marke
퀸 빅토리아 마켓

MCG/Sports precinct
스포츠 프리싱크트어

Pitzroy Garden
피츠로이 가든

Cathedral Place
캐더란 플라자

Chinatown
차이나타운

Melbourne Museum / IMAX
멜버른 박물관 / 아이맥스

Lygon Street Carlton
라이곤 스트리트 칼튼

Melbourne Zoo
멜버른 동물원

로열 보타닉 가든

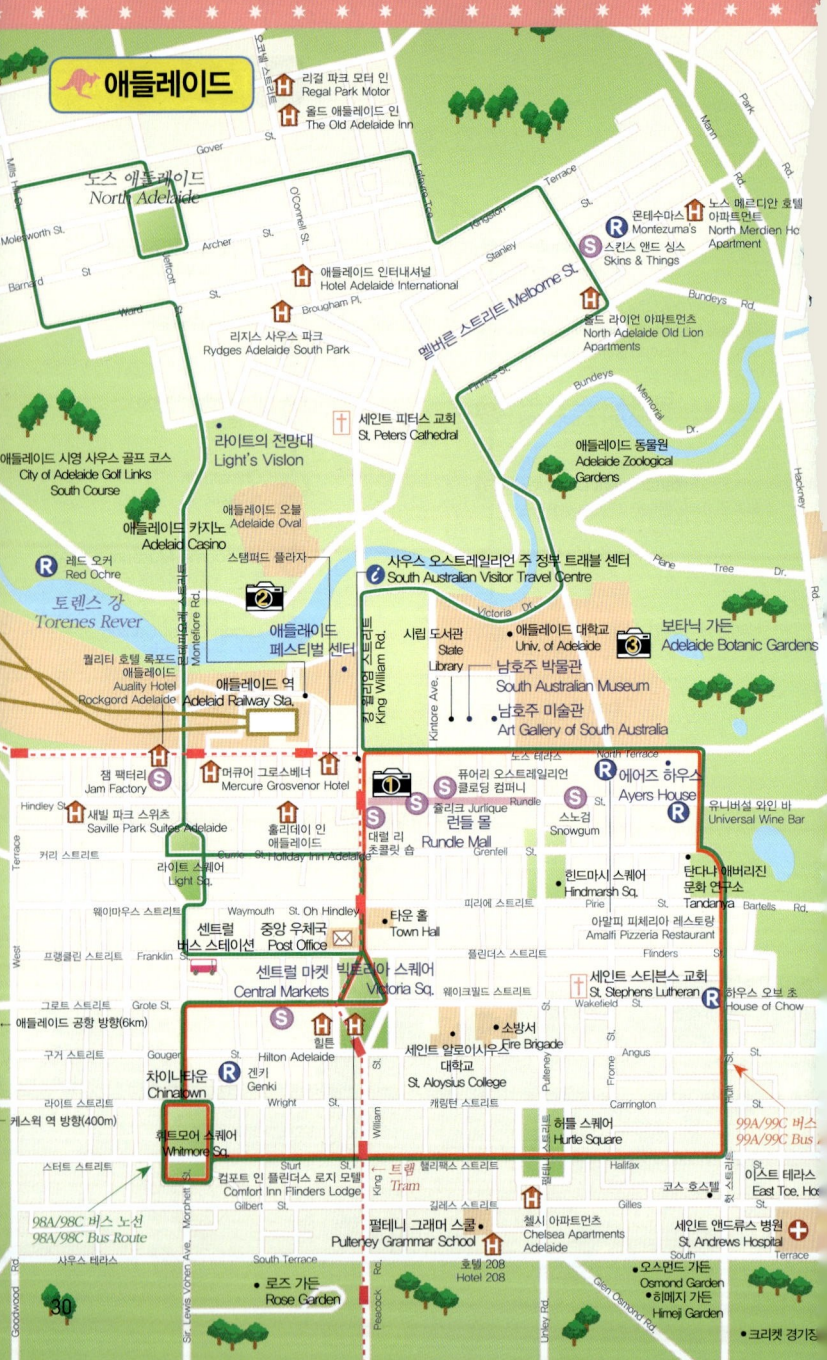

애들레이드 근교

J1x(JET) 버스 노선

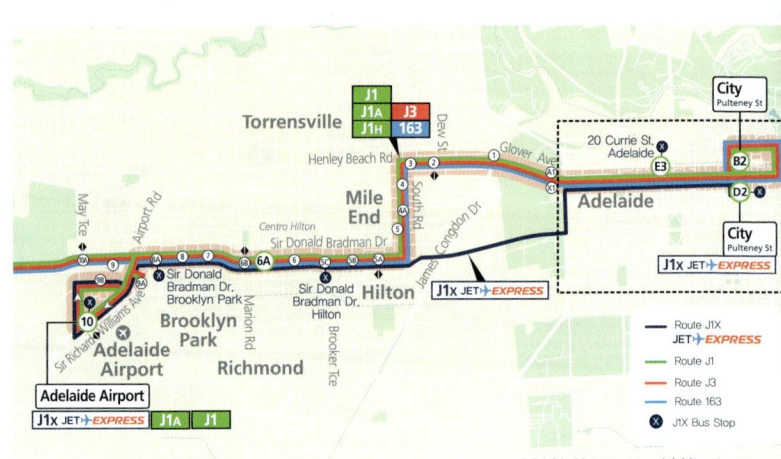

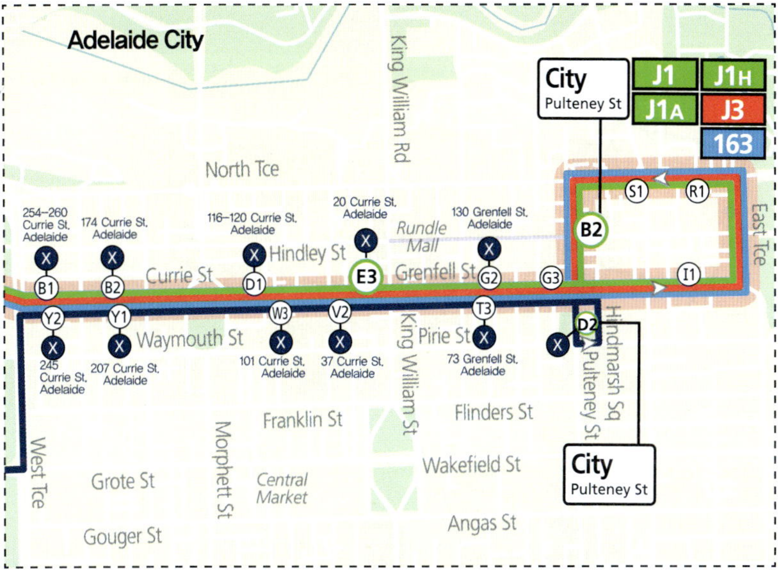

Adelaide City

- North Tce
- King William Rd
- 254–260 Currie St, Adelaide — B1 ✕
- 174 Currie St, Adelaide — B2 ✕
- 116–120 Currie St, Adelaide — D1 ✕
- Hindley St
- 20 Currie St, Adelaide — ✕
- Rundle Mall — E3
- Grenfell St — G2
- 130 Grenfell St, Adelaide — ✕
- G3
- B2
- S1
- R1
- I1
- East Tce
- City Pulteney St — J1, J1H, J1A, J3, 163
- Currie St
- 245 Currie St, Adelaide — Y2 ✕
- 207 Currie St, Adelaide — Y1 ✕
- Waymouth St
- 101 Currie St, Adelaide — W3 ✕
- 37 Currie St, Adelaide — V2 ✕
- King William St
- Pirie St
- 73 Grenfell St, Adelaide — T3 ✕
- ✕ D2
- Hindmarsh Sq
- Pulteney St
- City Pulteney St
- West Tce
- Grote St
- Morphett St
- Franklin St
- Central Market
- Gouger St
- Wakefield St
- Flinders St
- Angas St

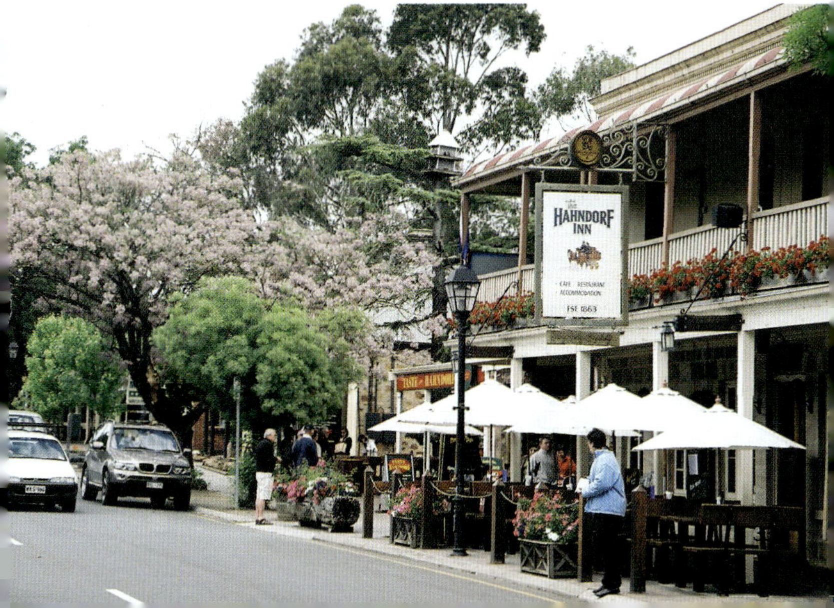

98A/98C & 99A/99C 버스

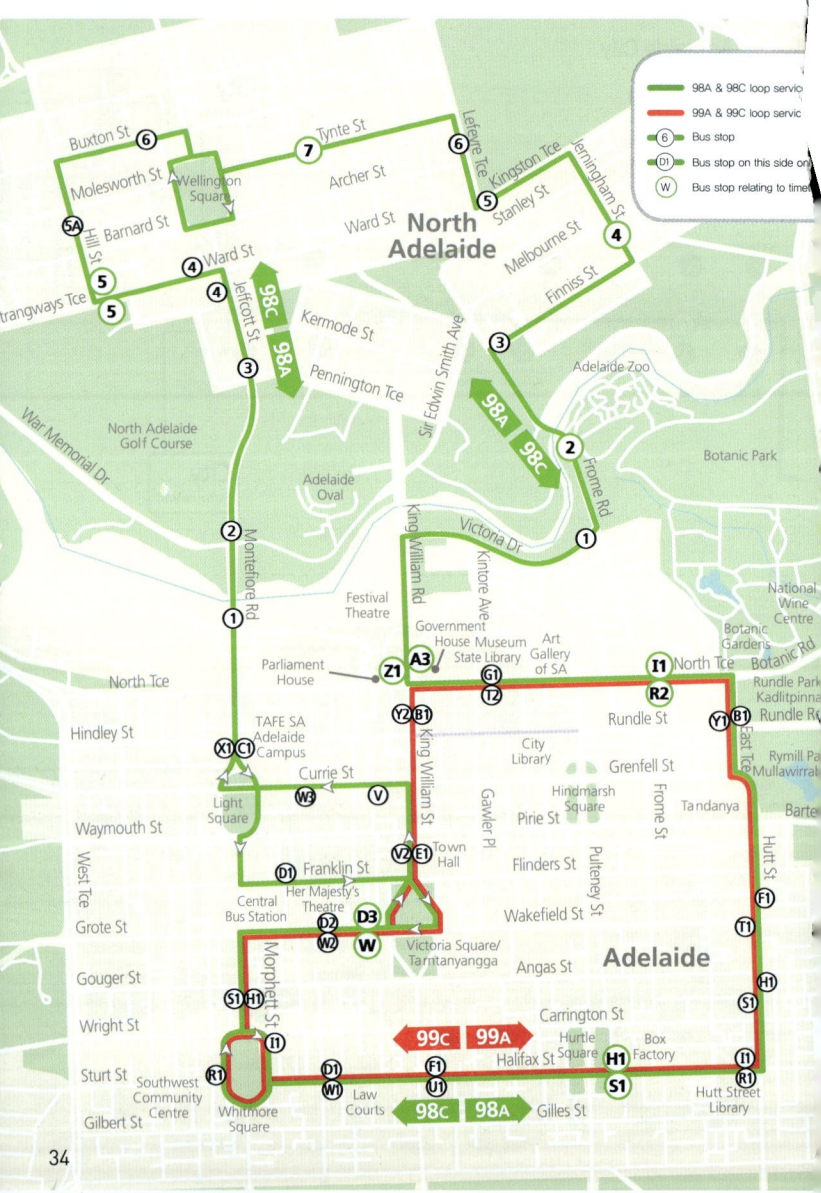

W D3	Victoria Square (Grote Street)
W2 D2	Central Market (Grote Street)
H1 S1	Gouger Street / China Town (Morphett Street)
I1 R1	Whitmore Square
D1 W1	Law Courts (Sturt Street)
F1 U1	City South (Halifax Street)
H1 S1	Hurtle Square (Halifax Street)
I1 R1	Hutt Street Library (Halifax Street)
S1 H1	Hutt Street
T1 F1	Calvary Wakefield Hospital (Hutt Street)
Y1 B1	Rundle Street (East Terrace)
R2 I1	Royal Adelaide Hospital (North Terrace)
T2 G1	State Library, Museum & Art Gallery (North Terrace)
B1 Y2	Rundle Mall (King William Street)
Z1 A3	Parliament House / Adelaide Railway Station (King William Road)
1	University Precinct (Victoria Drive)
2	Adelaide Zoo (Frome Road)
3	Women's & Children's Hospital (MacKinnon Parade)
4	Melbourne Street (Jerningham Street)
5	Kingston Terrace
6	Glover Playground (Lefevre Terrace)
7	North Adelaide Library & Community Centre (Tynte Street)
6	Helping Hand Centre (Buxton Street)
5A	Hill Street
5	Calvary North Adelaide Hospital (Strangways Terrace / Hill Street)
4	Ward Street / Jeffcott Street
3	Light's Vision (Jeffcott Street)
2	Adelaide Oval (Montefiore Road) (Except event days)
1	Adelaide Convention Centre
C1 X1	City West (Morphett Street)
W3	Light Square (Currie Street) *(98c services only)*
V	Adelaide Metro InfoCentre (Currie Street) *(98c services only)*
D1	Central Bus Station (Franklin Street) *(98A services only)*
E1 V2	Town Hall (King William Street) *(98A does not service stop E1)*
W D3	Victoria Square (Grote Street)

98A & 99A loops travelling anti-clockwise

98C & 99C loops travelling clockwise

Adelaide Metro : www.adelaidemetro.com.au

퍼스 근교

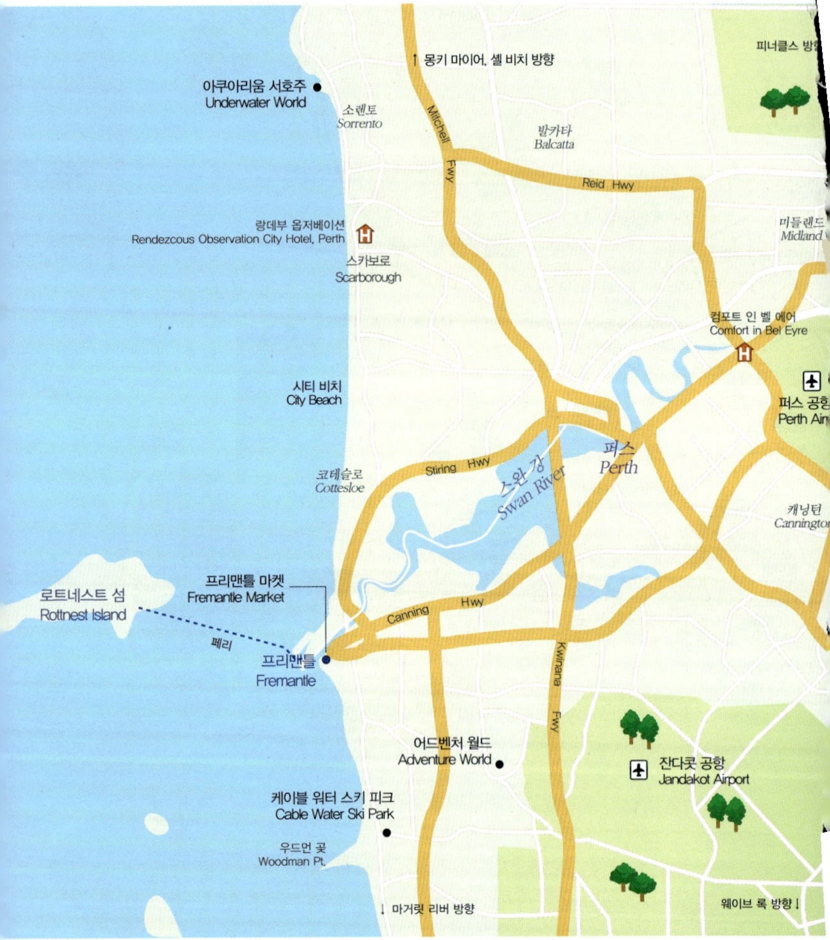

트랜스퍼스 존

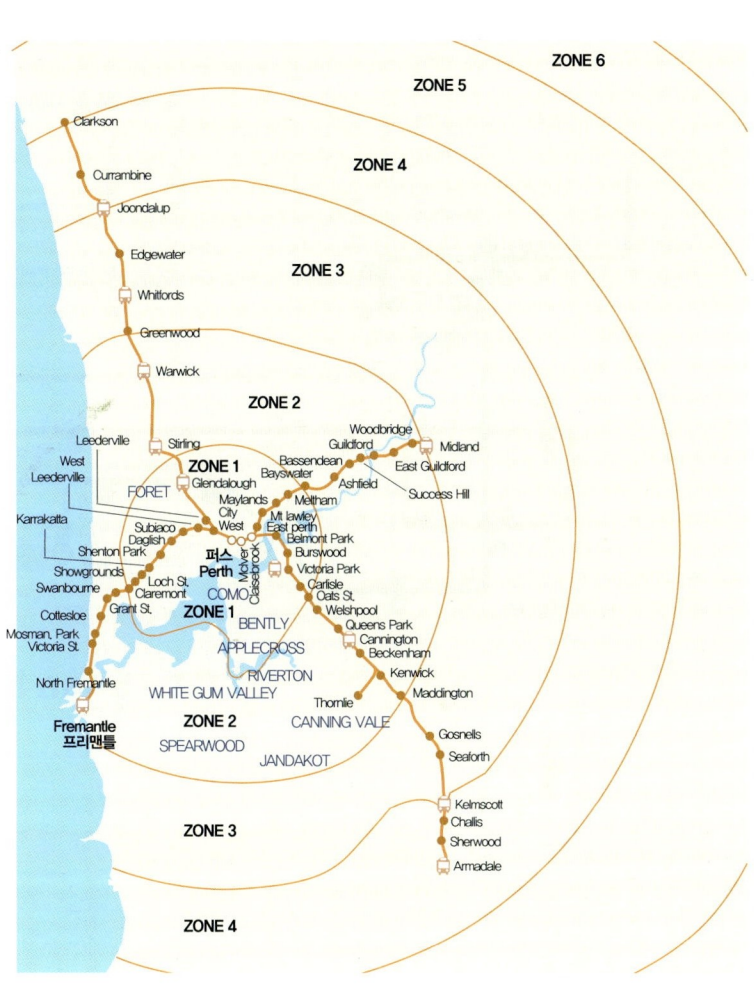

캣 버스 지도

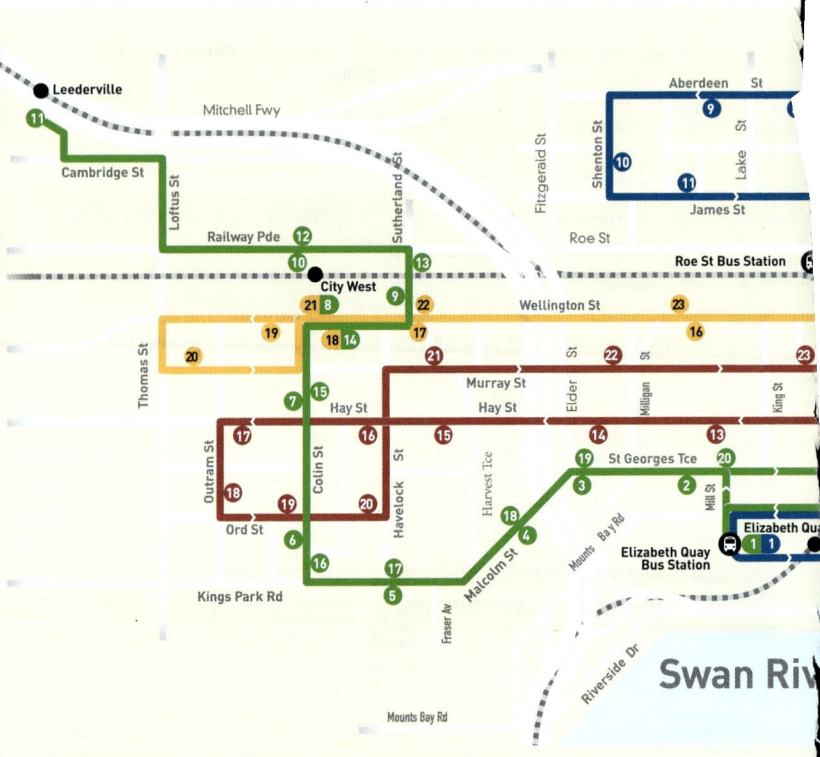

Blue CAT		
① Elizabeth Quay Bus Sta.	⑧ Aberdeen Street	
② Bridge Square	⑨ Francis Street	
③ NOT IN USE	⑩ Russell Square	
④ Beaufort Street Bridge	⑪ Northbridge	
⑤ Museum	⑫ James Street	
⑥ Art Centre	⑬ Horseshoe Bridge	
⑦ Central Institute.	⑭ Perth Underground	

Yellow CAT		
① Claisebrook Station	⑬ Western Power	㉕ Perth Station
② Royal St Car Park	⑭ Forrest Place	㉖ Pier Street
③ Central Institute	⑮ NOT IN USE	㉗ Royal Perth Hos
④ Royal Square	⑯ Perth Arena	㉘ Wellington Fair
⑤ Victoria Gardens	⑰ Sutherland Street	㉙ Wellington Squ
⑥ Nile Street	⑱ Harold Boas Gardens	㉚ Plain Street
⑦ Don Aitken Centre	⑲ Colin Street	㉛ Main Roads
⑧ Plain Street	⑳ P.M Hospital	㉜ East Perth Cem
⑨ Wellington Square	㉑ Harold Boas Gardens	㉝ Haig Park Circle
⑩ Hill Street	㉒ Sutherland Street	㉞ Regal Place
⑪ Lord Street	㉓ Perth Arena	㉟ Education Depar
⑫ Royal Perth Hospital	㉔ NOT IN USE	㊱ Health Departme

Green CAT		Red CAT			
1 Elizabeth Quay Bus Sta.	13 Sutherland Street	1 WACA	13 His Majesty's	25 Murray Street
2 Mill Street	14 Harold Boas Gardens	2 Don Aitken Centre	14 QV1	26 Royal Perth Hospital
3 Milligan Street	15 Hay Street	3 Plain Street	15 Parliament	27 Mercedes College
4 Harvest Terrace	16 Kings Park Road	4 Wellington Square	16 Emerald Terrace	28 Bennett Street
5 Havelock Street	17 Havelock Street	5 Carlton	17 West Perth	29 Queens Gardens
6 Ord Street	18 Harvest Terrace	6 Perth Mint	18 Outram Street	
7 Hay Street	19 Milligan Street	7 Victoria Avenue	19 Ord Street	
8 Harold Boas Gardens	20 Cloisters	8 Town Hall	20 Havelock Street	
9 Sutherland Street		9 NOT IN USE	21 Gordon Street	
10 City West Station		10 Forrest Place	22 Milligan Street	
11 Leederville Station		11 Perth Underground	23 Raine Square	
12 City West Station		12 Central Park	24 Perth Station	

Transperth : www.transperth.wa.gov.au

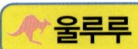
울루루

1 Photo Point **2** Photo Point

에어즈 록 공항
(Connellan Airport)

장거리 버스 터미널
에어스 록 리조트
Yolara/Resort

Park Entry Station

Valley of the Winds Carpark

카타추타(올가 산)
Kata Tjuta(Mt. Olga)

Mt. Olgas

선셋 뷰잉 포인트
Sunset Viewing Point

Walpa Gorge Carpark

Dune Viewing Area

선셋 뷰잉 포인트
Sunset Viewing Point

울루루 워킹 트랙
Uluru Walking Tra

울루루-카타추타 문화 센터
Uluru kata tjuta Cultural Center

울루루(에어스 록)
Uluru(Ayers Rock)

에어즈 록 리조트

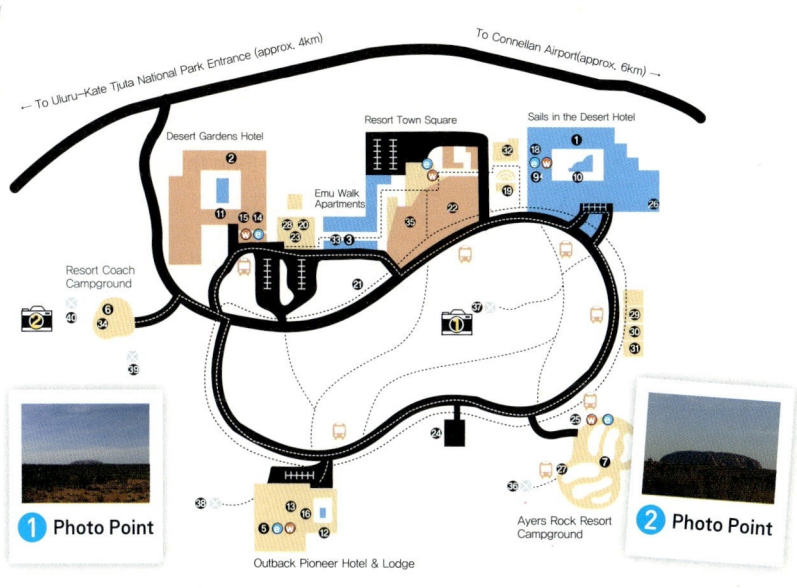

① Photo Point

② Photo Point

Ayers Rock Resort Campground

Outback Pioneer Hotel & Lodge

ACCOMMODATION
- ① Sails in the Desert Hotel
- ② Desert Gardens Hotel
- ③ Emu Walk Apartments
- ④ Outback Pioneer Hotel & Lodge
- ⑤ Resort Coach Campground
- ⑥ Ayers Rock Resort Campground

RESTAURANTS
- ⑦ Grab&Go Coffee cart
- ⑧ Rockpool
- ⑨ White Gums
- ⑩ Arnguli Grill
- ⑪ Bough House
- ⑫ Outback Pioneer BBQ
- ⑬ Bunya Bar
- ⑭ Outback Pioneer Kitchen
- ⑮ Gecko's Cafe
- ⑯ Ayers Wok Takeaway

BARS
- ⑬ Outback Pioneer BBQ Bar
- ⑮ Bunya Bar

LIVE ENTERTAINMENT
- ⑬ Outback Pioneer BBQ Bar Entertainment nightly

SERVICES AND FACILITIES
- ⑬ Outback Pioneer Bottle Shop
- ⑭ Mingkiri Arts
- ⑱ Red Ochre Spa
- ⑲ Amphitheatre
- ⑳ Auditorium
- ㉑ Circle of Sand
- ㉒ Visitors Information Centre
- ㉓ Petrol Station
- ㉔ Campground Kiosk
- ㉖ Tennis Courts
- ㉗ Playground & Giant Chess
- ㉘ Administaration Centre
- ㉙ Health Centre/ Doctor
- ㉚ Police Station
- ㉛ Fire Station
- ㉜ Uluru Meeting Place
- ㉝ Desert Oak Studio
- ㉞ Uluru Camel Tours

RESORT TOWN SQUARE
- ㉟ Supermarket
- ㉟ Tour and Information Centre
- ㉟ ANZ Bank
- ㉟ Newsagency & Photo Processing
- ㉟ Australia Post Office
- ㉟ Hair Salon
- ㉟ Gecko's Cafe
- ㉟ Red Rock Deli
- ㉟ Ayers Wok Takeaway
- ㉟ The Resort Store
- ㉟ T-Shirt Shop
- ㉟ Craftworks

LOOKOUTS
- ㊱ Naninga
- ㊲ Imalung
- ㊳ Pioneer
- ㊴ Uluru
- ㊵ Ewing

KEY
- 셔틀버스(Shuttle stop)
- 셔틀 노선(Shuttle route)
- 보행자 도로(Pedestrian track)
- 전망대(Lookout)
- 주차장(Car park)
- 무선 인터넷 가능 지역 (Wireless Internet)
- 인터넷 카페(Internet Kiosk)

영어 회화

인사

처음 뵙겠습니다.	How are you.
대답 시	Pretty good./ Fine thanks.
만나서 반갑습니다.	Nice to meet you.
저는 홍길동이라고 합니다.	My name is Hong gil dong.
이분이 홍길동 씨입니다.	This is Hong gil dong.

공항

무엇을 도와 드릴까요?	May I help you?
탑승 개시는 언제입니까?	When is boarding time?
이름을 알려 주시겠어요?	Just your name, please.
여권 번호를 알려 주시겠어요?	Passport number, please?
창 쪽으로 좌석을 드릴까요? 복도 쪽으로 드릴까요?	Window or aisle?
창 쪽으로 주세요.	Window, please.
비행기 표를 보여 주세요.	Your ticket, please?
여기 있습니다.	Here you are./ Here it is.
짐은 두 개입니다.	I have two pieces of baggage.
이 예약을 취소해 주십시오.	Cancel this reservation, please.

기내에서

짐을 선반에 올리는데 도와주시겠어요?	I would like to put my bag in luggage compartment. Could you help me?
이어폰이 고장난 것 같아요.	My earphones isn't working.
좌석을 뒤로 해도 될까요?	May I put my seat back?
음료수(맥주)가 어떤 게 있나요?	What drinks(beer) do you have?
레드 와인(콜라) 주세요.	Can I have red-wine(coke) please?
기내식을 생선 요리로 하시겠어요? 쇠고기 요리로 하시겠어요?	Which would you like, fish or beef?
조금 있다가 먹어도 될까요?	Can I have it later?
담요(입국 신고서) 주세요.	Extra blanket(incoming - passenger card) please.

* incoming passenger card는 간단히 ED Card라고 해도 된다.

입국 수속 시

방문 목적이 무엇입니까?	What's the purpose of your visit?
관광차 왔습니다.	For sightseeing./ For tour.
워킹홀리데이 비자로 여행을 하려고 합니다.	I'm going to travel on a working holiday visa.
직업이 무엇인가요?	What is your occupation?
호주에 처음 방문하셨나요?	Is this your first visit to Australia?
호주에 얼마나 계실 건가요?	How long will you stay here?
1주일만 있을 예정입니다.	It's just a week only.

한국으로 돌아갈 수 있는 항공권을 보여 주시겠습니까?	**Could you show me return ticket to Korea?**

* 유학생 또는 영주권자가 아닌 사람이 리턴 티켓이 없을 경우 입국이 안 된다. 관광 비자의 일종인 워킹홀리데이 비자 소지자도 반드시 리턴 티켓이 있어야 한다.

어디에서 숙박을 합니까?	**Where will you be staying?**
백패커스입니다.	**I'll be staying at the backpackers.**

* 정식 숙박업체가 아닌 친지의 집 또는 단기 쉐어 하우스로 대답하는 경우 다소 문제가 생길 우려가 있으니 주의해야 한다.

세관 신고할 게 있습니까?	**Do you have anything to declare?**
없습니다(몇개 있습니다).	**I have nothing(something) to declare.**
제 짐이 보이지 않아요.	**I can't find my luggage.**
통역을 불러 주세요.	**Translator, please.**

인포메이션 센터
숙소에서

오늘 숙박할 수 있는 백패커스를 찾고 있어요.	**I'm looking for a backpackers for tonight.**
1인당(1박에) 25달러 정도 예상하고 있어요.	**My budget is 25dollars per person(per night)**
하루에 25달러씩이고, 보증금은 30달러입니다.	**It's 25dollars for one night, and 30dollars for deposit.**

* 백패커스에서는 숙박비 외에 보증금을 받고 있으며 체크아웃 시 돌려준다.

보증금으로 이용할 신용 카드가 있습니까?	**Do you have any credit card for deposit?**

* 대부분의 호텔은 보증금을 신용 카드로 접수받는다. 승인을 내는 경우는 많지 않으며, 승인을 낸 후 체크 아웃 시 이상이 없으면 바로 승인이 취소된다.

관이라는 이름으로 예약했습니다. 지금 체크인 할 수 있을까요?	I have a booking for Kwan. Can I check in now?
체크아웃은 몇시까지인가요?	When is the check-out time?
세탁기(건조기)를 이용하고 싶어요.	I would like to laundry(dry) machine.
열쇠를 방에 두고 나왔어요.	I have left my key in my room.
3시에 출발할 때까지 짐을 맡길 수 있을까요?	Please keep my luggage until my departure at 3 p.m.
숙박을 하루 더 연장할 수 있을까요?	Can I stay one more night?
체크아웃 하고 싶습니다.	I would like to check out, please.
에어컨이 고장났어요.	Air-conditioner doesn't working.

대중교통 이용 시

표(1일 패스)는 어디서 사나요?	Where can I buy a ticket (day pass)?
타운 홀까지 편도(왕복) 티켓 주세요.	Single(Return) ticket to Town hall station, please.
타운 홀까지 가는 승강장이 맞나요?	Is this the right platform to Town hall station?
이 열차가 타운 홀 역에 가나요?	Is this train going to Town hall station?
타운 홀 역에 언제 도착할지 말씀해 주시겠어요?	Could you tell me when we get to Town hall Station.

여행지에서

오페라 하우스는 여기서 먼가요?	Is it far from here to the Opera House?
걸어갈 수 있나요?	Is it walking distance?
이 근처에 슈퍼마켓(식당가)이 있나요?	Is there a supermarket (food court) near here?
이 지도에서 어디인가요?	Where is it on this map?
한국어로 된 안내자료는 없나요?	Do you have a brochure for Korean?
사진 찍어도 되나요?	Can I take a photo?
제 사진을 찍어 주세요.	Could you take photo of me please?
이 메모리 카드를 CD로 저장하고 싶어요.	I would like to burn to CD this memory card.
무언가 주의해야 할 게 있나요?.	Anything I should keep in mind?
스쿠버다이빙 장비를 빌릴 수 있을까요?	Can I borrow the equipment for scuba-diving?
한국어가 가능한 직원(가이드)이 있나요?	Any Korean-speaking staff(guide)?
몇 명과 함께 가나요?	How many people go with?
몇 시에 돌아오나요?	What time should I be back?

쇼핑 하면서

그냥 보는 중이에요.	Just looking, thank you.
이것을 보고 싶습니다.	I would like to see this.

입어 봐도 될까요?	Can I try this on?
어디서 갈아입나요?	Where is the fitting room?
크네요(작네요).	This is too big(small).
세금 환급을 받을 수 있나요?	Can I get tax refund?
새 것으로 바꾸고 싶습니다.	Can you exchange this for a new one?

아플 때

몸이 안 좋아요.	I feel sick./ I feel no good.
병원에 데려다 주세요.	Please take me to the hospital.
의사를 불러 주세요.	Please call a doctor.
열이 있어요.	I have a fever.
머리가 아파요.	I have a headache.
나는 A형입니다.	My blood type is A.

음식점

금연석으로 주세요.	Non-smoking, please.
주문하시겠어요?	May I take your order? Would you like to order now?
이것으로 먹겠어요.	I'll have this one.
추천할 만한 요리가 무엇입니까?	What would you recommend?
이것은 무슨 요리인가요?	What kind of dish is this?
아이스티가 있나요?	Do you have ice-tea?
계산서를 주세요.	Check, please

워킹홀리데이 시 유용한 영어

일자리 구하기

신문에서 광고를 봤습니다.	I saw your ad in the paper.
일자리 있습니까?	Do you have any available job, here?
이력서를 가지고 가야 하나요?.	Should I bring my resume?
면접은 언제 가면 좋을까요?	When should I come in for a job interview?
저는 이 일에 경력(자격증)이 있습니다.	I have a work experience (qualificaions) for this position.
(시간당) 얼마를 줍니까?	How much do you pay me(per hour)?
언제 돈을 받나요?	When do I get paid?
언제부터 일을 할 수 있나요?	What are you available to start?
가능하면 빨리 시작하고 싶습니다.	I want to work as soon as possible.
어떤 업무에 지원한 거죠?	What position are you applying for?
접시닦이(주방보조/서빙/계산)에 지원합니다.	I'm applying for dish-washer (kitchen-hand/ wait-person/ casher)

집 구하기

게시판에서 광고를 봤습니다.	I saw your ad on the noticeboard.
주당 얼마인가요?	How much is it per one week?
이 요금에 공공요금이 포함되어 있나요?	Are utilities included in this rate?
방을 볼 수 있을까요?	Can I see the room?
이곳에 몇 명이 살고 있나요?	How many people live here?
흡연자가 있나요?	Does anyone smoke?
담배를 피어도 될까요?	Can I smoke here?
제 열쇠를 받게 되나요?	Do I get my own key?
언제 이사올 수 있나요?	When can I move in?
언제, 누구에게 돈을 내야 하나요?	Who should I pay the money to and when?
다른 곳으로 이사가고 싶어요.	I want to move out.

기타 유용한 일상 회화

어느 나라에서 왔나요?	Where are you from?
시간 있나요?	Do you have time?
물어봐도 될까요?	Can I ask you a question?
당신 전화번호 좀 알 수 있을까요?	May I have your phone number?
무슨 일입니까?	What happened?
매우 친절하시네요.	You are very kind.
계속 연락하는 거 잊지 마세요.	Remember to keep in touch.

인조이 시리즈가 당신의 여행과 함께합니다

🏛 세계여행

- ❶ 인조이 도쿄
- ❷ 인조이 오사카
- ❸ 인조이 베트남
- ❹ 인조이 미얀마
- ❺ 인조이 이탈리아
- ❻ 인조이 방콕
- ❼ 인조이 호주
- ❽ 인조이 싱가포르
- ❾ 인조이 유럽
- ❿ 인조이 규슈
- ⓫ 인조이 파리
- ⓬ 인조이 프라하
- ⓭ 인조이 홋카이도
- ⓮ 인조이 뉴욕
- ⓯ 인조이 홍콩
- ⓰ 인조이 두바이
- ⓱ 인조이 타이완
- ⓲ 인조이 발리
- ⓳ 인조이 필리핀
- ⓴ 인조이 런던
- ㉑ 인조이 남미
- ㉒ 인조이 하와이
- ㉓ 인조이 상하이
- ㉔ 인조이 터키
- ㉕ 인조이 말레이시아
- ㉖ 인조이 푸껫
- ㉗ 인조이 스페인·포르투갈
- ㉘ 인조이 오키나와
- ㉙ 인조이 미국 서부
- ㉚ 인조이 동유럽
- ㉛ 인조이 괌
- ㉜ 인조이 중국
- ㉝ 인조이 인도
- ㉞ 인조이 크로아티아
- ㉟ 인조이 뉴질랜드
- ㊱ 인조이 칭다오
- ㊲ 인조이 스리랑카
- ㊳ 인조이 러시아
- ㊴ 인조이 다낭·호이안·후에
- ㊵ 인조이 치앙마이

🏛 국내여행

- ❶ 이번엔! 강원도
- ❷ 이번엔! 제주
- ❸ 이번엔! 남해안
- ❹ 이번엔! 서울
- ❺ 이번엔! 경주
- ❻ 이번엔! 부산
- ❼ 이번엔! 울릉도·독도

넥서스BOOKS

Hello, Aussie!

세련됨이 묻어나는 도시 속의 여유로움,
거친 자연을 한껏 품에 안는 아웃백 체험,
천혜의 자연환경에서 즐기는 흥미진진한 액티비티,
죽기 전에 느껴야 할 호주의 매력을 지금 만나러 갑니다!